現代名著譯叢

明清社會史論

The Ladder of Success in Imperial China:
Aspects of Social Mobility, 1368-1911

何炳棣著
徐泓譯注

國科會經典譯注計畫

獻給我懷念的父親

中譯本自序

　　我所寫的第二部著作*The Ladder of Success in Imperial China: Aspects of Social Mobility, 1368-1911*，簡譯爲《明清社會史論》。英文原書於1962年由美國哥倫比亞大學出版社初版，距今已近半世紀矣。我生平治史素重選題，始自明清，上溯宋金的人口、大北魏洛陽城區；數年之後又自修多種科學工具，於1975年以英文完成《東方的搖籃：紀元前5000年至1000年華夏技術及理念本土起源的探索》（*Cradle of the East: An Enquiry into the Indigenous Origins of Techniques and Ideas of Neolithic and Early Historic China, 5000-1000 B.C.*）一書。之後三十年間，中國各地豐富而多彩的考古發現，幫我駁斥了西方與東南亞人類學家以及考古學家對《東方的搖籃》的惡意攻擊。上世紀末，我先後自芝加哥大學、加州大學爾灣分校退休後的二十餘年來，又另闢領域，專攻先秦思想史與制度史，對數十年前已經問世的有關明清人口以及社會階層間流動的舊著，不免有點陌生之感了。

　　我感到高興的是，台灣的明史專家徐泓教授在過去數十年間先後主持台大、香港科大、暨南、東吳等大學教研工作之餘，致力於拙著《明清社會史論》的譯注工作。徐注的特色是力求詳盡，例如我在原書中提到明太祖開國伊始，由於亟需人才，往往數以百計的國子監生，無需較高的功名，即可出任州縣，甚至可當更高的地方或中央官吏。但是正統十四年(1449)的土木之變後，明英宗被俘，蒙古入侵京郊，明政府遂自景泰元年(1450)起，不得已頒發一系列的諭令，准許納馬納粟即可入監讀書，初限生員，條而惠及一般庶

民。此後十九年間捐監者共6,869人，佔全部監生16,070名的42.6%，導致州縣底層吏員供不應求的現象，降低了監生的社會地位。我早年治史多在美東國會、哥大、哈佛等漢學圖書館，遍覽多種史料，而敘事則力求簡要。上引史實僅採自簡明可信的《明會要》，徐注除《明會要》外，詳列《資治通鑑綱目三編》、《明史選舉志》、黃瑜的《雙槐歲鈔》、其孫黃佐的《南廱志》、《明英宗實錄》，以及近年郭培貴的《明史選舉志考論》（北京：中華書局，2006）。此一底注長達八、九百字，足以教導入門者如何收集與運用史料。

　　譯者注釋詳盡，無意中大大改善了英文原著中的排印次序與方式。事緣上世紀哈佛、哥倫比亞等大學出版社和許多學術期刊，為了節省經費，把正文與底注中的所有漢字，照例擠排在書尾。即就這本《明清社會史論》而言，成千上百的中文人名、地名、年代、官名、科名、書名等等，閱讀時必須往返檢索，不勝其煩。徐譯將全書每一底注都與同頁正文密切聯繫，讀來令人重生親切之感。

　　長達萬言的譯注，詳列並評介過去幾十年來凡涉及明清社會階層、結構與流動的各種文字的專書與論文，對我這個原作者以及廣大讀者都極有參考價值。除了《中國歷代土地數字考實》一書外，我從不回頭深究舊著，所以1962年出版《明清社會史論》後，未再注意這方面的著作。在華府與台北斷交，兩岸極度緊張的政治情勢下，我雖盡最大努力，僅得八十種具有登科者三代履歷的名錄，可用以分析明清兩代一萬四、五千名進士和晚清二萬五千名舉人及特種貢生的家世背景。我曾幾度函請寧波范氏天一閣提供明代進士登科錄的微捲，都無結果；不料〈譯者序〉中提到竟有大陸學人抨擊拙著弱點之一是未利用遲至2006年才由寧波出版社影印出版的《天一閣藏明代科舉錄選刊・登科錄》！

　　至於〈譯者序〉詳列各種語文所寫與拙著類似的專著，或由拙著啓發的論文，其中對我早年的方法、觀點、分類、量化等等等，都不免有所批評或質疑。這些批評與質疑或爲我前所不知，或久知而不答，或遲遲才作答，之所以如此，因我近年將精力專注於先秦思想史的攻堅。然而對於早年著作所據原始史料之豐富多彩，以及論證之平衡有力，仍具有相當信心。《明清社會史論》從三萬四、五千例案中所得出家世背景的分類和量化，應與明清五百餘年社會階層間之流動率，大體相符而不悖。〈譯者序〉謂拙著「無論在運用的史料與統計分析的方法上，其開創的地位，及獲致結論的堅實，均歷久彌新，屹立不動」。此一評價乃譯者比較1962年以來中、日、韓類似著作後所得，是接近事實的。事實上，當英文原著出版後，即已獲得高度評價，如名聞寰宇，主編《劍橋中國史》的杜希德(Denis C. Twitchett, 1925-2006)教授，早年曾在他主編的《倫敦大學亞非學院集刊》(*Bulletin of the School of Oriental and African Studies, University of London*) 發表書評，對拙著推介如下：

　　This is a brilliant book which, together with the same author's *Studies on the Population of China, 1368-1953*, provides the English reader with the best outline of the social and economic history of Ming and Ch'ing China available in any language...the author combines first-rate Chinese scholarship with a real understanding of modern Western historiography, a lively creative imagination, and a sharp eye for telling illustrative detail.(這是一部輝煌的著作，與同一作者所寫

《1368-1953中國人口研究》[*]，均為英文讀者提供了在所
有語文中最精要的明清社會經濟史綱。此書作者之所以能
達到第一流水準，由於他能兼通中國傳統學問與近代西方
史學之長，且具充沛的原創想像力，並能以敏銳的眼光寫
出動人的案例。）

徐序與崔評對我早年學術著作價值的肯定，不啻是我近二十餘
年來，孜孜不倦考證先秦思想與制度的精神支柱。

這本《明清社會史論》在我所有的著作裡，運用社會科學理論
較多，也最為謹慎，曾引起不少學者仿效。但此書問世若干年後，
驀然回首，我對某些社科觀點、方法與理論逐漸感到失望與懷疑，
最主要是由於其中不少著作不能滿足歷史學家所堅持的必要數量和
種型的堅實史料，以致理論華而不實，容易趨於空誕。因此我自退
休以來二十餘年間，「僅」求諸己，致力於考證學的更上層樓，欣
然頗有所獲。此日回想，這本舊著可稱我個人學術路程上的一個分
水嶺，而今舊著以「譯注」的新顏出現，於我個人固然可喜，更希
望對廣大的中文讀者有所助益。我當然也要感謝徐泓教授不懈的努
力。

　　　　　　＊　　　　　　　　＊　　　　　　　　＊

我於序文撰就之後，重閱〈譯者序〉，發現第三章注7譯者案
語謂拙著當初不利用硃卷，是由於潘光旦和費孝通在清華大學《社

---

[*]　【譯者按】：何先生自題《中國人口史論》，中譯本改名《明初以降人口及
其相關問題》。

會科學》第9卷第1期（1947年10月）上合撰的〈科舉與社會流動〉一文，文中引用了晚清直隸、江蘇、浙江、山東諸地硃卷917種，而當時哥倫比亞大學僅藏有300多種。我幾十年來不曾公開討論硃卷的史料價值，實因雅不願與潘仲昂師、費孝通學長辯難，當初友朋之中有瞿同祖兄（2010年6月在北京逝世）同意我的看法，認爲硃卷即使具有種種優點，並不是研究社會階層間流動的理想史料。硃卷大致包括兩個部分：譜系和師承。譜系詳於直系與近支，兼及母系各世代的姻戚，故能「追尋各家婚姻結合，推見各家生物性的關聯」。師承包括硃卷作者的學術源流，詳述受業、問學、授知三種有關個人的思想和成就。類此生物和社會教育並重的資料有利於潘先生對遺傳與優生學的探討。然而硃卷的內涵即使優於家譜，若不能置於硃卷作者同年的全部齒錄之中來看，仍無法得出社會階層間流動率的統計。其中至理，容後有餘力時再詳論之。

何炳棣

於美國加州爾灣龜岩村

2011年12月26日

第二版自序

　　我在第二版校正了許多排版和數據及史實的錯誤，在此感謝哥倫比亞大學的丁龍漢學榮譽講座教授富路德(L. Carrington Goodrich, Dean Lung Professor Emeritus)，因他惠予提供本書第一版的勘誤表；他以自己主持「《明代名人傳》編寫計畫」(Ming Biographical History Project)所累積的大量資料中擷取資料，來校正拙作中若干明代官員與學者的年代與生平事蹟的疏誤，這幾乎是別人無法辦到的。因拙於校對，這些版本的校訂大部分要歸功於富路德教授。

　　這一版最主要的修訂在於統計數字，在這本書的書稿交給哥大出版社後不久，我才收到郵寄誤期遲到的1958年版《北京圖書館善本書目》，讓我非常驚喜的是：其中包括相當數量的進士登科錄、會試錄和鄉試錄的書目，而且都記載著舉子先人的資訊，可以填補先前我的統計數字系列中某些關鍵年代的空隙。這些極為珍貴的登科錄、會試錄和鄉試錄，原來是翁同龢(1830-1904)的私人收藏，他是晚清兩位皇帝的老師，一般被西方人認為是光緒二十四年(1898)戊戌變法中的關鍵性「首相」。在最近一次到東亞的旅行中，我也偶然在中研院史語所發現四種稀見的明朝進士登科錄；結果我就利用這些新收到的資料修正與增補表9、表10與表12，這幾個表是本研究的統計經線中最值得注意的。

　　本書出版以來，相關的二手研究成果增加了許多，雖然不是直接觸及明清中國社會流動問題，但是與本研究討論的某些制度面相關，在此只提幾件：韋慶遠，《明代黃冊制度》(北京：中華書局，1961)是至今研究明代黃冊制度史最詳盡的著作；賀凱教授的〈明朝

政府組織〉，《哈佛亞洲研究學報》第21卷，1958年12月(Charles O. Hucker, "Governmental Organization of the Ming Dynasty," *Harvard Journal of Asiatic Studies* vol. XXI, December, 1958)，直到我交出書稿時仍未出刊；這篇文章的許多好處中，最值得一提的是關於明朝主要和次要政府機構與職官名稱的英文譯名。我自己的中文書《中國會館史論》(臺北：臺灣學生書局，1965)專章論述各地商幫爲提供趕考的家鄉子弟食宿，在北京與各省城、府城設置的會館。由於出版經費的昂貴，不可能對本書內容全面重加增補，尤其書目是在日本印的，最爲費時。儘管整本書的原來頁碼有必要保留，在本書第二版，我還是對文本與統計方面做了相當大的改進。

在過去幾年，我得到的印象是：一些社會科學家比史學家與漢學家更不願有系統地關注各種中國傳記資料的不同性質問題，而這些資料卻是許多現代研究傳統中國社會流動的依據。造成這個現象的原因無疑地是語言文字的障礙，我可以無愧地說：在本書第三章第一節，研究傳統中國社會流動，評估所依據的各種中國傳記資料，充分的目標是要引起那些不熟悉中文文獻資料學者的注意。本書的社會流動比較研究的結果，認爲明初精英的社會流動率，「即使近代西方社會精英的社會流動率，也可能很難超越」(原書頁258，中譯本頁318)；認爲這獨一的結論很難估量的學者，就請他們讀讀狄伯教授(Vernon K. Dibble)和我合寫，在《社會與歷史比較研究學報》第3卷3期(1961年4月)發表的〈社會流動的比較研究〉(一個辯論)(Vernon K. Dibble and Ping-ti Ho, "The Comparative Study of Social Mobility," *Comparative Studies of Society and History* vol. III, no. 3, April, 1961)。

何炳棣

芝加哥，1967年4月

第一版自序

　　對研究明清社會與制度史的學者來說，能使用的文獻不但數量大而且品質非凡。這批資料中最有系統性的是進士登科錄（擁有進士功名者幾乎自動成爲中階官員），它提供舉子三代祖先正確的資訊。這裡使用的四十八種登科錄等名錄，共含12,226個案例，正好涵蓋整個明清時代，始於明朝第一次進士考試的洪武四年(1371)，終於科舉制度廢除的光緒三十年(1904)。這些資料構成這個研究統計數據的主體，另外補充清代最後幾百年的二十種舉人與貢生的名簿同年齒錄（擁有這些中階科名者有資格受任爲低階官員），分析的總案例數達23,480個之多，再補充長江下游爲主的三種生員題名錄（擁有這些初階科名者並不能受任爲低階官員），其中兩種涵蓋順治元年至光緒三十年(1644-1904)，另一種涵蓋洪武元年(1368)以來的整個明清時期。對初階、中階和高階舉業造成的社會流動的統計研究，構成本研究的經線。

　　本研究的緯線主要包含評量各種形式的質性證據，諸如政府律令、方志、傳記、家譜、社會小說和觀察當代社會與家庭事務的著作等等。雖然大部分是不能計量的，但仍然可以闡明社會流動各面向的一般情況，如個人與家庭從一個身分地位移到另一個身分地位，幾乎不存在有效的法律與社會壁壘和阻礙；社會流動存在著制度化和非制度化因素；著名的家庭和家族都會在長期發展過程中，其社會與經濟地位逐漸和其他家庭、家族趨於平等；導致社會流動的某些社會概念與神話，向某些部分人民的滲透擴散等。本書研究舉業造成的社會流動及一般社會流動的主要結論，取自累積的統計

的與質性的事證所做的注釋、評估及總結。

　　就如本書的副題所指出的，我的研究普遍受益於社會科學，特別是社會學；我必須明確地說：本研究的重點在社會與制度史的一些有機面向，而不是歷史社會學。歷史資料不論其品質多好、數量多大，都很少能如現代社會學調查所要求的那樣；歷史學家不能如社會學家一般，以精巧設計的問卷與田野調查的實施來找到特定的資料。此外，統計數據的分類和一些社會現象的注釋，都需要仔細討論某些面向的制度史，雖然對社會科學家來說，這種工作是費力而乏味，但對歷史學家來說卻十分重要。因此，本書處理社會流動的各個層面與處理制度史一樣多，討論的焦點則集中於官僚體系的社會成分。爲避免讀者誤解，我曾認眞地考慮這本書的副題是否需要改易；最後我還是決定保留這個副題，主要是因爲我使用的理論框架，在最近的十五年，已爲研究社會流動的學者所擴大和改進。

　　關於一個跨度長達五個半世紀龐大而複雜的社會，有些相關的論題，可以說，比研究血液循環更具挑戰性和啓迪性。統治階級的社會成分和其他更一般的社會流動面向，向來就是我長期以來研究明清史計畫中的優先項目，社會流動的研究工作始於1954年秋天，幾乎在同時我也初步發現一個歷史大謎團的破解，那就是明清時代中國人口的增長。

　　在籌畫這個研究的過程中，我獲益於結交各種學科的學者以及與他們多年來的討論。我受惠於我在英屬哥倫比亞大學的同事：圖書館長尼爾‧哈羅先生(Neal Harlow)，他爲我取得這個研究所需要的一般資料與稀見資料；人類學與社會學學系的霍桑教授(Harry B. Howthorn)、貝蕭教授(Cyril Belshaw)、尼格理教授(Kasper D. Naegele)和柏理申教授(Bernard R. Blishen)，在這研究的形成階段給予的諮詢；英文系的史密斯教授(Marion B. Smith)在文字編輯上給

予的幫助。我必須特別感謝瞿同祖先生，他原先在哥倫比亞大學，現在哈佛大學，他是結合社會學與漢學最有成就的學者，我們早從1945年就展開長期的討論；感謝巴納德學院的巴伯教授(Bernard Barber of Barnard College)與巴伯博士(Elinor Barber)爲我閱讀本書導論一章的初稿；感謝耶魯大學芮瑪麗教授(Mary C. Wright of Yale University)爲我讀整本書的草稿；感謝芝加哥大學教授，同時也是《社會與歷史的比較研究》(*Comparative Studies of Society and History*)的主編索普教授(Sylvia L. Thrupp)和另一位芝加哥大學教授狄伯(Vernon K. Dibble)，他們爲評論我這個研究的期中報告，特別寫了一篇文章，幫我澄清某些基本概念。我也應該要感謝哥倫比亞大學出版社的蕭梅克小姐(Elizabeth L. Shoemaker)爲這本書做的編輯工作。

　　我受惠最多的是美國國會圖書館的東方部(Division of Orientalia, Congress Library)、哥倫比亞大學東亞圖書館與哈佛大學的哈佛燕京學社漢和圖書館(Harvard-Yenching Institute Library)，感謝他們的慷慨相助。感謝哈佛燕京學社漢和圖書館館長裘開明博士，他對我不計其數的圖書館館際借書要求有求必應。我也要感謝中央圖書館館長蔣復璁先生和北京國家圖書館王一飛副館長爲我複製極爲稀見的明朝與清朝初年的進士登科錄。

　　本研究如果沒有來自以下機構的贊助是無法進行的：英屬哥倫比亞大學校長的研究委員會(President's Committee on Research of the University of British Columbia)的三個暑期研究獎金，和哥倫比亞大學東亞研究所慷慨贈予一整年的資深研究獎助金。1958年9月到1959年8月，我在哥大擔任資深研究員，此期間經常和韋慕庭教授及其他的研究所同仁來往，使我獲益良多。我要特別感謝施堅雅教授(G. William Skinner)對我在技術層面的寶貴批評，他當時在哥

大，現在康乃爾(Cornell)。希望以此書作爲我對母校那快樂而又豐收一年的小小紀念。

何炳棣

1961年5月

溫哥華，英屬哥倫比亞

何炳棣教授及其《明清社會史論》

　　何炳棣教授於2012年6月7日清晨7點11分在睡夢中安然去世，享壽九十五歲，史學界失去一位跨世紀的大師。[1] 何炳棣先生原來念的是英國史，[2] 後來轉治中國史，他的研究領域廣，包括揚州鹽商、明清至民國的人口、明清會館、明清科舉與社會流動、美洲新大陸作物輸入中國、北魏洛陽城、明代土地數據、清代在中國史上的重要性、黃土與中國農業文化的起源和近年研究的先秦諸子等。何先生收集史料之辛勤，運用史料之精妙，方法與史識之獨創，轟動史林，驚動萬教(教育界)，當今華人治史罕有能出其右者。[3]

　　何先生不滿於中國文史研究被洋人歸類為「漢學」(Sinology)，因為「漢學」是西方人「東方主義」(Orientalism)及其「歐洲中心論」(Eurocentrism)的產物，他們卑視漢學，不置之於西方為主流的學術殿堂正殿。[4] 因此，何先生治中國史都選重要的大

1　Sidney Ho, "Professor Ping-ti Ho （1917-2012）何炳棣 Notification & Remembrance," 07 June, 2012.

2　何先生於1952年以〈英國的土地與國家(1873-1910)：土地改革運動與土地政策研究〉(Land and State in Great Britain, 1873-1910: A Study of Land Reform Movements and Land Policies)一文獲得哥倫比亞大學博士學位。

3　參見徐泓，〈何炳棣教授的明清史研究〉，《明代研究》，第18期(2012.06)，頁23-47。

4　Arif Dirlik, "Chinese History and the Question of Orientalism," *History and Theory* 35:4 (Dec., 1996), pp. 96-118. 顧明棟，〈漢學、漢學主義與東方主義〉，《學術月刊》，12(上海，2010)，頁5-13。張寬，〈薩伊德的「東方

問題，成果都由重量級的西方大學出版社和學術期刊出版，要與西方史家進行對話。[5] 何先生的學術受到西方學界的肯定，1965年榮獲芝加哥大學聘爲地位崇高的湯普遜（James Westfall Thompson）歷史講座教授，[6] 並於1975年當選美國亞洲研究學會（The Association for Asian Studies）首位亞裔會長。

何先生擅長於廣泛運用社會科學和自然科學的成果，又能吸納西方史學的長處。他在《東方的搖籃：紀元前5000年至1000年華夏技術及理念本土起源的探索》（*Cradle of the East: An Enquiry into the Indigenous Origins of Techniques and Ideas of Neolithic and Early Historic China, 5000-1000 B.C.*），以文獻、考古資料及古動植學證明中國古代文明源於本土，打破西方學者的世界文明源自西亞的一源說，連強力主張這種學說而撰寫《西方的興起》（*The Rise of the West: A History of the Human Community: with a Retrospective Essay*）著稱的威廉·麥克尼爾（William H. McNeill）教授也爲之折服。[7]

（續）————————————

主義」與西方的漢學研究〉，《瞭望》，27（北京，1995），頁36-37。

5　如Harvard University Press, University of Chicago Press, Columbia University Press等出版社，*The American Historical Review*, *The Economic History Review*, *Comparative Studies in Society and History*, *Journal Asian Studies*, *Harvard Journal of Asiatic Studies*等學術期刊。

6　"The chair at the University of Chicago named for the medievalist James Westfall Thompson, President of this association（AHA）in 1941, is now held by Professor Ping-ti Ho, who was born in Tientsin（天津）and is a member of Academia Sinica（中央研究院）in Taipei." John K. Fairbank, "Assignment for the'70's," *America Historical Association Presidential Addresses*, 1968. http://www.historians.org/info/aha_history/jkfairbank.htm.（擷取時間：2012年6月18日）

7　William H. McNeill教授也贊揚何先生的論證紮實，難以推翻。在這本書（*Cradle of the East: An Enquiry into the Indigenous Origins of Techniques and Ideas of Neolithic and Early Historic China, 5000-1000 B.C.*, The Chinese

　　何先生爲人率眞，不假顏色，很多人怕他。他成長於對日抗戰之中，有濃厚的民族意識，雖因工作關係入美國籍，但熱愛中國之心過於常人，曾質問一些華人學者：你是中國人怎麼可以不愛國？從何先生的訃聞中知道他要歸葬老家金華。1979年底，在波士頓麻省理工學院(MIT)討論中美關係的會上，面對滿場洋人學者，親見何先生獨排眾議，大聲指斥研究中國的洋人學者的反華情結。[8] 其敢言直言的態度在西方學界的華人學者中極爲少見，一般華人學者在洋人屋簷下總是低頭，何先生決不示弱。[9]

(續)————————————————————

　　University of Hong Kong, and The University of Chicago Press, 1975)的前言(Forward)說："the argument seems conclusive: it is hard to imagine what kind of evidence that could upset or seriously modify the general conclusions of this work." 連批評何先生最力的祁特立(David N. Keightley)教授也在書評的結論說：即使有一二外在因素，中華文明本土自生說是難以否定的("The demonstrated existence of one or more external elements, however, would not of itself disapprove the indigenous origins of Chinese Civilization." 參 *Harvard Journal of Asiatic Studies* 37:2(Dec., 1977), pp. 381-411.)。

8　何先生說：學界傳言：「研究蘇俄的學者都恨蘇俄，研究中國學者都愛中國。」其實沒這回事，你們這些研究中國的學者恨死中國了。不少洋人學者對何先生闡揚中國歷史文化和肯定中國傳統的正面價值不滿，如祁特立就說何先生是大漢族沙文主義者：Ho has merely replaced the old "Western intellectual chauvinism" of which he complains with a modern worldwide version of Greater Han chauvinism. (請注意祁特立在講西方知識沙文主義是加了引號，意即不認同有所謂的「西方知識沙文主義」，但講到大漢族沙文主義則不加引號，坐實了有大漢族沙文主義這麼一回事)。參見祁特立的書評，*Harvard Journal of Asiatic Studies* 37:2(Dec., 1977), pp. 381-411.

9　何先生研究清代揚州鹽商，不但要論述揚州鹽商爲當代世界資金最雄厚的商人集團之興衰，而且要在運用史料及論題方面超越日本學者，用來估計鹽商成本的《乾隆兩淮鹽法志》和高恆的兩淮鹽政檔冊，就是日本學者都沒有用過的。五十年代初，大陸史學界開展「資本主義萌芽」的討論，論及傳統中

　　1996年，「新清史」的代表羅友枝(Evelyn S. Rawski)教授發表美國亞洲研究學會主席就職演講：'Presidential Address: Reenvisioning the Qing: The Significance of the Qing Period in Chinese History'（〈再觀清代：清代在中國歷史上的重要性〉）[10]，針對何先生1967年在美國亞洲研究學會發表的 'The Significance of the Ch'ing Period in Chinese History'（〈清代在中國歷史上的重要性〉）一文，[11]批判何先生對滿清王朝「漢化」問題的論斷。他認為清王

（續）─────────────────

　　國雖有巨量商業資本存在，最終未能使「萌芽」茁壯成長的原因。雖然傅衣凌在1946年以後陸續撰寫，於1955年整理出版的《明清時代商人及商業資本》中也說：兩淮鹽商的主要成分是徽商，其增殖的資本不能擴大再生產，沒有出路，因而走上個人的浪費，豪侈放縱。但書中對揚州鹽商著墨不多，只有一頁，而何先生則以全文三分之一強的篇幅深入論述。日本學者和田清和加藤繁也在二○、四○年代開始討論明清會館，認為會館起源於明代嘉靖、隆慶間，是集中在北京的各省官吏士子按照他們的鄉籍的差別而設置的憩息場所。何先生則依據《民國蕪湖縣志》主張會館最初創設於明永樂遷都北京之後，當時任工部主事的蕪湖人俞謨捐出他在前門外長巷三條胡同購置房地產，設置蕪湖會館。另據周亮工《閩小紀》，明武宗正德年間，北京已有福州會館。於是會館創始年代，由於何先生的研究從明代後期提前到明代前期。過去西方與日本學者皆以中國行會及地緣性會館的發達，「強化中國小群的觀念，延展了大群觀念的產生」及「中國社會的近代化」，但何先生的研究指出：會館的地緣組織經常接觸的結果，「有助於窄狹畛域觀念的融消和大群意識的產生」；明清會館制度對「中國社會逐漸近代化」，「實曾具有積極的推動作用」。詳見徐泓，〈何炳棣教授的明清史研究〉，2012年6月。

10　全文刊載於1996年11月出刊的《亞洲研究學報》(*The Journal of Asian Studies*)第55卷4期，頁123-155。參見張勉勵譯，〈再觀清代在中國歷史上的重要性──介紹一篇西方研究清史問題的論文〉，《清史研究》，2(北京，1999)，頁113-117、124。

11　刊載於*The Journal of Asian Studied* 26:2(Feb 1967), pp. 189-195；另可參陳秋

朝能維持近三百年的統治，主要原因不在於「漢化」，在不同地區採取不同文化政策，才是清朝統治成功的關鍵。[12]兩年後，何先生像大砲一樣地強力反擊，發表"In Defense of Sinicization: A Rebuttal of Evelyn Rawski's 'Reenvisioning the Qing'"（〈捍衛漢化：駁斥羅友枝的《再觀清代》〉）。[13]首先，何先生說他的論文是宏觀的，論題是多面性的，羅氏卻單挑漢化這個單一主題來討論，模糊文章的真實意義。更甚者是羅友枝曲解何先生的論點，何先生說：他的基本觀點，明明是滿族創造了一個包括滿、漢、蒙、回、藏和西南少數民族的多民族國家，羅友枝無視於此，在漢化和滿族與非漢民族關係之間，構建一個錯誤的二分法。他無視於滿族之所以能有效地統治人口最多、政治傳統和文化最悠久的中國，就在他們成功地運用漢族傳統和制度。羅友枝又主張：遼、金、元、西夏政權統治漢人與漢地，都只任用漢族官員，他們都拒絕漢化。其實，這四個政權最終都採用漢文化和制度，甚至以漢族五德終始的正統論合理化

（續）─────────────────────

　　坤譯，〈清代在中國史上的重要性〉，《史繹》，5(臺北，1968.6)，頁60-67。

12　羅友枝和許多西方史學家一樣，對漢化持負面評價，認為這是近代中國民族主義的產物。他們恐懼近代民族主義的興起，認為它是世界動亂之源。自二十世紀八十年代末以來，促進近現代中國崛起主要動力的民族主義，就成為西方輿論攻擊的對象。近十年來，西方政界、學界對中國大陸的崛起與西方政經優勢的衰退，更是焦慮，多以人權為理由，支持藏獨、疆獨，抨擊中共的民族政策。他們有意無意地把中共政權與中國及漢人和漢文化，混為一談，進而牽怒於漢人與漢文化為主的傳統中國王朝；因此，出現批判何先生「漢化論」是中國「民族主義者」史觀的論調，並不令人意外。

13　Ping-ti Ho, "In Defense of Sinicization: A Rebuttal of Evelyn's Rawski's 'Reenvisioning the Qing'," pp. 123-155. 張勉勵譯，〈捍衛漢化：駁斥伊芙琳‧羅斯基之的《再觀清代》(上)(下)〉，頁113-120；頁101-110。

其政權。征服王朝要鞏固其統治，漢化是不可避免的，這本是國際
學術研究的共識，而羅友枝卻全然視而不見。何先生在文章中，以
極大的篇幅，論述九千年以來，漢文化和漢化發展的歷史的各個方
面，並且討論非漢族政權如何採用漢化政策，統治以漢族為主的中
國。這真是一篇擲地有聲的大文。[14]

　　廣泛運用社會科學和自然科學的成果，又能吸納西方史學的長
處是何炳棣教授治史的特色。他治明清社會史即運用社會學理論，
專攻這一長久以來為社會科學家重視的社會階層化與社會流動研究
課題。[15]何先生於1962年出版《明清社會史論》，是第一位大量運
用附有三代履歷的明清進士登科錄及會試、鄉試同年齒錄等鮮為人
注意的科舉史料的學者。根據這些史料，何先生作量化統計，分析
向上與伺下社會流動；在資料的數量與涵蓋面，均遠遠超越前人，
統計分析的樣本，進士達一萬四五千名，舉人貢生達兩萬多名。分
析結果，以平均數而言，明代平民出身進士約占總數50%，清代則
減至37.2%；而父祖三代有生員以上功名者，則由明代的50%，升

14　Ping-ti Ho, "In Defense of Sinicization: A Rebuttal of Evelyn Rawski's 'Re-
　　envisioning the Qing'," *The Journal of Asian Studies* 57:1(Feb, 1998), pp. 123-
　　155. 張勉勵譯，〈捍衛漢化：駁斥伊芙琳‧羅斯基之的《再觀清代》
　　（上）（下）〉，《清史研究》，1(北京，2000)，頁113-120；3(2000)，頁101-
　　110。詳見徐泓，〈論何炳棣先生的《清代在中國史上的重要性》〉《清帝
　　國性質研討工作坊》，桃園中壢：中央大學人文研究中心暨中央大學歷史所
　　明清研究中心主辦，2012年11月30日。

15　社會階層化與社會流動是長久以來社會科學家尤其是社會學家重視的研究課
　　題，歷久不衰，最近中央研究院謝宇院士在《美國經濟評論》上發表一篇討
　　論1850年以來英美社會流動的比較，文章中評介近年來歐美學界的社會流動
　　研究。Yu Xie(謝宇) and Alexandra Killewald, "Intergenerational Occupational
　　Mobility in Great Britain and the United States Since 1850: Comment," *American
　　Economic Review* 2013, 103(5): 2003-2020.

至清代的62.8%；可見平民向上流動機會漸減。清代，尤其清代後
期，大行捐納制度，富與貴緊密結合，影響力量趨強；遂使平民向
上流動機會大減。

　　何先生在書中不但處理向上社會流動，而且也討論向下社會
流動及其導因，闡明促進社會流動的各種制度化與非制度化管道
的存在。何先生認為明清社會幾乎沒有制度化的機制，阻止高地
位家庭長期的向下流動，均分遺產的習俗可能是最有力的的因
素。除縱向垂直的上下流動外，何先生又專章討論士農工商、軍
民匠灶的橫向水平流動，並論及社會流動的地域差異和影響社會
流動的各種因素。社會流動比較研究的結果，何先生認為明初精
英的社會流動率，「即使近代西方社會精英的社會流動率，也可
能很難超越」。[16]

　　近年來，何先生的論點遭到部分學者質疑。較著名的有美國的
郝若貝(Robert M.Hartwell)、韓明士(Robert P. Hymes)、與艾爾曼
(Benjamin A. Elman)，中國的沈登苗。1982年，郝若貝的論文〈中
國的人口、政治與社會的轉型：750-1550〉("Demographic, Political
and Social Transformations of China, 750-1550")，分析宋朝官員傳記
資料，發現宋朝政府被幾個或幾十個大家族所壟斷，科舉造成的社

16　Ping-ti Ho, *The Ladder of Success in Imperial China: Aspects of Social Mobility,
　　1368-1911*(New York and London: Columbia University Press, 1967), p.X,
　　"Preface to the Second Priting" 根植於新古典自由主義(neoclassical
　　liberalism)，廣為接受的觀點認認：社會流動量愈大，社會愈開放，對社會
　　是好的；因為這鼓勵個人依其能力而不是依據其家世取得社會地位。參見
　　Michael Hout, "More Universalism, Less Structural Mobility: The American
　　Occupational Structure in the 1980s," *American Journal of Sociology* 1988,93
　　(6):1358-1400.

會流動並不大。[17]韓明士在1986年發表《政治家與士大夫》
(*Statesmen and Gentlemen: The Elite of Fu-chou, Chiang-Hsi, in Northern and Southern Sung*)一書，則認為研究科舉所促成之社會流動，不能僅以直系父祖三代家世為據，應該擴大「精英」定義的範圍，將寺廟捐獻者與從事地方公益事務者及其親戚族人、學生等均列為分析的對象，於是大大縮減平民範圍，把平民在科舉上的成功率大為低估；他進而懷疑科舉制對統治階層與平民間的「血液循環」有促進作用。[18]稍後，艾爾曼發表〈科舉制下帝制中國晚期的政治、社會與文化的再生產〉("Social and Cultural Reproduction via Civil Service Examinations in Late Imperial China")與《帝制中國晚期的科舉文化史》(*A Cultural History of Civil Examinations in Late Imperial China*)，他也認為何先生估計出身平民進士之比例過高，過分低估中式家族及其婚姻對向上流動力的作用，進而論定：「近千年來，科舉制度在很大程度上，不過是統治階層的政治、社會、文化的『再生產』而已。」[19]沈登苗則於2006年發表〈也談明代前期科舉社會的流動

---

17 Robert M. Hartwell(郝若貝), "Demographic, Political and Social Transformations of China, 750-1550," *Harvard Journal of Asiatic Studies* 42(1982), pp. 365-442.

18 Robert P. Hymes(韓明士), *Statesmen and Gentlemen: The Elite of Fu-chou, Chiang-Hsi, in Northern and Southern Sung* (London: Cambridge University Press, 1986). 曹國慶與鄧虹編譯其中的"Examinations, Office, and Social Mobility."以〈社會變動與科舉考試〉為題發表在《江西社會科學》，6(南昌，1989)，頁108-112。

19 Benjamin A. Elman(艾爾曼), "Social and Cultural Reproduction via Civil Service Examinations in Late Imperial China," *The Journal of Asian Studies* 50:1(Feb, 1991), pp. 7-28. Benjamin A. Elman, *A Cultural History of Civil Examinations in Late Imperial China* (Berkeley, CA: University of California Press, 2000). 艾爾曼及韓明士等人貶低科舉制度對社會流動的作用，李弘

率——對何炳棣研究結論的思考〉，批評何著對「明代前期」的
界定，及以何先生未能使用天一閣獨家收藏的31種明代進士題名
錄爲憾，並指出「明代前期科舉流動率高，主要是元代特殊的用
人政策」造成的，何先生的「結論在科舉史上並不具備典型的意
義」。[20]但錢茂偉《國家、科舉與社會——以明代爲中心的考察》
使用的21種(其中5種爲天一閣獨家收藏前人未使用過的)明代前期
題名碑錄，分析的結果，仍然支持了何先生的結論。[21]對於韓、艾
二氏的批評，何先生並未撰專文反駁，僅於自傳《讀史閱世六十
年》簡單回應稱：自己的統計「完全是根據八十幾種中試者的祖上
三代履歷，最能反映社會階層間的上下流動」，而艾氏所用的資料

(續)————————————
　　祺對他們的論點展開討論，參見李弘祺，〈中國科舉制度的歷史意義及解
　　釋——從艾爾曼(Benjamin Elman)對明清考試制度的研究談起〉，《臺大歷
　　史學報》，32(臺北，2003.12)，頁237-267。

20　沈登苗，〈也談明代前期科舉社會的流動率——對何炳棣研究結論的思
　　考〉，《社會科學論壇(學術評論卷)》，9(北京，2006)，頁81-93。

21　錢茂偉，《國家、科舉與社會——以明代爲中心的考察》(北京：北京圖書
　　館出版社，2004)。由於何先生當時用來統計分析的明代的進士登科資料只
　　有二十二科，現在大陸各大圖書館和藏書樓紛紛開放，現存的進士登科資料
　　(包含登科錄、會試錄、進士同年錄、進士履歷便覽)未爲何先生使用的達五
　　十九科，共一百四十種，不但未被使用的科數是何先生使用過的將近3倍，
　　而且分佈均勻，明代每一皇帝統治時期都有。統計的結果取決於樣本的品質
　　與數量。徐泓最近獲得國科會贊助《明代向上社會流動新探》研究計畫
　　(101-2410-H-031-038-)，正在利用現存所有明代的進士登科資料(包含登科
　　錄、會試錄、進士同年錄、進士履歷便覽)重新估算明代社會的向上流動，
　　希冀進一步得出較堅實的研究結果，驗證何先生的論點，回應近年來論者的
　　質疑，更全面地呈現明代社會流動的面貌。尤其以統計數據具體呈現明代的
　　向上流動，希望不但檢驗明朝「官場對有才能人士開放」的傳統說法，而且
　　要從寒微子弟向上流動的機率，論述明代社會的穩定性及其變遷。

卻「沒有最能反映社會血液循環的祖上三代履歷」；而且根據艾氏的統計，明清出身平民的舉人，占總數的54.27%，出身平民的進士，占總數的61.78%，反而坐實了何先生的結論。至於韓氏的評論，何先生則認爲是對「精英」的定義混亂而誤導的。[22]其實明朝政府早已認識到科考中試者多平民出身，《明神宗實錄》卷535載，禮部言：「績學博一第者，強半寒素之家。」[23]可以說近年來少數學者質疑科舉制與社會流動的關係，似乎是難以撼動何先生論點的，大部分學者仍認爲「科舉爲寒門子弟架起了通向『天門』的階梯」。[24]《明清社會史論》討論明清社會流動，根據的樣本數量極多，被譽爲討論科舉與社會流動最全面的一部經典鉅著[25]，影響中國社會史與明清史及東亞史研究甚鉅。如許師倬雲教授的《先秦社會史論》(*Ancient China in Transition: An Analysis of Social Mobility, 722-222B.C.*)[26]、毛漢光的《兩晉南北朝士族政治之研究》[27]、吳金

22　何炳棣，〈附錄‧家族與社會流動論要〉，《中國會館史論》，頁23-29。

23　《明神宗實錄》(臺北：中央研究院史語所校印本，1966)，卷535，萬曆四十三年八月丙申條，頁8。

24　鄭若玲，《科舉、高考與社會之關係研究》(武漢：華中師範大學出版社，2007)，頁166。如吳建華，〈科舉制下進士的社會結構和社會流動〉，《蘇州大學學報》，1(蘇州，1994)，頁98-103。

25　許倬雲，〈介紹何著《明清社會史論》〉，《大陸雜誌》，26：9(臺北，1963.5)。收入許倬雲，《心路歷程》(臺北：文星書店，1964)。劉高葆，〈社會流動與明清社會史研究：讀《中華帝國晉升的階梯：社會流動方面，1368-1911年》〉，《中山大學研究生學刊(社會科學版)》，1(廣州，1994)，頁68-74。

26　Cho-yun Hsu(許倬雲)，*Ancient China in Transition: An Analysis of Social Mobility, 722-222B.C.* (Stanford: Stanford University Press, 1962). 中文本鄒水傑譯，《中國古代社會史論：春秋戰國時期的社會流動》(桂林：廣西師大出版社，2006)。

成〈中國의科舉制와그政治·社會的機能——宋·明·清時代의社
會의階層移動을中心으로——〉《科舉》(서울：一潮閣，1981)、
吳建華〈科舉制下進士的社會結構與社會流動〉(《蘇州大學學
報》，1994年第1期)及研究韓國科舉與社會流動之崔永浩(Yong-ho
Choe)的 *The Civil Examinations and the Social Structure in Early Yi
Dynasty Korea, 1392-1600*(《朝鮮李朝初期的科舉制度與社會結
構》)，均以此書爲典範。[28]

　　近年來，研究科舉與社會流動的史料陸續公開，已較五十年前
何先生出版《明清社會史論》爲多：明代鄉試錄313種、會試錄54
種、進士登科錄54種、進士同年序齒錄15種及進士履歷便覽17種。
整理編印的工作，也不斷展開。伴隨著《明代登科錄彙編》[29]、
《清代硃卷集成》[30]與《天一閣藏明代科舉錄選刊·登科錄·會試

(續)————————————————

27　毛漢光，《兩晉南北朝士族政治之研究》(臺北：中國學術著作獎助委員
　　會，1966)。

28　Yong-ho Choe(崔永浩), *The Civil Examinations and the Social Structure in
　　Early Yi Dynasty Korea, 1392-1600* (Seoul: Korean Research Center, 1987). 這
　　篇博士論文就是何先生指導的。見何炳棣，《讀史閱世六十年》，頁29。

29　1969年，臺北學生書局編印。

30　顧廷龍主編，《清代硃卷集成》(臺北：成文出版社有限公司，1992)。計收
　　有清代硃卷8364種。「硃卷」即科舉之各類試卷彌封後，謄錄人員用朱筆重
　　新謄寫的卷子。依清代成例新中式的舉人、進士都將履歷、科份、試卷刻
　　印，亦稱「朱卷」。朱卷爲三個部份所組成：
　　一、履歷：登載本人姓名、字型大小、排行、出生年月、藉貫、撰述、行
　　誼，並載本族譜系，最簡單的只記載爲祖妣三代。詳細的還上自始祖下至子
　　女、同族尊長、兄弟侄輩以及母系、妻系無不載入。凡有科名、官階、封
　　典，著作亦注入名下。再錄師承傳授，如受業師、問業師、受知師之姓名、
　　字型大小、科名、官階以示學問淵源有自。這部分提供的資訊，對研究社會
　　流動最爲珍貴。

錄》[31]等明清科舉史料的整理印行，科舉的研究，再度興盛，而有「科舉學」的出現。[32]于志嘉就利用《萬曆三十八年(1600)庚戌科序齒錄》，分析77名軍籍進士祖孫五代社會身分的變遷。[33]而論述科舉與社會流動的相關研究，更是在方法上、資料的運用上，都很明顯地看出沿襲何教授《明清社會史論》的痕跡。2003年，張杰的《清代科舉家族》，即用統計分析法，處理《清代硃卷集成》中的

(續)────────────────

　　二、科份頁：載本科科份、中式名次、主考官姓名官階與批語等。

　　三、試卷與文章：八股本身是一種駢散文菁華的文學體裁，追求修辭技巧形式的完美，是研究八股文的第一手材料。在考官的評語中，可辨別清代取士的標準，及清代教育狀況。

　　《清代硃卷集成》可說是集科舉文獻、傳記檔案、文學、教育資料之大成，清代文武百官履歷、傳記撰述、行誼盡收於此；是研究科舉制度及社會階層及社會流動的重要史料。參見劉海峰，《科舉學導論》（武漢：華中師範大學出版社，2005），頁348-351。

31　現存明代科舉錄的80%收藏在天一閣裡，天一閣的典藏有洪武四年至崇禎十三年登科錄51科，會試錄38種，各地鄉試錄較多，約280種，共390餘種，多為成化以後的。又有武舉錄11種，武舉鄉試錄8種，均為嘉靖、隆慶、萬曆本。其所藏90%以上為孤本，被列入中國大陸「國家古籍重點出版規劃」2006年，天一閣博物館影印出版《天一閣藏明代科舉錄選刊・登科錄》共56種；2007年影印出版《天一閣藏明代科舉錄選刊・會試錄》共38種。另外，在2010年，中華全國圖書館文獻縮微複製中心將北京國家圖書館所藏的登科錄、會試錄等科舉錄彙集出版為《中國科舉錄匯編》16大冊以及《中國科舉錄續編》18大冊，內收南宋至清末登科錄、會試錄、鄉試錄、武舉錄、題名錄等共112種。

32　劉海峰，〈「科舉學」──21世紀的顯學〉，《廈門大學學報(哲社版)》，1998年第4期。劉海峰，《科舉學導論》，武漢：華中師範大學出版社，2005。

33　于志嘉，〈明代軍戶の社會地位について─科舉と任官において〉，《東洋學報》71：3、4(1991)。

家族背景資料，討論中舉者的垂直流動、應試者的水平流動，及科舉與士人居住地遷移的關係。[34]2007年，廈門大學鄭若玲發表《科舉、高考與社會之關係研究》，將科舉與大陸、台灣及東亞地區大學入學考試類比，討論其與社會的關係；其第四章論述科舉與社會流動的關係，也是「基於清代硃卷作者之家世」，用統計方法所作的量化分析。其分析的樣本雖多達八千餘名科舉人物，但仍較何教授的近四萬名樣本還有相當大的距離；其特別之處，在何教授分析科舉人物的祖上三代家世，鄭若玲則延伸到五世，多考察兩代祖先，兼及妻系與母系情況，而且還統計分析了功名大小之間的流動。其結論雖部分有異，但主體仍與何教授的論述一致：「科舉制是清代社會流動的重要途徑。僅管獲得功名的舉了大多數還是出身於較高社會階層，但一定比例的布衣藉著科舉得以升遷的事實，說明他們仍有一個較為公平的向上流動渠道。」[35]

　　近年來明清科舉與社會流動的研究趨勢，除研究縱向垂直的上下流動及橫向的水平流動外，又注重區域研究。在相關資料的整理方面，1980年，朱保炯、謝沛霖在房兆楹、杜聯喆編《增校清朝進

34　張傑，《清代科舉家族》，北京：社會科學文獻出版社，2003。張傑分析陝西23份舉人履歷，統計平民出身之非科舉家族實現向上流動理想所需的時間。陳小錦〈科舉家族的考試情結──評張傑《清代科舉家族》〉，《中國圖書評論》，2006年第6期。

35　鄭若玲，《科舉、高考與社會之關係研究》。何炳棣統計的結果，明清進士，出身無功名家庭者，占31.1%，出身生員家庭者，占11.6%；鄭若玲統計的結果，明清進士與舉人，出身無功名家庭者，占13%以上，出身於三代中至少有一個生員家庭者，占30%以上。似乎鄭若玲的統計結果與何炳棣幾乎相反，但鄭若玲也說：「若將生員和無功名同計為平民，則本研究的結果與何氏還是基本接近的。」

士題名碑錄附引得》[36]的基礎上，編輯《明清進士題名碑錄索
引》，確認全國進士的籍貫，由上海古籍出版社出版。[37]何教授
《明清社會史論》最早注意這一論題，並在該書特立第六章〈科舉
的成功與和社會流動的地域差異〉（"Regional Differences in
Socioacademic Success and Mobility"）論述之。中國地大，地形複
雜，各地發展不平衡，差異性極大，是治中國史者當特別放在心上
的；否則便會把中央集權體制視為極有效率的，誤以為所有制度實
施時，是全國一致的。何教授認識這一特性，深入討論地域的差
異。1993年，何教授更發表〈明清進士與東南人文〉，論述東南進
士人才輩出的人文環境。[38]同年，王振忠翻譯《明清社會史論》第
六章"Regional Differences in Socioacademic Success and Mobility"為
〈科舉和社會流動的地域差異〉，發表於《歷史地理》第11輯。這
一章的中譯本方便許多中國學者直接閱讀何教授的論著，受其啟
發，而開展對進士地域分布和分區的研究。為照顧邊遠落後地區，
不致因其文化水平劣勢，而乏人參與政府，尤其唐宋以來，因北方
戰亂及經濟重心南移，導致南北文化水平之鉅大差距；因此，明廷
確立各鄉試省解額，建立會試南、北、中卷制，依地域比例，訂
立錄取名額，使全國各地均有人才加入政府，鞏固明朝作為代表

---

36 房兆楹、杜聯喆編《增校清朝進士題名碑錄附引得》，北京：哈佛燕京引得
　　社，1941。

37 最近有些學者撰文訂正其個別錯誤，如郭培貴，〈《明清進士題名碑錄索
　　引》糾誤一則〉《史學月刊》，1997：1。陳長文，〈《明清進士題名碑錄
　　索引》校誤〉《開封教育學院學報》，2001：2。馬懷雲，〈《明清進士題
　　名碑錄索引》訂正〉《河南大學學報》，2004：6。毛曉陽，〈《明清進士
　　題名碑錄索引》進士籍貫刊誤述論〉《中國文化研究》，2005：3。

38 繆世鴻編，《中國東南地區人才問題國際研討會論文集》，杭州：浙江大學
　　出版社，1993。

全國各地人民的統一帝國。對於科舉錄取題名。靳潤成、檀上寬、李濟賢、林麗月、劉海峰、王凱旋研究明代科舉的區域配額與南北卷，[39]汪維眞研究鄉試解額，[40]沈登苗研究進士與人才的時空分布，及進士的地域流動，[41]曹國慶研究江西科第世家，[42]范金民與夏維中研究江南進士的數量與地域分布，分析其數量眾多的原因。[43]其他地區如安徽、浙江、福建、廣東、貴州、山西、山東、四川等地均有學者研究。[44]

　　除了上述學者的研究外，近年來有關明清科舉與社會流動的論

39　靳潤成，〈從南北榜到南北卷：試論明代科舉取士制度〉《天津師範學院學報》，1982：3。檀上寬，〈明代科舉改革背景：南北卷の創設をあじって〉，《東方學報》58(1986)〔王霜媚譯，〈明代南北卷的思想背景：克服地域性的理論〉，《思與言》，27：1(1989)〕。李濟賢〈唐宋以來戰亂對北方社會的影響：明初"南北榜"歷史原因初探〉，《史學集刊》，1991：1。林麗月〈科場競爭與天下之「公」：明代科場區域配額問題的一些考察〉，《台灣師範大學歷史學報》，20(1992)。劉海峰〈科舉取才中的南北地域之爭〉《中國歷史地理論叢》，1997：1。王凱旋〈明代分卷制述論〉，《合肥學院學報》，2005：2。

40　汪維眞，〈明朝景泰年間鄉試解額調整史實鉤沈〉，《史學月刊》2005：10。

41　沈登苗，〈明清全國進士與人才的時空分佈及其相互關係〉，《中國文化研究》1999：4；〈明清雙籍進士的分佈、流向與明代移民史〉，《歷史地理》20(2004)。

42　曹國慶，〈明代江西科第世家的崛起及其在地方上的作用——以鉛山費氏爲例〉，《中國文化研究》1999年4期，冬之卷。

43　范金民、夏維中，〈明清江南進士數量、地域分佈及其特色分析〉，《南京大學學報》1997年第2期；〈明代江南進士研究之二：人數眾多的原因分析〉，《歷史檔案》1997年4期。

44　詳見郭培貴，〈二十世紀以來明代科舉研究述評〉，《中國文化研究》2007：4，秋之卷。

著與論點，多與何教授相似，不過在資料的運用上有新進展，如對於現存登科錄的調查整理及個別登科錄的考證，近年來也頗有進展。1969年，臺北學生書局編印《明代登科錄彙編》。2006年，寧波出版社影印《天一閣藏明代科舉錄選刊·登科錄》，是目前規模最大的明代科舉文獻彙編，給學者們在研究上很大的方便。其他與科舉相關研究，近年來大量湧現，對譯注工作，大有助益[45]。

何先生的《明清社會史論》，自1962年出版至今雖已半個世紀，此期間這個研究領域雖有上述的發展，但無論在論題的開創，運用史料與統計分析方法的精到，獲致結論的堅實，仍是其他相關著作不可倫比的。《明清社會史論》可說是一本中國史研究、社會史研究與東亞史研究及社會科學界譽為劃時代之經典鉅著。尤其在科舉與傳統中國社會階層與社會流動研究史上，其地位迄今仍是屹立不動的[46]。

何教授的《明清社會史論》至今已有意大利文、日文和韓文譯本問世，但仍未有中譯本刊行，實為一大憾事[47]。泓最初讀到何教授的鉅著，是1965年的夏天，剛考上台大歷史研究所碩士班，所長

---

45 詳見郭培貴，〈前言〉，《明代科舉史事編年考證》（北京：科學出版社，2008），頁i-xxxi。

46 詳見徐泓，〈何炳棣《明清社會史論》在明清科舉與社會流動研究史上的地位：《明清社會史論》譯序〉，《東吳歷史學報》，21（臺北，2009.6），頁191-201；收入徐泓，《二十世紀中國的明史研究》（臺北：台灣大學出版中心，2011），頁247-260。承蒙何先生惠允，又獲國家科學委員會贊助（97-2420-H-031-029-MY2），於2011年完成這本書的中文譯注稿。

47 義大利文譯本有Aldo Martignetti, (Trad. di). *La Cina: il sistema sociale, 1368-1911*. Torino: Unione tipografico-editrice torinese, 1974. 日文譯本有寺田隆信·千種真一訳，《科舉と近世中國社會 立身出世の階梯》（東京：平凡社，1993年）。韓文譯本有曹永祿譯《科舉制度의社會史的研究》，서울：東國大出版部，1987。

劉壽民(崇鋐)教授將何教授送給他的這本《明清社會史論》，賜贈於泓。於是開始一頁一頁地讀，初讀英文寫的中國史論著，最頭痛的還不是英文，而是中國史上的人名、地名、官名與書名等專有名詞，如何從英文還原爲中文，尤其這些字詞，在一般英文字典是查不到的，只好試著猜，猜到一個自以爲是的，就高興得不得了。當時邊看邊試著翻譯，居然譯了四章半，後來因爲忙著寫論文而中斷。泓之治明清鹽業史，完成碩士論文《清代兩淮鹽場的研究》[48] 與博士論文《明代的鹽法》[49]實受何先生大著〈揚州鹽商：十八世紀中國商業資本的研究〉("The Salt Merchants of Yang-chou: A Study of Commercial Capitalism in Eighteenth-century China")與《明清社會史論》啓發，是從中得知什麼是鹽戶、灶戶，什麼是社會階層與社會流動，明清鹽業與鹽商在中國史上有多重要；因而投入明清尤其是兩淮鹽業的生產與運銷的研究。取得學位以後，有幸留在台灣大學歷史學系任教，由於教學工作忙碌，也就擱下翻譯《明清社會史論》的工作。時值七十年代前期，正是保衛釣魚臺運動的高潮，許多留美學人學生不滿國民政府的對日態度軟弱，而投身運動；遭國民政府或吊銷護照，或視爲拒絕往來戶，何教授便是後者。當時國民政府對外雖軟弱，但對內卻很強硬，臺灣在威權統治下，校園氣氛甚爲嚴峻，尤其身爲學術教育界龍頭的臺灣大學，更是陷於「白色恐怖」中；先有哲學系事件，兩次整肅之後，幾乎完全改組；繼而傳說矛頭指向歷史系，於是風聲鶴唳，人人自危。何教授既然已列爲臺灣的拒絕往來戶，當然不宜再談他的著作。直至八十年代後期，解除戒嚴，何教授也恢復每兩年回來參加中央研究院院士會議

48　徐泓，《清代兩淮鹽場的研究》(臺北：嘉新文化基金會，1972)。

49　徐泓，《明代的鹽法》(臺北：國立台灣大學歷史學研究所博士論文，1973)。

的權利，泓乃重拾舊譯稿，以完成這一對泓學術生涯有重要關鍵作用的工作。無奈當時承擔學術行政，正負責臺灣大學歷史學系與研究所；1991年卸下重擔後，榮幸地被香港科技大學學術副校長錢致榕教授與校長吳家瑋教授找了去創辦人文學部；1993年底回臺以後不久，又為袁頌西校長找了去創辦暨南國際大學的歷史學系與研究所，並擔任教務長，尤其九二一大地震後，代理校長承擔校園復建及延聘新校長等善後工作；沉重的學術行政工作，阻擋了大部分研究工作。直到2002年自暨大退休，轉任東吳大學歷史學系的教職，教學工作單純，遂能重拾研究寫作工作。東吳大學歷史學系是劉壽民老師創辦的，泓擁有的何教授《明清社會史論》，原是何先生送呈他讀清華大學歷史系時的業師和系主任劉壽民老師的，後來劉老師賜贈予泓，真是機緣湊巧。於是重拾舊譯稿，矢志完成此未竟之業。不久，又蒙何教授約見，鼓勵泓繼續翻譯，並惠允協助解決翻譯中遇到的困難，隨後又獲國家科學委員會贊助此翻譯計畫，工作於是再度展開。

《明清社會史論》於1962年出版後，何教授又獲得到北京國家圖書館藏翁同龢收集的清代進士履歷便覽、會試錄與會試齒錄、舉人鄉試錄、貢生同年齒錄及在台北中研院史語所見到四種明代進士登科錄等新資料，1967年第二版即據以修訂，重新估算表9、表10、表12之數據，並修改其文字；因此，1967年修訂版與1962年原版中本章的內容有所不同。本譯文即以1967年修訂本(Ping-ti Ho, *The Ladder of Success in Imperial China: Aspects of Social Mobility, 1368-1911*. New York and London: Columbia University Press, 1967.)為底本。

這次翻譯時，一一查對何教授引用之原始文獻，還原於譯文之中，若有出入則以「譯注」形式說明。由於這本書出版已五十

年，此期間有不少相關文獻與研究論著出版，與何教授對話，對
於不同的意見及補強或修正的文獻資料，也要以「譯注」形式說
明。由於何教授徵引之資料，有許多不見於臺灣的圖書館，也一
一向何教授請教。有了何炳棣教授的協助，相信這個《明清社會
史論》譯注本不同於其他文字譯本，而爲較好的譯本，也是較理
想的中文版本。[50] 原書表格數字，除明顯計算錯誤而以【譯者按】
形式補充說明者，誤差值在±0.5以內者，悉依原書編排，不加更
動。

　　《明清社會史論》中文譯注本的出版，首先要感謝何炳棣先生
的賜序和校讀初稿，劉壽民老師的贈書，業師夏卓如(德儀)老師的
指導。感謝幾位匿名審稿先生仔細校讀，提出修改意見。感謝張繼
瑩、曾美芳、許馨燕、劉婷玉和江豐兆等諸位學棣在譯注過程中，
協助查對史料，討論和校對譯稿。感謝聯經出版公司發行人兼總編
輯林載爵兄的關心和支持，編輯部梅心怡小姐的細心編校。尤其要
感謝國家科學委員會在譯注工作最後階段的贊助，列入《人文及社
會科學經典譯注計畫》(97-2420-H-031-029-MY2)。最後要感謝內
人王芝芝教授五十年來的關心與全力支持，不但使泓無後顧之憂，
並且不時討論斟酌的譯注文字。由於大家的幫助與支持，何炳棣先生
的這本曠世鉅著《明清社會史論》的中文譯注本才得以問世。

徐泓

民國102年(2013)8月1日於

臺北市景美仙跡岩下二閑居

50　如寺田隆信之日譯本就有不少錯譯之處，如將順治十二年(1655)進士Ch'ang
　　Yun-hsiu〔萇孕秀〕誤譯爲「張雲驤」。

前言

本書係哥倫比亞大學認識近代東亞社會科學學術著作系列的第一本，作者何炳棣先生是英屬哥倫比亞大學教授，他的這部大作，大部分爲1958年至1959年在哥倫比亞大學東亞研究所完成，並運用了哥倫比亞大學東亞圖書館典藏豐富的明清時期圖書文獻。

過去二十年以來，我看到對中國社會與經濟史興趣的日益增長，在此只提何教授兩種最近出版具有開拓性的著作：〈揚州的鹽商：十八世紀商業資本的研究〉（《哈佛亞洲研究學報》第17卷〔1954年6月，頁130-68〕）與《中國人口史論，1368-1953》（劍橋，麻州：哈佛大學出版社，1959），*使他成爲開拓現代的中國史研究領域的一位領導人物。

長久以來，歷史學家和社會科學家關注中國社會流動的性質與程度；因爲解答這些問題可使我們對中國社會性質有深入的瞭解。這些問題有很強的政治性寓意，過去二十年已經有相當多的論爭。我們可以大膽地斷言：何教授的明清社會流動的研究是至今最詳盡的，它涵蓋的時間跨度超過差不多五百年，有系統地探究的中國文

---

*　【譯注】Ping-ti Ho, "The Salt Merchants of Yang-chou: A Study of Commercial Capitalism in Eighteenth-century China," *Harvard Journal of Asiatic Studies*, XVII(nos. 1-2, June, 1954). 中譯參見巫仁恕譯，〈揚州鹽商：十八世紀中國商業資本的研究〉，《中國社會經濟史研究》，1999年第2期，頁59-76；Ping-ti Ho, *Studies on the Population of China*, 1368-1953, Cambridge, Massachusetts: Harvard University Press, 1959. 中譯本參見葛劍雄譯，《明初以降人口及其相關問題：1368-1953》。北京：生活‧讀書‧新知三聯書店，2000。

獻之多遠超過研究這一論題的其他學者。

何教授關注社會現實,他相信中國法制文本常常不能反映真實的社會情況,因此還參究所討論時期各種形式的當代文獻;其中他所運用哥大特藏的家譜、墓誌和紀念文集,就是很少為人運用的文獻。

雖然這部著作集中討論社會流動,但對制度史的貢獻也不小。在何教授發掘的許多社會現實論題之中,還包括明代的家庭身分戶籍制度,明清科舉制度的一些少為人知的面向,社學與私立書院的運作,及資助前途看好舉子應考旅費的地方金庫的起源。這些討論與研究係根據地方志及其他地方文獻,而這些資料是全國性文獻無法提供的。對制度及其落實時產生的區域差異之詳細的背景知識,是注釋數字資料的先決條件。

何教授能聚集為期五百年的大量統計數字資料,可能會震驚研究歐洲史的學者;因為類似質量與數量的資料,在十九世紀以前的任何歐洲社會,可能都不存在。

韋慕庭(C. Martin Wilbur)
東亞研究所所長
1962年1月

目次

圖表目次

第一章

社會意識形態
與社會分層化

　　社會意識形態往往反映出其一部分形成期當時的社會現實情況。由於中國的主要哲學學派，都是封建時代晚期的產物；因此，構成各學派思想主要部分的社會意識形態，多多少少都帶點封建的理想，並爲封建的環境所形塑。晚期封建社會動態多方面的變遷，促使社會產生了各種廣泛而亟待解決的難題；各學派以不同的態度處理這個崩解中的封建社會秩序，提出自己的理論和方案，其多樣性正如同難題本身一樣。其中一個極端是儒家，歸本於極理想化的古代聖王，熱中於維護與加強這個由來已久的封建制度。另一個極端是法家，致力於廢棄現行的秩序，代之以一個統一的國家與威權的社會。我們現今的這個研究課題範圍內，不可能全面評述各古代主要學派的社會意識內容，但必須先討論一個大家都承認的「基本反論」（Basic Antithesis）。

第一節　基本反論

　　簡而言之，這個反論包含兩個基本對立的論述：一個是本於封建社會的歷史經驗而發展出來的封建制度基本概念，認爲社會需有階級之分，構成社會的各個階級，其權利與義務必須是不平等的。另一個則是超越封建界限，認爲階級社會固有的不公正情形，即使不能完全消除，也要實質上加以減輕，否則階級社會不能無限期地存續下去。在下面可以看到，各種古代的社會意識形態最終的融合，及調和這基本反論的企圖，深深地影響著過去兩千多年來中國社會的性格與結構。

　　古希臘在政治與社會的演進史上，曾經歷過民主統治的城邦階段，古代中國則不然，其景況爲封建的遺產所羈絆；因此，在封建和後封建時代的中國，幾乎完全沒有古希臘與近代西方意味的那種

平等觀。儒家社會意識形態的出發點，是以包括人類在內的萬物，生來就不平等。[1]孔子(周靈王二十一年至周敬王四十一年，551-479B.C.)及其學說之主要擁護者，均相信人類在智力、能力與德性上有很大的差異。人類天生的階層，恰好與當時的封建社會階層相契合。他們強調君子與小人根本上的差異，君子是喻於義的，小人卻是喻於利的。他們認為必須由君子統治小人，如此則君子與小人在社會功能、權利、義務及生活方式上種種的差異，就可正當化。

　　墨子(約周敬王四十一年至周安王二十一年，479-381B.C.)是一位出身寒微的哲學家，他攻擊儒家的看法與貴族的世襲特權，但也同意階級社會的存在是必要的。他說：

> 王公大人，蚤朝晏退，聽獄治政，此其分事也。士君子竭股肱之力，亶其思慮之智，內治官府，外收斂關市山林澤梁之利，以實倉廩府庫，此其分事也。農夫蚤出暮入，耕稼樹藝，多聚菽粟，此其分事也。婦人夙興夜寐，紡績織紝，多治麻絲葛緒綑布縿，此其分事也。[2]

墨子構想的理想國家與社會中，身分低下的人民，必須絕對服從身分高的人之命令。[3]

　　另外有一派思想，從公元前七世紀齊國名政治家管仲(約周平

1　《孟子注疏》，卷5下，頁3a；亦見James Legge(理雅各), tr., *The Chinese Classics*, vol.2, *The Works of Mencius*, p. 132.

2　孫詒讓，《墨子閒詁》，頁164-65，〈非樂〉上第三十二。trans. by Mei Yi-pao(梅貽寶), *The Ethical and Political Works of Motse*, p. 179.

3　墨子的社會與政治思想，參見Feng Yu-lan(馮友蘭), *A History of Chinese Philosophy*, vol.1, ch.5, esp. pp.100-3.

王四十四年至周襄王七年，727?-645B.C.)起逐漸形成，他們設計出
一個周密的社會與社會階級理論。要歸類這一派的作者並不容易；
因爲他們對於封建社會的態度雖近於儒家，但卻依靠政治控制謀
略，是法家的先驅。他們的觀念最後集大成於《管子》中，雖然這
本書傳說是管仲所作，但可能要到公元前三世紀才會成書。無疑
地，其中有某些章節語句與《齊語》只在字面上稍有不同；因此，
也反映著管仲時代的社會意識形態。[4]他們也主張社會應有嚴格的
階級分別，可以下列所引的語句證明：

> 朝廷不肅，貴賤不明，長幼不分，度量不審，衣服無等，
> 上下凌節，而求百姓之尊主政令，不可得也。[5]

書中接著又立下縝密的禁止侈靡浪費的法律，規定各社會階級的權
利、義務與生活方式。[6]管仲設計的理想社會，是「士農工商四民
者，國之石民也，不可使雜處」，士農工商必須隔離分居，而且他
們的身分必須世襲。[7]

　　隨著時代的前進，到了公元前四、三世紀時，法家的思想家與
政治家對社會所採取的看法，已大不同於《管子》；法家的工作是

4　關於這學派的政治思想和版本問題，具權威性的摘述，參見蕭公權，《中國
　　政治思想史》，第1卷第6章。

5　這段引文的英譯，取自L.A. Maverick, ed., *Economic Dialogues in Ancient
　　China, Selections from the Kuan-tzu*, p.39.【譯者按】：此段文字出於《管子·
　　權修》。

6　同前書，頁46、51。

7　《管子》，卷8，〈小匡〉第二十，頁5b-6b。我們說這一社會概念可能是管仲
　　自己的，理由是這一長段文字，只有少許差異，也出現於《國語》〈齊語〉
　　(《四部叢刊》版)，卷6，頁3a-5a。

要廢除橫隔在統治者與平民間的各種中間階級，並對世襲的封建貴族予以永久性的一擊。他們的目的在建立統一的國家，所有的權力集中在專制君王之手；雖然他們為古代中國政治與社會理論帶來重要的新因素，即君主統治下的子民，在權利與義務上一律平等，卻使統治階級與被統治階級間的鴻溝更為加深。那些長久以來建立在中間階級與下層封建階級的保障一旦被清除之後，這些中間階級與下層封建階級的成員，就降為專制統治者的工具，只是協助其統治而已。公元前四世紀最成功的法家政治家商鞅(周安王七年至周顯王三十一年，395-338B.C.)曾說：「農、商、官三者，國之常食官也；農闢地，商致物，官治民。」[8]公元前三世紀後期法家的集大成者韓非(約周赧王三十四年至秦王政十四年，281?-233B.C.)也曾說：社會上應該「貴賤不相踰，愚智提衡而立，治之至也」。[9]

　　很清楚地，不論是擁護封建秩序的儒家理想主義者，或《管子》一書中所代表的政治權術家，或攻擊某些封建的特權而想拯救大眾的墨家，或加速封建制度死亡的法家，都沒有捨棄不平等社會的觀念。雖然各家各派對於社會中層各階級的態度明顯不同，但是他們都同意統治與被統治階級間有極深的鴻溝。甚至連促成絕對專制國家與社會的法家，雖然堅持主張平民在法律上平等，理論上拋棄了貴族的古代高貴的社會地位與特權，卻更極端化統治者與被統治者間的距離，正當化了制度上兩者之間的不平等。唯一完全放棄

8　《商子》，卷5，頁4a-4b。J.J.L. Duyvendak(戴聞達), tr., *The Book of Lord Shang, a Classic of the Chinese School of Law*, p.306. 【譯者按】：語出《商君書‧弱民第二十》。

9　《韓非子》，卷2，頁2b；trans. by W.K. Liao(廖文魁), *The Complete Works of Han Fei-tzu, a Classic of Chinese Legalism*, p.41. 【譯者按】：語出《韓非子‧有度第六》。

階級社會觀念的學派只有道家，對道家的學者來說，在形上學上，萬物都是平等的，只要人類、動物、植物、礦物均能依其本性而生活，所謂高低、是非、大小、強弱的問題，均不存在。[10]但由於他們這種近於無政府主義的反社會態度，使他們在傳統中國社會思想上並未留下長久的影響。直到1840年代，中國的門戶被西方打開以後，中國人才第一次接觸到近代西方的社會與政治平等觀念。[11]

雖然各學派對整個社會的觀念不同，但在企圖解決社會意識形態的這一共通反論時，他們提出的理論與建議卻極為相似。他們都瞭解，除非能有效地糾正封建制度中不公正的弊病，否則無法挽救這衰敗已久的封建秩序。孔子發現人在智力、能力與德性上的天然階級，與基於世襲的封建階級是不必然相當的；解決這個衝突的方法有二：第一，人不論高層與低層，均須注意正名的原則，換句話說，就是每一種身分均有名與實，名實必須相副；因此，君王除了握有君王的身分與特權外，還必須盡君王這個身分該負的一切義務，其他各社會階級也是一樣。如果做不到，則君王就失去做君主的資格，有如獨夫。這種理論推至極致，便是孟子所正當化的人民反抗暴君權利。但我們從孔子時代所發生的事件來看，這種完全依於道德制裁的理論，大體上是無效的。

長遠來看，比較有效的方法是孔子對理想化階級社會所提出的

---

10 Feng Yu-lan, *A History of Chinese Philosophy*, vol. 1, chs. 8 and 10; vol. 2, ch.6.

11 必須注意的，是中世紀中國佛教思想家也持平等說，但這是形而上學的平等，而不是社會的和政治的平等。參見丁福保，《佛學大詞典》，頁854-56。同樣地，道家哲學者關心的是純粹形而上學意味的「絕對的自由」（absolute freedom），傳統中國缺乏近代西洋的自由概念，參見E. G. Pulleyblank（蒲立本），"The Origins and Nature of Chattel Slavery in China," *Journal of Economic and Social History of the Orient*, vol.1, no. 2（April, 1958），p.209.

第二個主張，也就是按照個人的才能、賢德、功勳來選擇統治人才。因爲他相信政治與社會的衰亂都是從社會或國家的上層階級開始，「君子之德風，小人之德草，草上之風必偃」，若君子(孔子的定義是指道德高尙之人)在位；則和平、秩序、正義存乎人間。關於「君子」一詞，雖然孔子也用來指身分高的人，但他又於這種傳統用法之外提出新的意義，指學問與德性高超的人，而且由他的言論中可看出他是傾向於這種新的用法。[12]事實上，若分析孔子的整個思想系統，顯然他認爲賢德者在位是好政府的基礎。

　　問題是如何在人群中，把道德、知識高的賢德之人與平庸之人分辨開來，選出賢德的人。孔子認爲人的智力與能力生而不平等；但在封建制度下，大部分的人，包括許多天賦高的人，沒有受教育的機會。因此，孔子提出「有教無類」的不朽主張，不論出身高低均應給予平等的受教育機會；只有如此，優秀的人才能選出，才能辨別出來。[13]孟子(周烈王五年至周赧王二十六年，371-289B.C.)，這位孔子學說的最佳注釋者，以未被證實的古代傳說爲據，主張國家有義務設立各種程度的學校，來教育人民。[14]在孔子那個時代，教育還是世襲封建貴族的專利；於是他致力於實現「有教無類」的主張，不論門徒的社會出身，均給予平等的學問與道德上的教導，可謂社會與學術解放之先聲。因此，孔子及其門徒雖極欲延續封建制度之生命，卻反爲一切基於個人的才能而不是世襲身分的新社會秩序開路。他們一面擁護階級社會，一面經由教育帶來社會平等，

12　有關君子概念傑出的研究，是雷海宗，〈春秋時代政治與社會〉，《社會科學》，第4卷1號(1947年10月)。有關君子一詞的語源權威性的討論，見於蕭公權，《中國政治思想史》，第2章5節。

13　《論語注疏》，卷15，頁6a。

14　Legge, *Works of Mencius*, p.118.

推倒其天生的不公正，這就是為什麼儒家社會意識能超越封建的界限，在封建制度崩潰後尚能長存的原因。

就在孔子死後的兩個半世紀，中國進行了深遠的政治、社會和經濟的變遷，封建制度的瓦解迫在眉睫，如果要挽救部分的舊秩序，就需要一種較徹底的改革理論。墨子由於身處的時代不同和出身的寒微，其提出的理論基礎，雖不如孔子精細，但卻更激進而無保留：

> 古者，聖王之為政，列德而尚賢。雖在農與工肆之人，有能則舉之，高予之爵，重予之祿，任之以事，斷予之令。曰爵位不高，則民弗敬；蓄祿不厚，則民不信；政令不斷，則民不畏。舉之者授之賢者，非為賢賜也，欲其事之成。故當是時，以德就列，以官服事，量功而分祿；故官無常貴，民無終賤。[15]

因此，統治與被統治階級間清晰的界線，取決於個人的成就與德性，完全地正當化了階級社會的繼續存在。

在孔子的時代，各國間維持均勢，武士精神與對階級社會的尊重仍然存續。公元前四、三世紀，則是個戰國七雄割喉式鬥爭的時代，馬基維利主義(Machiavellism)正興，社會流動加速。布衣出身的才智之士，位至卿相，和成為著名政治家的例子極多。社會地位，主要應由個人的才智來決定的觀念，早已深入人心，例如商君就主張「利祿官爵，搏出於兵」，官職不論高低皆不能自動承襲。除了加強軍事戰力外，法家又承認增加農業生產的功勳，因為只有

15　Mei, *Works of Motse*, pp.32-33.【譯者按】：語出《墨子‧尚賢上第八》。

農戰會使國家富強。[16]

這個變遷劇烈的時代，也使儒家的風格發生顯著的改變，荀子這位公元前三世紀的首要儒家思想家，更進一步說：「雖王公士大夫之子孫，不能屬於禮義，則歸之庶人；雖庶人之子孫也，積文學，正身行，能屬於禮義，則歸之卿相士大夫。」[17]這就是他所認為的「王者之政」的基礎。

在中國上古的哲學家中，荀子(約周赧王二年至秦王政九年，313?-238B.C.)對社會現象有較深的洞察力，他為解決上面所提到的各派共通的基本反論，明確地提出內涵更豐富的理論：

> 樂意者其是邪？夫貴為天子，富有天下，是人情之所同欲也。然則從人之欲，則勢不能容，物不能瞻也。故先王案為之制禮義以分之；使有貴賤之等，長幼之差，知賢愚、能不能之分；皆使人載其事，而各得其宜。然後使穀祿多少厚薄之稱，是夫群居和一之道也。故仁人在上，則農以力盡田，賈以察盡財，百工以巧盡械器，士大夫以上至於公侯，莫不以仁厚知能盡官職；夫是之謂「至平」。故或祿天下而不自以為多，或監門御旅、抱關擊柝而不自以為寡；故曰：「斬而齊，枉而順，不同而一。」夫是之謂人倫。[18]

16　Duyvendak, *Book of Lord Shang*, p.48.【譯者按】：語出《商君書・賞刑第十七》。

17　Homer H.Dubs(德效騫), tr., *The Works of Hsuntze*, p.121.【譯者按】：語出《荀子・王制第九》。

18　這段引文的英譯錄自Dubs, tr., *The Works of Hsuntze*, pp.65-66，唯一不同之處，是「至平」一詞的英譯，德效騫將這個《荀子》思想的關鍵詞譯為「大平均、大平和」(Great Equableness)。在J.K. Fairbank(費正清)編的*Chinese Thought and Institutions*(Chicago, 1957)一書，收錄T.T. Ch'ü(瞿同祖)的論文

　　因此，至遲到公元前三世紀，各家各派不管彼此間有多長久的互相攻擊，但在社會意識上確實都找到一個共同的準則，那就是經由尚賢的原則，解決了他們共通的反論，唯一剩下的理論難題，簡要地說，只是各派如何對「賢」下定義，以及各種不同的「賢」之定義最終如何地統合。

　　在主要的各家中，只有法家對「賢」下了清楚的定義，他們以為「農、戰」才是賢。儒家與墨子之徒則對「賢」的定義下得較為模糊，但由他們主要的學說中仍能找出其主要的特質。儒家以為賢或德主要包括學識、行政能力與仁、義、正直、良心等道德。墨子之徒則以為賢或德應包括兼愛、非攻、節用及具有救民於匱乏和悲慘生活之中的宗教信念與使命。雖然墨家勇於攻擊儒家，說他們不情願實行兼愛，而且為上層階級奢華的生活辯護，只重文化的價值而忽略了實用的價值。但由於儒家學說頗富彈性；因此，兩家對於「賢」的觀念，只是程度上的不同，並非種類上的差異。儒家的愛雖有等級，但這個愛由自身向外推及整個社會的理論，實際上已與墨家兼愛的中心思想相去不遠。因為儒家的仁心是人與人間的愛，仁人是要把仁愛由近親推及遠人。儒家雖未公開地提倡儉樸的生活信條，但至少也倡導統治階級應過合理的節儉生活，他們也相當瞭解衣食充足與財產安全，對於維持社會秩序與培養榮譽心之重要。儒墨之根本差異，只在儒家的人文主義者能欣賞文化的價值，而墨

<hr />

（續）

　　"Chinese Class Structure and its Ideology"，他在該書的頁237，將「至平」譯為「終極平等」（ultimate equality）。此處不採用瞿同祖的英譯。從《荀子》章句全文，及我們對古代中國主要社會意識的檢討，可知古代中國思想家並無社會平等的觀念，他們充其量也不過是希望為一個非平等主義的社會帶來最大限度的「公平」（equity）。這段引文的文本引自《荀子》（《四部叢刊》版），卷2，頁22a-22b（【譯者按】：係《荀子·榮辱第四》）。

家卻有極深的近乎宗教信仰的狂熱、極端的節儉與反文化的偏見；也就因爲墨家這種不妥協的態度，終於使他們在中國成爲大一統帝國之後漸漸消失。

　　有一段時間，法家似乎勝過任何其他學派，但徹底實行法家以建立中國史上第一個統一帝國的秦朝，卻很短命。國祚長久的漢帝國，在公元前206年建立後，各家思想漸趨融合，特別是儒家與法家。雖然治理統一的帝國，須靠法律，而不是靠儒家高超的道德原則，但法家嚴厲的部分，也須以儒家來軟化和掩護。也就因爲儒家的主張合於常識、常情、常理、人文主義、普遍性、能隨著時空調整，也能吸收其他學派有用的學說，使他們能漸漸勝過所有的競爭對手。而且由於他們贊成階級社會的理論，與帝國政府配合得很好，終於在漢武帝(建元元年至後元二年，140-87B.C.)強化專制統治的時期，儒家獲得其獨尊的地位。又因爲強大的中央集權政府，只承認有限的世襲特權，漢代君主採用一些特別的方式來進用統治階級的成員，於是部分地解決了上古時代各家社會思想共通的反論：一方面承認社會是有階級的，不同階級的成員有不同的權利義務，另一方面又要消除階級社會的不公。

　　上古各家對賢的觀念之統合，可由漢朝選官標準之多樣化得到證明，特別是地方官是由察舉制甄選。武帝元光元年(134B.C.)以後，郡國必須定期薦舉人才爲政府所用，有時京官也須薦舉人才充任較低的京官。受薦舉的人才主要分爲四類：(1)「孝悌力田」，孝順、友愛兄弟、勤勉和精於農事著稱之士。(2)「孝廉」，以孝順與廉潔著稱之士。(3)「秀才」或「茂才」，才能非凡之士。(4)「賢良方正」和「賢良文學」，品格高潔的忠諫之士與具文學才能之士。此外，還有些不定期進用政府官員的次要方式，包括對古籍有特殊造詣的「明經」，及通曉兵法、天文及災異之士。王莽當政

的短暫期間(始建國元年至更始二年，9B.C-A.D.24)，曾召數千「賢
才」至京，其中有通曉天文、曆算、樂律、文字訓詁者，亦有史
家、預言家、本草學家與博物學家。[19]

　　這種融合各家而成的「賢」的觀念，此後仍然保持如此寬廣的
範圍，例如公元三世紀中期的劉邵《人物志》中，列舉十二種政府
需要的人才，及其應具有的三種基本資質：德(德性)、法(通曉法
律)與術(熟練政治統御與行政之方法與技術)，是一部有系統地評
論人才的著作。[20]這就是儒家與法家觀念之完美的結合。一位晚明
的學者(【譯者按】：即沈德符)指出，在唐高宗顯慶二年至文宗太
和二年(657-828)間，唐帝國政府至少用了六十種以上的賢才德目
來選官，以補競爭激烈的科舉取士制度之不足。雖然這些賢才德
目的注釋相當隱喻，但都廣泛地與德性、文學訓練、行政能力和
軍事知識相關聯。也由於唐代對賢才觀念的廣泛，政府甚至會在
必要時舉用精於樂律、有哲學傾向的隱士，和那些志願從容就義
的烈士。[21]

　　但隨著時代的前進，賢才的觀念卻越來越窄狹，到了明清時
期，有大部分時間，賢才的觀念竟緊縮到只剩經書的知識、僵化的
行政理論和文學的學識。這個賢才觀念長期變遷的原因相當複雜，
但值得做一簡要的分析。

19　勞榦，〈漢代察舉制度考〉，《中央研究院歷史語言研究所集刊》，第17本
　　(1948年)，頁79-131。

20　劉邵，《人物志》(《四部備要》版)，全書各處，特別是卷3，頁6a-10b。
　　景初年間(237-239)，劉邵在篡漢的曹魏朝廷任官，奉旨制定官吏人才考課
　　登用規則。參照呂思勉，《秦漢史》，頁659。

21　沈德符，《野獲編補遺》(萬曆三十五年〔1607年〕序，同治九年〔1870〕
　　年翻刻)，卷2，頁47b-51a。

　　第一，漢代及其後的察舉制，理論上，是以廣闊的賢才觀念爲基礎，卻常不能發揮其重要的社會與政治的功能。漢代經由察舉進入政府服務的人，其中大半是現任的低級官員，或官員的後代，及讀書人家的子弟。近代有一項詳盡的察舉制度研究顯示，經察舉這個途徑進入政府做官的人，從他們留下的傳記看，只有極少數是布衣或非讀書人家庭出身的。[22]從公元二世紀末起，中央政府權威漸失，地方上豪族的影響力大增，察舉制越來越被濫用，後來成爲只是豪族延續自己權勢的有利工具而已。

　　由於察舉制發生的流弊與作爲社會流動的途徑之失敗，使這個制度在後漢帝國於公元220年亡國以後，便不再繼續實行，而由九品中正官人法代替。九品中正官人法之下，在每　州郡置　新官名曰中正(字義爲「不偏」「公正」)，其職權在品第與核實本地人才，分爲九品，以供選用。[23]這個制度本爲糾正漢代察舉制之流弊，但很快地被濫用，以至於官品普遍皆依候選人的家庭地位而定。

　　晉愍帝建興四年(316)，華北陷入胡人手中，國家在政治上四分五裂，雖然有些胡人集團對北方豪族做致命性的鬥爭，但這些不願南遷築塢自保的豪族並不好對付；所以，五胡中最成功的，例如氏人所建的前秦(前秦高祖皇始元年至末主延初元年，351-394)與鮮卑拓跋氏所建的北魏帝國(北魏道武帝登國元年至孝靜帝天平元年，386-534)，都瞭解到爭取中國地方豪族支持的重要。於是在北魏的種族與政治妥協之基本政策之下，北方的豪族與鮮卑的貴族合

22　趙翼，《廿二史劄記》，頁27(【譯者按】：係卷二〈賢良方正茂材直言多舉現任官〉)。勞榦，〈漢代察舉制度考〉提示大量所有現存的薦舉人物傳記爲例證。

23　楊筠如，《九品中正與六朝門閥》，全書各處。

作，出任內政高官，以延續家族的生命。[24]在南方的漢人王朝(東晉元帝建武元年至隋文帝開皇九年，317-589)，則依靠當地南方豪族及五胡亂華後由北方南遷的世家大族支持；因此，社會階層的秩序，特別是上層社會變得更僵化。[25]在這將近三個世紀期間，不論南北，政治領域均由世家大族所控制，雖然仍有出身寒微的人因其雄心大志與賢能成為高級官員。[26]但一般來說，高階官位仍然是世家大族世襲的。

第二，開皇九年(589)，隋室統一中國，緊接著的是唐朝(唐高祖武德元年至昭宣帝天祐四年，618-907)，有必要建立一些選官的客觀標準，以及具競爭性的文官考試制度。[27]初唐時代考試分為「秀才」(才能不凡之士)、「明經」(飽學經書之士)、「明法」(法律事務熟練之士)、「明書」(書法高明之士)、「明算」(算術

---

24 唐長孺，《魏晉南北朝史論叢》，第六篇論文(【譯者按】：係〈晉代北境各族「變亂」的性質及五胡政權在中國的統治〉，《魏晉南北朝史論叢》，頁127-92。)

25 王伊同，《五朝門第》，全書各處。

26 趙翼，《廿二史劄記》，頁106-7，〈南朝多以寒人掌機要〉；頁157-58，〈江左世族無功臣〉。王伊同，《五朝門第》，第4章3節。唐長孺，《魏晉南北朝史論叢續編》，頁93-123，〈南朝寒人的興起〉；頁128-31，〈南北朝後期科舉制度的萌芽〉。

27 由於篇幅的限制，不能充分地討論考試制度等長久複雜的歷史。我們可以說的，是漢代對某些範疇推薦人士，有要舉辦筆記或口頭考試。在政治分裂期(【譯者按】：魏晉南北朝)的後半，也對少數受薦舉人物進行考試。隋及唐初的考試制度，不過是以前那種為特定目的實施的考試之延續、擴張與合理化而已。漢代考試實例，參見Homer H. Dubs(德效騫), tr., *History of the Former Han Dynasty*, Ⅱ, p.20。後漢及南北朝時代斷斷續續零星舉辦的考試，參見杜佑，《通典》，卷13、卷14，及馬端臨，《文獻通考》，卷28。隋、唐科舉制度先行情事，資訊豐富而簡潔研究，見唐長孺，《魏晉南北朝史論叢續編》，頁124-31，〈南北朝後期科舉制度的萌芽〉。

精通之士)和「進士」(文意爲「高級學者」，西方學者常視之爲
「文學博士」)等六科，除了最後的進士一科外，皆可以上溯漢
代，只是以前是察舉，現在改用考試登進而已。這些考試反映的賢
才觀念並不狹隘，而且仍經常大規模地薦舉各種賢才。[28]

　　然而經過反覆試驗、不斷摸索，這個寬泛的賢才觀念逐漸縮小
到只剩進士一科。進士科創立於隋大業年間(605-618)，一直延續
到清光緒三十年(1904)。這個變遷的原因有好幾個：第一，唐初所
立的秀才科，標準訂得很高，只有少數高才博學傑出者才可應試，
貞觀年間(627-649)，有推舉而不中第者坐其州長，由是秀才科遂
絕。[29]而明算、明書與明法三科，又因爲太專門而不能作爲主要登
進途徑。因此，在唐立國後百餘年中，明經與進士就成爲兩種最重
要的學歷。明經考試有三，首先要由下列經書：記錄禮儀的《禮
記》、記春秋各國歷史的《左傳》、論說孝順的《孝經》、孔子語
錄的《論語》與解釋字意的辭書的《爾雅》中各選一段，背誦帖文
十條，由考官給士子幾個字作爲起頭，在這十條帖文中，應考士子
若能背誦五條以上，才算及格；第二場考試是口試經問大義十條，
答對六條以上才算及格；第三場考試是明白地作答指定的時務策三
道，題目都是與時事或行政方面相關的。進士科與明經主要的區
別，在不必考記誦帖經，但要多考兩道時務策，而且把口試經問大
義改作詩賦。

　　岑仲勉教授曾對作爲學術資格考試的明經科，爲何不久之後便
不受一般人的尊敬及進士科獨尊的原因，做出很好的解釋。[30]簡要
地說，明經科注重機械式的記誦，而進士科則重創作；記誦是比較

28　岑仲勉，《隋唐史》(上海，1957)，頁183-84。

29　杜佑，《通典》，頁83。

30　岑仲勉，《隋唐史》，頁181-90。

容易的，只要努力就可以達到，而文學創作(指詩賦)卻要富想像力，不是光靠努力就可以達成。因此，一般人均把明經科比作鸚鵡學舌。而且明經科口試經問大義，缺乏客觀標準，易於舞弊矇騙；又由於進士科每年平均錄取不過三十名，這個數額較後代少得多；[31] 所以得之不易，人皆貴之，乃有「五十少進士，三十老明經」之諺語。[32]就因為進士科之貴，使那些可由其他方式入仕途的貴族子弟也要參與考試，與平民相競爭。舉一個極端的例子，晚唐的一位皇帝(【譯者按】：即宣宗)甚至自題其姓名於宮中殿柱上曰：「鄉貢進士李道龍」。[33]雖然一般文體已漸改為散文，但唐政府的公文仍需使用高度嚴格而洗練的駢體文。因為沒有一科需要像進士科那麼要求超高練達的文學技巧，久而久之，進士科出身升遷至政府中樞高官的機會，顯然較為優越；因此，初唐所有的科目中，只有進士科能得到社會威望，而且一直延續下去。

　　第三，表面上唐代與唐代以後的進士科，似乎與早期的賢才觀念相乖違，但經進一步的研究得知，其間的差異比一般想像要小得多：首先，唐宋時代曾列出一些賢能項目薦舉賢才出仕，但不過是一種裝飾品點綴點綴而已，並非有其真正的目的；因此，由這一途徑入仕的人並不多。唯一的例外是明代(太祖洪武元年至思宗崇禎十七年，1368-1644)最初的七十多年，由於政府對官員的需求極大，薦舉制才在選官方式中超越科舉制而占重要地位。可是一旦官僚組織達到飽和狀況，明朝政府便幾乎只依靠科舉制定期地補充官員。[34]不論科舉制的範圍多麼有限，但它總比薦舉制客觀，而且少

31　唐代科舉各種科目每年額數的詳細資料，參見馬端臨，《文獻通考》，卷29。

32　王定保，《唐摭言》，頁4。

33　陳寅恪，《唐代政治史略論稿》，頁63。

34　參見本書第5章第6節〈戰爭與社會大變動〉。

受黨派勢力的影響。自從進士科成爲主要出仕之途以來，曾有一系列的辯論，比較考試制與其他選官方法的優點，其中最精緻的討論出現在十一世紀的後半。雖然有些著名的宋初政治家主張大事修訂進士科，甚至主張最終要廢除進士科，但最終並未帶來永久性的改變。在教育理論與選官方法爭論中，以大詩人蘇軾（宋仁宗景祐三年至徽宗建中靖國元年，1036-1101）的見解最爲平實。他以嚴格的功利觀點立論，認爲自政事言之，則無論詩、賦或策論（多基於陳腐的古人意見），均爲無用，與行政效率無關；但在中國文化傳統中，進士科仍然是最好的方法。他指出，雖然進士科與實際行政需要相去甚遠，但自唐至宋，以詩賦起家的成功官員與出色的政治家不可勝數；因此，仍是個相當適宜的取士方法。[35]雖然十一世紀末關於教育方法的爭論已然明晰，但是直到十九世紀中葉，遭到西方挑戰而暴露這種教育方法缺點之前，其間並未出現任何更新的見解。原則上，進士科需要的知識範圍並不狹隘，與儒家所提倡之通才教育理想相當接近。而且即使有人能將老生常談式的古代理想與原則，加以模仿改造成新的，並因此僥倖地通過考試，但準備考試所需的通才教育，常能使應考士子養成施行善政切要的資質，健全的判斷力與常識；在一個行政問題比較簡單，不需大量專門知識的時代，這已經足夠了。

　　總之，雖然唐代及唐代以後的科舉制度所反映的賢才觀念，已較古代察舉制更爲窄狹，但在客觀性上已大有進展；因此，岑教授明確指出，進士科之所以能長存於中國，並非由於某些唐代君主的奇想，而是經驗主義的結果。[36]

35　十一世紀後半，有教育理論及官吏登用方法之答辯概要，參見方豪，《宋史》，卷1，頁66-70。

36　根據陳寅恪教授精彩的學說，進士考試，主要是武后要打破初唐關隴貴族集

　　自從唐代競爭性的科舉制永久地制度化之後，古代那種統治階級成員應由個人賢否來決定的觀念，已穩定地建立。唯一的例外是十世紀末至十三世紀，由外來的契丹人與女眞人在華北創建的遼朝、金朝，蒙古人建的元朝（世祖中統元年至順帝至正二十八年，1260-1368），但甚至在這些外人的統治之下，科舉考試仍存，只是不定期地舉行而已。

　　讓我們回顧一下，雖然各家均瞭解在權利不平等的社會中，社會公平的重要，但只有儒家根本地碰觸到問題的核心，因爲孔子的門徒不只關注建立基於賢才來決定個人社會地位的觀念，而且還爲寒微之士創造公正的機緣結構。就像孔子及其學說的注釋者所瞭解的，缺乏教育機會往往使具有天賦智力的窮人無法完全地證明他們的價值，儒家相信社會公平的眞實形式是教育平等；若無教育平等，則一個各階級間權利、義務與功能不平等的社會，終究不能被認爲是正當的。

　　因此在漢武帝獨尊儒術時，便在京城設立太學，作爲儒家落實其眞正精神之初步；但除了少數由「模範」官員所設立的郡學與地方學校外，漢代的教育仍然離廣大的群眾相當遠。這種情勢大致持續到十一世紀的宋代，[37]才有更多的學校在大的省（路）或府州城設立起來。私人書院也在此時出現，只是數量上比明清時代要少得多。明代初期，由於皇帝屢次告誡，儒家的理想更進一步地實現，除了未開化的地區外，全國各府州縣都設有官學，鄉村中的社學也

（續）————————————
　　團的政治獨占，有意採取的政策之結果。這個學說近年爲其他學者有力地修
　　正，見E. G. Pulleyblank, *The Background of the Rebellion of An Lu-shan*, vol.
　　I，特別是岑仲勉，《隋唐史》，頁181-90。
37 《文獻通考》，卷40、卷41。

在地方社區的努力下設立起來。加上印刷術不斷改良，及私立書院如雨後春筍般地設立，更增加了教育的機會。[38]雖然在中國歷史上，儒家教育機會均等的理想，從未完全實現過，但明清時代卻比前代更接近理想。隨著時間的前進，上古時代各家思想所觸及的基本的社會反論，雖離完全解決尚遠，但總算得到較有效的處置。

第二節　社會分層化

共同的社會經驗使先秦各主要學派的思想，在社會分層化的理論上獲致相似的原則，尤以儒家說明得最爲適切。自儒家從公元前二世紀晚期建立正統地位以來，儒家的社會分層化理論，便成爲以後兩千多年的指導原則，其中又以孟子的闡述最爲清晰有力，他說：「或勞心，或勞力。勞心者治人，勞力者治於人，治於人者食人，治人者食於人，天下之通義也。」[39]這種基於勞心與勞力而建立的統治者與被統治者間鮮明界線的見解，先秦各主要學派，如墨家、管子書中所代表的政治策略派與法家也都同意。

統治階層地位之高貴，可由許多象徵性的榮譽顯現出來，雖然其細節各朝代不同，但大體上總是把官員與平民區別開來。明清時代，這些象徵甚至延伸到官員日常生活的每一面，從服裝的式樣、宅邸、馬車、轎子、及行路時跟隨的侍衛僕人的人數，到葬禮和墳墓的枝微末節之處，凡是世襲貴族與官僚組織中人，均依其品位有一定的規定。此外，官員圈子裡的每一分子都享有部分的法律特權，他們可免徭役，而一般平民除非有功名，否則均有服役的義

38　將在本書第262-66頁詳細地論述。【譯者按】：譯本在第5章第5節中。

39　《孟子注疏》，卷5下，頁1b-2a；Legge, *Works of Mencius*, pp.125-26.

務。理論上，他們依官場的禮法而生活，不受普通刑法的審訊，不受體罰，甚至犯了法，若無皇帝的特別敕令，也不得任意拘捕。雖然有許多明清的官員被囚禁獄中或處以死刑，但審判之先，總要舉行一個重要的典禮，剝奪他們的官品；於是在理論上，他們的地位已降爲平民，這樣才能進行審判。[40]

在統治官員層之下，全國人民大致習慣地分爲四民，即四種主要的職能：士、農、工、商。這種粗略的分類至少可以上溯至封建時代末期，在《管子》與《國語》(春秋各國的年鑑)二書均有系統的說明。[41]但這種職能分類過於寬泛，不能作爲社會階層的分類原則。

在平民之下，明清時代還有爲數不多的「失去社會地位(declassed)」或「墮落的(degraded)」的賤民集團，包括有山陝的「樂戶」(跳舞、唱歌及宴席上的演藝人員)、江蘇與安徽的「丐戶」(乞丐)、浙江的「墮民」(怠惰之民)、廣東的「蜑戶」(水上人家)與安徽南部的「世僕」、「伴檔」(世襲僕人)。除了這些地區性的賤民之外，還有一些分布於全國各地的奴婢、妓女、戲子、耍把戲娛人的藝人及某些類的皀隸；[42]他們沒有普通平民應有的權利，法律上還禁止他們和平民通婚。[43]他們約占全國人口的1%，雍

---

40 關於傳統中國法律的地位不平等優良的研究，參見瞿同祖，《中國法律與中國社會》，第3章4節。

41 《管子》，卷8，頁5b-6b。

42 《清朝文獻通考》，頁5026-27。

43 這是因爲中國傳統的「良」「賤」概念，與歐洲傳統的「自由」「非自由」的概念甚爲不同。參見Pulleyblank, "The Origins and Nature of Chattel Slavery in China," *Journal of Economic and Social History of the Orient*, I(part 2, April, 1958), p.207-9.

正(1723-35)時幾次敕令解放他們。[44]賤民在法律上的完全解放，可由他們後代所享的權利得到證明；從他們解放時起算，經過三代便可以參加科舉；最嚴重的歧視法律從此取消，他們參與社會流動上升的主要途徑，也因此而開放。這個事實，可由許多賤民的後代充分利用社會的解放機會，在未滿法定的三代過渡期，就已捐得監生資格，得到證明。[45]

於是，社會秩序的理想就以法律上身分地位之配列來表示。關於孟子的社會分層化理論之實際應用，必須注意四個基本的考慮：第一，「一個階級，如果性格上是穩定的，在變遷緩慢的狀況下，常使人誤以為其成員資格也一樣地穩定。」[46]這個理論對統治的官僚階級與平民間之分界來說，特別正確，不論在那一個時代，兩者間的鴻溝似乎是深得可怕；但尤其在科舉制度成為定制之後，統治的官僚階級的社會成分經常變動。在下面幾個章節可以看到，官僚階級與平民在法律上地位之分別，僅是條分界線而已；這條界線並不能對社會流動構成有效的障礙，有能力有大志的人仍然可以跨越。

第二，雖然法律規定了四民的前後次序，士為其首，次為農、工、商，但中國史上有那一個時代曾嚴格地遵守，還是很值得懷疑。由於決定社會身分地位的主要因素：教育、勞力與財富的相對重要性過於複雜，有必要在下一節做有系統的討論。

第三，雖然法律文書提示我們，傳統中國社會主要由兩個明確

44　《清朝文獻通考》，頁5026-27。

45　《學政全書》(嘉慶十七年〔1812年〕版)，卷18。

46　Sylvia I., Thrupp, "Hierarchy, Illusion and Social Mobility: A Comment on Ping-ti Ho, *Aspects of Social Mobility in China, 1368-1911*," *Comparative Studies in Society and History*, vol. II, no, 1(October, 1959), pp.126-28.

互相對立的階級組成，即統治與被統治階級；但事實上往往是多元階級的社會(multi-class society)。統治階級成員的社會成分並非一致，這將在下一段討論。所謂四民之分，雖反映部分晚期封建的理想，但對後封建時代的中國社會(Post-feudal Chinese Society)階層來說，幾乎完全無用，例如後封建中國，「農」字雖表示農民或農場主，實際上，它包括了所有跟農業有關的人，如大、中、小地主，自耕農、及有一小塊土地但不夠維持家庭必須再租地的半自耕農、與佃農、雇工。同樣地，工與商也分成各種不同的身分群，從小手工工匠到資本工業家，從小商人與零售商到商業大亨。因此，平民必須依其職業、財富、收入、教育、生活方式與接近社會威望與權力之程度，來決定他們的社會階層。由於缺乏基於多樣而有系統的歷史資料，想將平民的社會階層做更細的劃分有其困難；但很明顯的，傳統的中國常是個多元階級的社會。

有關平民階層中的上層，資料比較豐富。初階科名者(秀才)所擁有不同於平民的特權地位，在後面會仔細討論。明清的小說中，對一位有很多財產的人，不論他是否受過良好的教育，常尊稱為「員外」；或大抵依經濟地位為基礎，稱一個家庭為大戶或小戶。這表示平民自己就有階級意識，社會的區分已不再依據法定的四種功能體系(四民)。自明景帝景泰二年(1451)起，政府為了財政上的需要，被迫頒贈榮勳給捐錢穀來助國家賑災及籌措軍餉的平民，凡軍民捐穀數百石以賑荒佐官者，旌表為「義民」，並賜給下級官員的冠帶，俱免雜泛差役；雖然這些人實際上仍然是平民，但在一般平民心目中漸視之為「義官」。[47]同樣地，高年老人也常受旌表，

---

47 其眞身分依然是平民，由一些明代地方志進士名簿可得到很好的證明。例如，參見《太原府志》，卷20，頁75a及《瑞州府志》，卷20，頁38b-39a。周文進的祖父在《正德十六年進士登科錄》(1521年進士名簿)正式記載為

最初以之爲「壽民」，後來也漸成爲「壽官」，而在一年舉行兩次的鄉飲酒禮，地方官可聘請年高、德操清廉高潔、有財富或教養之人，爲主要或次要賓客(賓、介)。[48]因此，在人數龐大的平民之中，有許多來自各種功能體系的精英(elite)被區分出來；傳統中國社會階層中，從未只有統治與被統治者兩個極化的階層。

第四，雖然事實上，官員必定是勞心的，但並非所有勞心者都屬於統治官僚階級。受教育而入仕途者與受了教育而不能入仕途者間的界線，並不亞於勞心者與勞力者間的鴻溝。近代學者在分辨入仕與未入仕兩類受教育者的努力並不成功，因爲他們解釋傳統中國的社會階層體系與「紳士」(Gentry)階級定義，相當混亂。本研究主要著重於朝向官員階層的流動，因此須對官員階層的組成及入仕與未入仕兩類受過教育之精英的身分，做有系統的分析。

從各種政治權力特權的觀點來看，世襲的貴族是站在社會頂端的。他們包括皇室家族成員，及皇帝依其功勳，恩賜封賞的異姓功臣家族。明代的皇室有八級，只有第一、二等親王之嫡長子得以襲爵，其餘的兒子則受封較低的爵位，自第三等以下的皇族，即使是長子也不能承襲父爵，只能降級襲封。正常的情形下，不出幾代，大部分皇室的後代都降爲最低階的貴族，每年祿米不過二百石，其中部分俸祿還以日益貶值的紙幣支給。此外，皇族又常因犯罪或惡

(續)────────────────

　　「旌表義民」。但六十五年後，徐兆魁在《萬曆十四年丙戌會試錄》(1586年進士名簿)記載其祖父爲「義民官」。其後，十七世紀有名的小說《金瓶梅》，其主人公西門慶的友人，捐獻穀物給朝廷，從此改其基本稱呼，由「民」改爲「官」。

48　在每半年舉行儀式性的宴會召開時，名譽「賓客」並不必要是有功名的這一事實，在各種明清時代進士名簿中可找到相當多事例。但如果「賓客」是有功名的，則沒有例外地一律會提及自己的功名。

行，永遠降爲庶民。據明代著名官員、史家與詩人王世貞(嘉靖五年至萬曆十八年，1526-90)的估計，十六世紀的八、九十年代，皇族的人數達四萬以上，其中大部分已成社會的寄生蟲。[49]雖然第一、二級爲數不多的王公，依然富而有權，甚至經常迫害人民，但大多數的皇族所遇到的困難卻亟需解決；由於官員和皇室宗人不斷地請求，終於在萬曆二十三年(1595)，准許宗室儒服入試，然而制度雖屢定，卻未能執行。直至天啓二年(1622)，始開宗科，產生第一名宗室出身的進士。[50]

　　異姓貴族的遭遇也不見得更好，由於明初諸帝對待世襲貴族的猜疑與殘酷，使明初受封的六公二十八侯，到十五世紀末，僅存一位公爵仍舊保留原來的爵號。弘治六年(1493)，才由於孝宗皇帝的恩賜，令吏部訪求太廟配享功臣追封爲王者，結果其子孫恢復爵位者有六人，命其襲指揮使，奉先人之祀。[51]

　　清代的貴族爵位則分爲十二等，其降級襲封之制與明代相似，貴族之子若降至最低之第十二等，則世次已盡，不復承襲，只有少數例外的貴族獲得世襲罔替之權。乾隆三十九年(1774)，始定制保

49　王世貞，《弇州史料》續集，卷37，頁6a-6b。關於明代皇族重要資料，是皇甫沖，《皇明藩府政令》(明末稿本)。章潢，《圖書編》(天啓元年—五年〔1621-25〕版)，卷80，含皇族爵位漸進的遞降圖表(【譯者按】：〈皇明宗藩圖〉、〈皇明同姓初封王表〉)。張萱，《西園聞見錄》，卷46、卷47，含有關明代這個主題有價值的議論。

50　《明會要》(上海，1956年翻刻。〔【譯者按】：《明會要》原係清光緒十三年刻本，此處版本不應是翻刻本，而是中華書局1956年出版的新校標點本〕)，頁877。

51　王世貞，《弇州史料》正集，卷19、卷20，全卷各處。明代非皇族貴族歷史概要，見《弇州史料》續集，卷38，頁1a-1b。【譯者按】：本書原來誤作1492年。

障親王後代最高的四等爵位(貝勒、貝子、鎮國公、輔國公)，最多只須降到七、八、九、十等而止，不再遞降(即貝勒降至不入八分鎮國公，貝子降至不入八分輔國公，鎮國公降至一等鎮國將軍，輔國公降至一等輔國將軍而止)。[52]

但歸根到底，上述這個政策，並不能阻止宗室經濟與社會地位的下滑。由於宗室不斷繁殖，政府必須提供大部分宗室任官的機會；雍正二年(1724)，特別爲宗室開設宗學，每月發給膏火銀津貼生活。乾隆九年(1744)，又特准宗學學生成績優秀者直接參加會試。宗室子弟選擇較易的翻譯考試(因爲清代文件均滿漢文並用，因此需要翻譯人才)，或正規的科舉考試，即使他們參加科舉考試，題目也比較一般人容易。這一條社會流動的途徑，卻因爲乾隆皇帝(元年至六十年，1736-95)怕宗室子弟被官宦生涯所吸引，導致喪失尙武傳統而關閉；於是乾隆十七年(1752)令宗室子弟不必藉科舉入仕。繼承乾隆的嘉慶皇帝(元年至二十五年，1796-1820)瞭解用這種不積極的辦法來保持滿洲傳統的政策是無效的，於是在嘉慶四年(1799)，再度准許宗室參加科舉。由於乾隆初年宗室子弟中舉太容易，得不到社會的尊敬；因此，改爲宗室先參加鄉試。嘉慶六年(1801)的直隸省鄉試，優先錄取的比例爲九名取中一名，且科目較漢人容易，只以覆試防止舞弊。後來因爲滿洲人已久受中國文化的影響，遂於嘉慶二十四年(1819)廢止翻譯官的考選；[53]此後宗室之中只有少數人可由科舉入仕做官。

宗室也能經宗人府出任「筆帖式」或吏員而進入政府，這是個

52　《宗人府則例》(嘉慶十七年〔1812〕版)，卷4、卷5。

53　此段落文字根據《宗人府則例》(嘉慶十七年版)卷11各處；與《宗人府則例》(道光二十年〔1840〕版)卷10各處，及王家相，《清祕述聞續》(光緒十五年〔1889〕版)〈附錄〉。

較容易進入的仕途；因為大部分筆帖式的位子均可由捐買獲得。筆帖式可升任監察御史或六科給事中，但這條仕途相當窄狹而且擁擠，嘉慶四年(1799)定例，六部必須為宗室保留少數主事、參事與僉事等職位的員缺。[54]從這些職位可再遷為省級以下的地方官。大致上，清廷對待宗室比明朝好得多，而清朝宗室像明朝宗室那樣徹頭徹尾地墮落和罪惡猖獗的案例也比較少。清代宗室入仕機會雖增加，卻趕不上人口增加的速度，而宗室作為寄生蟲的本質也未改變，這一情形到了滿清統治的最後一百年更為明顯。

清代異姓貴族多由軍功得封，分為九等。前五等封爵又各分三等，公、侯、伯、子與正一品官相當，男則相當於正二品，其他四等世職(輕車都尉、都尉、雲騎尉、恩騎尉)則與正三品、正四品、正五品、正七品相當。[55]所有異姓貴族除最低的第九等外，均得世襲一定的世代，從一等公承襲二十六次到第八等雲騎尉承襲一次，依次遞減。此外，孔子及少數其他的聖賢後代亦得封爵，但這些世襲貴族所受到的尊敬還不如高級官員多，禮部曾有法令規定：「八旗武職，自副都統以上，准立官卷。其參領及世職二品等官，並侯、伯、子爵，郡主額駙，非一二品有職掌可比，俱不准入官卷。」因此，他們的子弟在鄉試時，享受不到高級官員子弟的特別保障名額。[56]總之，明清時代的世襲貴族與傳統的歐洲貴族並不相

---

54 《宗人府則例》(道光二十年版)，卷12，頁14a。【譯者按】：討論清代的八旗科舉的著作不少，如陳文石，〈清代的筆帖式〉，《食貨月刊》，復刊第4卷3期(1974)。該文說明筆帖式的出身，除何先生說的捐納之外，還有任子、議敘、考試。

55 《大清會典事例》(嘉慶二十三年〔1818〕版)，卷118各處。【譯者按】：清朝異姓貴族前五等封爵，後四等世職，原書將前五等封爵誤為前七等(upper seven)，譯文逕予改正。

56 《禮部則例》(道光二十四年〔1844〕版)，卷93，頁4a。【譯者按】：清代

等，只能視爲一種僅具有名譽與收入的閒職階級。

官僚體系本身可分爲三階層。上層包括一至三品的大官，有推薦屬官與廕子之權。廕子制在第四章會詳細討論，在正常的情形下，只限於一代，最多不會超過兩、三代。上層官員包括大學士、協辦大學士(清代的丞相)，六部尚書與左右侍郎，都察院都御史、左右都御史、左右副都御史，及其他中央政府的高官，各省的總督、巡撫、布政使、按察使。但同樣品級的武官，通常在權力與地位上均不及文官，在明代尤其如此。[57]

官僚體系的中層，則包括所有四品至七品的官員，從中央各寺之少卿和寺丞、各監的監正和監副、御史、各部主事，到地方長官的道員、知府和知州(【譯者按】：**應包含正五品的府同知、正六品的府通判與從六品的州同、從七品的州判**)、知縣。他們與上層官僚的區別在於無保薦屬官與廕子之權。但他們仍是擔負相當責任的重要官員，例如七品的知縣的職權，就包括地方上一切財政與司法行政，並負責維持法律與治安，甚至還要監督地方教育；因此，知縣被稱作「父母官」。

官僚體系的下層，則包括所有八至九品的官員，如府州縣知事的佐貳官(【譯者按】：**即府同知、州同與縣丞，然府同知爲正五品，州同爲從六品；不應列入，只有縣丞爲正八品可列入**)，府縣知事的副手(【譯者按】：**如通判、州判、縣主簿**)及其屬官(【譯

(續)———————————————————

　　八旗與宗室科舉的研究，參見賴惠敏，《天潢貴胄：清皇族的階層結構與經濟生活》(臺北：中研院近史所，2009)與《清代皇權與世家》(北京：北京大學出版社，2010)。

57　例如，身兼政治家、將軍與宰相的楊一清，於嘉靖五年(1526)證實，高級武官常受省級與地方官吏侮辱和威脅。參見徐學謨，《世廟識餘錄》，卷3，頁12b-13a。

者按】：如府經歷司經歷、知事及照磨所照磨），掌管州縣治安的官員（【譯者按】：巡檢司巡檢），掌理獄政的官員（【譯者按】：如府司獄司司獄，州的吏目，縣的典史等，但縣典史為不入流官）。一些不入流的官員與吏員，也可由年資或通過特別的考試，升為低品級的官員。吏員為明代登進仕途的三個「正式」管道之一。[58]八、九品官通稱為「佐雜」，其文意為「輔佐與繁雜」。府州縣學的正副校長（【譯者按】：府教授、訓導，州學正、訓導，縣教諭、訓導，但府教授為正七品，應列入中層官員）雖是八、九品官，但被視為「清官」，惟因薪水低，不能像佐雜那樣有半合法或非法的財源收入，多少抵消了其「清官」地位的優勢。十九世紀，清廷因迫於財政困難而大賣官職、官品與官銜時，佐雜與吏員是主要的項目。因此，到了近代，官員與吏員群體間的界線漸趨模糊。

　　由以上極其簡略的敘述可知，官員階層並非成員單純的群體，尤其下級官員的家境多居於中等。

　　官員階層，廣義地說應包括退休與候補官員及某些擁有功名、有任官資格的士人，把退休的官員（【譯者按】：明代稱為「鄉官」）也列入官員階層，是正確的；因為他們雖然已離開職務，卻未失去官員所擁有的權利與特殊地位。例如十六世紀時，上海附近的松江地區有個慣例，所有致仕退休官員仍由地方政府供給皂隸與轎夫，就像未致仕之前一樣。[59]只要做過官，便可過著官員式的生活，而且社會上也承認他們是官，這更反映了官員與平民間嚴格而持久不變的區隔；所以，我們有充分資料證明，明清時代，一個貧

58　大學者顧炎武在他的《日知錄集釋》（卷17，頁39a）中，極適切地指出這一論點。

59　何良俊，《四友齋叢說》，頁318。【譯者按】：係〈正俗〉條。

娶的退休官員及其家庭在地方上仍能作威作福，橫行鄉里，侵占平民財產，而不怕地方政府當局的干預。

第三級或最高級的科舉考試高階科名，是通過會試和殿試的「進士」，他們自動地成爲中層官員的一分子。甚至到清末，官僚組織由於捐官制度，使候補官員增多，人員過剩，但進士在做官任職上仍居最高優勢，俗稱爲「老虎班」，意即「虎級」；因此，進士可說是初入仕途最好也最受尊重的資格，是其他資格無法比得上的。

第二級或中級的科舉考試中階科名，是省級考試（鄉試）及格的「舉人」，即授予下級官員任用資格。明初考不上進士的舉人，很快會派任府州縣學的教授或訓導。但許多會試下第的舉人，寧可舉監進入國子監就讀，也不願就職。這是因爲國子監生有較好的讀書環境，來年重考會試成功的機會較大。[60]十六世紀中葉，官僚體系的中下層人員已經過剩，但吏部仍盡力爲舉人留下一定比例的空缺。明末以降，每十二年舉辦一次考試，揀選若干名舉人派任知縣、教授、訓導或其他相當的職位。事實上，「舉人」一詞，意即「已有成就之人」或「已被舉用之人」，也就是在學術與官職上，均已有成，地位已確立之人；是否立刻獲得官職，並不重要。

在明清社會分層化中，舉人這個身分占決定性的地位，這一情形可由以下所引社會小說與傳記中見到。其中一例是華亭縣（今天上海市的一部分）的張士毅（1506-61），因經濟需要被迫棄儒從商，以維持家計與支持用功的大哥念書。張士毅致富後，聘請了一位當地著名的讀書人教他的兩個兒子，兩個兒子後來都考取生員，但這初階科名無法實質改變其家庭主觀社會地位。直到嘉靖三十七年

60　郭鏊，《皇明太學志》，卷1，頁70b-73a。

(1558)，次子中了舉人，他和夫人才大喜說：「乃今可出我於賈
哉！(現在我們總算能脫離商人階級！)」[61]由此可見其地位之突
升，顯然不在經濟而在社會，因為在經濟上他早已是富人，其子考
中舉人，比先前考中生員或後來考中進士任高官，對其家庭向上社
會流動更具關鍵性的意義。

　　「貢生」也是決定社會地位的關鍵性功名，與舉人同為具任官
資格者與平民間的分界線。「貢生」一詞，文意為「出貢的學
生」，也就是從擁有初階科名的生員中，選入國子監讀書深造，或
選授下級官職。最初按年資揀選，後來也依成績選拔。貢生與生員
有根本上的不同，生員是「肄業生」，定期受省提學官考試；由於
他們尚在「肄業」，因此沒有任官的機會。貢生則不同，他們是
「畢業生」；所以，不必定期應試，而且有資格出任較低的小官。

　　貢生的人數從未及生員人數的零頭。正統六年(1441)以後，貢
生額數為定例，府學一年貢一人，州學三年貢二人，縣學二年貢一
人，這種援例選拔的貢生，稱之為「歲貢生」，意為「每年出貢的
學生」。隆慶三年(1568)後，又因皇恩而額外增立貢生員額，以示
皇帝恩寵；每當國家有慶典，則將地方正規歲貢名額加倍，這些額
外增加的員額，稱為「恩貢生」，意為「因皇恩而出貢的學
生」。[62]

61　王圻，《王侍御類稿》，卷11，頁27-30，〈誥贈大中大夫廣東布政司右參
　　政近松張公暨配誥封陸太淑人行狀〉。

62　我們關於貢生整體性的說明，是依據《大明會典》(萬曆十五年〔1587〕版)
　　卷77。但缺乏重大專門的事項相關的訊息。例如，恩貢生開始畫定的正確時
　　間，《大明會典》就未提到，倒是幾部品質比較優良的地方志有說明，特別
　　是《杭州府志》卷109。【譯者按】：恩貢者，除國家有慶典外，「或登極
　　詔書，亦以當貢者充之」。

　　歲貢生的年歲多近中年，且不必具備特別才能。明代有兩種特別選拔貢生的方法：第一，由於貢生任官機會的減縮，明代中葉起，常派學政選拔貢生，文藝優秀者即時放爲內外官。到十六世紀終了之前，這種拔貢的方法開始制度化，每十二年舉行一次，選中者稱爲「拔貢生」，通常派任爲七、八品官。第二種特別選拔的形態是爲生員而設，自明初開始，不定期考選學行兼優、年富力強與屢試優等之生員充貢生是爲「選貢」，意爲「特別選拔的貢生」；崇禎元年(1628)，改稱爲優貢生，意爲「才能特別優秀的貢生」。其後，優貢生之選拔仍不定期地舉行，直到乾隆二十九年(1764)，才定爲三年選一次，但在同治二年(1863)以前，優貢生仍無經特別考試立即獲得官職的機會。這種三年一選的優貢生的總人數不多，全國不過選出六、七十人而已。據當代人的觀察，由於優貢生考選是基於文藝之優劣，相當嚴格；因此，在所有形態的貢生中，優貢生作爲一個群體，從中產生名人的百分比最高。[63]

　　第五種貢生是「副榜」或稱「副貢生」，凡鄉試不第，然文藝優者，由考官推薦列爲副榜。這種貢生在明代出現得很晚，直到天啓年間(元年至七年，1621-27)才制度化，每五名舉人取一名副榜，副榜於是得到貢生的身分，因此又稱爲副貢生。[64]清政府也承襲明代的這個制度。

　　這五種貢生皆被視爲具有任下級官員的「正統」資格(正途)，他們是「正規」的貢生；因此，貢生的法律地位當然容易爲社會所

63　拔貢生、優貢生開始的日期的確定，是依據種種地方志，特別是《紹興府志》(乾隆五十七年〔1792〕版)卷34。對優貢生的文學學識之評論，參照陳康祺，《郎潛紀聞》，卷14，頁5a-5b。清代貢生制度，《大清會典事例》(光緒二十五年〔1899〕版)卷385做了有系統的記述。

64　《杭州府志》(1923年版)，卷109。

公認。第一，雖然依據明初的慣行，只有進士和舉人才有權在居所樹立旗竿，懸掛紅色絲絹旗子，旗上以金字書寫所獲得的功名。可是到了明代晚期，所有各種形態的貢生皆高竿大旗，作爲標識其特殊身分之象徵，全國處處皆然，沿以爲例。[65]第二，從明初開始，舉人與貢生常一起參加即時選官的考試，於是二者間身分的差異，隨著時間而失去了意義。清代的舉人與貢生間的分別更爲模糊，他們通過特殊的考試之後，都會編印列有祖先三代簡明資料的名簿；提供祖先的資料，表示他們的身分已在制度與社會上被承認。也由於這種「已被確認」(established)的身分，使他們有權利也有義務光宗耀祖。第三，所有的地方志中均列有正途出身的貢生表，與進士、舉人並列，表示他們已被視爲是較高階科名的持有者，也是廣義的官僚組織成員。

我們不確定明代什麼時候開始販賣貢生頭銜；因爲在明代的文獻中，捐貢並不像捐監那樣有清楚的記載。見聞廣博的晚明學者沈德符(萬曆六年至崇禎十五年，1578-1642)，曾以三件事爲證：第一，十六世紀末，至少「廩生」(即年資深而享公費待遇的生員)可以合法地捐得貢生的身分。第二，由於有貢生的身分便可進入仕途，又享受其他的學術與社會權利；因此，許多未達廩生年資的普通生員，造假身分冒廩捐納貢生頭銜。第三，這種非正途出身的貢生，也可以樹旗竿於家中，以顯示他們與生員及沒有功名的平民的差別。[66]沈德符記載有一定的可信度，因爲清朝最初期的一些進士，就在進士題錄中列載其祖先是廩貢生，即捐得貢生銜的廩

65　王世貞，《弇州史料》續集，卷39，頁21a-21b。沈德符，《萬曆野獲編》，頁427。

66　沈德符，《萬曆野獲編》，頁427。

生。[67]滿清爲平定三藩，自康熙十四年(1675)起，開捐納職銜事例，廩生及其他二類年資較淺的生員（【譯者按】：增生、附生），均得以二百兩銀捐得貢生銜。[68]

由於這些非正途出身的貢生身分是由捐納得來，使某位當代學者（【譯者按】：指張仲禮）認爲他們的身分比五種正途出身的貢生低，他發現正途與非正途貢生身分地位差別甚大，於是把正途貢生列爲「上層紳士」，非正途貢生則爲「下層紳士」。[69]我們暫且不論「上層紳士」與「下層紳士」二名詞是否妥當，但對非正途貢生眞正的法律與社會地位，是值得再做詳細研究的。

那位作者給予非正途貢生低下的地位，唯一理由是他們的身分源自捐納。但我們還可以補充說明，正途與非正途貢生的法律地位，是有理論上的區別；正途貢生因具有「畢業生」的身分，所以不受提學官的監督，非正途貢生卻須受提學官與地方當局的共同監督。其間的差別非常明顯，例如乾隆二十二年(1757)雖有法令規定非正途貢生須受提學官與地方官雙重的監督，但法令中也坦白承認，至今很少提學官知道到那裡去核對非正途貢生的名單。[70]顯然在實際上，廩貢生被認爲是「畢業生」；因此，他們的名單已不在

67　數例中舉一例，《順治十二年乙未科進士三代履歷》(1655年進士名簿)，收載葰孕秀的事例，其曾祖父是廩貢生。以平均的二十五年爲一世代，葰孕秀曾祖父應生活在十六世紀最後二十五年間，當時的廩生捐買貢生銜是相當可能的（【譯者按】：寺田隆信誤譯Ch'ang Yun-hsiu爲「張雲驤」）。

68　葉廷琯，《甌波漁話》，卷3，頁3b-4b。

69　Chang Chung-li(張仲禮), *The Chinese Gentry, Studies in Their Roles in Nineteenth-Century Chinese Society*, pp. 132-34.【譯者按】：中譯本參見李榮昌譯，《中國紳士：關於其在十九世紀中國社會中作用的研究》(上海：上海社會科學院出版社，1991).

70　《學政全書》(乾隆五十八年〔1793〕版)，卷26，頁7b-9a。

提學官的登記之列。同治二年（1863）更有一法令，進一步地澄清非正途貢生的法律地位，它說：

> 嗣後捐納貢監，仍遵乾隆年間定制，責成州縣官約束稽
> 察，還有與生員同案滋事者，會同教官辦理……其餘事
> 件，教官不得干預。[71]

其中全然沒提到提學官，顯然是非正途貢生在理論上也久不受其管理；只有發生行為不檢之事時，廩貢生才被認為應受州縣官與教官約束；實際上，他們所具有貢生的「畢業生」身分與法律權利，從未受到這些不很嚴謹的法令所影響。

　　事實上，在十八、九世紀出版的各種《縉紳全書》（記錄官員人名通訊錄）中，列有為數不少出身非正途貢生的下級官員，他們有些還做到中階和高階官員。自明末起，非正途貢生已經可以在自家住宅前自置旗匾，由此可知，他們的社會地位與正途貢生沒有絲毫不同。直到同治六年（1867），因為捐納數量大到無法控制，才開始有不很嚴格的法令，禁止自置旗匾。[72]但在一個朝廷威望與中央權力急遽衰落的時代，我們沒有理由相信這條新法令能有效地執行，尤其當大部分的地方官也由捐納入仕，自然對非正途貢生會產生物傷其類的同情。[73]非正途的貢生是合法而有任官資格者的這種共通的想法，確實是根深柢固的。即使在畢業表現非比尋常的江蘇南部常熟縣，當地的士大夫也都認為捐納的貢生是任官入仕「正

71　《大清會典事例》（光緒二十五年〔1899〕版），卷385。這一版本無頁碼。

72　同前註。【譯者按】：本書誤作1863年。

73　參見本書表2、表3。

規」的資格。[74]總之，認爲非正途貢生在身分地位上不如正途貢生的看法是欠考慮的。

另外一大類初階科名持有者稱爲「監生」，也就是國子監的學生。明初，數以百計的監生任官，有時單憑監生資格就能任高官，而不需再有更高的功名。因此，明初國子監是一條比進士更爲重要的延攬政府官員途徑，特別是當進士的名額不多的時候。即使不立刻任官，監生也能享受全國最好的圖書與教學設備；在永樂四年至萬曆二年(1406-1574)的四十四次科舉考試中，共取了12,272名進士，其中6,453名出身國子監，占全部的52.6%。弘治十二年(1499)與正德三年(1508)，國子監生囊括進士第一甲前三名，獨占會試的最高榮譽。[75]無怪乎，當時許多會試下第的舉人，寧願入監讀書，也不願直接接受委任一個下級官職。無庸置疑，明代的監生被視爲官員儲備者；總之，薦舉、進士與監生、吏員被視爲明代登進仕途主要的三個正規管道。[76]

監生的身分在明代有重要的變遷，正統十四年(1449)，土木之變，蒙古人入寇北京地區及英宗被俘是個明顯的界標，它迫使政府賣官鬻爵。景泰二年(1451)起，一系列的諭令准許納粟納馬入監，最初只許生員捐監，後來沒有功名的庶民也可以捐監。[77]雖此類捐

74　《國朝虞陽科名錄》（最後一版刊行於光緒三十年〔1904〕以後），〈序文〉，頁1b。

75　郭鎜，《皇明太學志》，卷12各處。

76　顧炎武，《日知錄集釋》，卷17，頁39a。【譯者按】：〈通經爲吏〉條。

77　《明會要》(1887年翻刻版)，卷25，頁8b。【譯者按】：《明會要》引《資治通鑑綱目三編》作「例監。景泰四年(1453)四月己酉，令生員納粟爲國子生」。但《明史・選舉志一》則謂：「例監始於景泰元年(1450)，以邊事孔棘，令天下納粟納馬者入監讀書。」二說皆與本書所記景泰二年(1451)不同。黃瑜在成書於弘治八年的《雙槐歲抄》卷九云：「景泰改元，詔以邊圍

監因北方邊防逐漸鞏固而中止，但每遇邊警、災荒或大興土木時，往往再度援例而行，到十五世紀的最後二十五年，監生已賣出數萬名。[78]由於捐納監生有權出任下級官員，下層官僚組織開始出現供

（續）───────────────

　　孔棘，生員納粟納馬者，許入監讀書。」其孫黃佐《南雍志》（序於嘉靖二十三年〔1544〕，民國二十三年〔1934〕江蘇省立國學圖書館影印原本）卷3〈事紀三〉，頁22a亦云：「（景泰元年）夏六月丙午，詔以邊圉孔棘，生員納粟納馬者，許入監讀書。」《南雍志》為南京國子監校史，所記監生相關情事，理應較為可信。則開納粟入監之例應始於景泰元年。但景泰元年夏六月並無丙午日，則《南雍志》記載，似乎不可全信。且《資治通鑑綱目三編》景泰四年(1453)之說，亦有所本，來自《明英宗實錄》，卷228，頁11a，景泰四年(1453)四月己酉條：「……武艮……等奏：『臨清縣學生員伍銘等願納米八百石，乞入監讀書。今山東等處正缺糧儲，乞允其請，以濟權宜。』從之。並詔各布政司及直隸府州縣學生員，能出米八百石於臨清、東昌、徐州三處賑濟，願入監讀書者聽。」則納粟入監之例，據景泰四年秋七月開封府儒學教授黃鑾說：自古以來，從「未聞」也；「今以納粟貢士，臣恐書之史冊，將取後世作誦之譏也」（《明英宗實錄》，卷231，景泰四年秋七月庚辰條）。則事發當時人的記錄，捐納監生之例係為賑災而開，始「作俑」者是在景泰四年而非景泰元年。景泰初，為籌軍餉，的確向生員採獎勵政策，但對納馬、納粟生員，只給冠帶，「不准送監」（《明英宗實錄》，卷191，景泰元年夏四月己卯條）。因此，據《明英宗實錄》記載，納粟入監不會早於景泰四年，且不為救濟邊防軍費而是為賑災；尤其開納馬入監之例，亦不在景泰四年，而是在天順五年，由副總兵都督馮宗等奏請「立則例」，「生員（納馬）七匹，即補國子監生」（《明英宗實錄》，卷332，天順五年冬十月壬申條）。總之，景泰元年之說，雖出於弘治年間，離景泰初不遠，但總不如《明英宗實錄》所載當時之詔敕與大臣討論此事之奏疏來得接近真實；因此，生員納粟入監之例始於景泰四年，納馬入監之例始於天順五年，而非納粟、納馬入監均始於景泰元年。至於本書原來作1451年開納粟納馬入監，恐係筆誤。相關考證，詳見郭培貴，《明史選舉志考論》（北京：中華書局，2006），頁79-85。

78　張萱，《西園聞見錄》，卷31，頁1a-2a。

給過剩的現象。弘治元年(1488)，明代最正直的吏部尚書之一的王恕(1416-1508)證實：監生候選，平均要等二十年以上，才得補一實缺。[79]到十六世紀初，捐監的數額已能有效控制，這種下層官僚組織供給過剩的情形才稍微緩和。在嘉靖二十四年至萬曆九年(1545-81)實施捐監的十九年中，監生總數爲16,070人，捐監的監生(【譯者按】：正式名稱為「例監」)爲6,869人，占全部的42.6%。[80]值得注意的是這個數字絕不會是全部，因爲相當多數的人在捐監之後留在家中，並沒進監讀書。雖然明代捐監的數目遠比清代少，但對監生的地位及任官機會的影響深遠。十六世紀末期，例監生被地方官員欺負和侮辱的事並不少見，有時，他們的社會地位和平民並沒什麼差別。[81]但我們必須記得，終明之世，在法律與制度上監生仍有資格任官；因此，監生作爲一個群體，仍須視爲官員儲備者。

　　1644年清朝政府創建以後，監生地位發生劇烈改變。新王朝的國子監名存實亡，入學學生總數很少超過三百人，這比起明代全盛期學生人數動輒上萬的情況有頗大差距。[82]但捐納監生的人數持續地增加，在道光朝(1821-50)的三十年間，除直隸省外，全國捐納監生共315,825人，政府因此捐得銀33,886,630兩。嘉慶四年至二十五年(1799-1820)的二十一年間，捐納監生的人數至少和道光年間一樣多，因爲即使不計入直隸與山西兩省，政府仍獲得捐監銀兩40,724,169兩。[83]如果說清代任何人只要拿得出百多兩銀子，便可買

79　王恕，《王端毅公奏議》，卷7，頁17a-18a。【譯者按】：本書原來作「十五、六年」。

80　郭鎜，《皇明太學志》，卷12各處。

81　沈德符，《野獲編》，卷15，頁35a-35b。

82　《國子監則例》，卷8，頁1a。

83　湯象龍，〈道光朝捐監統計〉，《社會科學雜誌》，第2卷4號(1931年12

得監生銜與穿戴儒生衣冠，也不算誇張。在安徽南部著名的商人地區徽州府的方志中，幾乎全部都是因捐錢做慈善事業而列有傳記的商人，而其列傳的前言中均稱他們爲監生。[84]

　　細讀清代各種法令後，我們發現只有極少數捐納監生實際在北京國子監就讀，他們可以參加直隸鄉試；如果直隸鄉試考試失敗，還可以參加揀選等級低的吏員或抄寫員的考試。一般來說，監生必須進一步捐個官銜，才能進入仕途。相較於明代監生大部分時間受到的法律地位與權利之優待，清代監生法律地位與權利是退化的；因此，將清代監生排除於有任官資格者之外，似乎是合理的。但從另一方面看，在平民之中，由於他們可免勞役，又不必受提學官的例行考試，捐納監生又自成一個特權集團；理論上，他們具備「畢業生」資格，而對富人來說，捐監生是進一步捐得官缺的必要條件。

　　接著討論人數最多的生員，張仲禮稱生員與監生爲「低層紳士」。生員的法律與社會地位，同時也需要做一系統性的分析。無疑地，在明清社會中即使是最低的功名依然具有意義，但我們若不瞭解整個制度和社會內涵，在剖析傳統中國社會及其關鍵性的階級時，簡單稱生員爲「紳士」，不免會產生基本觀念的錯誤。

　　必須重申的是如前述孟子的社會分層化原則是很概括的；事實上，並不是所有勞心的人都一定屬於統治階級。遠在孟子之先，《管子》這本書就把這一基本事實說得很清楚，他說：「士、農、工、商，國之石民也。」把士(讀書人)與農、工、商並列爲四種主要的庶民群體。各種上古儒家的經書，也明白地解釋封建時代晚

期，有分為三等在官府中服務的士，也有與農、工、商並列為庶民階級的士，這種士叫「士民」，意為「學者、庶民」。[85]在官府服務的士與「士民」的差別，在兩千多年的中國社會中一直存在著；的確，士與士民兩類士人之間的差別，基本上並不比勞心者與勞力者之間小。例如，著名的經濟政治家桑弘羊(漢景帝五年至昭帝元鳳元年，152-80 B.C.)，在始元六年(81 B.C.)的鹽鐵辯論中，就不止一次嘲笑這些不具官職的士民；特立獨行的思想家王充(漢光武帝建武三年至和帝永元十二年，27-ca.100 A.D.)也指出：「世俗常高文吏，賤下儒生。」[86]

明清時代的生員無疑可視為士民，但由於他們擁有最低的功名；所以，他們在法律與社會方面被認為是平民中的領導集團。同時，這個功名也給他們打上一個上流社會的烙印，這可由他們的稱謂得到證明；一般人尊重生員，稱呼他們為「相公」(意為「先生」)，與舉人的俗稱為「老爺」(意為「閣下」)不同。[87]就和那些功名高的舉人、進士一樣，生員也優免徭役。在捐監制未創之前，生員是追求更高等功名和地位不可或缺的資格。因此，明清的生員與清代的監生，在平民之中是特權階級，也是一個重要的社會「過渡性」群體。

85　瞿同祖，《中國封建社會》，頁193-96。

86　桓寬，《鹽鐵論》，卷5，頁16a-16b。王充，《論衡》，卷12。Alfred Forke(佛爾克)，tr., *Lun-heng*(論衡)，II, pp.56-66.

87　吳敬梓，《儒林外史》。例如，范進是生員時，人稱他「相公」，他中舉之後身分變了，稱呼改為「老爺」。參見徐珂編，《清稗類鈔》，冊16，頁11。無論如何，十九世紀末，稱呼的意味與範圍大幅擴張(【譯者按】：《清稗類鈔·稱謂類》中〈大老爺老爺〉條云：「光緒末，老爺更多，偏僻之地，鄉人且稱生監為老爺，即非生監，而家居平日著長衣者，亦皆稱之為老爺矣」)。

　　在另一方面，生員沒有直接做官機會的這一基本事實，使得他們和貢生或更高等功名區隔開來。雖然生員是個大家希望得到的初階科名，卻從沒有重要到有理由要編一本同學錄，方志也完全忽視他們；因為他們是「肄業生」，又是「未舉」的身分。雖然到了清朝晚期，有些地方同情生員長期用功卻得不到報酬的辛苦，又怕他們的姓名完全被忘掉；因此，開始編印生員名簿。但因為他們是士民，還沒有光宗耀祖的正當理由，所以同學錄中並不記載生員祖宗的資料。

　　由於生員在法律與社會的意義上是「未舉」的身分，如果家庭不富裕，就得隨時隨地努力工作才能維持貧寒生活。他們大部分在村塾中教書，或當家教，通常薪資僅夠維持溫飽，這種工作通稱為「筆耕」或「硯田」，意即「以筆耕作或以硯為耕作之田」。明清時代此種例子，比比皆是，將在本書的附錄中舉例說明。

　　一個生員有時甚至還要做各色各樣有損學者身分的工作，來維持家庭。例如在著名的社會小說《儒林外史》中，匡超人多年來便以磨豆腐來養活體弱多病的父親，後來考取生員進了學，收了鄰居保正所送的賀禮二十多吊錢，就不再磨豆腐，但仍開個小雜貨店過活；他的朋友景蘭江雖也是個生員與詩人，卻開個頭巾店維持生計。南京有個馬姓生員，販牛為業，素不齒於鄉里，受人輕視與屈辱，使他在咸豐三年(1853)南京城陷於太平軍之際，欲以殺敵立功而遇害，做了烈士。[88]有些貧苦而無用的生員，常和衙役及強橫的鄉村文盲勾結，成為社會小說裡共同受人詛咒的人物。

　　實際上，由於生活壓力太大，明清的生員與清代的監生經常從事有損學者身分的工作。乾隆五十八年(1793)版與嘉慶十七年

88　葉廷琯，《甌波漁話》，卷2，頁19b。

(1812)版的《學政全書》，均載有一系列的法令，禁止生員從事莊書(管帳夥計)、圩長、塘長(掌管地方水利的職員)、埠頭、牙行、牙埠(掮客)、衙門皂役等工作。[89]這些法令似乎沒有什麼效力，因為大多數的生員與監生寧可踏實過活，也不在意這個「較純潔」，卻令人不自在的身分。湖北巡撫胡林翼曾於咸豐五年(1855)向朝廷請求，正式讓生員從事牙行的職業，卻遭朝廷拒絕。[90]大多數清代的生員與監生，無法享受國家給予他們的社會與法律地位。各種傳記叢刊經常出現生員與監生放棄他們的專長去做小生意，足證在主觀的評價中他們的地位也不再崇高。[91]

　　當我們瞭解了生員的法律地位與社會實際的狀況之後，這一個以生員為「低級士紳」的看法，就很難再被接受。如果還有懷疑的話，偉大的社會諷刺文學家吳敬梓(康熙四十年至乾隆十九年，1701-54)的小說，可為當代學者一掃謎團。他所描述的是一位非常富裕且擁有官銜的鹽商，其母方老太太舉行入祀節孝祠儀式，在遊行的行列中，跟在方老太太神主亭子後，有兩班客人：一班是地方上「鄉紳」，也就是那些退休或現任的官員、進士、舉人、貢生、監生，「穿著紗帽、圓領，恭恭敬敬跟著走」；而另一班「秀才」，也就是生員，則「穿著襴衫、頭巾，慌慌張張，在後邊趕著走」。[92]這是難得一見關於鄉紳與非鄉紳及其社會地位之差別的細緻而精確的描述。

89　《學政全書》(乾隆五十八年版)，卷34，及嘉慶十七年(1812)版，卷43各處。

90　《大清會典事例》(光緒二十五年版)，卷385。

91　例證極為豐富，只有一小部分在第2章提示。

92　《儒林外史》，第47回。【譯者按】：本書原作「方老太太精心計畫的出殯行列」，非《儒林外史》原書所說的入節孝祠遊行行列。

　　吳敬梓對「紳士」的定義，除了字面上有些出入，幾乎與我們完全相似；我們都把官員與有任官資格者列爲士紳，不同的是他把監生也列爲士紳，而我們則以爲監生只有在明代可列在有任官資格者之列。其實，我們與吳敬梓間並不是眞有這種差異，因爲吳氏諷刺的「儒林」是假借明代爲背景，作爲一位出身著名士紳家庭的吳敬梓，常常在其中故意炫耀自己對明代歷史與制度的熟悉。[93]在爲明代的「紳士」下定義時，吳敬梓的描述並沒有錯，完全可以明代習俗來支持他的說法。例如著名的政治家和理學家王陽明(1472-1529)，在嘉靖七年(1528)，也就是他死前不久，曾令廣西人民按社會地位的高低捐穀糧救濟災荒，鄉官、舉人、監生之家，每家三石，生員每家二石，平民大小人戶每家一石。[94]

　　雖然我們不能確定吳敬梓是否爲符合小說裡的明代背景，而扭曲這個有關監生的例子，但清初蒲松齡(崇禎十三年至康熙五十四年，1640-1715)的另一部小說《醒世姻緣》，或可解決我們的疑惑。《醒世姻緣》也以明代爲背景，但可以肯定的是蒲松齡忠實地描寫自己所處時代的社會。書中的主角狄希陳，這位怕老婆的富家子，雖然早年曾捐得一個監生銜，可是爲了過著鄉紳們悠閒而有社會保障的生活，他必須再捐一個更高的官銜。[95]因此，我們可以清楚得知，清初的監生已經不被人認爲是地方上精英群中的一分子。

93　例如，在第二回，吳敬梓清晰地強調，明代的習慣，生員互稱「老友」，沒有生員科名的地方學生(【譯者按】：童生)，不管實際年齡多大，都自稱「小友」(【譯者按】：原來的文本是「明朝士大夫稱儒學生員叫作「朋友」，稱童生是「小友」。比如童生進了學，不怕十幾歲，也稱爲「老友」；若是不進學，就到八十歲，也還稱「小友」)。

94　王守仁，《陽明全書》，卷30，頁30b。

95　蒲松齡，《醒世姻緣》，卷79至卷83。

由以上可知，社會小說描述的地方精英階層中鄉紳階級的構成，與我們定義爲官員及有任官資格者階級，是相吻合的。

張仲禮把監生與生員列入十九世紀中國「紳士」的行列，只有對「紳士」這個廣泛而寬鬆的名詞，做嚴格的字面上的解釋時，才能成立。「紳」這個字，是縉紳、鄉紳、鄉官、鄉宦等這些確立已久詞語的簡稱，意指官員，包括所有現任、退休、候補官員。「士」或「縉」則指學者，或更嚴格一點指未出仕的學者。紹興是浙江省境內一個文風鼎盛，舉業斐然的地區，乾隆五十七年(1792)版的《紹興府志》卷十三，將地方人士分爲四大類：「紳戶」、「縉戶」、「民戶」和「灶戶」。「縉戶」即獲有初階科名的人戶、雖清楚地有別於「紳戶」，然亦列於普通的民戶與灶戶之上。由此反映出「紳」與「縉」或「士」的社會地位之不同。「縉」或「士」擁有非仕宦的功名，顯然是一個社會過渡群體，他們是平民中最接近權力、威信渠道的一群。所以許多傳統的作家常把「紳」、「縉」、「士」三者不加區別地混爲一談。現代研究者找到這些名詞背後的完整制度與社會含義，並給予較精準的定義。有趣的是他們發現傳統的史家把紳與士擺在一起稱之爲「紳士」時，通常意指「紳」而不是「士」，地方「紳士」在設立學校或擴充校產時，常居領導地位；因此，他們的姓名與頭銜常留下來，這些是很值得分析研究的。

令人驚訝的共同特徵是甚至連紳士這樣一個寬鬆定義的名詞，也不包括監生或生員在內，而監生或生員卻是構成張仲禮的「下層紳士」之大宗。

由於「紳士」(Gentry)一詞，近年來在中國研究中非常受人注目；因此，有必要對這一名詞本身做簡要的討論。眾所周知，「紳士」一詞是典型的英國名詞，它自都鐸王朝(Tudor)時代以來，即已獲致相當具體的社會、經濟與政治含義。在十六、十七、十八世

表1 紳士成員取樣表

年	地區	總數	紳士之名銜
同治6年 （1867）	上饒 （江西）	8	1.候補，正四品 4.進士 3.舉人
光緒2年 （1876）	樂亭 （直隸）	5	1.舉人，正五品京官 1.舉人，候補，正五品京官 1.舉人，候補，從七品縣官，五品銜 1.廩貢生，候補，從五品，四品銜 1.廩貢生，候補，從五品
光緒21年 （1896）	新化 （湖南）	16	1.四品銜 1.京官，正六品 2.知縣，從七品 4.教授，正八品 1.州學教諭，從八品 4.舉人 3.貢生

史料出處：《樂亭遵道書院志》（光緒二年，1876）；《信江書院志》（同治六年，1867）；《新化學田志》（光緒二十二年，1896）。

紀，英國的紳士擁有龐大的地產，控制與支配郡的行政，十八世紀末以降，在政治上，大都支持保守黨的前身托利黨(Tory)。一些敏銳的當代法國觀察家，觀察到英國的紳士階層是獨特而無與倫比的，在法國與歐洲大陸都找不到類似的族群；他們以帶有貴族氣息的稱號「小貴族(nobiles minores)」來稱呼英國紳士。[96]在一定的限

96　R. H. Tawney, "The Rise of the Gentry, 1588-1640," *Economic History Review*, 1st series, XI(no. 1, 1941); also David Mathew, *The Social Structure of Caroline England*, ch. 4, "The Stratification of the Gentry." 【譯者按】：nobiles minores是英國貴族的最低層級。

度內，我們當然可以借用一個外國名詞，但當被借用的名詞所產生
的環境，和原來的社會經濟政治脈絡，離我們太遠時，我們就有強
烈的理由完全拒絕這個名詞。由於英國紳士身分最重要的決定因
素，是地產與一些其他形式的財富，借用這樣一個屬名來稱呼中國
的官員與有任官資格者的階級，是危險的。因為在明清的大部分時
期，決定身分地位的要素，只有少部分是財富，大部分是科舉功
名。尤其，許多中國下層官僚體系中的官員與有任官資格者階級，
實際上是生活環境相當簡陋的人，和「小貴族」大相徑庭；因此，
很難將這些中國的官員及有任官資格者階級與英國紳士相提並論，
他們只能當成特定的明清社會脈絡中的關鍵階級。

　　在此先總結一下廣義的官僚階級成員：明代的官僚階級，包括
現任、退休、與候補官員及有資格任官者，吏員，進士、舉人及正
途與非正途貢生，與監生。清代的官僚階級成員與明代相同，唯一
的不同是監生被排除在外。在整個明清時期，生員被當作平民中主
要的社會過渡性群體。由於沒有任何一種可以與平民區隔的官僚階
級定義能免於武斷；因此，我們在上面提出了多方面的事證，並從
法律與社會階層兩方面來反覆論證、解說，以顯示我們對官僚階級
與平民間所畫的界線，基本上是妥當的。

第三節　教育與財富同為決定社會地位之主要因素

　　明清政府在法律上界定官僚體系各階層的地位，明顯地與其社
會地位相符，但在我們研究平民階層時，也發現各個主要平民群體
間的法律與社會地位，有一定程度的差異。傳統中國政府既尊儒也
「重農」；所以，在法律規定上有其強烈的偏見。不難理解，儒家
政府把士民的地位置於其他庶民之上；因為士民是庶民中唯一勞心

的群體。作為重農主義國家,農民是財富的主要生產者,國家,特別是統治階級的生存,就依存於農民的勞動之上。因此,農民雖然是勞力的,卻比較能免受不平等的法律之害,常有權參加科舉考試。《管子》這本書服膺的社會概念與孔子便相去不遠,主張庶民應「世守其業」,嚴格地執行世襲的社會職業與社會地位,但也歡迎具「秀才之能」的農民子弟可上升為士,最終進入封建官僚之列。[97]另一方面,工與商在傳統中國社會中,被視為財富的次要生產者與中間人;因此,在法律上給予不公平的待遇。他們受到差別待遇及反奢靡法律的制約,禁止過於奢華的生活,其中較嚴重的是國家拒絕給予他們進入官僚階級的權利;直到宋朝末年,法律還禁止工商之子弟參加科舉。傳統中國社會以工商為四民之末,輕視工商,歧視工商,這樣的態度一直持續到近代。

但深入研究歷史社會現象,卻顯示一個與法律文本不同的圖像。西漢政府雖然採「重農抑末」的政策,令商人不得衣絲,乘馬,操兵器,又規定商人算賦加倍,子弟不得為官;但這些大資本商人、放高利貸者與工業家卻「衣必文采,食必粱肉」,「因其富厚,交通王侯」,「千里游敖,冠蓋相望,乘堅策肥,履絲曳縞」,其社會地位等同王侯。[98]其勢力令人畏懼,對小民與平民是一大威脅,而被當代人稱為「素封」,即「沒有秩祿爵邑的貴族」。唐代的許多富商與大資本家成功地規避商人不得奢靡的禁

---

97 《管子》,卷8,頁5b-6b。《國語》,卷6,頁5a。【譯者按】:前者為《管子》〈小匡第二十〉,後者為《國語》〈齊語‧管仲對桓公以霸術〉。

98 《史記》,卷129各處。Burton Watson(華茲生), tr., *Records of the Grand Historian of China* II, 476-99. 又《史記》這一著名的篇章(【譯者按】:〈食貨志〉)的英譯,參見Nancy Lee Swann(孫念禮), *Food and Money in Ancient China*.

令，過著只有上流社會才能過的生活方式。[99]雖然宋代法律禁止工商子弟參加科舉，可是有許多落第士子與官吏公開經商，而工商子弟設法通過科舉考試走入仕途的，也不在少數。[100]元代許多色目商人(來自中亞及中亞以外的非蒙古與非中國人)的勢力更大，控制了國內外貿易，甚至政府的財政。[101]明清時代，更取消最嚴重的歧視工商的禁令，這可以視爲政府對勢力日益強大的工商遲來的認可。

接著討論另一明清社會分層化的基本難題，那就是教育(或更具體的措辭：任官的機會)與財富是決定社會地位因素的相對重要性。由於官方的法令與文書主要處理法律的社會分層化，因此微妙的社會現況，只能從社會小說與私人的文學作品中去找尋。以下所舉幾個事例也許過於極端，不能作爲一般社會實情的反映，但是這些極端的事例，還是可以幫我們強化理論的觀察，認識到官職及可望得到的官職與財富，在決定社會地位的主要因素中相對的重要性。與反映社會類型的一些統計資料相對照後，我們就可以做出較平衡的估量。

我們很幸運地有《儒林外史》，這一部最能透露內情、最寫實的小說，也是研究明清社會重要社會階級不可少的著作。小說中許多令人大開眼界的片斷之一，是關於一位貧苦的南方學者范進，這個窮童生，多年靠著他的岳父胡屠戶爲生，當他考上秀才，進了學

99　《唐會要》，卷31，頁15a-15b。

100　黃宗羲，《宋元學案》，卷1，頁20a-20b，記載一個非常富裕的廣州商人的浪蕩子，結局考上進士。同時參見全漢昇，〈北宋汴梁的輸出入貿易〉，《史語所集刊》，第8本2分(1939)；〈宋代官吏之私營商業〉，《史語所集刊》，第7本2分(1936)；及宋晞，〈宋代富商入仕的途徑〉，《大陸雜誌》，第4卷11期(1952)。

101　蒙思明，《元代社會階級制度》。

之後，胡屠父對他說：「你如今既中了相公，凡事要立個體統來……若是家門口這些做田的，扒糞的，不過是平頭百姓，你若同他拱手作揖，平起平坐，這就是壞了學校規矩，連我臉上都無光了。」這下子社會地位可算提高了一些，但家庭經濟可以說毫無改善，連參加鄉試的盤費都沒有，等他出了考場，家裡已是餓了兩三天。一直要到中舉人的消息傳來，才大有改善，所以當他聽說中了第七名「亞元」時，竟歡喜得瘋了，報錄的建議胡屠戶打他一個嘴巴就會好了，胡屠戶卻說：「雖然是我女婿，如今卻做了老爺，就是天上的星宿(文曲星)；天上的星宿是打不得的。我聽得齋公們說：『打了天上的星宿，閻王就要拏去打一百鐵棍，發在十八層地獄，永不得翻身。』我卻是不敢做這樣的事。」在他的心目中，女婿已是天上的文曲星了。這下全然改變了他們的經濟與社會地位。地方上一位也是舉人出身和做過一任知縣的張鄉紳，馬上親自登門拜訪，並送給他賀儀五十兩與一所大房子；自此以後，地方上的小老百姓也來奉承他；有送田產的，有送店房的，還有那些破落戶，兩口子來投身爲僕圖蔭庇的，不到兩三個月，家中奴僕丫鬟都有了，錢米更不消說了。[102]

在另一部社會小說《醒世姻緣》裡也有一個細節不同的片段，這是個關於晁思孝突然改變命運的故事。他也當了多年的生員，是個財產有限的人，鄉試屢考不中，後來因資歷而成爲貢生，使他能參加低級政府官員的特考，得了個知縣。消息傳來，地方上窮人也有願爲其僕人的，也有願送土地給他，放債者願無息貸款，晁家驟然間成爲當地最富與最有權勢的人家。[103]上述一位南方、一位北方

---

102 吳敬梓，《儒林外史》，第3回。

103 蒲松齡，《醒世姻緣》，第1回。

小說家分別獨立寫出的兩個故事片斷，可以看出教育的重要，通常更高的科名(舉人)會導致個人的經濟和社會地位的驟然提升。

　　明清社會中，財富本身並不是權力的根源，這一論點可在此進一步闡明。至少從明代中葉起，安徽南部山區的徽州府商人成為全國最富有的商業集團之一，許多富商鉅子以家財上百萬兩銀子自豪。萬曆二十年(1592)進士謝肇淛，是一位廣博的旅行家與不凡的觀察家，他的那本包含天、地、人、物、事五類記載的著名筆記《五雜組》，曾經是江戶時代日本人瞭解晚明中國最受歡迎的指南。他在書中提到，徽州的一位百萬富商汪宗姬的事例，因為他有錢，總是鮮車怒馬，帶了大批隨從姬妾出遊，有一次，路遇一地方官，未及時讓道，以至於長期訴訟導致破產。[104]我們不能肯定汪氏是否曾捐過功名或官位，但顯然財富的力量本身是敵不過官府權力的。

　　甚至有官銜的富商家庭，在特殊環境下，面對官府也是無能為力。徽州富商吳氏的事例更能令人大開眼界，這家人在十六世紀初正德年間，以鹽商起家，一直很富有，到十六世紀末與十七世紀初之際的萬曆後期，又常捐鉅款從事地方慈善事業，包括建書院，刊刻十六部經書，免費提供給需要的學生。由於對學者的贊助，長期以來，吳家已被接納為地方精英的一分子；通常的情況下，這已能給吳家有效的社會保護。而且吳家又非常實際的捐了三十萬兩銀給國庫，家中有六人取得七品京官銜。以吳家新獲得的正式官員身分，配合其財富；因此使他們毫無困難地占有黃山的木材，孰料天

---

104 謝肇淛，《五雜組》，卷4，〈地部二〉，頁25b。【譯者按】：《五雜組》原文是：「鮮車怒馬，不避監司前驅，監司捕之，立捐數萬金。不十年間，蕭然矣。」則富商汪宗姬是被捕後捐出數萬兩銀子，以致不到十年家產蕭然，並非本書原來所說的長期訴訟(prolong litigation)導致破產。

啓六年(1626)，因一個背叛的僕人告到一個貪婪而有權力的宦官那裡，誇大吳家霸占公共山地的說法；於是，不但吳氏所有在徽州地區的家產被政府沒收，而且他在天津、河南、揚州、與杭州各地的鹽業與當鋪的各種投資，都遭調查，最終都被政府沒收。[105]

這些事例並不限於徽州地區，也不限於晚明。十八世紀前半期的雍正、乾隆年間，《儒林外史》有另一個生動地描述揚州大鹽商萬雪齋的例子；揚州位近大運河與長江交會處，是個文化中心和奢華消費城市。即使以揚州的消費標準而論，萬氏招待著名文士的方式，也被認為是奢侈浪費的。他的七姨太有些文學天分，熱心社交，就組織了個詩會。儘管萬雪齋有精英的身分，他還是成為貪婪成性的地方官下手的對象；經過與寵愛的七太太深思熟慮之後，萬雪齋決定從他正迅速縮水的家產中拿出一萬兩銀子，去買一個邊遠的貴州省知府實缺，因為在法律許可範圍內買得一個立刻可以上任的高官，萬雪齋才能逃脫他與其姨太太認為正逼近的死亡危機。[106]吳敬梓在評論萬雪齋的事例時，引用了一句包含當代基本社會事實的通行中國俗語：「窮不與富鬥，富莫與官爭。」

李贄較為人知的是筆名李卓吾(嘉靖六年至萬曆三十年，1527-1602)。他做過地方官，也是思想界的離經叛道者，曾做過大略的觀察：「商賈亦何可鄙之有？挾數萬之貲，經風濤之險，受辱於關吏，忍詬於市易，辛勤萬狀，所挾者眾，所得者末。然必交結於卿

---

105 《徽州府志》，卷12，頁4a；《明熹宗實錄》(江蘇省國學圖書館直接影印版)，卷68，頁8b-9a；卷75，頁2b。

106 吳敬梓，《儒林外史》，第47回。【譯者按】：此段記事在現行各本中均不載，唯在齊省堂本增加的四回中的第四十六回〈假風騷萬家開廣廈　真血食雨父顯靈魂〉與第四十七回〈吃官司鹽商破產　欺苗民邊鎮興師〉有之。又七太太，本書原來作五姨太，譯文依《儒林外史》原文改。

大夫之門，然後可以收其利而遠其害。」[107]這也是明清時代商人常為官員立碑以表達謝意的原因，因為只有受到那些有同情心官員及時的保護，商人才得以免受地方政府的吏員及其手下的威脅與榨取。[108]

　　十九世紀末的社會小說《官場現形記》在序文中說到明清社會權力的根源：

> 官之位，高矣！官之名，貴矣！官之權，大矣！官之威，重矣！一五尺童子皆能知之。古之人：士、農、工、商分為「四民」；各事其事，各業其業；上無所擾，亦下無所爭。其後選舉之法興，則登進之途雜；士廢其讀，農廢其耕，工廢其技，商廢其業，皆注意於「官」之一字；蓋官者：有士農工商之利，而無士農工商之勞者也……若官者，輔天子則不足，壓百姓則有餘。[109]

以上的實例與觀察無疑地包含了相當多的社會實況，然而這不應扭曲我們對事情的真正瞭解。其一，這些被官員勒索而終致破產的商人案例，雖有啟發性，卻是例外而非常態。其二，財富是社會地位的決定因素之一，雖然理論上其重要性還不及高階功名與官職，但財富真實的力量隨時間的前進而穩定成長。在景泰二年(1451)以

---

107 引自李紹文，《皇明世說新語》，卷7(【譯者按】：本書原來誤作卷2，據中國科學院圖書館藏明萬曆刻本影印收入《續修四庫全書》本〔臺南：莊嚴，1995〕，頁31b。

108 王圻，《王侍御類稿》，卷8，頁33a-33b。【譯者按】：如「二三商賈德(郡)侯(繩齋許公)」而為他立「去思碑」。

109 《官場現形記》，序文。

前，財富最多不過能幫助人得到較好的教育機會，便利最終達成高等功名或官位而已；直到當時選官之法，完全由正途的科舉或特別的保薦、或由國子監監生、吏員和胥吏升遷。但由於正統十四年(1449)土木之變，蒙古瓦剌入侵，嚴重威脅到首都北京，迫使明政府不得不開捐納官位、官銜與國子監生之例，為富人的社會流路開啟重要的前管道邁開了一大步。長久看來，販售官位與官銜及國子監生資格，對社會流動的影響，遠比法國舊政府(ancien régime)實行的波萊特制度(Institution of la Paulette)，在促進中產階級(bourgeoisie)上升為貴族的影響要大得多。[110]

從當代的士人與官員部分的統計資料與證詞，我們得知明代賣官位、官銜與監生資格是在一定範圍內進行的。崇禎十七年(1644)早春，北京陷落之後，一個明朝的親王(福王)在南京即位，繼續抗清。他的主要籌餉方法就是大規模地賣官鬻爵。[111]這個流亡政權的賣官，隨著順治二年(1645)清軍攻下南京而終止。但這個賣官政策對清初的政策有不可忽略的影響。清朝政府在1660和1670年代(順治朝及康熙朝前期)，需錢孔亟，首先是為供應南方強大的三藩，然後是供應平定三藩之需。的確，在康熙十七年至二十一年(1678-82)，清朝政府不但大規模地賣官，而且幾乎是史無前例地、全國性地進行生員資格販賣。[112]雖然到康熙二十二年(1683)，臺灣歸

---

110 Elinor G. Barber, *The Bourgeoisie in 18th-Century France*. 【譯者按】：波萊特制度(Institution of la Paulette)是指1604年法王亨利四世採行的一種特別稅制，凡擁有行政或司法職位的官員就有將官位傳襲子孫的權利，但每年要交付合於職位價值的六十分之一的稅金給皇室；這一稅制由財政大臣波萊特(Charles Paulet)倡議，因此命名為波萊特制度。

111 楊士聰，《玉堂薈記》，卷3。

112 葉廷琯，《鷗波漁話》，卷3，頁3b-4b；《國朝虞陽科名錄》。

附，全國平定之後，生員資格販賣政策永遠不再繼續實行，但每逢軍事出征、重大天災及興建公共工程時，仍常以捐官來解決財政需求。[113]

我們無法確知清代前半期捐官的數量，但難能可貴的一件嘉慶三年(1798)名單透露了那年捐官的數字：京官1,437、省級與地方官3,095，這還不包括許多從九品以下及不入九品之流的下級官員。其中最大宗的是縣丞1,258，其次是筆帖式547，他們是京官捐買之最大宗。其中甚至還有十歲以下男童的捐官案例，因爲捐了官之後不是馬上可以上任，得等一段時間，早捐就可早任官。[114]雖然這不是常例，不會每年都捐這麼多官，但嘉慶三年這年捐官的總數4,532，已超過中央政府品官總數至少三分之一。這個數字，再加上嘉慶四年至道光三十年(1799-1850)捐監人數，顯示至少在清代中期的大部分時間，金錢直接轉換成高社會地位，遠比明代容易得多。

官員中捐官的比例有多少，可由分析兩種官員初任官職資格的系統性資料得知。第一種，是各種版本的《爵秩全覽》，也就是官員品級與俸祿的手冊，在北美能找到的最早版本是十八世紀五、六十年代與七十年中期(乾隆中期)，最大宗的是十九世紀(嘉慶至光緒)。其中一個樣本顯示，經過百多年，中央政府官員中正途(高階科名與蔭敍)與非正途(如捐納等)出身的比例，只有相當小的變動。這是因爲習慣上，某些中央政府官職員額，分別保留給正途與非正途出身的人。例如，高官與學官，照例是保留給高階科名出身的人，某種官職，特別是「筆帖式」，也就是滿人書記，是保留和供滿、蒙、漢軍八旗捐納的。六部與其他幾個中央機關的三個等級的

---

113 許大齡，《清代捐納制度》全書各處。
114《滿漢文武官生名次錄》(嘉慶三年〔1798〕)。

筆帖式，也按一定比例分配。隨著捐納的筆帖式人數逐漸增加，一種叫作額外主事的額外資淺書記人數也相對增加，這個額外主事的位子通常是撥給新科進士的。為平衡起見，通常中央政府官員中，正途出身的人數，比非正途出身的人數，在幅度上要稍多一點。

　　正途與非正途出身官員比例之變遷，可由分析地方官員初任官職資格的資料，更好地呈現出來。由於要對那些不計其數的「佐雜」，也就是最低的兩個品級（八品與九品）地方官做完整分析非常費時；至少在十九世紀的清末，這些八、九品的官員，其職位大部分是捐納來的。因此，我們分析官員的出身，只限於地方行政的中堅，即四品至七品的地方官階級。我們選擇了可以代表十八世紀後半、十九世紀前半與後太平天國時期的官吏人名錄《爵秩全覽》，以見證捐官急速增長的趨勢。

表2　地方官員初任資格之百分比分布

年	官員總數[a]	正途	恩蔭	捐納	雜途[b]
乾隆29年（1764）	2,071	72.5	1.1	22.4	4.0
道光20年（1840）	1,949	65.7	1.0	29.3	4.0
同治10年（1871）	1,790	43.8	0.8	51.2	4.2
光緒21年（1895）	1,975	47.9	1.2	49.4	1.5

史料出處：乾隆29年（1764）、道光20年（1840）、同治10年（1871）與
　　　　　光緒21年（1895）版《爵秩全覽》。
a、「官員總數」是指對其基本任官資格做過說明的官員之總數。
b、「雜途」是包括吏員升任官員者及省級高層官員以軍功或其他功勳
　　保舉者。

　　乾隆二十九年（1764），清帝國正值和平、繁榮與行政秩序井然的巔峰，這一年的《爵秩全覽》中登錄的地方官員，超過70%是貢

生以上正途出身的。道光二十年(1840)，當國家仍處於和平之時，非正途出身的官員增加的百分比並不太大。但是咸豐元年至同治三年(1851-64)的太平天國之亂，迫使清廷賣官，其規模之大，是以前做夢都夢不到的。亂事平定後，非正途出身官員的百分比一直都超過正途出身者。

上述數據的資訊並不完整，《爵秩全覽》並未指明那些最初以正途出身官員是否再度捐納，或甚至在初任官員時就以捐納作爲其加速進入仕途或晉陞的手段。第二類的數據是《同官錄》，也就是各省官員的人名錄，比較令人滿意。由於《同官錄》未包含大量的「佐雜」，因此我們只能分析七品以上省級與地方官員的出身背景。

光緒十二年(1886)版的浙江官員《同官錄》相當完整，包括佐雜及府州縣學的教授、教諭等，特別具啓發性。府州縣學的教官作爲一個群體，有別於任官常規的例子，是格外孤單而可悲。道光三十年(1850)以後，決定官員身分的因素中，金錢遠比學術來得重要。90名教官中，60名出身正途，26名捐納，4名保舉；但60名出身正途的教官之中，又有26名進一步以捐納取得官職。在排除大量以捐納取得從九品官位及不入流的吏員之後，剩下的272名佐雜中有238名取得官位唯一的方式是捐納。

系統性的統計資料之外，個人的傳記證明，大部分情況下，在捐納官位之前，需要物質幫助才能得到好的教育，高的功名，最終達到官員的身分地位。這一事實，或可以一些出身貧寒而奮鬥不懈的學者來說明。例如沈垚(嘉慶三年至道光二十年，1798-1840)是道光十四年(1834)的「優貢生」，也是一位歷史地理學家，曾做如下的一般性觀察：

表3 省級及地方官員初任資格之百分比分布
（A＋C＋D＋E＝100；B＋C＋E＝F）

年	省份	官員總數	正途		捐納（全部的）	非捐納的雜途	結合捐納雜途	捐納（專有與混合）
			A	B[a]	C	D[b]	E	F
道光27年（1847）	河南	289	68.9	4.9	28.6	1.2	1.3	34.8
咸豐9年（1859）	山東	305	38.7	1.6	55.1	2.0	4.2	60.9
同治10年（1871）	安徽	150	32.0	9.4	46.6	13.4	8.0	64.0
光緒6年（1880）	江蘇	425	20.4	9.4	65.4	10.0	4.2	79.0
光緒12年（1886）	浙江	294	38.7	10.2	42.2	8.9	10.2	62.6
光緒19年（1893）	河南	160	43.1	15.6	51.9	1.9	3.1	70.6
光緒20年（1894）	陝西	294	44.2	4.9	45.0	6.5	2.3	52.2

史料出處：《中州同官錄》道光27年及光緒19年版；《山東同官錄》咸豐9年版；《皖江同官錄》同治10年版；《江蘇同官錄》光緒6年版；《浙江同官錄》光緒12年版；《關中同官錄》光緒20年版。

a、B欄的百分比數據，主要的任官資格是高的功名，但出任職官或升官是靠捐納促成的。

b、為避免過細的分類，此處也包含通過恩蔭而任官的少數官員。

> [自宋以後]未仕者又必先有農桑之業，方得給朝夕，以專
> 事進取；於是……非父兄先事業於前，子弟即無由讀書以

致身通顯。[115]

沈垚從他與一些天資好卻遭挫折的朋友們的經驗，得到一個結論：
「當今錢神爲貴，儒術道消」。儘管這一印象想來是誇大而單方面
的看法，也很可能只適用於清代後期；但能幫助現代學子瞭解，一
般認爲明清時代全國競爭性的考試體制下，只靠個人的才能就能決
定個人社會價值與地位的看法，是多麼地誇張。

　　總之，從我們所舉的實例與全體的統計，可清楚地知道，在明
清時代的中國，錢財本身不是權力的根本來源，它必須轉化成官員
身分，才能讓人充分感到錢財的力量。從明朝創建到蒙古入侵的正
統十四年(1449)，財富只能間接地幫助獲得一個較高的功名與一個
官職。景泰二年(1451)以後，不時出現的賣官，對富人開啓一條社
會流動的新管道，使錢財在決定社會地位上，成爲重要性不斷增強
之因素。但直到太平天國叛亂的咸豐元年(1851)，國家一直把科舉
制度，作爲首要的社會流動管道，捐納作爲次要管道。太平天國之
亂爆發後，國家開始失去其管理控制能力，錢財的重要性才超過高
等功名，成爲社會地位的決定性因素。

　　比較明清中國與西方早期近代及近代的社會分層化，我們發現
其間只是程度不同，而非性質的相異。勞力者與勞心者的界線，儒
家中國可能比西方來得清晰；但這樣的界線，在所有的前近代與近
代的文明社會差不多都存在。即使在現代的北美，雖然對勞力者的
偏見已是最少的，但社會分層化體制的根本區別，仍在白領與藍領
職業之間。儒家傳統與價值，可能會對富人在得以進入統治精英時

115　沈垚，《落帆樓文集》，卷24，頁11b-13b；卷10，頁15b-20b。【譯者
　　按】：前者篇名爲〈費席山先生七十雙壽序〉，後者篇名爲〈與季石齋〉。
　　「當今錢神爲貴，儒術道消。」語出該書卷10，頁19a-b。

造成較大的壓力，但同樣的驅策與社會弱勢情結，也在大多數前近代與近代社會的新富(nouveaux riches)身上可以得見。教育，或更準確地說大學學位，在最「物質主義化」的北美社會分層化，愈來愈重要。甚至傳統中國對各階級生活方式詳細的法律規定並非獨一無二，中古與後封建時代的歐洲也有同樣的情況。[116]明清社會特別之處，在於除了這五個半世紀時期的最後六十年之外，官僚制度與國家權力具有壓倒性的力量，一直是管控社會流動的主要管道，這多少符合當時確立已久的儒家傳統的指導原則。

---

116 許多最近的研究成果，總結於Bernard Barber的*Social Stratification: A Comparative Analysis of Structure and Process*。我從這本書中擷取其對西方社會的概括，以與傳統的中國社會做必要的比較。

第二章

社會身分制度的流動性

　　社會流動並不限於縱向的，在任何高度分化的社會中，都可以在價值上大體平等的職業角色中，找到一定數量正在進行的社會流動。爲增進我們對縱向社會流動的瞭解，量度階級系統中向上或向下的社會地位間的流動是必要的，一位近代社會學家說：「橫向流動是分析縱向流動的基準。」[1]

　　專門研究一個像明清這樣的歷史社會的橫向流動，在技術上有許多重大的困難。有一些橫向流動，在大致上含縱向流動性質的職業間進行，但記錄這種社會流動的資料，是不可量化的；而另一些形態的社會流動的資料，卻是可以數量化的。它記錄那些開始是縱向流動，最終結果卻在社會地位上有得有失的社會流動；要區分這兩種資料往往是不可能的。由於我們處理的大量歷史資料並不適合於科學化的多標準分析，所以很難精確地評量開始具社會橫向流動性質的職業間的流動，是否也意含一定程度的社會地位的向上或向下流動。例如，研究中國社會史的學者往往會遇到顯示士與商間流動的案例，有許多窮書生棄儒從商，也有不少商人累積一定的財富之後棄商從儒。理論上，在傳統中國社會，法律及社會地位上，窮書生必定比富商高；實際上，還是要看窮書生自己，他才是本身利益的最佳裁判，他要考慮的是包括轉換職業可能帶來的社會地位的得失。現代的學者只能推估棄儒從商可能拖累社會地位，但我們並無可靠的方法估算經濟地位的實質改善，是否在理論上能補償其社會地位的損失。既然無法知道這位窮書生主觀的「苦樂權衡」（felicific calculus），*所以我們也無法確知其職業流動，是否只有橫

1　　Robert M. Marsh, *Mandarin and Executive:Elite Mobility in Chinese and American Societies*(儒吏：中國領導階層之流動).

*　　【譯注1】：邊沁(Jeremy Bentham)認爲「苦樂權衡論」(felicific calculus)是一種可以測量快樂和痛苦單位的程式，是證實一個行爲正確與否的技術，以此

向的流動，或是還同時包含縱向流動。

我們不只是研究橫向流動，在這一章我們要討論的社會流動面向是範圍相當廣泛的社會地位系統的流動性。其中包括：(1)中國社會並無有效的法理上的障礙，來阻礙個人或家庭的社會地位流動；(2)取用的統計數據，雖直接與縱向社會流動相干，但也涉及起家的職業與橫向的社會流動；(3)反映於當代的文學、譜牒與傳記中的社會地位系統的流動性；(4)儒家社會意識形態的穿透性。希望在這一章，由於較寬鬆地處理社會流動，加上本書附錄的詳細說明，將為其後各章解釋統計資料，提供有意義的來龍去脈。

第一節　法理上缺乏對社會流動的有效阻礙

隨著公元前三世紀後半期封建制度的消失，階級與身分地位不再世襲，不過有兩種例外：(1)每個王朝均有些世襲的同姓或異姓貴族，通常數目並不大，頂多不過形成一個小小的掛名頭銜的有閒世襲階級，這是我們不必擔心的。(2)在中國歷史的某些時期，由於政府需要勞工服役，將一小部分平民註冊為世襲的特殊身分，而至少在理論上，這一部分世襲特殊身分的個人是不能改變他們的身分的。本節旨在追溯明代這種特殊地位群體的歷史，來解釋為什麼這一制度並不能真正阻礙社會流動。

明初的世襲特殊身分戶籍登記制度，沿襲自蒙元。在蒙古特別的高壓統治下，庶民的戶籍登記為民戶(平民、百姓)、儒戶(讀書

(續)────────────────

　　預測人的行為，計算出該行為所造成的後果。felicific calculus一般譯為「幸福計算」，此處採用何炳棣的中譯，見於《讀史閱世六十年》(桂林：廣西師範大學出版社，2005)，頁227。

教學為業者)、醫戶(醫生)、陰陽戶(占星),或依法律規定,將那些承擔政府需要的各種勞役的人民,編為軍戶(軍人)、屯戶(屯田軍)、匠戶(工匠)、鹽戶或灶戶(煮鹽為業者)、礦戶(冶煉金銀礦物為業者)、站戶(郵傳為業者)等,其中不少還再細分。[2]由於未對元代史料做多方搜檢,我們不能確定元朝政府是否成功地嚴格維持這一特殊勞役身分制度,但有若干證據顯示身分地位的改變並非不普遍。研究元代身分變遷最好的史料之一,是元統元年(1333)進士登科錄,這是現存此類史料唯一的一件;[3]在其中我們發現,例如漢

2　蒙思明,《元代社會階級制度》,《燕京學報》專號,第16號(1938),頁149-206。【譯者按】:陰陽戶也管計時、報時。

3　《元統元年進士登科錄》,全書各處。【譯者按】:現存元代進士錄除《元統元年進士登科錄》外,尚有《辛卯(至正十一年)會試題名記》,但內容僅有進士姓名和甲第名次,無進士出身家庭資料,對研究社會流動用處不大。《元統元年進士登科錄》通行本為民國初年徐乃昌影雕元刻本,斷爛脫落之處甚多。蕭啓慶教授曾做校注,加以補正,後又據北京圖書館藏錢大昕抄本,再加補正;是最完善版本。據蕭教授研究,元統元年錄取進士百名,是元代科舉最盛的一科,蒙古、色目、漢人、南人各錄取二十五人。出身仕宦家庭與非仕宦家庭的比例,蒙古進士為58.33%比41.67%,色目進士為68%比32%,漢人進士為72%比28%,南人進士為58.33%比41.67%。蒙古、色目進士多出身中、上級官員之家,漢人進士以出身元朝下級官吏及教職家庭為主,南人進士雖大都出身平民之家,但大都原係南宋官宦世家。至於進士出身之戶籍資料,《元統元年進士登科錄》記載並不完全,缺載達44%,分析現存資料,蒙古進士全部出身軍戶;色目進士75%出身軍戶;漢人進士亦一半以上出身軍戶,占52%,民戶與儒戶各占15%,匠戶占5%,但出身軍戶者亦有不少係仕宦與書香之家;南人進士則多出身儒戶,約占59%,其次出身民戶,占41%。則漢人與南人進士,尤其南人進士,多為官宦書香之家,出身全無仕宦及學術背景家庭者甚少;主要原因是元朝的統治中國,採取保持原有社會階級制度政策,南宋上層社會官員家庭雖失去政治地位,但其經濟實力與社會地位改變不大,他們多列入儒戶,是以在科舉考試中居有利地位。宋、明進士出身非官宦家庭者約在50%左右,元代則約占35%,尤其圍

人狀元李齊的戶籍,其先祖原爲匠戶,但祖父與父已做官,其他還有一些漢人進士的先祖應該也具特殊勞役身分,其父祖輩有一至三代是做官的;而蒙古籍的進士,實際上其家庭全來自蒙古軍戶。

明初,元代的這種世襲的家庭身分戶籍制度,基本上仍然維持下來。洪武二年(1369)與三年(1370)的法令,規定諸色人戶的戶籍須依原來的戶籍或被強制僉定的職業戶籍編納,並規定非法改變其身分的罰則。[4]絕大部分的平民主要被編僉爲民戶,它包括從事農業、商業、貿易及其他特殊勞役戶以外的人戶。

若嚴格執行這些不准非法變更戶籍的規定,可能眞會構成對社會地位流動的阻礙;則明代社會就會趨近於古代齊國政治家管子的理想設計,即職業世襲,依職業畫分的群體永久隔離居住。實際上,明初政府只致力於維持最低限度的特殊勞役員額,以應國家需要。明朝政府從沒想要永久凍結社會,開國的明太祖及其後人也知道一定數量的身分流動對於社會的穩固是必要的。即使法律所關注

(續)————————————————————

　　於種族配額,對漢人、南人不利,競爭劇烈之下,仕宦書香世家自然占優勢。詳見蕭啓慶,〈元代科舉與菁英流動:以元統元年進士爲中心〉,《內北國而外中國:蒙元史研究》(北京:中華書局,2007),上冊,頁185-215;蕭啓慶,《元代的族群文化與科舉》(臺北:聯經出版公司,2008),頁117-145,〈第五章　元代蒙古色目進士背景的分析〉及頁147-176,〈第六章　元朝科舉與江南士大夫之延續〉。

4　《明史》,卷77;《明太祖實錄》,卷54。【譯者按】:《明史》,卷77,〈食貨志一·戶口〉僅曰:「凡戶三等:曰民,曰軍,曰匠。……畢以其業著籍,人戶以籍爲斷。」《明太祖實錄》卷54中有關戶籍之記載,僅有洪武三年七月庚戌一條,其言曰:「命戶部榜諭天下軍民,凡有未占籍而不應役者,定期許自首。」兩份資料並無上述正文所云之記載。據《皇明制書》卷一〈大明令·戶令〉:「洪武元年。凡軍、民、醫、匠、陰陽諸色戶計,各以原報抄籍爲定,不得妄行變亂,違者治罪,仍從原籍。」則此段文字之出處宜改爲《皇明制書》卷一〈大明令·戶令〉。

的特殊勞役世襲的規定要嚴格地執行，但是人民的身分群體中，人
數最多的職業戶「民戶」，由於包含的職業項目極多；因此，多數
平民仍可能改變職業與其伴隨而來的社會地位。

　　關於軍、匠、灶三種主要的特殊勞役身分的史料倒是相當豐
富。首先簡要地論述「匠戶」地位變遷的歷史。明初匠戶分二大
類：(1)輪班匠，各省的工匠，每隔一至五年，必須輪班到京師報
到，工作若干時日；(2)住坐人匠：工匠及其家人必須永久居於京
師地區，以便應政府工程需要而隨時徵用。這兩類匠戶均須註冊受
工部管轄。洪武二十六年(1393)，輪班匠定額，凡二十三萬二百八
十九人，其後很少改變。住坐人匠由政府支薪，員額在一萬二千至
一萬五千之間。永樂十九年(1421)，遷都北京，住坐匠戶大都隨之
移駐北京地區。[5]

　　由於明初政府關注的是維持匠戶員額而非增加人數，後來的相
關法令給予工匠家庭中編納爲匠戶的成年男丁人數，有相當的迴旋
餘地，例如宣德元年(1426)的法令，就規定工匠的家戶有二丁、三
丁者，只要留一丁做工匠；四丁、五丁者，留兩丁；六丁以上，留
三丁，其餘皆放回，殘疾老幼及赤貧者，也都放回。這一法令無疑
地使許多匠戶家庭成員得以改換職業與身分地位。

　　輪班匠通常依據工藝的種類及其居住地離京師路程的遠近，隔
三、四、五年輪一班到京城服役。其住京的時間，通常以每一年不
超過一個月爲原則；因此，輪班匠每三至五年，在京師工作時間也
不過三至五個月，即使加上旅途所費的時間，大部分匠人仍有充裕

5　本文論述匠戶的這幾段資料，除非另行註明，皆依據《大明會典》卷188-
　　91。【譯者按】：據《大明會典》卷188頁1a，匠戶非全受工部管轄，而是
　　「輪班者隸工部，住坐者隸內府內官監」。宣德五年，曾令南京及浙江等處
　　工匠，起至北京附籍大興、宛平二縣。

時間依自己喜歡的方式謀生糊口。這種相當寬鬆的輪番替補制度與合理的工作日程表，使相當數量匠戶的職業與身分有流動的可能。

　　再者，隨著時間流逝，所有新加入的工匠在技術上不再能與老一輩一樣純熟，而且自十五世紀初以降，工匠逃役，甚至匠戶逃籍的事越來越普遍。明代經濟的穩定發展，使政府有意試行工匠勞役折徵銀錢的制度。成化二十一年(1485)開始，頒行一系列的法令，規定偏遠南方各省及一些北方省份，匠役可以依意願折徵銀錢。迨嘉靖四十一年(1562)，明朝與日本、葡萄牙貿易已經有數十年的順差，大量白銀流入，使中國白銀存量大增；從此全國開始強制實行匠役折徵制度。[6]於是，百分之八十的班匠，雖然純粹因財政理由，仍須註冊爲匠戶身分，法律上不准脫籍，事實上，已經從世襲匠戶身分解放出來。

　　南北京住坐人匠與匠戶的相關史料相當缺乏，但由明代的法令可以看出，他們經常逃亡，技術水準與工作效益日漸衰落。[7]由於

6　梁方仲，〈明代國際貿易與銀的輸出入〉，《中國社會經濟史集刊》，第6
　　卷2期(1939)。【譯者按】：有關北京的住坐匠戶的重要法令，是《大明會
　　典》卷189，頁11b載：宣德五年，令南京及浙江等處工匠，起至北者，附籍
　　大興、宛平二縣，仍於工部食糧。有關北京的輪班匠戶的重要法令，則有
　　《大明會典》卷189，頁5a-10a載：宣德元年(1426)，詔凡工匠、戶有二丁、
　　三丁者，留一丁；四丁、五丁者，留二丁；六丁以上，留三丁，餘皆放回，
　　俟後更代，單丁，量年久近，次第放回，殘疾老幼及無本等工程者，皆放
　　回。成化二十一年(1485)奏准，輪班工匠，有願出銀價者，每名每月，南匠
　　出銀九錢，免赴京，所司類齎勘合赴部批工；北匠出銀六錢，到部隨即批
　　放，不願者仍舊當班。嘉靖四十一年(1562)，題准行各司府，自本年春季爲
　　始，將該年班匠，通行徵價類解，不許私自投部投當。
7　重要而分散的事證可參看《大明會典》卷190-201；一篇卓越的近人研究，
　　見陳詩啓，〈明代工匠制度〉，《中國資本主義萌芽問題討論集》(北京：
　　生活・讀書・新知三聯書店，1957)，上冊，頁436-66。【譯者按】：該文

政府必須負擔匠戶生活費，而刻意將人數維持在低標準。他們可憐的情況，可由一本講南京造船的住坐人匠歷史的誌書得知。到十六世紀中葉，這些匠人已與他們十五世紀初的祖先大不相同，當年南京龍江造船廠的工匠，能為著名宦官出身的艦隊司令鄭和七下西洋所率領的海上遠征軍，建造大型壯實的遠洋艦艇，到達東南亞、印度洋和東非沿岸。可是到十六世紀的嘉靖年間，這些工匠已「多不諳祖業」，而且「知藝者百無一二」。當年，政府為補貼工匠生活，曾分土地給他們的祖先，由於工匠赤貧化，因而有典賣田產之舉；這些田產多為鄰近有力的地主所兼併，這些工匠反而成為這些地主的佃農。[8]無怪乎，嘉靖十三年(1534)，曾有一條法令規定，京師地區大興、宛平二縣住坐匠戶人家的男丁，除現在做工服役的正匠外，其餘男丁只要經通查入工部名冊，每名每年出辦工食銀三錢，以備中央政府諸衙門「公務取匠雇覓之用」；部分豁免了住坐匠役。雖然明朝住坐匠戶的詳細歷史還有待進一步研究，但從清兵入關次年(順治二年，1645)，滿清政府就「除豁直省匠籍，免徵京班匠價」，可知在一定程度上明代住坐人匠的身分制度早已廢棄了。[9]

(續)─────────────────────

原載《歷史研究》，1955年6月，頁61-88。

8　《龍江船廠志》(原序於嘉靖三十二年〔1553〕)，卷3與卷6。【譯者按】：語出卷3，〈官司志〉，頁10a與卷4，〈建置志〉，頁5a。關於有力地主奪貧匠土地之事，《龍江船廠志》卷5〈斂財志〉云：龍江船廠匠戶率多貧弱，無恆產；因此，讓工匠佃耕船廠多餘空地。由於這些船廠官地的租金有如灶地一樣，較一般民田為低，船廠在「召佃之時，每為有力者奪去」；於是南京工部督造主事李某呈請：今後對船廠「未開墾之地」，「查審各匠丁力多寡，量分承佃，不許豪家如前霸占」(頁4a-4b)。

9　《清朝文獻通考》，卷21，頁5044。【譯者按】：《清世祖實錄》，卷16，順治二年五月：「免山東章邱、濟陽二縣京班匠價，並令各省俱除匠籍為

　　但值得注意的是明代匠籍人戶中產生過不少名人，如出身江蘇南部蘇州府長洲縣匠戶人家的吳寬，在成化八年(1472)會試、廷試均考第一，位至禮部尚書。吳寬以文行有聲於諸生之間，其行履高潔，不爲激矯，而自守以正，甚爲時人所崇敬。當其爲生員之時，賄賂縣衙門胥吏，免其紡織匠的勞役，其家庭史給我們一個比較早期職業與身分流動的好例子。當他年輕時候，吳家已擁有幾百畝田，支持他能專注念書以至於成就功名的，不是工匠的收入，而是農業的收入。[10] 更值得注意的是清代最成功的家族之一，安徽南部桐城的張氏，當隆慶二年(1568)產生第一位進士張淳的時候，張氏家族仍屬匠籍，由於成化二十一年(1485)以後，折徵銀兩逐漸代替勞役，張家才有機會取得相當多的田產，從張淳的祖父開始讓子弟念書。[11]

　　特殊勞役身分中，以軍籍最爲重要。明初註冊爲軍戶的差不多有200萬戶，270萬男丁，全國平均差不多每六戶中就有一戶有服軍役的義務。明朝於洪武元年(1368)創建之後，仍須維持龐大的軍力，以掃平群雄及防禦北邊的蒙古和其他部族。由於國防的重要性，嚴格世襲的軍籍法令，比其他特殊勞役身分，規定得更爲嚴格細密。基於軍事行政的目的，全國分爲若干衛(駐軍指揮部)，理論

(續)————————————

　　民。」

10　焦竑，《國朝獻徵錄》，卷18(【譯者按】：王鏊〈資善大夫禮部尚書兼翰林院學士掌詹事府事贈太子太保諡文定吳公寬神道碑〉)；祝允明，《野記》，頁105，特別提到吳寬「未達時，家應織人役」，是世襲紡織工匠。【譯者按】：《國朝獻徵錄》卷18與《野記》並無吳寬靠幾百畝田收入念書的記載，而是吳寬在「吳中有田數百畝，每歲租入，視親戚故舊之貧者分給之」。

11　《桐城張氏宗譜》，卷26；《隆慶二年進士登科錄》三甲第152名。

上，一個衛軍丁大率五千六百人；衛下分轄五個所(駐防部隊)，一個所軍丁一千一百二十人。這些衛所建置於京師地區、北方邊境與廣大的內地；京師地區為軍政重心，明初諸帝以八十萬軍駐其地，其中三十八萬屬於京營，其他為各省輪流調來的班軍。[12]

　　最初，服役的軍人都分得到田地，平時作為國家的佃戶，屯田生產糧食。但駐紮重兵的北方邊塞，並不能自給自足；不足的糧食，政府運用一種精心設計的制度來補充，*由商人運糧至邊塞，糧入倉後，給商人鹽引，換取沿海地區生產的鹽。許多富裕的商人為節省開銷與運輸的勞費，於是在北方邊區實行商屯的辦法，招募當地的貧民為佃戶墾田，以所生產糧食供應軍方。因此，理論上明初的軍隊體系，在財政上幾乎是自足的，而軍人的身分是世襲而不可剝奪的。

　　但這一自給自足的軍隊不久便難以維持，主要原因是：(1)占役，自十五世紀起，將軍和其他軍官常為私利剝削軍士，役使軍士為其僕人、佃戶或勞工，這些軍士只得到應得工資的一部分，甚至有全數被占奪的情形。尤其京師地區的京營，自成化年間(元年至二十三年，1465-87)以後，全在宦官控制之下，這可能是最糟糕的情況。自弘治十三年(1500)以後，大規模修築宮室的工程，日益增多；遂使京師軍士的地位降至與強迫勞役的非技術工人差不多。(2)軍官主要獲利於榨取軍士，瓜分侵占其部分軍餉與配給，遂使一般士兵不得不找各種菲薄外快，以維持生活。(3)軍官常利用到

12　要對軍籍身分變遷做簡要的研究，最方便的資料是記載很完善的《明史》卷89-92。【譯者按】：即〈兵志〉。近代研究明代軍制最好的是吳晗，〈明代的軍兵〉，《中國社會經濟史集刊》，第5卷2期(1937)。

*　【譯注2】：即開中法。

軍丁原籍地區勾取遞補軍丁的過程自肥，*賄賂敲詐公行，例如成化十三年(1477)，在江蘇補充六萬六千軍丁，就有二、三十萬無辜非軍籍百姓成為強求勒索的犧牲品。

但政府面臨最重要的難題，應該是軍籍內的人民普遍地想盡一切的辦法改變身分。這是很容易理解的，因為他們的生活困苦淒涼，與其他平民相比，可說完全缺乏個人自由，尤其還常常遭到上級的壓迫與剝削。而且明初又以各種發配謫為軍者擴充軍伍，使軍籍的社會地位蒙辱。[13]不論當初法令規定的地位如何，到十五世紀前半期，軍籍人民已成為最受壓迫的社會團體，連平民都看不起他們。明代史家深知：「役之苦者，莫甚於軍，則樂逃者亦莫甚於軍」。[14]

由於以上這些問題及其他公之於世的情事嚴重，以致逃籍的狀況比比皆是，達到非常嚴重的地步；早在宣德三年(1428)，軍隊逃籍的規模已大到政府必須下令全國性地清理逃軍戶籍。[15]正統三年(1438)、成化十五年(1479)及景泰年間(1450-56)，一再重申禁令，

---

* 【譯注3】：明代軍制，衛所軍丁死亡或逃亡缺伍，必須到該軍丁原籍的軍戶勾取遞補軍丁。

13 王毓銓，〈明代的軍戶〉，《歷史研究》，1959年第8期。要注意的是這篇論文的論據太依靠法律文書，因此其結論與吳晗針對歷史現實的論文〈明代的軍兵〉大異其趣。事實上，前漢帝國崩潰後的兩千年間，大部分的時期，普遍的徵兵制度並未恢復，軍人經常印上社會污名的烙印。漢代以後的中國不能解決軍隊問題，全面討論這個問題的，是雷海宗寫的一篇具高度啟發性的論文〈無兵的文化〉，收入雷氏的歷史論文集《中國文化與中國的兵》。

14 一位十六世紀士人論軍籍的文章，引自(萬曆)《江寧縣志》，卷3，頁38b-39b。【譯者按】：本書原作28b-29b，誤，今依(萬曆)《江寧縣志》原書改正。

15 《續文獻通考》，卷13，頁2893。

禁止軍籍人戶偷偷改變身分。[16]這些法令當然無效,到正德十五年
(1520)前後,京營由原來號稱的三十八萬降至十四萬以下,其中體
格適合服軍役的只有二萬人。事實上,雖然政府每隔一段較長的時
間便會特別下令調查逃籍,但將軍與軍官並不認真處理逃籍,因為
只要廣泛逃籍的情況沒被發現,他們就可以繼續吃空缺,占奪逃軍
的軍餉與補給。

　　逃籍的情況,無論在內地各省或邊區的駐軍,都一樣難以控
制。十六世紀中葉,全國沿海遭受中國無賴嚮導的倭寇之侵擾,當
時調查沿海駐軍的結果,才發現逃軍規模是如此之大,實際軍隊人
數占法定應有員額的比例:遼東只有32%,山東57%,浙江22%,
福建44%,廣東23%。[17]

　　在整個十六世紀後半,高級官員上了一系列的奏疏,嚴厲地督
促政府徹底檢查軍事組織及其徵調制度。有人建議將兵役折算代
金,但政府缺乏積極主動,又因茲事體大,北方邊防與海防均至關
重要,遂阻止了法制上軍籍的廢除。這些奏疏證實了軍籍制度幾乎
整體崩潰。萬曆(1573-1619)後期,京營各軍行伍已潰不成軍,軍事
訓練與軍紀全已不存,軍士依靠著負販與做小工過活,而且還要拿
部分掙來過活的錢孝敬上級。部隊檢閱時,軍士與觀眾呼舞博笑,
大家都知道軍隊只是兒戲而已。地方各省正規的世襲軍隊,至少到
十六世紀中葉,也僅存過去盛世的影子,虛有其表;為應付全國和

16　趙官,《後湖志》(戶部手冊,初編於正德八年〔1513〕,增訂於天啓元
　　年),卷4,頁9a-10b;亦見於《大明會典》(弘治十五年〔1502〕編),卷
　　20,頁15a-15b。【譯者按】:《後湖志》係輯錄明代賦役黃冊庫史事的文
　　獻彙編,因黃冊庫坐落在後湖(玄武湖)而得名。編者趙官為南京戶科給事中
　　兼管後湖黃冊庫事務。

17　陳懋恆,《明代倭寇考略》,《燕京學報》,專號之6(1934),頁34-36。

地方危機，正規軍的任務日益由臨時募集的傭兵所代替。[18]順治二年(1645)，清廷廢除軍籍，這不過是對這既存已久的事實，遲來的承認罷了。

　　由於法律及其所要維持的永久世襲軍隊制度，在實際執行時產生的巨大差距；終明之世，軍籍人戶改變其職業與身分地位流動，並不足爲奇。因此，就如匠戶一樣，軍籍並不構成社會流動的障礙。順便一提，早在洪武四年(1371)明朝舉行的第一次科舉考試，就有出身軍籍的進士產生。正統四年(1439)，軍籍出身的舉子還有登進士一甲的，明代軍戶產生過許多著名的政治家和官員。例如年僅十八歲在天順八年(1464)殿試高中第四名的李東陽，[*]就是住在

18　梁方仲，〈明代的民兵〉，《中國社會經濟史集刊》，第5卷2期(民國二十六年)；亦見黎光明，〈嘉靖禦倭江浙主客軍考，1551-1561〉，《燕京學報》，專號之4(1933)。【譯者按】：嘉靖二十九年九月辛卯朔，以吏部侍郎攝兵部，因言京營弊病以議興革：「臣以爲軍伍之不足，弊不在逃亡而在占役；訓練之不精，其罪不在軍士而在將領。今之提督、武臣，即十二團營之總帥，坐營等官，即各營之主帥，而號領、把總之類，又古偏裨之官，其間多屬世冑紈袴，不閑軍旅。平時則役占營軍，以空名支餉；臨操則四集市人，呼舞博笑而已；軍安得足且精乎？夫軍之不足不精非一日，先年，尙書王瓊、毛伯溫、劉天和輩嘗有意整飭之矣。然將領惡其害己，率從中阻撓，陰壞正議；而軍士又習驕惰，厭紀律，輒亡匿渙散，或倡流言；清理未半，事復中止，凋敝至極，遂啓戎心。」(《明世宗實錄》，卷365，頁2-3。)

*　【譯注4】：本書說：軍籍出身的舉子還有在1438年登進士一甲的。但1438年爲正統三年，這一年非科舉之年，殿試應該是己未科的正統四年(1439)，例如本章提到的施槃就是正統四年己未科的狀元(進士一甲一名)；本書作正統三年，誤，今改正爲正統四年(1439)。又李東陽登進士之年，本書原作1468，即成化四年，但成化四年非科舉之年。據傳記資料，李東陽在十八歲登天順八年甲申科進士二甲一名，天順八年是公元1464，非1468，今改正。李東陽官至禮部尙書兼文淵閣大學士，正德初加少傅兼太子太傅。《明史》稱：「弘治時，宰相李東陽主文柄，天下翕然宗之。」

京師附近駐軍的後代。他後來成爲十五世紀後半最有權力的大學士，死後諡號「文正」，是明代文官中獲得這個最令人稱羨諡號的第一人。[19]

第三種特殊勞役身分群體由內地和沿海的製鹽者組成。明代稱產鹽人戶的名詞各色各樣，但以鹽戶或灶戶最通行。鹽爲人類生活所必需，而鹽稅收入又僅次於田賦，爲國家財政重要的支柱之一；所以，在明朝創建兩年後，政府便開始籍民爲灶戶。元朝衰亡之際，大規模的戰爭與反亂，使許多原來製鹽的人戶放棄其指定的職業和煮鹽的徭役。在洪武三年(1370)以後，一些沿海民戶或內陸鹽池附近的民戶被迫入籍鹽戶，有時罪犯也會被指定從事同類的徭役。[20]

最初，政府配給鹽戶耕地*與草蕩地作爲維持生活及供應生產煮鹽燃料之用，生產鹽的額數原有定額，係依每戶人家的經濟能力與人力而定。隨著時間推移，後來貧薄鹽戶的財產漸爲殷實鹽戶所

---

19 焦竑，《國朝獻徵錄》，卷14。【譯者按】：楊一清〈特進光祿大夫左柱國少師兼太子太師吏部尚書華蓋殿大學士贈太師諡文正李公東陽墓誌銘〉。李東陽祖籍湖廣茶陵，其先人「洪武初，以戍籍隸燕山左護衛，後改金吾左衛」。其諡「文正」，楊一清云：「國朝文臣諡文正者自公始。」

20 對明代鹽戶廣爲引用的研究論文是何維凝〈明代之鹽戶〉，《中國社會經濟史集刊》，第7卷2期(1946)，文章根據的史料是不易獲得的。【譯者按】：朱元璋於丙午年(1366)，即建國前兩年，已以兩淮都轉運鹽使司的設立爲起點，重建灶戶制度(《明太祖實錄》，卷19，頁2，丙午年二月己巳條)。僉充灶戶者不只是原來的灶戶，還包括民戶、罪犯及戰敗的群雄支持者，如張士誠的支持者就被「擯之濱海，世服熬波之役」，明成祖靖難攻破滄州之後，也「徙其民於長蘆(鹽場)」，世服灶役(《康熙兩淮鹽法志》，卷15，頁3；《雍正長蘆鹽法志》，卷3，頁1)。參見徐泓，〈明代前期的食鹽生產組織〉，《國立臺灣大學文史哲學報》，第24期(1975)，頁161-193。

* 【譯注5】：稱爲「竈地」、「竈田」或「贍鹽田」。

吞併，許多小生產人因此淪爲赤貧，無助的鹽戶只好求助於地方豪族保護，或斷然逃籍。嘉靖八年(1529)，有位巡鹽御史證實，管轄淮南、淮北鹽場的兩淮都轉運使司屬下，至少有一半以上的鹽戶逃籍。大學士兼吏部尙書許讚(卒於嘉靖二十七年，1548)也說：「貧者流亡，而富者又復買脫，大非原額。」[21]雖政府不斷訂定詳細的法規，對脫籍、逃籍及暗中改變身分者予以嚴懲，強制僉補缺額，但灶戶身分世襲制度已不能維持。到十六世紀，明朝政府不得不對鹽的生產採取放任政策。此後，只有那些能靠製鹽發財的富灶，和那些走不了而留在鹽場的貧灶，或做鹽的生產者，或做富灶的雇工；於是這行之已久強迫世襲僉補鹽戶之法，實際上已經廢除了。[22]

　　明朝其他特殊勞役世襲身分，都在滿清入關後的順治二年(1645)廢除，鹽戶卻在改朝換代之後，仍維持其特殊勞役的身分，而且理論上其身分還是世襲的。清政府雖屢次想重新分給鹽戶竈地與草蕩，但這種打算均未能成功，以經濟原則觀點來看，清朝仍採晚明的放任政策。實際上，正在興起的資本主義力量繼續破壞有計畫的鹽戶世襲社會；以兩淮爲例，至十八世紀中葉，鹽戶原來擁有的竈地、草蕩與鹽田大部分已成富裕場商的財產，許多鹽戶已成支薪雇工人，完全依靠作爲資本家的場商爲生。[23]這一過程持續到道

21　《兩淮鹽法志》(乾隆十三年編纂)，卷17，頁5a-7a，引用明代鹽政文件。【譯者按】：說兩淮鹽場煎鹽「灶丁逃亡大半」的巡鹽御史是朱廷立，詳見朱廷立《鹽政志》(明嘉靖刻本)卷七，〈朱廷立鹽法疏〉(嘉靖八年)，頁58。許讚的話見於弘治十七年所上奏疏，係《兩淮鹽法志》轉引自《經世編》一書。

22　何維凝，〈明代之鹽戶〉，頁143。

23　Ping-ti Ho, "The Salt Merchants of Yang-chou: a study of Commercial Capitalism in Eighteenth-century China," *Harvard Journal of Asatic Studies,* XVII(no.1-2, June, 1954), esp. pp. 132-35.【譯者按】：何教授的這篇論文的中譯本見巫仁

光十一年(1831)，當鹽的生產正式開始依供求律而自由消長，才使
這一歷史悠久的鹽籍或竈籍成爲如同小說一樣的虛構之物。

　　在此以傳記資料所反映的漸進變遷加以說明。如明初浙江沿海
的定海縣人樂枅，雖然其父祖皆爲博學的讀書人，仍被迫入籍鹽
戶；由於法律上著籍爲鹽戶，樂枅不可避免地要服辛苦的製鹽勞
役，直至洪武二十三年(1390)去世爲止。[24]著名陽明理學的左派領
袖人物理學家王艮(1483-1541)，其四代祖在江蘇泰州分司安豐場任
鹽場的百夫長，鹽戶家中所有男子(包括未成年的)依明律均得著籍
爲鹽丁。但他曾隨父親到山東經商，雖因家貧而常中斷學業，但他
常把經書藏在袖中，隨時取出來讀，一有可能找到開明的學者就向
他們請教。由於他熱忱的性格與才氣，在正德六年(1511)與王陽明
(1472-1528)會面時，留給陽明先生極深刻的印象，遂開展兩人的
師徒關係。[25]王艮後來成爲一位充滿活力的思想家，這雖不是我們

(續)────────────────

　　恕譯，〈揚州鹽商：十八世紀中國商業資本的研究〉，《中國社會經濟史研
　　究》，1999年第2期，頁59-76。有關明清鹽戶的社會階層分化與鹽業生產形
　　態的變遷，請參閱徐泓，〈明代後期鹽業生產組織與生產形態的變遷〉，
　　《沈剛伯先生八秩榮慶論文集》(臺北：聯經出版公司，1976)，頁389-432
　　及徐泓，《清代兩淮鹽場的研究》(臺北：嘉新文化基金會，1972)。【譯者
　　按】：明代中期至清代的鹽專賣制，到鹽場收買灶戶生產的鹽之鹽商稱爲
　　「場商」或「垣商」。後來場商不但收鹽，而且介入生產，成爲擁有鹽場，
　　自置產鹽工具手段的經營者。詳見徐泓，〈清代兩淮的場商〉，《史原》，
　　創刊號(1970)，頁13-45。

24　焦竑，《國朝獻徵錄》，卷113，頁10a-10b。【譯者按】：烏斯道，〈樂枅
　　傳〉：「家以亭戶籍官，枅承其役弗替。」

25　同前書，卷114，頁48a(【譯者按】：趙貞吉〈泰州王心齋艮墓志銘〉：
　　「先生泰州安豐場人……四代祖仲仁爲百夫長……(艮)出代親役」)。黃宗
　　羲，《明儒學案》，卷32，頁6a-8a(【譯者按】：〈處士王心齋艮〉：「七
　　歲受書鄉塾，貧不能竟學。從父商於山東，常衛《孝經》、《論語》、《大

在這裡要關注的，[26]但有意思的是政府當局並未禁止他與他的後代放棄鹽丁的身分。

由於要嚴格維持世襲身分相當困難，而且鹽戶中有許多富裕起來，他們要參加科舉考試，成功機率較大：明代的鹽籍和灶籍中至少產生三百八十八位進士。在清代自由放任的政策下，鹽籍家庭繼續產生許多擁有高功名與高官位的士人，有時甚至窮鹽丁也能成為名士。出身蘇北沿海的著名學者凌廷堪(乾隆二十二年至嘉慶十四年，1757-1809)乾隆五十五年(1790)考上進士，就是一個好例子。[27]

由以上對明代三個主要特殊勞役身分的歷史的審視，我們很清楚地知道所有世襲身分制度隨著時間的流逝最後都破壞了。而全國大部分的人民又都屬於廣泛的「民」籍身分，其職業與身分的流動從未受政府干涉。由於清朝除鹽籍和竈籍之外，廢除所有特殊勞役身分；因此，可以說在明清五個半世紀中，法理上對於職業流動的阻礙，只是表面現象而不是事實。

我們也要記住，即使在嚴格維持身分世襲制度的明代初期，朝廷與官員對待特殊勞役身分的才智之士的態度是寬鬆而同情的；王艮的案例就是一個指標。其他一些較早和較極端的例子，更是如此；舉一個早期的例子，盧忠為省府官員，因博學而被推薦出任教職，宣宗皇帝(元年至十年〔1426-35〕在位)召見，吏部官員提醒宣宗，盧忠出身軍籍，必須在軍中服役，在理論上，法令規定得很

學》袖中，逢人質難，久而信口談解，如或啓之」)。

26　對王陽明學說的社會與思想影響較有系統的討論，參見本書第五章〈社學與私人書院〉一節。

27　李桓，《國朝耆獻類徵》，卷258，頁18a-19a；錢泳，《履園叢話》，卷6，頁9a-9b。【譯者按】：凌廷堪，海州板浦場人，其父係海上灶戶，也許是因為家貧，「年十餘歲，未嘗上學」。

嚴格，出身軍戶的人，除非官至兵部尚書，不得脫籍。但宣宗說：
「與其戎武得人，何如學校得師？」於是任命盧忠爲安徽南部太平
府的府學訓導。[28]宣宗不理會法令規定，於宣德六年(1431)，特別
破例給予一些軍籍士人推薦舉官的機會。[29]幹練而富同情的大學士
楊士奇(元順帝至元二十五年至明英宗正統九年，1365-1444)出身貧
苦家庭，幼年喪父，大力促請皇帝對出身寒微的庶民採寬大態度，
鼓勵其上進。由於他在位很久，因此起了很大的作用，甚至使被處
以極刑遭斬首的政治犯家族之子孫也得以仕進。[30]

最顯明的例子要算十五世紀中葉的周蕙，他戍守甘肅蘭州爲軍
士時，聽當地大儒段容思講儒家經典《大學》首章，奮然感動，始
知讀書問學，經常利用不出任務的空閒時間努力讀書，終於成爲地
方上知名的學者。一位侯爵將軍*派人去聘請周蕙做家庭教師，周
蕙固辭，他的理由是：總兵是我的長官，我是軍士，長官召喚不敢
不往；若使我去教他的孩子，則我是老師，那有學生召老師的道
理？於是，侯爵將軍親送二子到周蕙家受教。從此吸引遠近各地子
弟，其中有出身名門大家的，也有出身寒微，甚至是賤民。在出身
社會地位寒微低賤的學生之中，有鄭安、鄭寧兄弟，他們是王府的
世襲樂師，其讀書熱忱贏得親王的特許，除其世襲樂籍身分。出身
樂籍的人是賤民，通常與普通平民階級隔離生活。[31]

這些事件並非例外，在十五世紀初，至少有三位江蘇南部蘇州

28　馮應京，《皇明經世實用編》，卷12，頁4a-4b。

29　徐學聚，《國朝典彙》，卷40，頁9b。【譯者按】：宣宗說：「古人立賢無
　　方，耕釣之中，有王佐才，其可以軍丁棄之？」

30　《明史》，卷148。

*　【譯注6】：即陝西總兵恭順侯吳瑾。

31　黃宗羲，《明儒學案》，卷7，頁12a。【譯者按】：鄭氏兄弟係肅王府樂人。

地區出身寒微的青年，由於地方官的好心同情，而豁免服特殊勞役。他們是吳惠，以行人的職官身分出使過中南半島的占城國；劉玨與吳凱最後均出任刑部主事，劉玨原來被僉充地方政府的掾吏，是一個被人看不起的身分。[32]如果其他地方的人也能像蘇州一樣，熱中於把這些雖成功地爬上社會階梯卻未能享大名的人物，寫入地方志的列傳，這類的案例還會有更多。

　　但只呈現圖像的一面，是不公平的。不可避免的，也有一些地方官員拒絕讓出身寒微的人改變其身分。如陸深(成化十三年至嘉靖二十三年，1477-1544)，弘治十八年(1505)進士二甲第一，歷任許多教育官職，包括國子司業、祭酒。[33]他就曾違背山西晉王的願望，不讓晉王府樂工之子列入地方學校名冊讀書，陸深說：「寧可學校少一人，不可以一人污學校。」但這個拒絕改變身分的決定，是由於法令與習慣上，樂工被視為身家道德不清白的人；這樣的案例並不能普遍地適用於其他特殊勞役群體改變身分的情況。陸深的上海同鄉何良俊(正德元年至萬曆元年，1506-73)，這位曾任下級官員的學者就說：陸深的不知變通，「亦近代所僅見者也」；這話

32　劉鳳，《續吳先賢贊》，卷3，頁9b-11a、14b-15a、15b-16a。【譯者按】：本書所舉的三人為吳惠、劉玨、吳凱，其傳記資料分別在9b-11a、14b-15a、15b-16a。本書所載出處誤為7a-8b, 11a-12a, 12a-12b，今依《續吳先賢贊》原文改。又「劉玨」本書原作「珏」，亦依《續吳先賢贊》原書改。按「玨」同「珏」，讀音均為jué，本書音譯為yu，誤，宜改正。《續吳先賢贊》載吳惠「其父徭籍，里中不勝。惠年十七代往役，令楊隆奇之，使從博士弟子學，遂以進士。上為行人使占城」。稱劉玨「長洲人。況守時辟為掾。辭，願就博士弟子學。況嘉焉，俾誦業，遂得仕，守主刑曹事」。稱吳凱「崑山人。幼失父，養母以孝聞。嘗以役徵。邑有賢令芮狆，凱自陳欲學，令立免之。遣從博士游。始仕主事刑部」。

33　《明史》，卷286。

是有道理的。[34]

　　總結以上對社會流動缺乏有效法律障礙的討論，我們要指出，不論法令上對世襲特殊勞役身分制度的維持是如何嚴格，明初君臣一般缺乏徹底執行的決心；相反地，他們同情出身低微而有上進心的才幹之士；對於賢才的觀念，他們的態度是不尋常地富彈性與寬鬆。[35]他們也瞭解到要維持政治與社會的穩定，需要有相當數量的社會流通，可能是明朝逐漸廢除嚴格定義的世襲身分制度，幾種最重要的因素之一。事實上，就在明代初期，當身分流動的法律障礙看來最難以逾越時，統治階級卻對貧寒之士展現十分同情的態度。十六世紀大部分的時間裡，統治階級成員大都維持著這種對身分流動的同情態度，這又要歸功於王陽明學說的全國性影響，這個學說蘊涵著人類本性平等的信念。[36]

第二節　明代特殊身分進士的統計

　　明代缺乏對社會流動有效的法理障礙，以阻止個人與家庭地位從一個身分到另一身分的自由流動，這一點，從進士人數中，理應世襲的特殊勞役身分進士所占比例，可以得到最好的證明。

　　但必須指出的是實際上進士題名錄上特殊身分進士的數量，遠超過下面表4所顯現的數字。例如，至少有五、六種軍士的類別，包括南京錦衣衛閒住帶俸官及其寡婦人家在表4均列在軍籍和官籍，官籍字面的意義是官方身分，這就會誤導我們對它的理解。實際上，明代的「官」籍，作為表示身分地位的名詞，只用於軍官及

34　何良俊，《四友齋叢說》，頁148。

35　將在第5章〈戰爭與社會動亂〉一節做詳細的討論。

36　參見第5章〈社學與私人書院〉一節。

其家庭。[37]有幾種工匠，包括紡織及其他徵入軍中做工匠、製鹽、船夫、驛卒、馬夫，在表4中都混在一起。富戶的身分，設置於明太祖與成祖(1403-24)之時，全國有數萬戶富裕家庭被僉充爲富戶，其中尤其以浙江北部、江蘇南部的富家爲主，最初他們被迫遷居於南京附近，後來又遷於北京的宛平縣和大興縣。其中許多富戶不堪財稅與徭役重擔而破產，隨著時間流逝，最後富戶的身分已名不副實。萬曆二十三年(1595)以前，宗室不得參加科舉，直到天啓二年(1622)才開宗科產生第一位進士，其原因在明代文獻中沒有說明；可能是對貧困的皇族子弟討生活和做官權利的認可，萬曆二十三年的新政策可能只是一廣泛的原則。*

---

37 「官籍」最精準的定義，參見《(隆慶)儀徵縣志》，卷6，頁1a-1b。【譯者按】：明人尹畊《塞語》(臺北：藝文印書館，1966)頁30，〈官、軍戶〉：「官、軍戶者，古無是稱也；蓋自後世始，武階之家，嫡嗣職，孶受庇，於是稱官戶。兵役之家，一補伍，餘供裝，於是稱軍戶。」官戶大都是由軍戶立功晉升，可世襲武職，享有免徭役的特權；可說是世襲武官集團。詳見廖英舜，《明代官籍進士研究》(臺北：東吳大學歷史學系碩士論文，2010)，錢茂偉，《國家・科舉與社會》(北京：北京圖書館出版社，2004)及沈登苗，〈明代雙籍進士的分布、流向與明代移民史〉，《歷史地理》，第20輯(2004年10月)。

* 【譯注7】：萬曆二十二年正月，禮部覆鄭世子載堉條奏，准宗室子弟奉國中尉以下入學及應科舉考試(《明神宗實錄》，卷269，頁5，萬曆二十二年正月甲辰條)。三十四年八月，又開放奉國中尉以上的將軍、鎮國、輔國中尉均得與一般生員一體應試，但以科舉出仕者不得任京官(《明神宗實錄》卷424，頁1-2，萬曆三十四年八月丁酉條)。其制度屢定，卻未能實行，直至天啓二年，朱慎鑑以三甲第六十名爲明代登進士者第一人。明代不許宗室應考科舉的原因，如署禮部侍郎李廷機所說：「封爵、科目原屬兩途。」是兩個不同的出身。從制度上講，的確如此，但真正原因，恐怕還是防閑宗室干政，是明朝「藩禁嚴密」的一環。

表4　特殊身分進士，1371–1643（洪武三年至崇禎十六年）

身　分	1371-1445（洪武3年至正統10年）	1448-1484（正統13年至成化20年）	1487-1523（成化13年至嘉靖2年）	1526-1562（嘉靖5年至41年）	1565-1604（嘉靖44年至萬曆32年）	1607-1643（萬曆35年至崇禎16年）	總計
儒（學者）	79	34	18	15	7	7	160
軍（士兵）	250	1,010	1,339	1,149	1,185	676	5,609
官（軍官）	18	165	222	197	204	99	905
鹽或竈（鹽生產者）	7	51	82	79	94	75	388
匠（工匠）	29	161	198	211	189	66	854
站（郵務）	3	3	9	6	0	1	22
牧所（養馬）	0	0	0	4	2	2	8
大醫（醫官）	0	10	8	8	4	2	32
醫（民間醫師）	3	17	18	7	4	2	51
欽天監（天文官）	0	2	3	0	0	0	5
陰陽（民間占星師）	0	0	1	0	0	0	1
富戶（富人家庭）	5	15	4	3	1	0	28
光祿寺廚（官家廚師）	0	1	0	4	1	0	6
捕戶（獵人）	0	0	0	1	0	0	1
商（鹽商）	0	0	0	0	0	1	1
宗室（皇室族人）	0	0	0	0	0	4	4
總計（特殊身分）	394	1,469	1,902	1,684	1,691	935	8,075
本時期進士總數	1,465	3,588	4,311	3,999	4,674	4,567	22,604*

史料出處：李周望《國朝歷科題名碑錄初集》（康熙六十年編，1721j乾隆十一年增補，1746），第一部分收錄明代歷科題名碑錄。其中永樂十六年(1418)、十九年(1421)、宣德二年(1427)、缺家庭地位的資料，這三年的進士人數未列入統計，建文二年(1400)題名碑錄亦沒有家庭地位的記載，以《建文二年殿試登科錄》中的資料補充。

* 【譯者按】：原書原作22,577計算有誤，應該是22,604。

　　鹽商一直未特別立戶籍，直到萬曆二十八年(1600)始爲浙江鹽商立商籍。[38]「商籍」字面上的意思是「商人身分」，但這個身分一直未授予一般商人，不像明代其他特殊身分帶有徭役性質，理論上是皇帝賜予最富有與資源最豐富的鹽商群體的恩惠。鹽商的家庭成員可以用爲他們保留的商籍特別名額，參加前生員(童生)與生員考試，這雖非一向如此，但常是啓動社會流動的途徑。[39]萬曆二十八年以後商籍學額在江蘇、山東、直隷、山西、陝西、甘肅及寧夏、廣東等地設立，但有些產鹽省份如遼東(清代的奉天)、福建、雲南則從未設立商籍，重要的產鹽省份四川，也直到咸豐八年(1858)才有商籍學生員額。[40]

　　由於商籍產生較晚，整個明代只產生一個進士。但我們有必要

38　《(嘉慶)兩浙鹽法志》，卷24，頁2a。【譯者按】：最早設商籍是萬曆十三年(1585)的兩淮，不是兩浙。元代，河東鹽場專爲鹽商設立「運學」，其受註冊學生稱爲「運籍」，運籍學生允許在所屬運司應試。明初運學一度廢除，至正統初年，河東恢復「運學」、「運籍」。但其他鹽場如兩淮、長蘆等並不爲鹽商子弟設學，鹽商子弟可附籍應試，取得專門額例。當時這種附籍雖未稱商籍，但卻是爲商人設專籍的先導。萬曆十三年(1585)，兩淮正式設立「商籍」。不過此「商籍」中「且有西(山、陝)商」，而無「同省地近」的徽商，徽商仍只可附籍應考。兩淮設「商籍」後，在兩浙引起極大反響。萬曆二十八年(1600)，在徽人吳憲、汪文演的倡議下，兩浙鹽商及其子弟極力爭取，得到巡鹽御史、徽商之同鄉葉永盛的特別關照和支持，也設立起「商籍」。同時又得到朝廷的承認並加以重視。朝廷有令，「在浙行鹽商人子弟，凡歲科，提學使者按臨取士，照杭州府、仁和、錢塘三學之數，另占籍貫，立額存例」。「商籍」的設定，使兩淮、兩浙的鹽商及其子弟，不必再爲上進、科舉而徒勞奔波，同時又確保了國家對鹽稅的徵課，甚至增額，眞所謂「庶商籍廣而世無遷業，賦有常經也」。詳見許敏，〈明代商人戶籍問題初探〉，《中國史研究》，1998年第3期。

39　《吏部則例》(乾隆四十九年〔1784〕編)，卷77。《科場條例》，卷36。

40　《(光緒)四川鹽法志》，卷25，頁9b-12a。

記住，在萬曆二十八年以前，鹽商家中實際上已產生數百名正式列於民籍之下的進士。*幸而一些清代專論鹽務的鹽書，表列出在明代未設商籍之前出身鹽商家庭的進士名單，但清代鹽書所記出身鹽商家庭的明代進士數目一定是不全的，因為弘治五年(1492)以前鹽的運銷組織及其性質，與明末和清代大大不同。十五世紀末以前，名義上並無專職的鹽商。要運銷鹽的商人須運糧到長城沿邊，以交換鹽引(「引」是鹽運銷中的一個標準重量單位)，作為從沿海主要鹽場取得鹽的憑證。從事實本身看，這種商人通常稱為邊商而不是鹽商。[41]弘治五年以後，商人不再運糧到邊區，只需納銀便可在沿海地區取得鹽。以銀納課以後，又花費半個世紀以上的時間，才重

---

* 【譯注8】：明代只產生一個商籍進士，《萬曆三十五年進士登科錄》：「鄭茂華，貫直隸揚州府江都縣，商籍，福建興化府莆田人，揚州府學生。」雖然僅見一例，但這證明「商籍」在全國科舉考試中確實成立，並且「商籍」占有者，不僅有山陝、徽州商人，還有其他商幫中人。然而鹽法志中明記占「商籍」者或商人之子弟，卻大都仍沿用原籍，如萬曆丙戌科(萬曆十四年，1586)進士李杜名下仍記，「貫山西大同縣，民籍。萬曆丁未科(萬曆三十五年，1607)」秦一鵬：「貫陝西西安府三原，軍籍」；焦源清：「貫陝西西安府三原縣，軍籍」。又如徽商子弟中明填報的是「軍籍」，吳應明為「民籍」。清代在延續明代舊有商籍的基礎上，基本上是鹽商及其子弟應考科舉的戶籍類別。順治十一年(1654)，除在兩淮、兩浙繼續保留明代已設的「商籍」外，並在山東、山西、陝西等原有「運學」的鹽區確立儒童學額，開設「商籍」。其後，也在其他鹽區如廣東、長蘆、四川等區設立「商籍」。由於商籍錄取率較高，大量不合條件的考生紛紛冒考商籍。詳見劉希偉，〈清代科舉考試中的「商籍」考論〉，《清史研究》，2010年第3期。

41　王崇武，〈明代的商屯制度〉，《禹貢半月刊》，第5卷12期(1936年8月)。
　　【譯者按】：商人運到邊區糧倉換得的不是鹽引而是倉鈔，取得倉鈔後，商人要到鹽場所屬的鹽運使司衙門換取鹽引，持鹽引到鹽場關取鹽斤，運到指定的地區販售，販運銷售時須憑鹽引為證。詳見徐泓，〈明代前期的食鹽運銷制度〉，《臺大文史哲學報》，第23期(1974)，頁221-266。

新組織鹽的運銷與鹽政。[42]因這一段時間這些複雜的變遷，1500年以前，由邊商家庭中產生的進士數目是不全的；甚至就依據這些不完全的數字，也可看出這些相對少數的鹽商家庭成員，參加科舉考試成功的比例之大，這有助於修正表4誤導的印象。

　　由表4可知，整個明代有家庭身分資料的22,604名進士中，[*]出身於登記爲儒戶者只有一百六十人，占總數的7.1%。其他有7,915名士子出身於包括從軍官、醫官、富戶到駐軍、鹽工及工匠等特殊勞役戶。若加上那些出身鹽商家庭進士的不完全數字，出身特殊勞役戶的進士總數，則增至8,104名，占總數的35.9%。其他剩下的64.1%，則來自登記在所謂「民」籍類下的家庭。理論上，這「民」籍包括全國大部分人戶，是從事農業、貿易、商業及其他非專門的行業群體。政府文官也列於民籍，因爲明朝的慣作文官必須保有原來著籍的家庭身分，民籍出身的官員，仍然屬於民籍。萬曆三十五年至崇禎十六年(1607-43)特殊身分舉子突然大減，主要原因是這些特殊勞役身分早已失去其身分的原意，而融入「民籍」類。根據我們所知道的，明朝要維持世襲身分越來越困難。某些特殊勞役身分融入一般平民身分的趨勢，似乎開始得相當早。[43]的

42　藤井宏，〈明代塩商の一考察〉，《史學雜誌》，第45編5.6.7號(1943)。

　　【譯者按】：〈明代塩商の一考察〉的出處，本書原作no.5-6。又這一納銀換鹽制度，因爲直接到鹽運使司衙門納銀，通稱「運司納銀制」。從此，商人，尤其是徽州商人、山陝商人群集揚州等鹽運使司衙門所在地，從事鹽業，遂成爲專職鹽商。詳見徐泓，〈明代中期食鹽運銷制度的變遷〉，《臺大歷史學系學報》，第2期(1975)，頁139-164。又收入陳國棟、羅彤華主編，《臺灣學者中國史研究論叢・經濟脈動》(北京：中國大百科全書出版社，2005)，頁260-290。

*　　【譯注9】：原作22,577，計算錯誤，今用改正之數字。

43　這是十五世紀初期著名的官員周忱的印象，引自《明史》卷77頁3a及《續文

確，我們可以懷疑制度史中是否眞有斷裂。明代後期家庭身分著籍制度逐漸廢棄，導致這個制度在清初幾乎完全廢除。

依據這些數據，我們可以相當有把握地說，明代的職業流動最

表5　明代出身鹽商家庭的進士舉人

鹽務	時期[a]	進士數目	時期[a]	舉人數目
兩淮	1371-1643 （洪武4年至崇禎16年）	106[b]	1371-1642 （洪武4年至崇禎15年）	133[b]
兩浙	1568-1643 （隆慶2年至崇禎16年）	12	1558-1642 （嘉靖37年至崇禎15年）	23
長蘆	1521-1640 （正德16年至崇禎13年）	13	1441-1641 （正統6年至崇禎14年）	17
山東	1493-1643 （弘治6年至崇禎16年）	13	1369-1642 （洪武2年至崇禎15年）	19
河東	明	45	明	146
總計		189		338

史料出處：《兩淮鹽法志》卷47；《兩浙鹽法志》卷24；《長蘆鹽法志》卷13；《山東鹽法志》卷13；《河東鹽法志》卷8。
a、這些時期的起訖年代依鹽法志所述及進士舉人者為準。
b、家庭身分為竈戶的舉子不列入，其鄉貫為鹽場的舉子也不列入，因為他們也可能出自生產鹽的家庭。

（續）————————————

獻通考》卷13，頁2896。【譯者按】：人民逃籍之事，尤其特殊勞役戶，明代初期就相當普遍而嚴重，據不完全統計，單是匠籍人戶，早在宣德元年（1426）就有逃匠五千人，正統十年（1445）增至萬人，景泰元年（1450）更增至三萬四千八百多人。其他特殊勞役戶如軍戶、灶戶也有類似情況，政府屢有全國性清查行動。但宣德年間周忱所云，並非特殊勞役戶的逃籍，而是民籍中的農民逃籍。當時蘇松農民有不少竄入匠戶或軍戶以逃避糧差，尚未見匠戶或軍戶為逃避勞役而竄入民戶的記載。《明史》及《續文獻通考》所載周忱的報告，係摘自周文襄公《雙崖文集》（《四庫未收書輯刊》，第6輯30冊，頁4-9）〈與行在戶部諸公書〉（亦收入《皇明經世文編》，卷22）。

終導致大量的身分流動。也幾乎可以肯定：多多少少意味著平行流動，又牽涉向上流動的職業流動，在表4顯現的雖不算太大，但其實際數量應該要大得多。很遺憾的，清朝政府不繼續實行明朝的家庭身分註籍慣例；因此，不可能做明清的比較研究。但無論如何，清代幾乎已取消所有殘存的法律障礙，解放職業與身分流動，這個早在明代已經明確的趨勢，是不可能逆轉的。若驗證當代人的觀察記錄和傳記資料，這趨勢就會更明確。

當代觀察者對印象深刻的社會現象，不會用統計數字來呈現；明代及清初的評論家，留下大量對制度與社會事務的論證，顯示明代最初半世紀中，有各種寒微社會階層出身而未有科舉功名的人被派任官職。[44]的確，十五世紀前半以後，這種非尋常的作法就已停止，但這對樹立「立賢無方」的原則幫助很大，選拔人才的原則，不是死板而不容改變的。[45]

另一個幫助這些「雜流」身分的人進入上升的社會階梯，至今仍不為人注意的制度性因素，是明初法律規定，保留五個舉人名額給南、北直隸省份的這些特殊身分者。對於「雜流」身分沒有確切的定義，顯然「雜流」身分意味著各種各樣的身分，即使在法律上不會站不住腳，至少在當代人認為是「不清白」的。[46]這些雜流身分，包括地方與中央政府不入流的衙吏如書吏、譯字官、聽選、書

44　褚人獲，《堅瓠廣集》，卷5，頁9b，〈明初異擢〉。許多這種人的傳記可參見《明史》。【譯者按】：本書原作《堅瓠集》，卷5，頁9b。誤，今依原書將《堅瓠集》補正為《堅瓠廣集》，卷5，頁9b，〈明初異擢〉。褚人獲，本書原作「褚人穫」，亦改正。

45　徐學聚，《國朝典彙》，卷40，頁9b。褚人獲，《堅瓠餘集》，卷4，頁1b-2a。【譯者按】：褚人獲〈雜流登第〉云：「明高皇初設科，九流雜職暨僧道亦得預賓興，多有登第。」

46　孫承澤，《春明夢餘錄》，卷41，頁10a-11a。

算、承差、都吏、令史等，有時還包括宦官之子。我們有理由相信，這些省份的「雜流」身分保留名額，是最低額而不是最高額；因爲，景泰四年(1453)北直隸250名舉人名額中，「雜流」身分中式者就占了二十五人。[47]明朝身分制度的流動性，可以一件特別的事實爲典型例子，那就是正統十三年(1448)殿試一甲三人，其中只有一人爲儒生，其他二人，一人曾做過(神樂觀)道士的徒弟，一人曾經居住在廟(大興隆寺)裡爲僧人門徒。[48]

第三節　社會文學所見身分制度的流動性

像這種缺乏對身分流動有效的法律障礙，及身分制度普遍的流動性，反映於社會文學、族譜與傳記之中。例如長江下游著名的學者與散文作家歸有光(正德元年至隆慶五年，1506-71)觀察到：「古者，四民異業，至於後世，而士與農商常相混！」[49]嘉靖二十六年(1547)進士汪道昆(嘉靖四年至萬曆二十一年，1525-93)，這位喜歡賣弄學問的散文家與商人的子弟，就對其家鄉徽州人如何保證社會成功的策略，做了生動的描述：

47　查繼佐，《罪惟錄》，卷18，頁13a。褚人獲，《堅瓠餘集》，卷4，頁1a-1b。【譯者按】：本書原作「《堅瓠集》」，今依原書改正爲《堅瓠餘集》。該書卷4〈景泰癸酉榜〉云：「景泰四年癸酉科，順天鄉試中式二百五十名，雜流中式之多，幾及四十人。」則景泰四年順天鄉試，以「雜流」身分中式者非二十五人，而是「幾及四十人」。

48　黃瑜，《雙槐歲抄》，卷5，頁13b-14a；亦見於張宏道、張凝道，《皇明三元考》，卷4，頁17b。【譯者按】：正統十三年戊辰進士科錄載：是科雜流中式者尙有舒廷謨及汪甫兩人爲燕山衛小旗，李泰爲太監李永昌養子。

49　《震川先生集》，卷13，頁2a-2b。【譯者按】：〈白庵程翁八十壽序〉。

新都，三賈一儒，要之，文獻國也。夫賈為厚利，儒為名
高；夫人畢事儒，不賈，則弛儒而張賈，既則身饗其利
矣。及為子孫計，寧弛賈而張儒，一弛一張，迭相為用；
不萬鍾，則千駟猶之，轉轂相巡，豈其單厚然乎哉？[50]

　　正如我們看到的，這種現實的社會策略並不局限於貿易發達的
徽州府或明清時代，它反映自唐以來，競爭性的科舉考試的永久性
制度化，已深深地改變社會現實。總的說來，這個論述是基於三點
基本事實：(1)至少從宋以後，當科舉成為社會流動最重要的途
徑，科名與官位也就成為大部分平民家庭追求的目標；(2)從平民
身分轉進至統治階級的成員，通常是漸進的，而在這過程中一般家
庭都必須面對經濟的現實；(3)儘管表面上儒家社會把讀書人的地
位看得很高，但社會上，對同時或間歇地受過基本教育的非讀書人
所從事生產性職業，並無深植人心的偏見。一般家庭在社會身分轉
進的開始階段，通常認為妥善的生活比遠大的志氣抱負來得重要。

　　就以論述家庭事務風靡於十二世紀後半至十三世紀初的著名作
家袁采為例，他一方面建議要鼓勵有天分的家庭成員，學習進士課
業，取科第，致富貴；另一方面，他也強調對比較沒天分不能為儒
的成員，教給他們維持生計的技術。他主張凡可以養生而不至於辱
沒祖先的職業，如巫、醫、僧、道、農圃、商賈伎術都是可為而值
得尊重的。[51]瞿祐(元順帝至正元年至明宣宗宣德二年，1341-1427)
所編的最普及的家庭指南《居家必備》，也支持宋代的一般看法說
道：「如才高者，命之習舉業，取科第；才卑者，命之以經營生

50　《太函集》，卷52，頁10b-15a。

51　《袁氏世範》，卷2，頁23b-24a。

理。」52

　　這種社會寫實主義的看法，在許多明清家譜、族譜的族訓家規或禁約和其他論治家的書中常可見及。有些家庭喜歡同時致力於讀書和農耕（回報的收益率較低，但穩定性相當大），53許多其他的家規族譜雖無特別的偏好，但都堅持家庭成員在達成較高的社會目標前，須誠實謀生。但還有一些，像支派分布於江蘇、江西、河南、福建、湖北、湖南和廣東的大家族皖北何氏就誠懇地公開說：「讀書之與治生，有時而兩濟，亦有時而兩妨。」何氏族訓指出如果天資不高，讀書不能深入，或經濟能力不足以支持長久讀書，則一方面讀書，一方面從事農耕或商賈，並沒有什麼不對。54

　　現代學者若細讀社會文學，就可以從其中許多事例知道，到達仕途最低資格的過程中，一個平民得勞心與勞力並進。從明清時代許多士大夫的例子可知，在他們努力於轉換社會身分的初期，均同時從事農耕與讀經。其中浙江中部的義烏人龔一清（嘉靖十七年至萬曆二十二年，1538-94），年輕時就「裸股肱、荷畚鍾，治農事畢，則夾策讀書不輟」，終於萬曆二年（1574）中進士。55嘉靖二十六年（1547），河北中西部保定府容城縣進士楊繼盛（正德十一年至

52　《居家必備》，卷2，頁4a。【譯者按】：本書將卷數誤為卷四，今依原書改正。又此句似出於宋人倪思《經鉏雜誌》，非出自瞿祐。

53　《胡氏宗譜》（光緒六年〔1880〕編），〈家規〉；亦見《湖州荻溪章氏家乘》（光緒二十年〔1894〕編），〈家規〉。致力於農耕及投資地產的格言，有系統地揭示於軍機大臣張英（1638-1708）著名的文章〈恆產瑣言〉（《篤素堂文集》，卷14）。

54　《廬江郡何氏大同宗譜》（民國十年〔1921〕編），〈宗訓〉。

55　《金華獻徵錄》（雍正十年〔1732〕編），卷9，頁19b。【譯者按】：龔一清傳記名句的出處，本書原作18b-19a，查對《金華獻徵錄》原文，應是19b-22a，引用文字在19b；今依原書改正。

嘉靖三十四年，1516-1555），是自耕農之子。他七歲喪母，庶母每天叫他去放牛，路經里塾，見里中兒童讀書，心好之；於是懇求其兄幫他跟父親說情，讓他得以從塾師學，但仍然得繼續放牛。一直到十八歲，考上秀才之前，還曾代其兄服地方政府踐更徭役。後來他住到當地佛寺中讀書，自勵刻苦，常讀書至夜分。雖屢試不中，但不氣餒，終於考中進士。楊繼盛勇敢地彈劾權相嚴嵩（成化十六年至隆慶元年，1480-1567），他於嘉靖三十四年(1555)壯烈犧牲，成為明代最著名的烈士。[56]

　　由於大多數中國人靠農田為生，許多官員來自農家，耕讀被認為是並行的，而且有時耕讀還是可以互相轉換的事業。明代第一位大理學家吳與弼(洪武二十四年至成化五年，1391-1469)，江西撫州崇仁人，其父為國子司業，當其青年之時，為真正讀書而棄舉子業，不願考科舉，居鄉「躬耕食力」。雖然在他全盛期弟子從遊者甚眾，但他仍「雨中被簑笠，負耒耜，與諸生並耕，談乾坤及坎離艮震兌巽，於所耕之耒耜可見」。[57]劉大夏(正統元年至正德十一年，1436-1516)，這位著名的兵部尚書，教子不要忘記出身寒微，他最看重的家規是要子弟讀書兼力農，常督耕子弟於雨中。[58]章懋(正統二年至嘉靖元年，1437-1522)，著名國子監祭酒，官至南京禮部尚書，堅持要諸子皆親農事。[59]最極端的例子是閩南海邊泉州之

56　楊繼盛，《楊忠愍公集》，卷4，王世貞撰〈楊忠愍公行狀〉。【譯者按】：應為卷末，頁6a-19b。

57　黃宗羲，《明儒學案》，卷1。

58　李紹文，《皇明世說新語》，卷1，頁4a。【譯者按】：本書頁數誤為4b，今依原書改正。原文為：「劉忠宜教子讀書兼力農，常督耕雨中。曰：『習勤惡勞，習逸成惰，吾困之。將以益之也。』」

59　黃宗羲，《明儒學案》，卷45，頁4b-5a。【譯者按】：章懋於弘治中，起為南京國子監祭酒。

單輔(嘉靖十七年至萬曆二十年，1538-92)，在擔任合浦縣知縣六年後，於萬曆十四年(1586)左右退休，由於他家原來就窮，加上為官高潔廉正，使他未因做官而累積財富；餬口無資，竟為人佃種。[60]即使這些例子在明代不能算是典型，但明代不清廉的官員的確比清代少，他們印證了大家共同的看法，「耕讀」是要並行的。我在浙江省中部金華縣老家的祭祖廳堂，也和其他千萬人家一樣稱為「耕讀堂」。

在社會地位轉變的初階，不乏工讀同時並行的例證。徽州府休寧縣吳中良白天打鐵，晚上念書，夏季夜裡常為蚊蟲所擾，於是把腳浸於水桶中，以專心用功；在萬曆二十一年(1593)考上舉人後，進入政府工作，出任湖南的一個州官，人稱「打鐵舉人」。[61]又蘇州修鞋工匠錢近仁，以其微薄的積蓄買書自學，由於他的天賦與毅力，而能博通經史百家之說，旁及釋典、道藏。蘇州士人聞之，對此非比尋常的補履學者，最初或不信，頗為懷疑，反覆問難後為其堅實學養所折服，而為一好學之士聘至其家，受其學，士夫夫稱錢氏為「補履先生」。[62]明末清初長江下游的紡織工人，有許多變為

60　何喬遠，《閩書》，卷90，頁6b。【譯者按】：本書原作單輔於1560年代致仕，然單輔是萬曆八年(1580)出任合浦縣令，任滿六年，致仕回鄉；則本書所云1560年代致仕，應該是1580年代之誤，今譯文逕依《閩書》改正。

61　《(道光)徽州府志》，卷12，頁4與頁47b。【譯者按】：《(道光)徽州府志》原文係引自《(康熙)徽州府志》：「吳中良字舉巖，城西人。父病割股以進，母病妻許氏割股療之。家故貧，中良晝打鐵夜讀書，夏多蚊蚋，以兩足納巨甕中。領萬曆己酉鄉薦，人號為『打鐵舉人』。任武岡知州。」

62　吳德旋，《初月樓聞見錄》，卷2，頁2b-3a。【譯者按】：本書將「吳德旋」誤為「吳德璇」。《初月樓聞見錄》原文如下：「錢補履先生，崑山人，名近仁。補履賤業也，吳人以先生學博深高，尊之，故相與稱之為『補履先生』也……吳中素以博洽負時名者，聞先生讀書多，初或不信，與辯論，輒服。」

富人而爬上社會階梯，如：張瀚(正德五年至萬曆二十一年，1510-93)，嘉靖十四年(1535)進士，隆慶四年(1570)出任吏部尚書，便爲浙江省會杭州紡織匠的孫子，其家饒財即起自一機一杼。[63]

更低職業的家庭，也多有鼓勵子弟上進者。例如商輅(永樂十二年至成化二十二年，1414-86)，以鄉試、會試、廷試三試皆名列第一，終明之世，輅一人而已。成化十三年(1477)他以首輔致仕，其祖父即爲一窮獵戶與樵夫。[64]浙江省城附郭縣之一的錢塘徐氏家庭，也是一個值得注意的案例，第一代祖先徐潮(順治四年至康熙五十四年，1647-1715)，康熙十二年進士(1673)，其後官至吏部尚書。他是一個漁民，出生於漁船中，適值錢塘漲大潮，故名曰潮。[65]其子徐本(康熙二十二年至乾隆十二年，1683-1747)，康熙五十七年(1718)進士，乾隆元年至九年(1736-44)任東閣大學士。此後，家中又出了兩位巡撫、一位東閣學士，及許多高官舉子，使徐氏成爲這個舉業成就非凡省份中最傑出的家族。[66]

到目前爲止，在各種不同的社會轉型期間，身分可互換性最多

---

63 張瀚，《松窗夢語》，卷4，頁27a及卷6，頁11a-11b。

64 楊儀，《明良記》，頁13。

65 阮葵生，《茶餘客話》，卷2，頁5b。徐潮的父親已初步完成社會地位變遷，他後來獲得生員資格。徐潮祖先的記載，見《康熙十二年癸丑科會試進士三代履歷便覽》，第116名。【譯者按】：《茶餘客話》，卷2，〈徐潮〉云：「徐文敬公潮，先世業漁。生公之日，江潮大上，一小舟爲風漂沒，徐翁急救之，得無恙。儼舟者爲鄰省孝廉入都赴試者，翁延至其象，致雞黍之敬。次日洗兒，請孝廉命名，以江潮之異，遂名曰潮。」則徐潮並非生於漁舟之中，而是其父於大潮中救一漂沒小舟，次日生子，由獲救之舉人命名爲潮。

66 徐氏家族較著名的成員，見李桓，《國朝耆獻類徵》，卷57，頁31a；卷19，頁1a；卷57，頁42a；卷57，頁44b。《清畫家詩史》，卷11，頁23a。徐珂編，《清稗類鈔》，16〈門閥類〉。

的統計證據，都落在商賈身上。這樣的處境是可以理解的，偉大的
漢代史學家司馬遷早就指出：「用貧求富，農不如工，工不如
商。」商人獲利遠多於農工。雖然這種說法不盡然能說明中國史上
各個朝代的情況，但我們確實知道，明清時代，最大的財富通常是
靠商業與國際貿易發展出來的。對於明清資本積累的過程與方法，
雖然至今尚未出現有系統的研究；但有充分證據顯示，大財富的形
成，其初始資本並不需要太雄厚。有些商人的確原來就富有，或一
開始就與官員結盟，才能取得一些獲利多，並爲政府控制的貿易與
工業，如鹽、茶、木材、酒、礦冶及進出口行業。可是也有一些商
人是以卑微方式起家，或做小販、零售商人、小區域間的貿易商，
或做商店學徒、簿記，逐漸靠著個人性格與能力的長處，而成爲大
的合夥人。[67]

　　相對來說，有關富商家庭的史料是比較豐富的，其社會流動形
態，是對天資高的成員，鼓勵他們讀書，通常會舉業有成，獲得高
功名與官位，其他大部分的家庭成員則成爲藏書家、美術鑑賞家，
或學者、文人的贊助者，除此以外，有的沈迷於奢侈消費與縱情酒
色，揮霍家產。其社會流動的一般方向，是朝向「精英」發展，在

---

[67] 對明清商人及商業資本，至今最廣泛的研究，是傅衣凌，《明清時代商人及
　　商業資本》，這本書研究各重要地區如徽州、洞庭、閩南沿海與山西的商
　　幫，同時也研究明代與清初的銅進口商。對徽州商人最扎實的研究是藤井
　　宏，〈新安商人の研究〉，《東洋学報》，第36卷1-4號(1953)。梁嘉彬，
　　《廣東十三行考》則一直是研究十九世紀廣州富有的公行商人典型之作。對
　　於商業與資本積累的研究，可在《中國資本主義萌牙問題討論集》找到一大
　　批有用但有時是零散的資訊，這本書中的論文品質並不整齊，差距甚大。何
　　炳棣，〈揚州的鹽商〉則研究十八世紀最成功的商業鉅子，敢於分析揚州鹽
　　商不能發展爲成熟的資本主義體系和永續地資本積累的因素。

這樣的家庭中，商人成分越來越不顯著。[68]至於小商人和寒微的商賈，由於現在能找到的史料太零散，很難據以綜合概括出其發展的規律。然而仍有足夠的史料顯示明至清初人口成長尚未大到足以對生活水準產生不利影響。當時白銀持續流入，不斷刺激工商業及區域間日用品交換的發展；小資本而具有相當商業技巧的商人改進其社經地位的機會甚大。

當代社會小說中關於這些小人物成功的故事很多，有些雖不免誇大，但關於忠僕阿寄的故事可以是一個可靠的例證。阿寄是浙江中西部多丘陵的嚴州府淳安縣徐家的老僕，徐家父親死後，三兄弟仍同居共財，合力耕田，老三死後，老三媳婦顏氏與五個子女，頓成孤兒寡婦，而為徐家其他房所欺壓。在析產別居時，老大得一馬，老二得一牛，老三的寡婦分得老僕阿寄。大家以為阿寄年歲已老，做不動活，是賠錢貨。沒想到阿寄竟是經商高手，顏氏將簪釵衣飾變賣得到的十二兩銀子，交給阿寄去投資經商。阿寄到山區買漆，運到缺漆價昂的地方去賣，一年內獲利三倍；其後二十年間，單憑區域間的貿易，便賺得好幾萬兩銀子。顏氏的三個女兒都嫁予鄰近富戶，一應婚嫁禮物，均準備充分。兩個兒子也有考究的婚禮。阿寄又請個先生教這兩位小官人讀書，並為他們納了監生。由於阿寄的忠心與經營得當，使這位寡婦顏氏在淳安這相對貧窮的地區成為當地富戶之一。[69]

68　何炳棣，〈揚州的鹽商〉，第3節。

69　杭州人田汝成，這位嘉靖五年(1526)進士，曾為阿寄立傳，收入《說郛》卷165。阿寄的故事的主要細節，見於明代小說《今古奇觀》卷25與《醒世恆言》卷35，其內容與田汝成的〈阿寄傳〉相合。【譯者按】：本書原來的敘事是：「阿寄是浙江中西部多丘陵的嚴州府淳安縣徐家的老僕，這家人的財產由兩個成年兄弟所分，其中之一是阿寄的主人。阿寄的主人死後，主母顏

　　相同地，許多小商人因有機運就可能在短期內致富，得到比苦幹的自耕農或工匠更多的錢財與悠閒安逸的生活，而且他們因職業的需要，一般都有相當的文字底子，所以如果有上進心，也比農民與工匠更有可能去求學。眾多案例中較有名的如：武進人陳濟（元順帝至正二十三年至明永樂二十二年，1363-1424），爲商人之子，嘗以父命到杭州販貨，以其獲利之半買書，買不起的書便於閒暇時借來手抄，經十餘年的苦讀，遂能盡通經史百家言，成祖詔修著名的百科全書《永樂大典》時，召爲都總裁，雖然他只是布衣，連秀才的功名都沒有。[70]

　　著名的揚州學者與目錄學家汪中（乾隆十年至五十九年，1745-94），七歲而孤，礙於家貧，十幾歲就去做學徒，成年以後，助書賈鬻書於市，有充分機會，遍讀經史百家。乾隆三十四年（1769），在地方上考秀才考了第一名，由於他的勤勉刻苦與文學天分，讓他贏得許多學者與官員的尊敬；他於乾隆四十二年（1777）拔貢後，由於過分緊張焦慮而未再中舉，但他的許多著作，尤其《述學》一書中的論述經、子及文字訓詁的文章，得到很高評價，深爲當代學者所推許；因此《清史稿》特爲他立傳。[71]又有江寧（今南京市）汪士

（續）————————————————

　　　氏與五個子女，頓成孤兒寡婦，而爲徐家其他房所欺壓。」與田汝成的〈阿寄傳〉及《今古奇觀》卷25與《醒世恆言》卷35的〈徐老僕義憤成家〉有所出入。徐氏三兄弟，原來「合鍋喫飯，并力耕田」，老三死後便分家，「將田產家私」，「揀不好的」留給三房的寡婦，分牛馬時，把老僕當作一股分給三房。其實是欺負三房，因爲「阿寄夫妻年紀已老」，「漸漸做不動了」，活著「喫死飯」，「死了又要賠兩口棺木」。沒想到阿寄卻是經營高手，「偏要爭口氣，掙個事業起來」。今譯文逕依田汝成的〈阿寄傳〉及《今古奇觀》卷25與《醒世恆言》卷35的〈徐老僕義憤成家〉改寫。

70　《明史》，卷152，頁4a-5a。

71　A.W. Hummel, *Eminent Chinese of the Ch'ing Period*, II, pp.814-15.【譯者

鐸(嘉慶七年至光緒十五年，1802-89)，幼年因家貧而先後在估衣店與餅店做學徒，有暇便讀儒家的基本經典四書和練習書法，其勤勉與毅力甚得外祖父的疼愛，不時資助他讀書。道光元年至咸豐八年間(1821-58)，汪士鐸靠當家庭教席為生，而與許多士子官宦相識，於是有機會閱讀一些私人藏書。道光二十年(1840)中舉人後，並未改變他原來的生活方式，仍繼續研究輿地與編寫府志，其學術成就終得到朝廷的注意，於光緒十一年(1885)召為國子監助教。[72]值得一提的是汪中與汪士鐸的祖籍均為徽州府，他們的家庭世代在儒士與商賈間交替轉換。

關於儒商間之交替互換，最好的記錄是道光七年(1827)刊印的《徽州府志》之中占有多卷篇幅的〈人物志〉，它簡要地記載那些在地方上辦慈善事業、孝友、救濟貧困族人著稱的事蹟，其中大部分傳記在開頭都說他們擁有監生的頭銜，這表示他們是迫於經濟困難而輟學從商，監生是多年之後才捐納來的身分。[73]身分制度的流動性也在山西商人身上顯示出來，山西商人與徽州的新安商人在明清同列為全國最主要的商幫。在揚州創業的山西鹽商溫純(嘉靖十八年至萬曆三十五年，1539-1607)，嘉靖四十四年(1565)登進士，其後官至吏部尚書。溫純在他的文集裡詳細敘述許多山西家庭的歷史，說他們原先要不是一邊讀書一邊從事農商，就是在從事農業、放債或紡織及以鹽業致富後步上仕途。[74]關於貧窮儒生棄學從商的

（續）

　　按】：汪中的傳記，見於《清史稿》，卷481，列傳268，〈儒林二〉。

72　同前書，頁834-35。

73　《(道光)徽州府志》，卷12。

74　溫純，《溫恭毅公文集》，卷10，頁5a-7a；卷10，頁27a-29b；卷10，頁35a-36b；卷11，頁4b-6a；卷11，頁10b-12b；卷11，頁12b-14a；卷11，頁14b-16a；卷11，頁16a-17b。亦參見傅衣凌，《明清時代商人及商業資

過程，或反過來，商人棄商從儒的過程，在一本清代中葉的著作詳
盡地揭示出來，這本書還特別致力於描述那些無名的平民，經多年
的事業波折後，仍然不能成功地爬升社會階梯的困苦。[75]

　　通常，身分意識不但在平民之間，甚至在平民與精英之間也是
模糊的，舉幾個例子就可以充分說明這個事實。例如清初文風鼎盛
的浙江嘉興地區，原爲一名小米商後來成爲知名詩人的周簣(天啓
三年至康熙二十六年，1623-87)，年老時以詩描述其生平，說道：

> 似士不遊庠，似農曾讀書，似工不操作，似商謝奔趨；
> 　立言頗突兀，應事還粗糙，饑凍不少顧，吟詩作歡娛。

像他這種出身的人，也會被接納爲地方社會精英。[76]在十七至十八
世紀的揚州，就有許多出身寒微的人，如米糧零售小販、小釀酒
商、香蠟小製造者、農夫等，把自己與地方精英分子聯繫在一
起。[77]晚清湖南大學者王闓運(道光十三年至民國五年，1833-1916)

(續)─────────────────

　　本》，頁161-75。【譯者按】：《溫恭毅公文集》，本書作《溫恭懿公文
　　集》，今據原書改正。《溫恭毅公文集》中所舉的例子，在卷10有：〈明處
　　士馬公暨配碩人景氏墓誌銘〉(此家族原從事農商)、〈明奉直大夫山東青州
　　府同知蟠山李君墓誌銘〉(以商賈起家)及〈明壽官胡公墓誌銘〉(從事商賈
　　典當，以生息爲業)。卷11有：〈明文學馮季子墓誌銘〉(原爲農業之家)、
　　〈明員伯子墓誌銘〉(原爲商賈，以業鹽起家)及〈明壽官羨東王君墓誌銘〉
　　(商賈起家)。

75　吳德旋，《初月樓聞見錄》，全書各處。

76　鄭方坤，《本朝名家詩鈔小傳》，卷1，31a-32b。【譯者按】：本書原作
　　13b-14a，然據《本朝名家詩鈔小傳》原書，其出處頁數應爲31a-32b，〈采
　　山堂詩鈔小傳〉。

77　李斗，《揚州畫舫錄》(北京，1959再版)，頁91-92，184。【譯者按】：卷

的學生中，就有一個僧侶、一個製竹籃的工匠、一個鐵匠、一個木匠與一個放牛的牛郎。而更能呈現這一現象的是後來成為遐邇聞名的大畫家的木匠齊白石(同治二年至民國四十六年，1863-1957)，在他早年奮鬥的日子裡，就曾被當地兩個著名家族支助的詩會所接納。[78]

另外一個值得觀察的有趣社會現象，就是明清時代許多官員及其家庭也從事商業，雖然洪武二十七年(1394)的法令禁止公、伯、侯及文武四品以上官員之家的家屬與奴僕行商中鹽，侵奪民利；[79]但是御史大夫李慶仍於永樂五年(1407)上疏言：「時勳貴武臣多令子弟家人行商中鹽，為官民害。」[80]隨後政府不斷重申禁令，顯示這條法令難以執行，不准高官及其家人經營商業和販運鹽的禁令似乎已為社會趨勢的力量所抵消。[81]其實洪武二十七年的這條法令，有更深遠的意涵，它意味著明律並不禁止公侯及四品以下的官員經商。蘇州士子黃省曾(1490-1540)在他那本關注長江下游家鄉社會風氣的筆記中證實：許多官員家庭經營鼓鑄、囤房、債典及百貨之

(續)————————————

4與卷8，出版者為中華書局。

78　參見附錄第27案例。

79　《鹽政志》(嘉靖八年〔1529〕刻本)，卷5，頁11b。

80　《明史》，卷150，頁2b-3a。【譯者按】：《明太宗實錄》，卷109，頁1a，永樂八年十月乙未條載：「行在都察院左副都御史李慶言：公侯都督往往令家人子弟行商中鹽，凌轢運司及各場官吏，倍數多支。朝廷申明舊制，四品以上官員之家不許與民爭利，已令罷支。」則李慶的奏疏非上於永樂五年，而為八年(1410)。又李慶在這篇奏疏還建議對違反的公侯都督「付於法」「鞫治」，但永樂帝卻說：「姑勿治，令戶部榜諭禁止。」可見洪武二十七年的禁令，到永樂年間並不嚴格執行，違犯的公侯官員並未受到嚴懲，所謂「榜諭禁止」，似乎只是虛應故事而已。

81　《鹽政志》，卷5，頁13a-14a。

肆，積累的財富有時超過百萬兩銀。他也觀察到在京師市郊就有許多官員開當鋪、錢莊、鹽酤店鋪。[82]松江(上海)學者何良俊在萬曆七年(1579)出版的筆記中，就以自己家鄉松江府地區也發生同樣現象而感到驚奇。[83]

　　清初政府對這種官員及其家庭經商的行為，一般是默許的，最出名的例子是權勢甚大的滿人明珠(天聰九年至康熙四十七年，1635-1708)，康熙十六年至二十七年(1677-88)的武英殿大學士，他寵信的朝鮮僕人安尚義就是直隸的大鹽商，由於主人的政治勢力，使他幾乎壟斷了長蘆鹽務；[*]安尚義的兒子安岐繼承家業，以贊助學人及鑑賞藝術知名全國。明珠又有一名漢人的經營代理人張霖，他以捐官進入仕途，官至掌理省府財政的福建與雲南布政使，張霖的兩個兒子張坦與張壎也都在天津做鹽商，均於康熙三十二年(1693)中舉人，同樣都官至中書舍人。他們能詩能文，留下許多卷詩文集。[84]明珠及門下並非當時唯一從事鹽業的官員，但他們在著名的康熙四十九年(1710)鹽引引地案的審判中顯得特別突出。這個案子是其他的長蘆鹽商控告安氏家族壟斷鹽業而引起的，但很快便結案；因為如果追得太緊，會牽連到太多前任的直隸官員。[85]

82　黃省曾，《吳風錄》，頁5a-5b。

83　何良俊，《四友齋叢說摘抄》(《叢書集成》本)，卷5，頁353-55。

*　【譯注10】：安尚義是安尚人的化名。參見關文斌《文明初曙‧近代天津鹽商與社會》(天津：天津人民出版社)第5章，尤其是頁127的注52與頁128的注55。

84　《長蘆鹽法志》(嘉慶十年〔1805〕刻本)，卷17，頁12b。【譯者按】：本書在頁351把「張坦」誤為「張垣」，因而音譯為Chang Huan，宜改為Chang Tan；又本書在頁351也把「張壎」誤為「張恂」，亦改正。相關資料見《(嘉慶)長蘆鹽法志》，卷17，頁19b。

85　Hummel, *Eminent Chinese of the Ch'ing Period,* I, pp.11-13.【譯者按】：內容

　　的確，我們可以說清代官員與富商間的分別，除了蒙元以外，
比中國歷史上任何時代都來得模糊。那些最能賺大錢的行業，如鹽
業與進出口業，通常是由能夠承諾預先支付稅款的商人所承包。這
些商人得接受經常被管轄鹽業的巡鹽御史和歐洲人稱爲*Hoppo*(戶
部)的粵海關監督等官員壓榨，作爲壟斷事業的代價；*而那些掌握
高獲利職位的官員，又多爲滿人、蒙人、漢軍旗人和內務府的包
衣。他們在壓榨商人之後，自己也得被撈一筆，當他們任期屆滿
時，得獻出一筆錢給其所屬單位的金庫；因此，在精巧的榨取錢財
與財富分享的網絡中，這些富商是政府極寶貴的經紀人。

　　而這些富商對政府的價值，又因他們幾乎持續不斷的捐輸給中
央政府財庫而提高；例如，乾隆三年至嘉慶九年(1738-1804)之間，
兩淮鹽商共捐銀三千六百三十七萬九百六十三兩，這還不包括花在

(續)────────────────

　　見於安岐(An Ch'i)傳中。當時從事長蘆鹽業的家族，除安氏以外，還有張
　　霖爲首的張氏家族，查天行、查爲仁父子的查氏家族。長蘆的其他鹽商指控
　　安氏侵占他們的引地，處理這個案件的直隸巡撫趙宏燮認爲安氏確實有罪，
　　但只要罰款就好了，不必追查；因爲這個案子牽連太多官員，是這些官員貸
　　款給安氏，並且讓安氏經營長蘆鹽業，不受任何監控的。詳見《康熙朝漢文
　　硃批奏摺匯編》第2冊，頁714-718，康熙四十八年十二月十六日，直隸巡撫
　　趙宏燮奏摺，〈爲奏請聖裁事切臣查孟桓揭首安尙仁并子安岐假捏引名克商
　　與張霖同夥暗分鹽引將陳州陸屬隱匿不報一案〉及第2冊，頁818-821，康熙
　　四十九年四月初五日，直隸巡撫趙宏燮奏摺，〈爲奏明事切臣查商人孟桓首
　　揭安尙仁并子安岐假捏引名克商與張霖同夥暗分鹽引將陳州陸屬隱匿不報一
　　案〉。

*　【譯注11】：Hoppo係閩南語「戶部」音譯，以「粵海關監督」之正式全名爲
　　「欽命督理廣東省沿海等處貿易稅務戶部分司」，外國商人簡稱爲「戶
　　部」。一般人不懂中西交通初期，名詞多以閩粵方言發音，遂誤以Hoppo係
　　普通話發音的「河泊(所)」。詳見陳國棟，〈清代前期粵海關監督的派
　　遣〉，《史原》，第10期(1980)，頁139-168。

乾隆帝南巡的四百六十七萬兩及不計其數給鹽務官員的小額獻金。雖然在乾隆三十八年至道光十二年(1773-1832)間，廣東十三公行有記錄的捐輸只有三百九十五萬兩，但大家都知道單單伍氏一家三代至少就拿出千萬兩銀子，捐給政府和非政府單位。鹽商與公行商人捐輸的對價報酬，是取得官銜與官階，最高可以到布政使(從二品)。乾隆皇帝六次南巡，不但住在一些鹽商的別墅與園林內，而且還私下關注不少鹽商的家庭事務。[86]凡此皆與明朝第一位皇帝太祖與第三位皇帝成祖對江南富室採取的高壓政策大相逕庭，這反映了清朝政府對富商的態度有基本的差異。

將財富轉變成在科舉仕途的成功，富商家庭則能得到社會尊敬，數據顯示，清朝創建到十八世紀之交，全國主要的鹽區商人群體產生的高階功名人數如表6所示。

幸好論述清朝鹽務的政書中提到鹽商的人數，還有一篇現代研究鹽商的專文，能夠粗略地顯示出鹽商家庭在競爭劇烈的科舉考試中享有的相對優勢。兩淮鹽運使司下註冊有案的鹽商，從清初到嘉慶五年(1800)間，不論那一特定時段，大概不會超過二百五十人或

---

86 兩淮鹽商與廣東行商財富的大小，他對各類機關的錢財捐輸，及乾隆皇帝與鹽商的關係，都在何炳棣，〈揚州鹽商〉("The Salt Merchant of Yang-chou")一文中有所論述。【譯者按】：《清史稿》〈食貨四‧鹽法〉云：「淮、浙、蘆、東各商所捐，自數十萬、百萬以至八百萬，通計不下三千萬。」但根據《光緒兩淮鹽法志》、《清鹽法志‧兩淮》及中國第一歷史檔案館藏《錄副奏摺‧鹽稅》所做不完全的統計，乾隆三年至嘉慶二十四年(1738-1819)的八十一年間，兩淮鹽商的報效捐輸就不止三千萬，總計捐輸45次，銀47,506,000餘萬兩、米35萬餘石，平均每年捐586,000餘兩，約為鹽課的9.76%，接近十分之一，其他的皇室慶典報效、乾隆帝六次南巡兩淮鹽商建造行宮園林及招待費用尚不在內。

二百三十家。[87]兩浙鹽務當局雖自稱部分極富有的商人個別運銷的鹽，占全鹽區鹽額的7%至8%，但其鹽商總數不會超過兩淮。[88]很幸運地在現存資料中，山東鹽運使司有完整的嘉慶十年(1805)鹽商名單，總數有一百三十三家。[89]我們知道乾隆四十七年(1782)河東

表6　清代鹽商家庭科甲出身人數表

鹽務	時　　期	進士	時　　期	舉人
兩淮	1646-1802 （順治3年至嘉慶7年）	139	1645-1803 （順治2年至嘉慶8年）	208
兩浙	1649-1801 （順治6年至嘉慶6年）	143	1646-1800 （順治3年至嘉慶5年）	346
山東	1646-1805 （順治3年至嘉慶10年）	47	1645-1804 （順治2年至嘉慶9年）	145
長蘆	1646-1802 （順治3年至嘉慶7年）	64	1648-1804 （順治5年至嘉慶9年）	232
河東	1646-1771 （順治3年至乾隆36年）	33	1645-1788 （順治2年至乾隆53年）	71
總計		426		1002*

史料出處：《兩淮鹽法志》（嘉慶十一年〔1806〕刻本)卷48；《兩浙鹽法志》（嘉慶六年〔1801〕刻本)卷24；《山東鹽法志》（嘉慶十三年〔1808〕刻本)卷19；《長蘆鹽法志》（嘉慶十年〔1805〕刻本)卷17；《河東鹽法備覽》（嘉慶十一年〔1806〕刻本)卷10。

*【譯者按】：原書作822，計算錯誤，今改為1002。

87　Ping-ti Ho, "The Salt Merchant of Yang-chou," sec.1.

88　同前注。

89　《山東鹽法志》（嘉慶十三年〔1808〕），卷9，頁5a-5b。【譯者按】：《山東鹽法志》卷9頁，5a-5b，並無嘉慶十年(1805)山東鹽商一百二十九人名單之記載。但在卷9，頁8a-10b，載山東鹽商一百三十三人的名單，其中引商一百零一名，票商三十二名；今據改正。

鹽運使司有五十七家運商，四百二十五家坐商。[90]坐商是實際在鹽場獨資製鹽的商人，他們的資本雖大，但比起兩淮資本家式的場商，其資本仍是有限的。甚至河東的運商，通常也是財富有限的。[91]長蘆鹽商的人數，在史書上未見提及，但長蘆鹽運使司管轄區域相對較小，而且十七世紀後期少數鹽商幾乎完全成功地把其他人排擠出去；如此看來，長蘆鹽商總數，可能遠少於兩淮。

雖然從事鹽業的權利通常是世襲的，還是必須將鹽商的興廢計算在內，有些鹽商只延續兩三代便被別人替代，有些則延續得久一些。清朝創建以來，到嘉慶五年(1800)之間的一個半世紀中，這五個鹽區累計的鹽商不大可能超過二千家。而在同一時期全國一共產生整整一萬五千名進士，於是我們發現全國最富的兩淮與兩浙鹽商，累計起來不過一千家，就產生了二百八十二位進士，占全國的1.88%。這必須與同時期全國最低的戶口數字來比較，清初至少有二千萬戶，嘉慶五年(1800)至少有五千萬戶。[92]這五個鹽區的鹽商在科舉方面驚人的成功，可以更容易地從下列比較來掌握。雖然在有清一代二百六十七年中，有十幾個高文化、高都市化及人口稠密

90　《河東鹽法備覽》（嘉慶十一年〔1806〕刻本），卷5與卷6。【譯者按】：《河東鹽法備覽》，卷5，頁3a-9b，載坐商四百二十五人的名單，但未言這份名單的時間。卷6，頁10a-23a，載乾隆四十七年(1782)河東運商五十七人名單。則本書原來記載坐商三百七十九名，恐怕有誤；今據以改正。而這些鹽商人數所屬的年份，本書原來記爲乾隆五十四年(1789)，但《河東鹽法備覽》並無乾隆五十四年之記載，書中所記坐商人數所屬年份不明，但明載運商人數所屬年份爲乾隆四十七年；因此，將乾隆五十四年改爲四十七年。

91　《河東鹽法志》（雍正五年〔1727〕刻本），卷3。

92　嘉慶十七年(1812)，十四省的每戶人數平均值是5.33，清初全國人口總數大概大大地低於一億五千萬，到了嘉慶十七年，全國人口飆升到三億。見何炳棣，《中國人口史論》，第4章與第11章。

的府，產生了四百名以上的進士，[93]但這五鹽務區卻更勝一籌，居然能在一百五十六年中產生四百二十六名進士。

　　若以質量論，鹽商家庭在科舉仕途上的成功，予人印象更深。浙江鹽商群體產生了軍機大臣汪由敦(康熙三十一年至乾隆二十三年，1692-1758)、潘世恩(乾隆三十五年至咸豐四年，1770-1854)；[94]兩淮則產生權傾一時的大學士曹振鏞(乾隆二十年至道光十五年，1755-1835)；山東則有大學士高弘圖(萬曆十一年至弘光元年，1583-1645)、李之芳(明天啓二年至清康熙三十三年，1622-94)。另外，鹽商家庭還栽培出數十個三品及三品以上的高官。[95]

　　財富與科舉成功的相互關係也可由徽州地區的統計數據見到，徽州府這個多山的府，管轄六個縣，明代的人口比五十萬稍多一些，十九世紀初，可能已增長到一百五十萬，如果本地出生的孩子沒有長期定居外地的話，這個人口數字應該會再多些。在順治三年與道光六年(1646-1826)之間，徽州地區共產生五百一十九名進士和一千零五十八名舉人，其中包括一些不住在當地的士子。可以肯定的是徽州的進士產量比其他相當地區的多了好多倍。更顯著的，是在這段期間，徽州本地或徽州人的後代就產生了二十九名一甲進

93　詳見下面的第6章。

94　雖然一般都以爲潘世恩是蘇州人，但他的父親潘奕基則最初註冊爲杭州商籍生員。參見潘世恩，《思補老人自訂年譜》，頁1a-1b。潘氏家族住在蘇州的其他著名成員，也都原是浙江商籍生員。參見《兩浙鹽法志》，卷24。【譯者按】：《思補老人自訂年譜》，本書原作《思補老人手訂年譜》，今依原書改正。本文出處，本書原作頁1a，遺漏頁1b，今依原書補正。

95　《兩浙鹽法志》，卷24；《兩淮鹽法志》(嘉慶十一年〔1806〕刻本)，卷48；《山東鹽法志》(雍正三年〔1725〕刻本)，卷13。【譯者按】：曹振鏞的生卒年，原書誤爲1775-1835，今改正。

士，占同期全國一甲進士總數二百二十五人的13%。[96]貧窮而有天
分的學者沈垚，從大量的事實總結出來：古者士之子恆爲士，然宋
元明以來，天下之士多出於商。[97]

在這種情況下，自清初起富商家庭掌握的社會聲望越來越大，
有些栽培出官員的鹽商家庭，就自稱爲「官商」。雖然，雍正二年
(1724)明令禁止這樣的稱謂，但其目的只是防止這些有特殊聲望的
商人逃避繳納部分的稅金。[98]無論如何，現實社會上，官員與商人
的差別越來越模糊；眾所周知的，十八及十九世紀，廣州十三行的
行商就被洋人及國人稱他們爲Kua(廣東話對「官」字的訛誤發
音)。同樣眾所周知的，晚清在募款活動中，官或紳(現任官員、退
休官員和顯要的地方領袖)已越來越與商連在一起了。

第四節　社會爲儒家意識形態所滲透

一個特定的社會中，普遍存在的社會意識形態滲透到各社會階
層的程度，是研究社會流動最基本，也最難量度的。當研究的對象

96　《徽州府志》(道光七年〔1827〕刻本)，卷9，第二與第三部分。

97　沈垚，《落帆樓文集》，卷24，頁11b-13a。

98　《兩淮鹽法志》(嘉慶十一年〔1806〕刻本)，卷25，頁2b-3a。【譯者按】：
　　所謂稅金是指「應出正項公費」。原文是：「商籍行鹽者，子孫官於朝，遂
　　自立爲『官商』；凡應出正項公費，或減半，或竟有不出者，宜革去官商之
　　名。查官自爲官，商自爲商，何得借官商之名引課歸入名下，希圖免出公
　　費，從中取利。應如所奏，嗣後務令照引一體出費，將官商之名禁革。又
　　稱：地方紳士不在官商名目，每年坐地分派，曰別敬，又曰常規。先經革
　　除，近又私立名色，將散商鹽引抵充，按年瓜分。查別敬、常規名色久已禁
　　革，今即除去官商之名，是現在行鹽之家居官者，尚不能稱爲『官商』，則
　　並不行鹽而將散商引歸名下，希圖取利者，亦可不禁而自革矣。」

是過去的歷史社會，由於不能採用問卷取樣的調查方法，其難度就
更高了。就如其他現代或歷史的社會一樣，明清社會有代表其意識
形態的格言、箴言、諺語與神話，不論其中是否含有一定程度的事
實，如果少了這些，大部分人民將缺乏上進必須有的激勵。從某種
意義上說，這類普遍存在並滲透到各階層的社會意識形態，對社會
的大量流動是必要的。

　　正如同在第一章中討論到的，儒家的社會意識形態，在合理化
了社會不平等的同時，又主張社會地位應以個人賢愚來決定。這個
意識形態的二元論，要到唐代競爭激烈的科舉考試制度成為永久制
度後，特別是明初在全國設立縣級、府級與省級學校，並建立起碼
的全國性獎學金制度後，才得到較好的解決。科舉考試制度對社會
流動產生的效果，在唐代中期以後越來越顯著。在過去的一千年
中，逐漸出現一系列基於儒家社會意識形態的諺語與神話，反映出
一個重要的新社會現象：科舉的成功，及隨之而來在官僚體系中的
地位，不再依靠家庭地位。我們需要提到一些這樣的諺語：「書中
自有黃金屋，書中自有『顏如玉』（漢代以來視為美艷婦女的抽象
典型）。」*「將相寧有種乎？」**「人遺子，金滿籯，我教子，惟
一經。」***這一類名句，與阿爾杰(Horatio Alger)書中的美國神話

---

*　　【譯注12】：語出宋真宗〈勵學篇〉（見〔清〕鄭志鴻，《常語尋源》，收入
　　　蔣致遠編，《中國方言諺語全集》〔臺北：宗青圖書公司，1985〕，第21
　　　冊）：「富家不用買良田，書中自有千鍾粟；安居不用架高樓，書中自有黃
　　　金屋；娶妻莫恨無良媒，書中自有顏如玉；出門莫恨無人隨，書中車馬多如
　　　簇；男兒欲遂平生志，五經勤向窗前讀。」

**　【譯注13】：語出《史記》卷48〈陳涉世家〉第18。

***【譯注14】：語出南宋學者王應麟(1203-1296)的《三字經》，源於鄒魯諺
　　　語：「遺子黃金滿籯，不如一經。」（《漢書》，卷73，〈韋賢傳〉）

意涵相同，*只是彼此的目標不同，中國人爲求科舉仕途的成功，美國人爲求物質的成功；因此，二者不能嚴格地等同看待。

從傳記資料，我們得以瞭解儒家社會意識是怎樣深入明清民間社會底層的，在前一節簡要而具說明性的資料與本書附錄中許多更詳細案例顯示確是如此。著名的明代烈士楊繼盛，是一位北方農家子，當他爲家放牛時，渴望讀書。鐵匠吳中良後來考中舉人，做了地方官。楊繼盛與吳中良的成功例子，並不罕見。明清的傳記的確記載了許多相似案例。例如偉大的社會小說《儒林外史》第一回的主角，浙江著名的學者與畫家王冕（至元二十七年至至正十九年，1290-1359），朱元璋起兵之初曾徵召王冕擔任諮議參軍的公職，《儒林外史》描述王冕的童年生活，幾乎和楊繼盛完全一樣。[99]勇敢的御史楊爵（弘治六年至嘉靖二十八年，1493-1549），原是陝西的貧農，登嘉靖八年(1529)進士。陸樹深爲上海近鄰的小農，舉嘉靖二十年(1541)會試第一。崇禎元年(1628)進士劉之綸（卒於崇禎三年，1630），原爲四川貧農，常常要砍柴薪，拿到市場販賣，以補足家用，他讀書立志做聖人，在座右銘刻「必爲聖人」自勵。這一切都反映出唐以後儒家意識形態在農村貧民中無所不在的影響力。[100]著名的水師提督彭玉麟（嘉慶二十一年至光緒十六年，1816-

---

* 【譯注15】：阿爾杰(Horatio Alger, Jr., 1832-1899)是十九世紀美國作家，作品上百，其主題都是出身貧困，經過刻苦奮鬥而發家致富(from rags to riches)，影響當時人心至鉅。

99 朱國楨，《皇明開國臣傳》，卷10，頁1a-2b。

100 《明史》，卷209，頁5a-7a；卷216，頁10b-11b；卷261，頁5a-6a。【譯者按】：楊爵年二十始讀書，燃薪代燭，耕隴上，則挾冊以誦，終登進士。陸樹深少力田暇即讀書，舉嘉靖二十年(1541)會試第一。劉之綸除與父兄一同耕田外，還要艾薪樵賣市中，歸而學書，銘其座曰「必爲聖人」，里中由是號之劉聖人。

90），他的父親雖是一個沒有土地的佃農，也知道窮人要顯著改變社會地位，就必須要研讀儒家經典。[101]

　　儒家社會意識形態同時也透入社會底層的城市工匠與商人之中，例如蘇州人屠潮就以自己做銀礦工人的積蓄，供其弟專心讀書，希望最終能改變其家庭的社會地位。[102]史經也是蘇州人，他家世襲織匠，並以做小販支持家庭，同時利用餘暇用功讀書，終於成化十六年(1480)考中舉人，做了地方官。[103]施槃，正統四年(1439)殿試居首；王行，明初名學者，出仕做官；姜昂是十五世紀末福建參政；王覺蓮，乾隆四年(1739)進士，官至太子左庶子；這些人都是小商人之子，童年時求其父母准許他們棄商從儒。[104]尤其出身全國最落後的貴州省的王覺蓮，其父母欲其繼家業為商賈，但他在五歲小小年紀便敢於違反父母意願，自請讀書；他的案例特別適合當作觀察儒家社會意識形態深入民間程度之指標。當一位富裕的商人之子資質不好，有時會選一好學的鄰居孩子做未來的女婿，給予資助與經常的鼓勵。[105]甚至那些解放了的賤民，也熱切地服膺儒家尚賢思想，在十八世紀後半和十九世紀初，當身家不清白的賤民須經祖孫三代的過渡期才能漂白的法令尚未廢除之前，他們也運用一切

101　參見附錄，案例第9。

102　《(崇禎)吳縣志》，卷43，頁18a-18b。

103　《(崇禎)吳縣志》，卷44，頁41b-42a。

104　《(正德)姑蘇志》，卷52，頁34b-35a；《明史》，卷285，頁12b-13a；《(正德)姑蘇志》，卷52，頁49a；李宗昉，《黔記》(《叢書集成》本)，卷1，頁3a。【譯者按】：據《(正德)姑蘇志》姜昂於成化中登進士，初任棗強縣令，後歷任御史，河南知府、寧波知府，最後官至福建參政。「福建參政姜昂」，日文譯本誤為：「福建省總督代理江昉」。施槃為正統四年己未科一甲一名進士，本書原作「正統三年」，誤，今改正。

105　徐咸，《西園雜記》(《叢書集成》本)，上冊，頁86。

方法，以取得初階的秀才功名。

　　儒家社會意識形態的影響不止及於男性，明清傳記中有許多例子是講寡母堅守普遍存在的社會信念，嚴格督促孤子念書；他們自己可能識字不多，是半文盲，甚至一字不識，但她們能紡紗織布，歷盡長期的貧苦與艱難，仍盡力使兒子能專意念書。我們只需要提幾個特出的例子，如全國知名的三位陝西學者之一的李柏（明崇禎三年至清康熙三十九年，1630-1700），年輕時為明朝滅亡而悲傷，在滿清外族統治之下，決心不爭取任何科名，不入仕途，但是他的寡母仍強迫他參加科舉考試。[106] 李道南的母親是一位貧困鹽商家的寡婦，她臨終時握著李道南的手說：「還是讀書」。李道南於是以母親這句遺訓命名其書齋為「還是讀書堂」，終於在乾隆三十六年（1771）登進士。[107] 另一例是咸豐九年（1859）的進士嚴辰（道光二年至光緒十九年，1822-93），他的祖母在臨終彌留之際突然張眼對嚴辰的父母說：「讀書最好。」[108]

　　這一類例子明白地指出：這種社會意識形態顯然已滲透到社會階層的下層。當然如果不檢視這圖像的另一面，這樣的論斷恐怕會

106　吳懷清，《關中三李先生年譜》（民國十七年〔1928〕版），卷5。【譯者按】：《關中三李先生年譜》（卷5，頁5a）云：「順治十年癸巳二十四歲，先生既屢避童試，至是田心耕學使案臨，或教母氏命之試，不敢違，遂補博士弟子員」。

107　Ping-ti Ho, "The Salt Merchant of Yang-chou," p.162. 【譯者按】：本書原記李道南於乾隆二十四年（1759）中進士，但該年未舉行殿試，江慶柏《清朝進士題名錄》（北京：中華書局，2007）據豎立在北京孔廟的進士題名碑所記，李道南是乾隆三十六年（1771）為皇太后八旬萬壽所開恩科的賜同進士出身第三甲三十九名；因此據以改正。又本書所引原文來自《兩淮鹽法志》（嘉慶十一年〔1806〕刻本），卷46，頁19a-b。其母「臨終執道南手曰：『還是讀書。』道南泣受命，因以是語名其堂。」

108　嚴辰，《桐溪達叟自訂年譜》，頁5a。

有誇大武斷的危險。從這些成功者的記載中，我們得到的印象是並非所有家庭分子都願意爲追求科舉考試成功而長期從事禁慾的學術工作。例如隆慶年間(1570年代初)吏部尚書張瀚(正德五年至萬曆二十一年，1510-1593)，原來是織匠之子，他就證實其父與二哥從不經營家業或用功讀書，他們比較喜歡過安逸的生活。[109]可以說，一些知名的明清家族中是有這樣的，[110]某些富裕的家庭成員經常沈迷於「犬馬聲色」之中。[111]更多的例子將在第四章〈向下流動〉中提出。我們無法確知在一定的時間之中，那些部分的人民(由於經濟或其他原因)，不受儒家社會意識的影響；因爲大部分人民沒有留下傳記資料，但如果因此就認定他們拒絕接受這一普遍存在的社會意識形態，顯然是不公平的。

　　在衡量問題的兩面之後，仍可以說儒家社會意識形態已廣泛而

109　張瀚，《松窗夢語》(《武林先哲遺書》本)，卷6，頁13b-14a；又見於他的《奚囊蠹餘》(《武林先哲遺書》本)，卷16，頁5a-7a。【譯者按】：《松窗夢語》云：「余後服官，先人不事經營，家業漸落，吾母以爲憂，先人曰：『富貴不可兼得，兒既爲郎，吾兩人皆受恩封，一家驟致三貴人，既貧不乏食，何憂之有？』」《奚囊蠹餘》記載其父故事云：「身處富貴之中而樂樸素，與閭里人游，雖猥賤至忘爾汝，閭里人共喜無驕氣，親就亦忘其形。」又記其兄故事云：「幼與余共學業舉子，不相入。去爲商。又不屑勤銖兩、計贏縮，歸自念曰：『營營自苦，效壟斷丈夫爲？』於是躬搆居室，內外整嚴。有隙地即樹藝草木，灌花洗竹以爲娛。客至，布棊局、命尊俎、雅歌、投壺，終日不倦。或起興，深酌，舉觥高嘯。客非其任不力，彊取自釂之，盡醉乃已。二三十年之間，極遊燕之樂，恣湖山之觀。偕昆朋之好，抒幽曠之襟。絲竹之聲，不乏於耳；芬芳之色，不絕於目；甘鮮之味，不斬於口。移寒易暑，不知老至。名何必列儒林，家何必多貨殖。悠悠樂事，亦已偏矣。」

110　參見本書第4章第5節〈財富的減少〉。

111　Ping-ti Ho, "The Salt Merchant of Yang-chou," pp.159-168.

深入地進入社會各階層。有三個理由似乎可以支持這個印象：第一，傳統中國社會，至少是明清社會，其價值與目標體系較現代工業社會更為單一而少階級特殊化。複雜的現代社會可由企業、工業、專業、藝術、戲劇，甚至運動達成較高的社會目標；在明清社會，則只能經由科舉考試的成功才能達到唯一的終極目標。《儒林外史》中最有趣的角色馬純上就是這個單一價值觀的最好例證。這個靠選編科舉考試範本、八股時文為生的文士，在對一個缺乏事業企圖心的傑出官員子孫的談話中，毫無掩飾地展現其現實主義風格。他說：

> 「舉業」二字，是從古及今人人必要做的。就如孔子生在春秋時候，那時用「言揚行舉」做官；故孔子只講得個「言寡尤，行寡悔，祿在其中」，這便是孔子的舉業……到本朝用文章取士，這是極好的法則。就是夫子在而今，也要念文章、做舉業，斷不講那「言寡尤，行寡悔」的話。何也？就日日講究「言寡尤，行寡悔」，那個給你官做？孔子的道也就不行了。[112]

馬純上對一個要奉養病弱雙親的貧困學者匡超人說：

> 你如今回去，奉事父母，總以文章舉業為主。人生世上，除了這事，就沒有第二件可以出頭。不要說算命拆字是下等，就是教館、作幕，都不是個了局。只是有本事進了

---

112 吳敬梓，《儒林外史》，第13回。

　　學，中了舉人、進士，即刻就榮宗耀祖。[113]

可見這一價值觀念，已瀰漫整個明清社會。雖然窮人中只有那些最
具不凡智識與決斷力者，才能受益於這種價值。

　　第二，這個單一的價值觀完全呈現在各種不同的社會象徵中，
它不失為對貧寒與較貧寒人士一強有力的心理挑戰。任何人都可以
看到統治者與被統治者在權力、義務與生活形態上的巨大差異。此
外，在明代建文、永樂(1400)以後不久，各地興起一種社會風氣，
為登舉人與進士的在地子弟立牌坊，以彰顯其成就，並激勵地方子
弟上進，使當地一直維持或增進科舉與社會的成功。十五世紀後半
的景泰、弘治年間以降，各地為在地子弟任高官者建立精心雕琢牌
坊的情況越來越多。[114]隨著時間的推移，後來甚至連貢生也立旗竿
來顯耀其舉業。清代有些地方還僭越地建立社區祠廟，供奉當地過
去中舉者的牌位；若這些已入祠廟舉子的子孫再中舉，就加豎新旗
竿，以進一步榮耀他們的祖先並激勵在世的人。[115]的確，對大多數
人來說，明清中國這些精巧複雜的社會象徵，往往激起嫉妒、羞
辱、驕傲、困窘的情緒。科舉成功產生的心理作用，是社會向上流
動的主導因素；具體的例子，將會在本書的〈附錄〉中呈現。

　　第三，儒家社會意識形態散布的途徑很多，宗族與家庭制度是

113　吳敬梓，《儒林外史》，第15回。

114　陸容，《菽園雜記摘抄》（《紀錄彙編》本），卷6，頁3a-3b。

115　《(光緒)四會縣志》第2編上，頁90b-91a。【譯者按】：本書引用縣志對
　　　「賓興崇祀祠」的記載，原文是：「祠內子孫有登科甲者，即其地豎旗
　　　竿。」但特別為中舉者立祠，恐是誤會「賓興崇祀祠」中為216人立牌位的
　　　記載。依據同卷頁92a的記載，在賓興崇祀祠中供奉的牌位，是捐錢建祠的
　　　216人，非「登科甲者」。

其中之一。自宋代宗族制度興起以來，就有許多史家論述宗族與家庭事務告訴我們，許多顯赫家族因其後代的無能沈淪，終至完全被人遺忘；而一般平民家庭出身的勤勉青年，卻常能嶄露頭角。受到這種事實的感動，許多的史家強調教育與堅持毅力的重要，認為這才是走向社會成功的主要方法。明清宗族的族訓中，通常都有這樣一條典型的中國道德訓誡：財富與榮譽非恆常，唯有依靠用功讀書與立定大志方能成大事。明代初年，全國普遍設立學校與獎學金制度，弘治年間(1500)以後，私人書院的興起更進一步幫助儒家社會意識的普及。事實上，這個單一價值體系之所以能延續，不只是經由這些制度化的途徑，同時也靠父母、親戚和鄉里父老，甚至是鄉村說書人的話語傳播而達成。

第三章

向上流動：
進入仕途

　　傳統中國社會把進入統治官僚體系，當作社會向上流動的最後
目標；無庸置疑的，進入仕途可能是明清社會流動最重要的一個方
面。依現代研究者的觀點，這一方面的研究最有收穫；因為這一類
的史料，是現有可以掌握的史料中，無論質或量都是最好的，可以
讓我們據以做有意義的量化與統計分析。把這些史料放在其歷史
的、制度的與社會的脈絡中，來做恰當的分類與解釋，這些統計數
據就可以解答研究傳統中國社會與制度史的基本問題：明清政府是
否基於合理而廣泛的基礎來增補統治階級成員，並且可以對「中國
舊體制最後兩個朝代的官場向有才能人士開放」這個傳統說法，檢
驗它是否有根據。估定這些統計數字，並與我這項研究所累積的事
證相聯繫，就如同在本書結論的那一章所做的一樣，對我們解釋明
清社會的基本特徵與性質是很有幫助的。*

第一節　史料的簡要評述

　　中國史料中有關傳記部分很是豐富，大部頭的二十六史就由大
量的列傳組成，在這些官修及個人私修的朝代歷史之外，明清時期
的人物傳記有百種以上私修叢書，其中最著名、部頭最大的是焦竑
（嘉靖十九年至泰昌元年，1540-1620）在萬曆四十四年（1616）刊行的

---

*　【譯者按】：由於何先生於1962年本書出版後，又獲得到北京國家圖書館藏
　　翁同龢收集的清代進士履歷便覽、會試錄與會試齒錄、舉人鄉試錄、貢生同
　　年齒錄及在臺北中研院史語所見到四種明代進士登科錄等新資料，1967年第
　　二版即據以修訂，重新估算表9、表10、表12之數據，並修改其文字；因
　　此，1967年修訂版與1962年原版中本章的內容有所不同。本譯文即以1967年
　　修訂本的第三章（Ho Ping-ti. *The Ladder of Success in Imperial China: Aspects
　　of Social Mobility, 1368-1911* 〔New York and London: Columbia University
　　Press, 1967〕 Chapter III "Upward Mobility: Entry into Officialdom"）為底本。

《國朝獻徵錄》與李桓(道光七年至光緒十七年，1827-91)在光緒六年(1880)刊行的《國朝耆獻類徵》，再者就是現有方志版本中都有的列傳專篇。[1]但在研究社會流動上，這些材料的用途卻有其限制及問題，其原因有二：(1)常常缺乏據以作為社會身分地位分類所需的完整傳記文集；(2)對傳記傳主選擇標準常存偏見。

　　以這些傳記來研究社會流動，其史料的缺陷是很明白的。正史列傳常常完全忽略傳主個人的家庭背景，除非他的祖先是中高階的官員，或是有特殊天分與成就的名人，這些傳記才會記載其家世背景。雖然私家修撰的名人傳記叢書中，經常會記錄傳主的生平與任官經歷，但這些非官方的傳記向來是帶著讚頌的性質。一篇內容詳細的墓誌銘之作者，或者本來就是死者的故人舊識，對傳主生平有相當的認識；或者作者依據的資料是死者親友提供。一位名人生平某些方面和背景，總是有幫他寫傳記的朋友、受雇寫傳記的作者，或這些名人的後代，有意地隱匿或誇大。墓誌銘這類帶著歌功頌德性質的記載，在處理傳主的先祖及其社會流動的早期過程時，很難與事實一致或較為明確。而方志的傳記材料，通常又太粗略，用作研究社會流動別具風險。

1　1949年以來，發現了超過千種從前不為人知的中國方志，使已知的方志總數達七千種以上。見朱士嘉，《中國地方志綜錄》。

　　【譯者按】：1958年，朱士嘉，《中國地方志綜錄》(上海：商務印書館)出版之後，近年來陸續有新發現的地方志，據1985年中國科學院北京天文臺主編《中國地方志聯合目錄》(北京：中華書局)的統計，已有8,264種；1989年的統計，又增至8,700多種(詳見史文，〈我國現存方志的收藏與分布〉，《上海志鑑》，1989年第6期)。最近北京籍古軒圖書數位技術有限公司製作《中國數字方志庫》，收錄1949年以前出版的方志，更增至「近萬種」。詳見《中國數字方志庫》〈首頁〉http://www.wenjinguan.com/及臺北中央研究院《中國大陸各省地方志書目查詢系統》http://webgis.sinica.edu.tw/place/。

統計研究的價值，視其運用資料的品質而定。由於張仲禮的《中國紳士》研究社會流動的數據全來自方志，他研究這個課題又遠比前人廣泛；似乎有必要在此簡要地評價他所運用的資料。大規模地查對張仲禮的數據，需要大量時間與勞力；因為方志所載的個人傳記，只有少數可以在正史傳記叢書或其他類更好的史料中找到，其中可以拿來與我們的進士祖先資料相核對的也不多。在此僅能就我手邊找得到較著名人士的祖先資料做抽樣核對。由於張仲禮以「生員」作為「士紳」身分的指標，因此他由方志中收集「士

表7 方志家庭背景資料正確性的取樣核對

人　名	主要成就	家　庭　背　景	
		張仲禮 所用的史料	其他史料
陶　澍	嘉慶7年(1802)進士；總督	無資料[a]	其家甚富，後中落，父親為生員[b]
鄭秉恬	道光2年(1822)榜眼	無資料[c]	曾祖父為生員[d]
陸建瀛	道光2年(1822)進士；總督	無資料[e]	曾祖為生員，祖父為監生
汪鳴相	道光13年(1833)狀元	無資料[c]	曾祖為生員[f]
魏　源	道光24年（1844）進士；著名史地士人	無資料[a]	家極富，後中落；其父為低階官員[g]

a、《湖南通志》（光緒十三年〔1887〕版）。

b、陶澍，《陶文毅公全集》（道光十九年〔1839〕後不久刊行），卷47，全卷敘述其家史。

c、《江西通志》（光緒七年〔1881〕版）。

d、《道光壬午同年齒錄》（道光二年〔1822〕進士名錄）。

e、《沔陽州志》（光緒二十年〔1894〕版）。

f、《道光癸巳科會試同年齒錄》（道光十三年〔1833〕進士名錄）。

g、《邵陽魏府君事略》（魏源之子〔【譯者按】：魏耆〕增修撰著）。

紳」的社會流動資料之有效性，是相當令人懷疑的。[2]

　　上表這類傳記材料的最基本弱點，在於收錄人物的標準，很少是具體而清晰的，幾乎無例外地是主觀的；儘管如此，也從未前後一致地依其自訂標準收錄，更談不上全面徹底地依標準而行。舉一個明代的好例證，過庭訓《國朝京省份郡人物考》是一大部頭的傳記集子，將人物依府來分類，共一百一十五卷，天啓年間(1621-27)刊行。過庭訓當過南直隸(包括今江蘇與安徽)提學，因此偏重南直隸，書中光是收錄南直隸一省人物的部分就有三十一卷，而其他科舉考試成績優越的省份相對而言就不成比例了，浙江只有十五卷，江西十三卷，福建更少，只有六卷；而北方各省的人物一共只有很少的幾卷，三個西南方省份則是一省一卷，對於舉業成就非凡，而且社會流動最大的地區，閩南沿海的泉州府，竟未有任何一位名人被收入傳記中。書中人物傳記最長的超過十萬字，最簡短的卻不過幾行或幾十字。例如江蘇南部的蘇州府，本是一個立傳成風的地方，甚至寒微之人也立傳，[3]所以竟有二百零一位名人入傳，其鄰近的松江府與常州府，雖在科舉方面極爲成功，然入傳的名人松江只有七十三人，常州也只有八十六人。[4]

　　再舉一個清代傳記集子爲例，卷數繁多的李桓《國朝耆獻類徵》，除去數百名清朝宗室與滿蒙八旗外，共收錄五千九百八十六位漢族名人，編者爲滿足其鍾愛鄉土的地域主義，而歪曲入傳人的成就標準。李桓的家鄉是湖南，雖然在太平軍前後，湖南產生很多將軍與省府官員，但產生進士數量在全國的排名很低，而進士卻是

2　　Chang, Chung-li(張仲禮), *The Chinese Gentry*（《中國紳士──關於其在十九世紀中國社會中作用的研究》), Part IV.

3　　何良俊，《四友齋叢說》，頁124。

4　　過庭訓，《國朝京省份郡人物考》，全書各處。

決定是否可算是名人的重要因素。就由於李桓的主觀標準，將收錄
的湖南名人人數列爲全國第二多，高於文風甚高的浙江省。用這樣
一部清代最大的傳記集子作爲統計的依據，其危險可由下表大略知

表8　清代分省名人數量

省　份	A　組		B　組		C　組	
	百分比	名次	百分比	名次	百分比	名次
江　蘇	23.53	1	21.24	1	10.93	1
浙　江	14.92	3	17.30	2	10.43	2
直　隸	4.98	5	6.54	4	10.13	3
山　東	5.18	4	6.21	5	8.45	4
江　西	3.24	10	5.64	7	7.08	5
河　南	4.59	7	3.36	10	6.33	6
山　西	3.59	8	2.75	13.5	5.34	7
福　建	3.44	9	5.59	8	5.23	8
旗　人	—	—	—	—	4.86	9
湖　北	1.84	15	2.89	12	4.53	10
安　徽	4.75	6	6.92	3	4.44	11
陝　西	2.29	14	2.98	11	4.22	12
廣　東	2.34	12	4.74	9	3.78	13
四　川	3.01	11	2.75	13.5	2.86	14
湖　南	15.93	2	6.16	6	2.71	15
雲　南	1.59	17	1.18	16	2.59	16
貴　州	0.93	18	0.99	17	2.24	17
廣　西	0.42	19	0.74	18	2.13	18
甘　肅	1.61	16	1.94	15	0.95	19
滿　洲	2.30	13	—	—	0.68	20
總　計	99.48*		99.93		99.96	

史料出處：A組的資料來自李桓《國朝耆獻類徵》。B組的資料來自《清
　　　　　史列傳》；A、B兩組資料均在朱君毅《中國歷代人物之地理
　　　　　分布》中已做成表。C組則採用張耀翔〈清代進士之地理的
　　　　　分布〉，《心理》第4卷1期（民國十五年〔1926〕三月），必須
　　　　　注意的，張氏的進士數字有所遺漏，不太精確。比較精確的
　　　　　數字及其省份排名，參見表28。
*【譯者按】：全部加起來爲100.48。

之；這個表是把李桓《國朝耆獻類徵》與其他傳記集子相比較，這些傳記集子雖性質與李桓《國朝耆獻類徵》類似，但偏見較少，論述清代進士較客觀而詳盡。

A組與B組的傳記集子的選錄，是基於主觀的多種成就，其標準多重，沒有代表性的抽樣。C組把所有清代的進士全包括在內，其標準是單一的；因此，作爲社會學的研究，無疑地，C組是最有價值的。因爲進士的仕宦生涯，幾乎無一例外地從一開始就進入官僚體系的中層，是國家精英的一分子，名字刻在國子監前樹立的題名碑上；不用說，在祖籍當地人看來，他就是名人。只有C組的傳記集子是有代表性的抽樣，量度入傳人成就，是基於一致的客觀標準。雖然C組對「成就」的定義比A、B兩組較爲窄狹，但在儒家社會的當代人士眼光中，舉業的成功與社會顯達的關係，必然是相當密切的。

A、B、C三組的一些差異是可以解釋的，如甘肅與東北（滿洲）產生的進士人數最少，但比例上他們在軍中任高級將領的人較多；其名人數量的排名，在A組與B組的名次，自然就比C組要高。湖南、安徽兩省在太平軍前後產生最多的將領與省府級官員，其名人數量的排名，在A、B兩組之中就比在C組高得多。但在清代二百六十七年的最後六十年中，這兩省儘管有許多軍事將領具有顯達的成就，但他們在A、B兩組中排名之高，還是令人高度懷疑。由比例上看，A、B、C三組的一些差異甚至是更加嚴重的，例如江蘇產生的進士人數比浙江與直隸稍多一點；但在A組中，江蘇產生的進士人數卻是浙江的1.57倍，是直隸的4.92倍；在B組中，是浙江的1.22倍，直隸的3.25倍。更明顯荒謬的是湖南的進士人數僅及浙江25.7%，而其名人人數的排名卻勝過浙江。把個人傳記的品質置之不論，我們必須認識到使用這些傳記資料做材料會造成嚴重的統計

失實。[5]

　　比上述各種形態傳記叢書品質更好的是科考及第舉子的考試手冊。明清，特別是清代，進士、舉人、拔貢生與優貢生將他們考試考卷上寫的八股時文及詩文重印，分送給他們視為靠山與座師的考官，也分送給某些他們想要巴結的官員，以及親戚、朋友與熟人，成為一種全國的慣例。這同時也是他們接受本地鄉親餽贈賀儀、賀禮的場合。一般來說，鄉親們此時已將其視為新的功名確立之人。由於進士手冊一般會用硃砂印泥蓋印，因此稱為「硃卷」；舉人、貢生手冊則用墨汁蓋印，而稱之為「墨卷」。隨著時間推移，後來這兩種卷子在形式上的差別，不再為人注意，均通稱「硃卷」。[6]研究舉子的祖宗是很有價值的，因為這可提供精準的信息，來考察他

5　魏復古(Karl A. Wittfogel)的相關著作有：(1)《中國社會新論》(*New Light on Chinese Society: An Investigation of China's Socio-Economic Structure*, New York: Institute of Pacific Relations, 1938)、(2)〈遼朝的公職與中國科舉制度〉("Public Office in The Liao Dynasty and the Chinese Examination System," *Harvard Journal of Asiatic Studies*, Vol. 10, No. 1〔Cambridge: Harvard-Yenching Institute, 1947.6〕, pp.13-40)、(3)《東方專制主義——對於集權力量的比較研究》(*Oriental Despotism: A Comparative Study of Total Power*, New Haven: Yale University Press, 1957)、(4)與馮家昇合著《遼代社會史》(Karl A. Wittfogel and Feng Chia-Sheng, *History of Chinese Society: Liao, 907-1125*, Philadelphia: American Philosophical Society, 1949)，其中所提供的傳統中國社會的社會流動資料，及其對社會流動與社會基本性格所做的一些概括性的歸納，我們可能要懷疑其價值。不用說，區域性的契丹遼朝，其漢化程度比較淺，是中國長遠歷史中最不具代表性的。【譯者按】：《東方專制主義——對於集權力量的比較研究》中譯本為徐式谷等譯，由北京中國社會科學出版社於1989年出版。《遼代社會史》的總序已由蘇國良、江志宏譯為〈中國遼代社會史(907-1125)總述〉，收入鄭欽仁、李明仁編譯，《征服王朝論文集》(台北：稻鄉，2002)，頁1-69。

6　商衍鎏，《清代科舉考試述錄》，第2章。

們家庭的祖宗三代中是否產生過科舉高第的舉子或官員。可惜的是現存的硃卷並不多，而且其涵蓋的時間年代與地理分布，極為不均衡；削減了以之作為研究社會流動資料的價值。[7]

　　我們研究明代社會之組成及官僚體系與仕途之進入，主要的史

---

[7]　基於硃卷所做的一項出色研究是潘光旦與費孝通，〈科舉與社會流動〉，清華大學《社會科學》，第4卷1期(1947年10月)。這項研究依據917種硃卷，其中大部分是十九世紀後期直隸、江蘇、浙江與山東的硃卷。哥倫比亞大學東亞圖書館典藏的硃卷三百多種，由於上述的原因，在做我們這個研究時，雖參考了硃卷，但最終還是不以之作為研究的依據。

【譯者按】：近年搜集到的硃卷數目已遠超過潘、費二位初做研究及何先生撰著本書時在美國所能找到的。顧廷龍主編，《清代硃卷集成》(臺北：成文出版社有限公司，1992)，計收有清代硃卷8,364種。「硃卷」即科舉之各類試卷彌封後，謄錄人員用朱筆重新謄寫的卷子。依清代成例新中式的舉人、進士都將履歷、科份、試卷刻印，亦稱「朱卷」。朱卷為三個部分所組成：一、履歷：登載本人姓名、字號、排行、出生年月、籍貫、撰述、行誼，並載本族譜系，最簡單的只記載祖妣三代。詳細的還上自始祖下至子女、同族尊長、兄弟姪輩以及母系、妻系無不載入。凡有科名、官階、封典，著作亦注入名下。再錄師承傳授，如受業師、問業師、受知師之姓名、字號、科名、官階以示學問淵源有自。這部分提供的資訊，對研究社會流動最為珍貴。二、科份頁：載本科科份、中式名次、主考官姓名官階與批語等。三、試卷與文章：八股本身是一種駢散文菁華的文學體裁，追求修辭技巧形式的完美，是研究八股文的第一手材料。在考官的評語中，可辨別清代取士的標準，及清代教育狀況。則《清代硃卷集成》可說是集科舉文獻、傳記檔案、文學、教育資料之大成，清代文武百官履歷、傳記撰述、行誼盡收於此；是研究科舉制度、社會階層及社會流動的重要史料(參見劉海峰，《科舉學導論》〔武漢：華中師範大學出版社，2005〕，頁348-351)。因此，最近張杰即用《清代硃卷集成》統計分析其中的家族背景資料，討論中舉者的垂直社會流動，應試者的水平社會流動，以及科舉與士人居住地遷移的關係，於2003年出版《清代科舉家族》(北京：社會科學文獻出版社)，參見陳小錦，〈科舉家族的考試情結──評張杰《清代科舉家族》〉，《中國圖書評論》，2006年第6期。

料是七十多種舉人、進士及兩類貢生(拔貢與優貢)的名冊。進士名冊現在能找到的有二類:第一類為《會試錄》,就是會試中式舉子的榜單,僅載進士的姓名及其他各種非傳記性的信息,這對我們的研究目的用處並不大。*

本研究完全依據第二類的進士名冊,這種名冊精準地提供及第舉子的家庭與祖先背景資料。這種名冊的名稱在明清時代改過好幾次,現存所有的進士名冊《進士登科錄》中,除了其中三種外,均登載正式獲得進士及第舉子家庭背景的可資利用信息。在「進士登科錄」這幾個字前,總是註記舉行會試與殿試的那一個年份之干支。《進士登科錄》與《會試錄》具體的差異,在於通過會試的舉子,雖然因為殿試不採取淘汰制,人人都可以通過,已是「實際上的進士」(de facto chin-shih),但他們在「法理上的進士」(de jure chin-shih)身分,還是要等考過殿試之後,才能授予;考過殿試才算是正式登科,可以準確地稱為「進士」。只有到這時候才會編印正式的進士名冊,依規定登錄其姓名、生日、鄉貫、年齡、履歷、配偶、子女及祖宗三代,祖宗三代若曾做過官或中過舉也要註記。由於登科錄是要上呈皇帝的,其編排非常正式,名冊依最後的殿試名次排列,以一甲的狀元、榜眼、探花為首,接著是二甲、三甲進士。**

---

* 【譯注1】:現存於臺灣、大陸與美國的明代進士會試錄,重複不計,共有30種。詳見陳長文,〈明代進士登科錄的流通與庋藏〉,《文獻》季刊,2008年第2期,頁150-158。

** 【譯注2】:登科錄為明代官方文書,每科殿試畢,禮部即編登科錄,進呈御覽之後,頒給在朝官員及該科進士。明代進士登科錄中的「進士家狀」部分,對研究社會流動最有價值,內容載:(姓名)貫某藩省、某府、某州縣(軍、民、官、儒、鹽、竈、匠等)籍,或某處人。某藩省、府、州、縣學生或附學生、增廣生、監生、儒士、官吏等。治(易、書、詩、春秋、禮記)

以文本的結構而言，登科錄是相當好的；編印時，除了極少數因大病或家庭大變故沒能等殿試放榜就回鄉外，所有登科的舉子都會在京城。特別在這樣莊重的場域，《進士登科錄》中登錄信息之準確度是很高的。唯一可能有的偏差是年齡，有時某些舉子可能會謊報；因爲年齡有時是政府授予舉子第一個官職時考慮的次要因素。但甚至這種小小的謊報，也具有高度風險，很少有人敢於如此；因爲年齡是很好查的，只要拿來和舉子早年在生員或舉人考試時所填的履歷表核對就可知曉。

由於登科錄主要是帝國政府人事資歷的資料，隨著時間流逝，舉子們後來比較喜歡自己編印另一種名冊，供他們私下流通之用。這種新式的名冊，現存最早的是嘉靖十二年(1533)的《嘉靖癸丑科進士同年便覽錄》。*由於習慣上同學關係被認爲幾乎是親屬關係

(續)————————————————

經，字某，行幾，年多少，某月某日生。曾祖(或某官，封贈某官)，祖某(同上)，父某(同上)，(嫡、生、繼)母某氏，或封贈夫人、淑人、恭人、宜人、安人、孺人共六種。以曾祖、祖、父母存亡情況，分重慶下(祖父俱在)、具慶下(父母俱存)、嚴侍下(父存母故)、慈侍下(父故母存)、永感下(父母俱故)五種，兄、弟某(或某官封贈某官或學生監生)，娶、繼、聘某氏，某處鄉試第幾名，會試第幾名。現存於臺灣、大陸與美國的明代進士登科錄，重複不計，共有24種。詳見陳長文所著三篇論文：〈明代進士登科錄的流通與庋藏〉，《文獻》季刊，2008年第2期，頁150-158；〈明代進士登科錄的版式、結構及體例〉《西南交通大學學報(社會科學版)》，第8卷5期(2007)，頁107-110；〈明代進士登科錄的文獻價值及其局限性〉，《甘肅社會科學》，2006年第6期，頁110-115。

* 【譯注3】：進士履歷便覽，在廣義上也屬於同年錄，但又區別於一般的同年錄。最主要的是它偏重於記載進士入仕後的爲官履歷。其體例，始列總考、同考姓氏爵里，繼分省份府列諸進士三代、年齒、習經及科甲名次、部院觀政及此後仕宦履歷。清道光年間，邵懿辰從杭州彌教坊沈雨溥書肆獲得明末清初共二十八科進士履歷便覽，上起萬曆二十六年(1598)戊戌科，下訖康熙

的延伸，一般而言，同學間是必須互相支援互相幫助的；這種名冊
和後來編印的類似名冊，都強調其「友愛」的特色。名冊中的同學
排名，不據其殿試的名次，而是依年齡長幼；同學以「兄弟」互
稱，這種特別的親屬關係延伸，是爲世交，其友誼常延及下一個世
代。這種延伸的親屬關係之需求及隨之而來的許多效益，使舉子們
日益覺得編印非正式的進士名冊是值得的。現存明代最後的進士名
冊(萬曆三十八年〔1610〕庚戌科)及所有清初的進士名冊，或稱
《進士履歷便覽》或稱《進士三代履歷便覽》(爲私下參考用的，
含祖宗三代資料的進士履歷)。*雖然《進士登科錄》的名稱較短，
但其內容與《進士三代履歷便覽》完全相同，都登載祖宗的履歷。
嘉慶五年(1800)以後，進士錄總是私下編印，名之爲《會試同年齒
錄》(依年齒爲序排列的會試及第舉子名冊)。**

(續)————————————————

　　二十一年(1682)壬戌科，中脫萬曆丙辰、己未、天啓壬戌三科。他曾著有
　　《明季國初進士履歷跋尾》一卷，認爲「蓋與同年齒錄及紳錄相爲表裡」，
　　且在雍正乾隆之間始廢不刻。
　　據本書〈徵引書目〉云，這本現存最早的同年便覽是《嘉靖癸巳科進士同年
　　便覽錄》(1553；NC，臺北中央圖書館)，但嘉靖癸巳年爲十二年，是公元
　　1533年，並非1553年，經查《國立中央圖書館善本書目錄》，《嘉靖癸巳科
　　進士同年便覽錄》應爲《嘉靖癸丑科進士同年便覽錄》，癸丑年爲嘉靖三十
　　二年，公元1553年；本處據以校改。
*　【譯注4】：現存於臺灣、大陸與美國的明代進士履歷便覽，重複不計，共有
　　11種，最後一種是《崇禎十三年庚戌科進士三代履歷》，現存最後的官方編
　　印之登科錄則爲藏於臺北中研院史語所的《萬曆三十八年進士登科錄》。但
　　陳長文似乎未見過臺北學生書局編印中央圖書館藏登科錄的《明代登科錄彙
　　編》，不知現存最早的同年便覽錄版本是嘉靖三十二年癸丑科的，仍認爲最
　　早的版本是《嘉靖四十四年乙丑科進士履歷便覽》。詳見陳長文，〈明代進
　　士登科錄的流通與庋藏〉。
**　【譯注5】：明初，新科進士未有同年私會及編刊同年錄之事。明代中期以

　　編印進士名冊制度的次第變遷，對現代的研究者，造成一個版本上的難題。眾所皆知，《登科錄》是編於會試與殿試之間，編輯與刊行於殿試發榜不久之後，《同年齒錄》則常編印於原來應考那一科的多年之後，有一兩個案例，其名冊甚至是該科考試舉行後超過二十年才刊印。刊印之年離科考之年越遠，則越容易發生同年考上進士的同學可能已經去世，或失去聯繫；因此，被一個或更多主編名冊的同學給遺漏了。所以清代後期的名冊，一些舉子的家庭背景欄出現空白的狀況，是相當常見的。

　　由於版本上的缺陷，這些缺乏舉子父輩祖宗姓名的案例就必須從我們製作的表中剔除，即使舉子的祖宗姓名資料是完整的，也要特別費心查明他們是否真沒中過舉或未做過官。在這些進士名冊中常有些線索可供查對出舉子祖宗的背景，例如道光二年(1822)的同年齒錄拖到道光十三年(1833)才刊行，經過十一年的空檔，同年齒錄的編者終於能書寫同年們在道光十三年時所擁有的正確官職與官品。其中有些同年舉子在最初似乎是出身寒微，但十一年後刊印的齒錄卻刊載他家人曾擁有的官職，這些舉子的資料我們也排除在外；因為這些祖宗的任官是死後追贈的。道光十三年任職官的舉子

(續)————————————————————

　　後，每科考試過後，除官方刊刻各種試錄、進士登科錄外，登第的進士、舉人往往自行編刊該科同年錄。依文科、武科的不同，有文科同年錄和武舉同年錄。依考試級別，有貢士同年錄、鄉試同年錄和進士同年錄三類。依同年錄的體例，可分為二類：一類是嚴格按「齒」即年齡大小依出生先後排列該科進士名單，稱齒錄、序齒錄、同年錄、同年齒錄、同年序齒錄、同年世講錄等。另一類是兼顧「方」、「齒」，即先分地區，再就同一地區內按照年齒排列，名稱多為：方齒錄、同年便覽錄等。明代最早是在弘治九年(1496)開始編刊進士同年錄，現存最早的明代進士同年錄是《正德十二年(1517)丁丑同年增注會試錄》，現藏北京國家圖書館。參見陳長文，〈簡評明代進士同年錄〉，《延安大學學報(社會科學版)》，第29卷4期(2007)，頁87-93。

中，只有那些來自沒有科名或官職家庭出身的，才在我們這個研究中被當作是出身平民家庭的。

若要編集全國舉人的名冊，則更加困難，因爲數目太多，每三年總在千人以上，而且遍及全國各省。有一兩本十九世紀的全國舉人名冊，由於某些省份名冊脫漏舉子的相關信息太多，也完全從我製作的表上剔除。這些名冊上的進士與舉人，只要家庭背景欄是空白的，他們是否出身寒微家庭的身分便無法確定；爲了做統計，我們沒有選擇的餘地，只好將這些版本有問題的案例，都排除在外，不列入表中計算。幸好大部分現存的明代與清初的進士名冊版本質量都很好，而其累積的進士人數，也超過明清全時期的所有案例一半以上；因有版本缺憾而取消的案例，若以百分比來顯示，其誤差幅度並不太嚴重。[8]

清代後期名冊的版本缺憾之外，現存史料一般來說，可能還有兩個其他理論上的缺陷，但仔細檢查的結果，似乎對我們的資料品質，不會影響太大。第一個理論上的缺憾，雖然我們的名冊提供至今能找到的舉子直系祖宗最準確的資料，但直到清代後期的名冊才

---

8 就版本而言，現存可用的明代進士名冊，品質甚高。據李周望《國朝歷科題名碑錄初集》，洪武四年（1371）至萬曆三十八年（1371-1610）十七科，及第進士總數4,963名。在我們這十七種明代進士名冊中，有祖宗信息的人數達4,790名，也就是李周望所收進士總數之96.1%。如果將洪武四年萬曆三十八年這兩種殘缺的題名碑錄排除，剩餘十五種題名碑錄的版本，是百分之百完整。除掉清代第一個王朝順治時期（1644-61），我們的清代進士名冊中總有些及第舉子沒有祖宗信息，但在三十一科進士名冊中，有效的案例爲7,436件，達到這三十一科進士總數8,739名的85.1%；這三十一科進士總數數額取自杜聯喆與房兆楹《增校清朝進士題名碑錄》。總共四十八種明清進士名冊中，有效的案例總數爲12,226件，近乎這四十八科明清及第進士累積總額13,702名的90%；這個進士總數數額也是依據杜聯喆與房兆楹。

載有舉子旁系近親的特殊資料。幸好由於明清政府對官員的直系祖宗，不論活著的或死去的，[9]其封贈的法規極為細緻和精確，因此，對於舉子的旁系親屬是否曾做過官，幾乎總是可能分辨出來的。以下兩個例子可以充分顯示這個舉子真正的祖宗身分是如何判定的。

案例一

舉子姓名：羅文俊。

科　　名：進士，道光二年(1822)恩科殿試第一甲三名。

最初官職：翰林院編修，正七品。

祖宗與家庭記錄：

曾　祖　父：無官銜，亦無功名。

祖　　父：翰林院編修(死後追贈)。

父　　　：與祖父相同。

兩位叔伯：無官，無功名。

三位兄弟：亦無官無功名。

史料出處：《道光壬午同年齒錄》(道光二年〔1822〕進士名冊，道光十三年〔1833〕刊行)。

上面這個案例取用的道光二年同年齒錄，是典型的清代後期進士名冊，它是刊行於許多年之後；假若這份齒錄就在科考當年編印出刊，則舉子直系父祖受追贈的官銜，就不會刊載。因為依據明清的常規，官員得做滿第一任官職，才有權向帝國政府申請追封其祖父

9　封贈榮銜的精確度，贏得大史家趙翼的讚賞，其意見參閱《陔餘叢考》，卷27，頁4b-5a。

與父親，授予相當於這位官員當時實際上擁有的官銜。這個簡明的家庭及其祖宗的記錄，顯示羅文俊所有的祖宗與旁系親屬從未擁有科名或官位；因此，這位舉子的出身應置於平民家庭之列。

<h2 style="text-align:center">案例二</h2>

舉子姓名：李楨宁*。

戶　　籍：民(平民)。

科　　名：進士，萬曆三十八年(1610)三甲。

祖宗記錄：

曾　祖　父：兵部尚書(追贈)。

祖　　父：與曾祖父相同。

**父　　　**：無官，無科名。

兩位兄弟：軍官。

史料出處：《萬曆三十八年庚戌科序齒錄》(1610年進士名冊)。

在此，我們可以知道李楨宁的直系親屬沒有一人實際做過官，其曾祖與祖父之所以死後得到追贈，並非這位舉子最近科第中式的結果，否則其父必也會得到同等的封贈。其曾祖與祖父之所以得到封贈，肯定是來自其叔伯中有一人曾任官至兵部尚書一任以上；因此，他可以讓父祖得到封贈的榮耀(【譯者按】：應該是萬曆三十六年至三十九年〔1608-11〕的兵部尚書李化龍)。這個簡明的家庭與祖宗的記錄顯示：這位舉子的直系親屬中，沒有一人擁有實際的官職與功名，但他有一位顯赫的叔伯，由於當代進士名冊的體例所限，

---

* 【譯注6】：《明史》卷179頁7467作李禎宁，潘榮勝《明清進士錄》，頁635作李楨宁，本書原作「李楨苧」，今依《明清進士錄》改。

並沒有提及。但名冊中提及的很引人注目的旁系親屬之重要信息，使我們要推測這意味著李楨寧之科舉成功與他的兩位兄弟能任下級軍官，均可能是受其顯赫的叔伯之幫助。雖然他們家的直系親屬都是沒有功名的平民，但其出身必須置於高官位家庭之列。

由此可見，明代與清初的進士名冊缺乏旁系親戚的信息，並不算是什麼嚴重的缺陷；因爲，決定舉子祖宗眞正的社會地位所需的資料，通常是可以推斷出來的。必須一提的是許多清代後期的進士名冊提供他們祖宗大量的信息，包括親近的旁系親屬，有時還包括遠房親戚，幾乎像一部族譜的簡本。

關於明代與清初的進士名冊中缺乏遠房親戚信息的情況，我們該注意的是雖然中國許多地方存在著宗族，但一般家庭或至少是「大家庭」才算是同居共財的單位，由夫妻及其子女，有時包括丈夫的父母在內的親屬組成。[10]由地方志可知，中國大部分地方，習慣上已婚的兄弟是分家而不住在一起，年老的父母只跟一個已婚的兒子，通常是長子住在一起；因此，絕大部分的家庭，並不一定會是大家庭。這可由全國每個家庭平均人口數得到最好的證明，洪武二十六年(1393)是5.68口，嘉慶十七年(1812)全國十四省的平均數是5.33口。[11]雖然理學家教導大家，親屬間要互相幫助，使得現代學者有理由假設：一個有志氣上進的青年，可從其成功的叔伯或叔公、伯公或年長的堂兄弟那邊，得到金錢或其他形式的幫助；但如果說他在科舉上的成功，要歸功於遠房親戚的幫助或影響，那就很令人懷疑。

我們運用的資料第二個理論上的缺陷是缺乏舉子家庭經濟地位

10　第5章在宗族一節會進一步討論家庭與宗族。

11　Ping-ti Ho, *Studies on the Population of China, 1368-1953,* pp. 10, 56.

的信息。這一缺陷從明朝創建至景泰元年(1368-1450)的相關資料，最爲明顯；因爲在這一期間，社會政治流動的主要兩個管道是科舉和高官保舉。但由於正統十四年(1499)土木之變，蒙古人大舉入寇北京地區，皇帝被俘，財政困難；政府被迫出賣較低官銜、官職與國子監生的名位。就如同我們在第一章所說的，明代後期與整個清代，經濟平均水平爲中等以上的人，如果買不到更高的官品或官銜，至少總會捐納個監生頭銜。雖然事實上，明代後半期，捐納監生曾幾度暫停，但在國家危機與災荒發生時，政府還是大規模販賣較低官銜與官品。因此，在我們研究的這五個半世紀中，我們的資料還是眞實地提示了舉子家庭的經濟地位的訊息。

　　公平地說，用來做社會學研究的歷史資料，很少是理想的；事實上，即使是近代和現代精英群體的社會出身的相關研究，根據的資料也只有提供精英分子父親的職業，並不能將所有成員準確地分類。[12]以所包含的世代、明確和隱含的信息、按時間順序排列的論

12　參見著名的研究美國企業精英研究者，西摩・馬丁・李普塞(Seymour M. Lipset)與賴因哈德・本迪克斯(Reinhard Bendix)合著的《工業社會的社會流動》(*Social Mobility in Industrial Society*)頁122，表4.2。美國高級文官考試，參見本迪克斯，《高級文官在美國社會：高級聯邦行政官員的社會根源、事業與權位之研究》(*Higher Civil Servants in American Society: A Study of the Social Origins, the Careers, and the Power-Position of Higher Federal Administrators*)，頁26，表5。英國高級文官，參見柯素(R. K. Kelsall)，〈英國高級文官的社會根源：現在與過去〉，《第二屆世界社會學大會論文集》("The Social Origin of Higher Civil Servants in Great Britain, Now and in the Past," *Transactions of the Second Congress of Sociology*)及其《英國高級文官：1871迄今》(*Higher Civil Servants in Britain: from 1870 to the Present Day*)，頁153，表25。法國高級文官，參見波托摩(Thomas B. Bottomore)，〈法國高級文官的社會流動〉，《國際社會手冊》，第13期(1952年9月) ("La Mobilité Sociale dans la Haute Administration Française," *Cahiers Internationaux Sociologie*,

述及數量而論，明清進士資料能媲美任何其他歷史社會相類似的資料。

　　表9的四十八科進士名冊是我所知現存於中國與北美的全部；除了收錄於一部近代叢書中最早的《洪武四年(1371)進士登科錄》外，另外有十六科明代進士登科錄珍藏於臺北中央圖書館和北京國家圖書館的善本室：前者典藏九種，其中兩科美國國會圖書館也有收藏；後者典藏七科，美國國會圖書館均藏有微捲。到目前爲止，最罕見的進士登科錄是清代初期的九種進士三代履歷，其中有八科典藏於北京國家圖書館，一科典藏於臺北中央圖書館。不知爲什麼，雍正(1723-35)、乾隆(1736-95)、嘉慶(1796-1820)時期的進士名冊完全不存於今。由於現今最重要的漢學圖書館規定，只有1644年明清改朝換代以前刊印的書籍才會被列爲善本；因此，儘管這些重要的漢學圖書館給我的回應是否定的，我還是不能證明這三朝的進士名冊是肯定不存在的。道光(1821-50)以後的二十科進士名冊或同年齒錄，是在美國國會圖書館及哥倫比亞大學和哈佛大學圖書

(續)───────────────

　　XIII〔September, 1952〕)。至於英國劍橋大學學生，則參見詹金斯夫人與瓊斯(Mrs. Hester Jenkins and D. Caradog Jones)合著的〈十八、九世紀劍橋大學校友的社會階級〉，《英國社會學報》，第1卷2期(1950年6月)("Social Class of Cambridge University Alumni of the 18th and 19th Centuries," *British Journal of Sociology*, vol. I, no.2, June, 1950))。除精英分子父親的職業之信息外，有時其岳父的相關資料也可取得，參見波特(John Porter)，〈加拿大經濟精英與社會結構〉，《加拿大經濟學與政治學學報》，第23卷3期(1957年8月)("The Economic Elite and the Social Structure in Canada," *Canadian Journal of Economics and Political Science*, XXIII, no.3,〔August, 1957〕)及其〈加拿大高級公務員與官僚精英〉，《加拿大經濟學與政治學學報》，第24卷4期(1958年11月)("Higher Public Servants and Bureaucratic Elite in Canada," *Canadian Journal of Economics and Political Science*, XXIV, No.4〔November, 1958〕)

館找到的，另外承蒙房兆楹先生盛意提供兩科。可以說，在現今的
國際環境下，即使想竭盡所能為這個研究搜尋現存的統計資料，也
還無法做到。[13]

　　我們能用的4,790個明代進士案例，略少於明代進士總數的
20%；清代的7,436個案例，接近清代進士總數的28%。以數量而
言，這些進士名冊是有意義的。總數12,226名進士案例，對明清各
時期，除十八世紀外，都具有相當代表性的；因為十八世紀能找到
的進士名冊，只有康熙四十二年(1703)的《癸未科三代進士履

---

[13] 在搜尋載有祖宗信息的善本進士名冊時，我用下列書目作為主要的指引：
(1)《國立北平圖書館善本書目》、(2)《國立北平圖書館善本書目乙編》、
(3)《中國印本書籍展覽目錄》、(4)《國立中央圖書館善本書目》、(5)
《國會圖書館藏中國善本書錄》。最前面兩本書目中提到的善本進士名冊，
美國國會圖書館均藏有微捲。我曾請北京國家圖書館複製刊載在目錄(1)的
某些善本明代與清初名冊，但未要求其中之一的《建文二年進士登科錄》
(1400)，這是因為我被書名誤導，認為與建文二年那一科殿試及第舉子的名
冊《建文二年殿試登科錄》(美國國會圖書館藏有微捲)是同一本書，而《建
文二年殿試登科錄》中應載有進士祖宗的信息；結果當收到《建文二年殿試
登科錄》微捲複本時，才知道我的推測是錯的，這時已來不及把它列在向北
京要求的書單內。因此，很可能由於我的疏忽，使現存的建文二年進士名冊
內的資料未運用於這個研究。另外還有一本列在目錄(2)康熙十四年(1675)
的進士名冊，雖在請印的書單中，卻未複製；它是否還存在北京，有待證
實。雖然另外查找了十幾種中國和日本的善本書目，只有一種北美圖書館不
藏的善本在京都人文科學研究所找到，這不是進士名冊而是同治元年(1862)
蔭生的名冊。於是，這本名冊填補了我們對十九世紀累積蔭生數目的空白。
【譯者按】：當年信息流通不透明，何先生以為雍正(1723-35)、乾隆(1736-
95)、嘉慶(1796-1820)時期的進士名冊不存於今，今大陸藏書信息開放，據
江慶柏編著《清朝進士題錄》(北京：中華書局，2007)下冊，〈參考文獻〉
頁1953-1955所載，藏於大陸國家圖書館與地方圖書館的進士登科錄、會試
錄、會試同年齒錄等進士名冊，計有雍正一種、乾隆十二種、嘉慶十七種。

歷》。爲補救十八世紀統計資料的缺陷，我們能做的，也只有在康熙四十二年的名冊之上，補以全國性的拔貢生名冊與三個省的舉人名冊。

　　研究行省這一中間層級的社會流動，我們主要依據全國性的舉人名冊，因爲現存個別省份的舉人名冊數量極爲有限，只收錄少數舉子的資料。現存的全國性舉人名冊，只有屬於十九世紀的；在北美所能找到的有十九種，但其中有三種因版本缺陷太大而未列入我們製作的表中。爲能在年代上涵蓋各個時期，在十六種全國性的舉人名冊之外，我們補充了四種特殊的貢生名冊。總的來說，我們一共運用十九、二十世紀獲得中階科名舉人科名者的名冊計二十種，共有23,480個案例，約有四十七科明清進士名冊案例的兩倍之多。因此，就後十八世紀時期而論，我們的統計資料是相當豐富的，能在兩個不同的層次上，有系統地處理進入仕途之舉子家庭背景的這一難題。

　　研究舉業造成的社會流動面，在統計上最難探究明白的是那些非士人背景家庭的平民進入「生員」群體的情況；因爲這些初階科名生員擁有者的社會聲名尚未建立。方志中就沒有臚列其名單的慣例，更遑論登載其父祖的資料了。晚清大概有六個以上長江下游縣分的士人編輯特殊的生員名冊，其中只有三種登載生員父祖簡短而重要的相關信息。長江下游北岸的通州直隸州(【譯者按】：原書作「南通直隸州」，南通係民國縣名，清代爲通州直隸州，民國元年〔1912〕改爲南通縣，今改正)的生員名冊涵蓋整個明清兩代，其鄰近的海門縣的名冊則只涵蓋有清一代。(【譯者按】：海門縣治於康熙十一年〔1672〕圮於海，併入通州。乾隆三十三年〔1768〕復置海門直隸廳，治茅家鎮。1912年復爲海門縣)。江蘇南部常熟縣編印的包括各級科名舉子的大部頭名冊，其中關於生員的名單也涵蓋整個

有清一代。這三種生員名冊以登載家庭背景為準,可分為兩類:一類只刊載姓名,無任何其他信息;一類既有姓名,又有他的曾祖、祖父、叔伯祖及父親、叔伯和子、孫的簡短資料。經過努力地查對,終於發現後者的祖宗常常是擁有初階或更高科名的。雖然這三份生員名冊提供的祖宗資料,比那些高階科名的名冊簡短得多,但其涵蓋祖宗的世代數是一樣的;這使我們可以確認這位生員是出身於士人家庭,還是出身於從未有人得過功名的平民家庭。使這兩類不尋常名冊更有價值的,在於它們提供的祖宗信息中,包含旁系親屬。如果說數量上不足以讓我們總結出全國生員的社會構成,但至少它提供瞭解接近草根階層的舉業造成的社會流動關鍵很有價值的線索。

第二節　統計分析

在陳述明清進士和十九世紀舉人與貢生的家庭背景之前,必須先簡要說明我們分類的標準。依據我們在導論一章所論述的,從明清社會特有的權力結構和名聲體系出發,我們把這三種高功名擁有者分成四類。

A類包含的舉子,是其祖宗三代未有一人得過初階科名的生員,遑論更高的功名與官位或官銜。我們應該還記得在晚明與清代,甚至成功的小商人也常會花一、二百兩銀捐個監生頭銜,來妝點門面。而絕大多數的生員要靠教書、做文書工作,甚至有時靠體力勞動,勉強維持微薄的生活。如果一個家庭三代都未曾考得或捐得一個初階科名,可以合理地認定是家境寒微的,則無科名官位的A類舉子可列於出身最寒微的。由於A類舉子是在其有生之年,從寒微升入廣泛定義的統治官僚體系;他們的案例,在明清社會的脈

絡中，被視爲「白手起家，由窮致富」向上流動的範例。

　　B類包含的舉子，是祖宗三代中產生過一個或更多生員，但未有更高的功名與官位的，依據我們在前面章節仔細討論過的生員之法律與社會地位及其生活模式，顯而易見的，絕大部分出身於生員家庭的舉子是相當寒微，甚至是貧窮的。只有在以儒家社會對書本知識與學生身分的高度重視作爲評價標準時，生員家庭才可被視爲一個有代表性的社會過渡群體。B類還包含出身家庭的祖宗三代中產生過一個或更多的國子監生的清朝舉子。明朝監生必須劃入另一類的原因，是明代監生有資格出任低級官員。就如我們在第一章所仔細解說的，清代的監生除了名義上的「畢業生」（graduate）身分外，幾乎與生員沒有什麼不同；他們沒有因爲「畢業」而獲得擔任低級政府官員的權利。雖然一般清代監生來自中等以上家庭，但其家庭經濟地位是不能被高估的；因爲捐買監生頭銜的費用不多，眞正有錢或富裕的人，多半會捐納更高的頭銜或低階的品官，以加入地方精英。整個明清時代，來自生員家庭的舉子，和清代出身監生家庭的舉子，必須視之爲出身正在局部向上流動的家庭；但就定義來說，他們仍是平民出身。

　　C類包含的舉子，其出身家庭的祖宗三代中，產生過一個或更多擁有較高的科名或官位的；所謂較高的科名，係指高於生員的科名。這個類別，在明代包括監生，在整個明清時期，包括各種貢生；此外，還應加上吏員家庭及祖宗捐過官銜或官職的。整體而論，C類包括官員與有任官資格者，或稱之爲廣義官僚群體的後代。雖然他們的法律與社會地位不同於平民，然而許多出身於這廣義官僚群體的下層家庭，實際上擁有的名聲、特權和經濟手段均相當有限。

　　D類爲C類的次類，包含的舉子，其祖宗三代中產生過一個或

更多任三品以上的高官者；由於三品以上的高官，除了其他的特權以外，尚有蔭子的權利，其家庭因而被視爲有「全國性名望」的。此外，還要加上皇家與異姓世襲高階貴族家庭出身的舉子，他們與三品以上高階官員一樣享受世襲特權。而較低級的貴族則不屬此類，但列於C類中；因爲他們只是官品較低的掛名虛銜而已。

對於A類的標準我們是很嚴格的，對C類則較寬鬆；如果說我們的標準有特定的偏見，這偏見也是在可以接受的範圍內；特別是以舉子祖宗三代中擁有的最高官位來決定其家庭的社會地位。換句話說，除因版本不完全而未能檢索出來外，我們並未誇張來自寒微家庭舉子的百分比。

需要強調的是基於上述分類標準所算出的百分比，談不上能講出整個漫長而複雜的舉業造成的社會流動過程的故事。我們的百分比數據，是要表達不同的印象，給那些已讀過這些名冊的人，及傾向以理論對待這些統計的人。有關祖先的個案記錄常顯現其家庭的飽經不幸及其身世的浮沉。我們的數據的確不能適當地顯示這些變遷，我們要做的是以其祖宗三代產生的最高身分地位總結其家庭的社會地位。換句話說，在下列諸表中顯現的社會流動率，必定是「盡量縮小的」。

例如C類家庭，儘管我們是如此斟酌地分類，實際上他們的家境是大大地不同；但我們寬鬆的分類還是顯示出其間有相當大程度的同一性。若不經過進一步解釋，C類舉子可能被歸類爲很少或沒有流動的代表。相反地，C類舉子家庭在三代，包括其自身則是四代，家庭地位是經過相當大波動的。以下舉幾個具體例子來印證。

道光十五年(1835)進士陳嵩，可作爲實例來證明。陳嵩的高祖移居四川爲佃農，祖父家道漸殷實；結果祖父與父親兩代均獲貢生

身分。[14]這個家庭祖孫五代的實際流動的數量與程度遠超過我們的統計所能顯現。光緒十六年(1890)進士吳懷清就是另一個典型的案例，他代表一大批世代貧寒的舉子，直到其父輩才勉強夠資格列入我們的C類家庭。同治二年(1863)，吳懷清出生於一個陝西省的窮縣，高祖至祖父從未有一人獲得過功名，連最低的功名都沒有，祖父為貧困所迫，不得不放棄爭取科名，而在村中教家館以餬口。由於一直處於貧困狀態，其父也迫於家貧而放棄讀書，轉而行醫。多年之後，終於積了一點錢，捐了一個從九品的小官。[15]依我們的定義，他們家應該列入C類，但顯然這是一個在我們表中數據無法表示出的向上流動的顯著案例。

如果這些與其他類似的案例，代表C類內部向上流動的長期過程，許多其他同類的家庭實際上還經歷幾世代的向下流動過程，直至這一代才因獲得進士，而停止向下流動的趨勢。如鄭得書，這位萬曆十四年(1586)進士，有一位官至正四品知府、功成名就的曾祖父，但他的祖父與父親卻只勉強得個生員。鄭得書同年的吳道寬，情況也相類似，其曾祖父官至知府，但他的祖父與父親連生員的資格也沒有考上。[16]甚至在表14這個C類舉子家庭的次分類表，也不能反映出這應該具同一性的C類家庭的實際社會流動幅度。

即使是A類與B類，我們的數據也不能適切地指出家庭初始與預備階段的社會流動之實際過程；這過程對舉子最後成功是至關重要的。晚清進士名錄倒是對這些家庭多世代的職業與身分變遷，提供不少信息，尤其是關於他們在生產性職業與學業間的更迭；這進一步證實我們在前一章討論身分制度流動性所累積的證據。

14　《道光乙未科會試同年齒錄》(道光十五年〔1835〕進士名冊)。

15　《光緒庚寅恩科會試同年齒錄》(光緒十六年〔1890〕進士名冊)。

16　《萬曆十四年丙戌會試錄》(萬曆十四年〔1586〕進士名冊)。

　　總之，由於我們對C類標準的寬鬆，和對A類的絕對嚴格，特別是只用三代中最成功最高身分來決定舉子的家庭地位，使得以下表中所呈現的社會流動數據低估了實際情況。

　　整個明清時期，我們發現A類占全體舉子的31.1%，B類占11.6%，C類占57.3%；A類與B類，也就是在定義上代表來自平民家庭的舉子，共占42.7%。除了順治十二年(1655)、康熙十五年(1676)、二十一年(1682)、四十二年(1703)四科外，出身高官家庭的進士從未超過總數的10%，在整個五個半世紀中D類的平均百分比為5.7%。較詳細的數據請參閱表9。

　　各時期間A、B、C三類百分比的變遷的分布可參閱表10，由於D類人數太少，變遷也相對較小，所以就省略了。

　　影響舉業造成的社會流動率的各種因素，將在第五章做系統性的說明，這裡需要簡要地指出，明初大亂初定後的綜合環境情勢，對貧寒的人出奇地有利，在第一個時期洪武四年至弘治九年(1371-1496)，這些寒微舉子占了進士總數的大半。隨著時代的推進，官員家庭能享受的各種有利條件，使他們不可能不占上風。至十六世紀，C類就穩定地抬頭，小幅度地多於平民群體。最關鍵性的變遷自十六世紀晚期開始，當A類急速大減至低於30%，但這一銳減靠著B類的急遽上升得以彌補。這兩種現象似乎表明平民要以舉業達成社會流動越來越困難，他們需要隔代的準備，才能達成社會流動的最終目標。這一趨勢持續了好一段時間。1644年改朝換代後不久，滿清政府有目的地設置大批的進士名額，以招徠被他們新征服的漢人為其所用。直到滿清王朝在康熙皇帝(1662-1722)統治之下漸趨穩固之後，進士名額才急速降低。伴隨名額的劇減，科舉考試競爭越來越劇烈，導致A類百分比的進一步下滑。就如我們在第五章表22所顯示的，康熙皇帝所採取的緊縮進士名額的政策，為其孫乾

表9　明清進士的社會成分[a]

（A+B+C=100%）

年代	進士總數[b]	A類人數	百分比	B類人數	百分比	A+B百分比	C類人數	百分比	D類人數	百分比
1371洪武4年	28	21	75.0	—	—	75.0	7	25.0	—	—
1412永樂10年	106	89	84.0	—	—	84.0	17	16.0	9	8.5
1457天順元年	294	182	61.8	—	—	61.8	112	38.2	9	3.0
1469成化5年	248	149	60.0	—	—	60.0	90	40.0	11	4.5
1472成化8年	250	137	54.8	—	—	54.8	113	45.2	13	5.2
1475成化11年	289	154	53.3	—	—	53.3	135	46.7	11	3.8
1496弘治9年	298	140	47.0	—	—	47.0	158	53.0	14	4.6
1505弘治18年	303	126	41.6	—	—	41.6	177	58.4	12	4.0
1521正德16年	330	156	47.3	—	—	47.3	174	52.7	13	3.9
1535嘉靖14年	329	154	47.0	—	—	47.0	175	53.0	22	6.9
1538嘉靖17年	317	154	48.6	1	0.3	48.9	162	51.1	23	7.3
1544嘉靖23年	312	151	48.4	2	0.6	49.0	159	51.0	24	8.0
1553[c]嘉靖32年	384	182	47.4	24	6.2	53.6	178	46.4	15	3.9
1559嘉靖38年	303	151	49.8	2	0.6	50.4	150	49.6	14	4.6
1562嘉靖41年	298	133	44.6	—	—	44.6	165	55.4	17	5.7
1568隆慶2年	405	203	50.1	—	—	50.1	202	49.9	17	4.2
1577萬曆5年	301	126	41.5	6	2.0	43.5	169	56.5	23	7.6
1580萬曆8年	302	134	44.4	—	—	44.4	168	55.6	12	4.0
1583萬曆11年	351	117	36.2	48	13.7	49.9	186	50.1	26	7.4
1586萬曆14年	356	105	29.5	54	15.1	44.6	197	55.4	18	5.0
1601萬曆29年	298	129	43.3	1	0.3	43.6	168	56.4	14	4.7
1610[d]萬曆38年	230	61	26.5	40	17.4	43.9	129	56.1	18	7.8
1649[d]順治6年	176	48	27.3	27	15.3	42.6	101	57.4	15	8.6
1652順治9年	366	85	23.2	48	13.1	36.3	233	63.7	30	8.2
1655順治12年	401	112	28.2	65	16.2	44.2	224	55.8	48	11.7
1658順治15年	407	126	30.7	58	14.2	44.9	223	55.1	25	6.1
1659順治16年	358	124	34.6	32	8.9	43.5	202	56.5	27	7.5
1661順治18年	373	112	29.7	57	15.2	44.9	204	55.1	36	9.6
1673康熙12年	138	37	26.8	22	15.9	42.7	79	57.3	5	3.6
1676康熙15年	183	44	24.0	30	16.4	40.4	109	59.6	18	10.0

年代	進士總數	A類人數	百分比	B類人數	百分比	A＋B百分比	C類人數	百分比	D類人數	百分比
1682康熙21年	151	12	8.0	17	11.3	19.3	122	80.7	18	11.9
1685康熙24年	169	30	17.6	33	19.2	36.8	106	63.2	15	8.9
1703ᵈ康熙42年	104	10	9.6	20	19.2	28.8	74	71.2	17	16.3
1802嘉慶7年	258	36	14.0	71	27.5	41.5	151	58.5	12	4.6
1822道光2年	210	23	10.9	52	24.8	35.7	135	64.3	12	5.3
1829道光9年	223	46	20.6	49	22.0	42.6	128	57.4	10	4.4
1833道光13年	226	30	13.3	62	27.4	40.7	134	59.3	16	7.1
1835道光15年	243	26	10.7	54	22.2	32.9	163	67.1	17	7.0
1844道光24年	200	31	15.5	53	26.5	42.0	116	58.2	7	3.5
1856咸豐6年	177	32	18.1	33	18.6	36.7	112	63.3	12	6.8
1859咸豐9年	191	52	27.2	35	18.3	45.5	104	54.5	7	3.6
1860咸豐10年	146	35	24.0	33	22.5	46.5	78	53.5	6	4.1
1865同治4年	228	36	15.8	49	21.4	37.2	143	62.8	13	5.7
1868同治7年	228	25	10.9	50	21.9	32.8	153	67.2	13	5.7
1871同治10年	280	45	16.0	66	23.5	39.5	169	60.5	7	2.5
1874同治13年	228	15	6.6	52	22.8	29.4	161	70.6	9	3.9
1876光緒2年	216	30	13.9	49	22.7	36.6	137	63.4	5	2.3
1877光緒3年	276	40	14.9	46	16.7	31.6	190	68.4	16	5.6
1880光緒6年	276	31	11.2	49	17.7	28.9	196	71.1	13	4.7
1883光緒9年	245	31	12.6	40	16.3	28.9	174	71.1	9	3.6
1886光緒12年	263	29	11.0	55	20.9	31.9	179	68.1	15	5.7
1889光緒15年	251	40	15.9	41	16.0	31.9	170	68.1	12	4.8
1890光緒16年	234	24	10.3	44	18.4	28.7	166	71.3	8	3.5
1892光緒18年	239	31	12.9	45	18.8	31.7	163	68.3	13	5.4
1895光緒21年	181	30	16.6	27	14.9	31.5	124	68.5	6	3.2
1898ᵈ光緒24年	142	33	23.2	22	15.5	38.7	87	61.3	5	3.5
1904光緒30年	243	88	36.2	25	10.3	46.5	130	53.5	4	1.7
總計或平均	14,562	4,533	31.1	1,689	11.6	42.7	8,340	57.3	836	5.7

a、這五十七科進士名冊，其中四十八科進士名冊，參見本書第一版〈參考書目〉的第I項，第一版發行後新收錄的九科名冊參見本書後附的〈中文原始資料補遺〉。這個目錄依年代排列，每一名冊的正確名稱，按年代識別。

b、不同年份(科)進士的總數，只有祖宗信息的舉子才計入。

c、這一年只有祖宗二代的資料，而不是一般的三代。【譯者按】：這一年數據來自《嘉靖十二年癸巳科進士同年便覽錄》，但本書將嘉靖十二年(1533)誤為1553(嘉靖三十二年)。本書原文中，不論文字或表，1553(嘉靖三十二年)均為嘉靖十二年(1533)之誤。正文的譯文均逕予改正，表格中則仍原書之舊，但加譯者按語，註明應作嘉靖十二年(1533)。

d、版本很不完整。

*【譯者按】：後來何先生增引北京國家圖書館藏翁同龢收集的清代進士履歷便覽、會試錄與會試齒錄、舉人鄉試錄、貢生同年齒錄及在臺北中研院史語所見到四種明代進士登科錄等新資料，於1967年修訂版據以修訂，重計本表數據。

表10　進士社會成分的變遷

（百分比）

時期	A類	B類	A＋B	C類
1371-1496 洪武4年至弘治9年	57.6	—	57.6	42.4
1505-1580 弘治18年至萬曆8年	46.6	1.0	47.6	52.4
1583-1610 萬曆11年至38年	33.3	11.6	44.9	55.1
明代平均值	46.7	2.8	49.5	50.5
1649-1661 順治4年至18年	29.2	13.8	43.0	57.0
1673-1703 康熙12年至42年	17.9	16.4	34.3	65.7
1802-1904 嘉慶7年至光緒30年	15.5	20.4	35.9	64.1
清代平均值	19.2	18.4	37.6	62.4

*【譯者按】：後來何先生增引北京國家圖書館藏翁同龢收集的進士、舉人、貢生名冊及在臺北中研院史語所見到四種明代進士名冊，重計本表數據，1967年修訂版據以修訂。

表11 晚清的舉人與貢生的社會成分[a]

（A+B+C=100%）

年	舉子的總人數	A類人數	百分比	B類人數	百分比	A+B百分比	C類人數	百分比	D類人數	百分比
1804嘉慶9年	1,021	235	23.0	322	31.5	54.5	464	45.5	23	2.2
1807[b]嘉慶12年	1,109	211	19.0	281	25.3	44.3	617	55.7	25	2.2
1808嘉慶13年	1,133	237	20.8	414	36.5	57.3	482	42.7	45	4.0
1816嘉慶21年	1,052	187	17.7	396	37.6	54.5	469	44.7	35	3.3
1821[b]道光元年	1,402	268	19.1	404	28.1	47.2	730	52.8	39	2.7
1828道光8年	1,175	239	20.3	322	27.7	48.0	614	52.0	25	2.1
1831[c]道光11年	930	198	20.2	243	26.1	46.3	489	53.7	36	3.9
1832[b]道光12年	1,192	247	21.4	269	22.5	43.9	676	56.1	34	2.9
1834道光14年	1,064	194	18.2	259	24.3	42.5	611	57.5	37	3.5
1835道光15年	1,130	247	21.9	314	27.8	49.7	569	50.3	32	2.8
1843道光23年	1,106	212	19.1	314	28.4	47.5	580	52.5	41	3.7
1844道光23年	1,094	259	23.6	298	27.2	50.8	537	49.2	31	2.8
1849[d]道光29年	1,751	302	17.2	424	24.2	41.4	1,025	58.6	38	2.2
1855咸豐5年	1,311	254	19.3	368	27.3	46.6	689	53.4	24	1.4
1870同治9年	1,752	335	19.1	386	22.0	41.1	1,031	58.9	57	3.2
1879光緒5年	1,314	225	17.1	286	21.7	38.8	803	61.2	34	2.6
1885[d]光緒11年	1,649	303	17.8	281	17.0	34.8	1,065	65.2	24	1.4
1897光緒23年	1,694	334	19.7	232	13.7	33.4	1,128	66.6	31	1.8
1906[e]光緒32年	354	119	33.6	37	11.0	44.6	198	55.4	4	1.1
1910[f]宣統2年	247	103	41.7	27	10.9	52.6	117	47.4	4	1.6
總計或平均	23,480	4,709	20.1	5,877	25.0	45.1	12,894	54.9	619	2.6

a、本表依據史料，請參閱〈參考書目〉第I項B，每一名冊的正確名稱，是按年代識別的。

b、有一省未計入。

c、有三省未計入。

d、拔貢生。

e、優貢生。

f、選取舉人與貢生任以低職的特考。

隆皇帝(1736-95)持續採行。要是有數目龐大的十八世紀進士名冊可資利用的話，我們就會發現A類數字比康熙時代的平均數爲低。這樣的估計，可從表12所依據十八世紀的補充資料，得到部分的證實。總之，由於缺乏十八世紀的史料，使得整個清代A類的平均數似乎偏高。若考慮到這一點，整個清代A類的平均數，可能會非常接近康熙時代和十九世紀的數字。換言之，清代A類所占的比率，看來似乎只比明初的四分之一稍多一點。尤應牢記的是清代A類百分比的急速降低，卻因B類持續的上升，而得到部分的彌補；B類除了滿清王朝的最初二十年外，其百分比均超過A類。

十九世紀與二十世紀初的舉人與貢生之社會成分，我們以表11呈現。

雖然晚清舉人與貢生的A類與B類百分比的平均數，比同時期相對應的進士百分比爲高，但這兩組獨立的統計序列最引人注目的特點，是它們驚人的一致性。這兩組統計序列的比較，指明非官員家庭出身的人要提高社會地位，獲取中階科名要比較高的進士身分容易得多。這似乎比較合理，因爲對出身平民的舉子而言，會試這一級考試的競爭，必定較舉人與貢生的考試，更爲尖銳，更爲困難。

對科舉考試史上最後的兩種名冊，有一個看起來似乎不太尋常的特徵，須在此做簡要說明。光緒三十二年(1906)與宣統二年(1910)的舉貢名冊，其A類的數據，也就是這兩科A類舉子占總數的百分比，分別是33.6%與41.7%；這比清代A類總平均數20.1%，明顯高得多，似乎打破過去在狹窄幅度內波動的同一性。造成這一不尋常的現象的主要原因有二：第一，光緒三十二年的名冊爲優貢生名冊，優貢生的選拔只基於其文學才能，傳統上認爲優貢生中有

天分的貧窮讀書人比例較其他類貢生和舉人為高。[17]第二，宣統二年的名冊是通過朝考的舉人和貢生名冊，舉辦這次特別朝考，是因為科舉已於光緒三十一年(1905)廢除，要給光緒三十一年以前取得中階科名的舉人、貢生一個取得低階官職的機會。實際上，自從光緒二十四年(1898)流產的「百日維新」以來，科舉的廢除已近在眼前，於是那些日益增加渴望做官的人，不是捐個小官，就是留學日本、西方或留在國內新式學堂讀書，學習近代課程。光緒三十二年與宣統二年這兩年的舉貢名冊中，出身寒微士子的突增，部分地反映這些士子的可悲的狀況；他們的時間與精力投入儒家經典已經很多，不容易適應劇變的環境。光緒三十二年進士名冊中，A類人數大量增加，也可如此解釋。

由於十八世紀與十九世紀初的資料缺乏，造成有些系統性的進士信息空白；因此，表12中康熙四十二年(1703)以及嘉慶七年(1802)的進士名冊將與現存七種舉人與拔貢生中階科名擁有者的名冊做比較(【譯者按】：本段文字由於何先生後來增引資料，1967年修訂版文字與1962年版有些不同)。

在這些名冊中，雖然康熙四十二年科進士名冊版本並不完善，166位舉子中只有104位有家庭背景資料，但仍具有提示的作用。乾隆十七年(1752)福建科舉人名冊只提供72個案例，數目太小，以致不能當作十八世紀東南各省的典型代表。另外，從兩種完整度不一的直隸鄉試舉人名冊來看，由於清代直隸是官員家庭聚集的地方；C類的數字要比其他省份高得多。乾隆五十四年(1789)科拔貢生名冊，是標示該世紀社會流動形態唯一的名冊，資料包括全國拔貢生，而且版本品質高。其A類數字是16.6%，較十九世紀兩種拔貢

17　陳康祺，《郎潛紀聞》，卷14，頁5a-5b。

表12　十八世紀舉子的社會成分

年	士子總數	A類人數	百分比	B類人數	百分比	A+B百分比	C類人數	百分比	D類人數	百分比
1703[a]康熙42年	104	10	9.6	20	19.2	28.8	74	71.2	17	16.3
1734-5[b] 雍正12、13年	105	9	8.6	13	12.4	21.0	73	69.5[*]	10	9.5
1738[c]乾隆3年	249	27	10.9	30	12.0	22.9	192	77.1	35	14.0
1752[d]乾隆17年	72	16	22.2	24	33.3	55.5	32	44.5	2	2.8
1783[e]乾隆48年	120	13	10.8	34	28.3	39.1	73	60.9	5	4.2
1789[f]乾隆54年	1,149	190	16.6	372	32.2	48.8	587	51.2	29	2.5
1794[g]乾隆59年	85	12	14.1	20	23.5	37.6	53	62.4	9	10.6
1800[h]嘉慶5年	193	28	14.5	33	17.0	31.5	132	68.5	17	8.9
1802[i]嘉慶7年	258	36	14.0	71	27.5	41.5	151	58.5	12	4.6
總計或平均值	2,335	341	14.6	617	26.4	41.0	1,367[**]	59.0	136	5.8

a、《康熙四十二年癸未科三代進士履歷》（1703）。

b、《雍正十二十三年拔貢同年》是一種在雍正十二、十三年（1734與1735）全國性拔貢生考試中，特為及第的山東士子合編的名冊。

c、《乾隆三年戊午科順天鄉試錄》是一本乾隆三年（1738）直隸省舉人名冊。

d、《乾隆壬申科福建鄉試同年齒錄》是一本乾隆十七年（1752）福建舉人名冊。

e、《乾隆四十八年癸卯科江南同年齒錄》是一本乾隆四十八年（1783）江蘇與安徽的舉人名冊。

f、《乾隆己酉科各省選拔同年齒錄》是一本乾隆五十四年（1789）全國拔貢生名冊。

g、《乾隆甲寅恩科順天鄉試同年齒錄》乾隆五十九年（1794），是一本殘缺的直隸舉人名冊。

h、《嘉慶五年庚申恩科順天鄉試同年齒錄》嘉慶五年（1800），是一本完整的直隸舉人名冊。

i、《嘉慶七年壬戌科會試齒錄》嘉慶七年（1802），是現存唯一的嘉慶時期（1796-1820）進士名冊。

*　【譯者按】：原書作79.0，經計算更正為69.5。

**　【譯者按】：原書作1,377，經計算更正為1,367。

***【譯者按】：後來何先生獲得北京國家圖書館典藏翁同龢收集的清代進士履歷便覽、會試錄與會試齒錄、舉人鄉試錄、貢生同年齒錄及在臺北中研院史語所見到四種明代進士登科錄等新資料，1967年修訂版增引了本表所據的b、c、e、i四種名冊；統計數字重加計算。

生名冊略小。影響十八世紀社會流動率的幾種因素將在第五章討論，這裡現有的資料提示我們，這個世紀可能是出身寒微者的社會流動率緊縮時期，他們要達成進階的進士功名的機會看來是特別小。

　　據表9與表10，出身官員家庭的舉子，明代正好是50%，清代是63.2%，我們這個研究所包含的整個明清兩代的平均數是57.8%。在明清專制時代大部分時期，官員與可能成為官員的人，都必須順從國家的意識形態，在社會與家庭背景上也必須假定是同質的，就如我們在第一章第二節〈社會分層化〉所討論的，廣義官員階級下層的組成分子，是期望獲派任小官的舉人、貢生，俗稱「佐雜」的八、九品官員，與可經包括例常升遷等各種方式升至品官的不入流官員，他們在權力、名望與財富方面，與中階品位及高階品位官員的差異極大。中層官員包括四品至七品的中央、省級和地方官員，他們在中央任重要的祕書與行政工作，形成省級與地方行政的骨幹。上層官員包括最高的一品至三品的官員，享有其他特權之外，還有世襲的蔭子特權。如果能瞭解大部分進士的仕途預期晉升官品幅度，並對出身官員家庭進士進行背景分析，就能提供這一群體世代間向上與向下社會流動一個粗略的估計方法。

　　首先，大部分進士的仕途起於七品官，讓我們看看最終會升到那裡。一些地方志會提及當地進士的最後官位，但不能全信，因為地方志的記載可能不完全或不正確。幸好，我們處理的一種晚明進士名冊，是科考之後半世紀，一位舉子的後人所精心編製的名冊，其中登載該科所有進士最後官職的正確信息。我們也有一種晚清名冊，是該科的一位進士在考試後二十多年編撰的，它提供所有該科進士在編名冊當時的官職，似乎絕大部分人已升到最後的官職。這將在表13加以分析。

表13　進士的最後官位

科次	總數	高品官(1-3品)		中品官(4-7品)	
		人數	百分比	人數	百分比
1592萬曆20年	307	75	24.4	232[a]	75.6
1868同治七年	275	19	7.0	256	93.0

史料出處：《萬曆壬辰科進士履歷便覽》（萬曆二十年〔1592〕，成
　　　　　書於順治三年〔1646〕），《同治七年會試同年齒錄》（同
　　　　　治七年〔1868〕；刊行於光緒十六年〔1890〕後不久）。
a、此232人中有5人因生病及過早死亡而從未任官。

　　同治七年(1868)進士名冊，在該科考試至少二十二年之後才刊
印。誠然，它提供的信息可能不完全，對同科少數進士來說，刊載
的可能不是他最終的官位；其中最終官位升至前三品者，看來極不
可能會達到同科進士總數的十分之一。雖然其他科的進士考試，由
於缺乏類似信息，不可能做有系統的統計研究；但表13所根據的這
兩種名冊，確認了我們一般的印象：清代進士要升至最高的官品，
較中國史上各朝代來得困難。主要的原因之一，是清朝留給漢人做
的高官位總數大量減少，漢人必須與滿人與蒙古人及漢軍旗人分享
官位。如同治七年進士名冊顯示，光緒十六年(1890)以前，該科進
士官至四品和五品只有68位(31.6%)。在這種情況下，從官員家庭
世代間社會流動的立場，我們可以有把握地說：大部分有祖先任高
官的進士，仕途最終的官職可能多停留在官員體系低層，而大部分
祖先任中級官員的進士，最終可能在官員身分上沒有進展。只有那
些祖先為低級官員或有可能有低級官員身分之進士，憑藉他們的高
功名而提高其社會地位。
　　要分析所有的四十八科名冊太費時間，因此只能處理其中的十
二種。下列名冊的挑選，是基於版本的優越和涵蓋的年代較好。由
於進士社會成分的關鍵性變遷，首先發生在晚明，其後在康熙時

期；似乎需要把明代最後的萬曆三十八年(1610)的名冊和現有三種康熙名冊中的兩種也納入分析之列。康熙四十二年(1703)科進士名冊，雖然版本殘缺，卻是十八世紀這類現存可用的唯一名冊；就有關個別進士祖宗信息而論，這份名冊的品質是好的。

　　表14透露一些本章之前的各表所未明確指出的重要事實：第一，低級官員和可能出任低階官員家庭中，平均每三代產生進士比率為23.7%，他們的高階功名使他們已然上升至官僚體系的中等階層。同時，有42.9%出身平民家庭的進士。因此，近三分之二的新進士來自平民家庭或現任低階官員及候補低階官員家庭，可以說政府官員階層的成分經常處於波動狀態。第二，祖先為高級官員家庭的進士比例不高，受制於一種幾乎是內建的向下機制，高階家庭難以長期維持其崇高地位。第三，儘管政府經常注入新血輪，官僚體系總能維持內部的持續性與平衡，因為平均三分之一的新進士出身中級與高級官員家庭，這有助於徹底而從容地同化那些來自普通平民家庭和低階官員家庭的新官員。為獎勵有大志者與維持官僚體系的穩定，科舉制度起了重要的政治與社會作用。然我們不能忘記，表14係選取舉子的三代直系祖先中官位最高者來斷定其家庭身分地位，但C類家庭世代間向上與向下社會流動的確實數量與幅度，應比統計所能呈現的大得多。

　　在我們的社會學術向上流動的統計研究中，有一方面的資料特別難收集到，那就是為數極大的生員群體之社會成分資料。由於得到生員身分標示著攀爬社會學術階梯漫長期序的正式開始，指明生員這一基礎初階科名擁有者的社會成分之任何資料，均可闡明向上社會流動程序的臨界點。現存僅有的三種生員名冊，均登載舉子的祖宗記錄，值得做一仔細的分析。

表14　官員家庭出身進士的次分類

科次	同科總人數	平民家庭出身 百分比	官員家庭出身 低階[a] 人數	低階[a] 百分比	中階 人數	中階 百分比	高階 人數	高階 百分比
1469成化5年	248	60.0	34	13.7	54	21.8	11	4.5
1472成化8年	250	54.8	55	22.0	45	18.0	13	5.2
1538嘉靖17年	317	48.9	61	19.3	78	24.5	23	7.3
1562嘉靖41年	298	44.6	73	24.5	75	25.2	17	5.7
1610萬曆38年	230	43.9	58	25.2	53	23.1	18	7.8
1655順治12年	401	44.2	83	20.8	93	23.3	48	11.7
1682康熙21年	151	19.3	38	25.2	66	43.6	18	11.9
1703康熙42年	104	28.8	14	13.2	43	41.7	17	16.3
1822道光2年	210	34.3	61	29.0	65	31.0	12	5.7
1860咸豐10年	146	46.5	39	26.7	33	22.7	6	4.1
1876光緒2年	216	36.6	68	31.2	64	29.9	5	2.3
1892光緒18年	239	31.7	83	34.8	67	28.1	13	5.4
總計或平均	2,810	42.9	667	23.7	736	26.2	201	7.2

※ 本表材料取自表9。

a、成化五年（1469）、成化八年（1472）、嘉靖十七年（1538）、萬曆三十八年（1610）、順治十二年（1655）與康熙二十一年（1682）等年的監生被視為有出任低階官員的可能。雖然在定義上，清代監生須排除在可能出任低階官員的群體之外，但在清初有少量進士的祖宗在明宗在明宗在明代曾當監生，他們在明代定義下既然可能出任低階官員，這些人就應該計入。總之，監生在康熙三十九年（1700）以後是不能列入官員階級的。

表15 生員的家庭背景

時期	常熟縣			海門縣			南通縣		
	總數	出身未有科名的家庭人數	百分比	總數	出身未有科名的家庭人數	百分比	總數	出身未有科名的家庭人數	百分比
1368-1487[a]洪武元年至成化24年	—	—	—	—	—	—	267	263	98.6
1488-1505弘治元年至18年	—	—	—	—	—	—	88	78	88.6
1506-1521正德元年至16年	—	—	—	—	—	—	143	120	83.9
1522-1566嘉靖元年至45年	—	—	—	—	—	—	444	332	74.8
1567-1572隆慶元年至6年	—	—	—	—	—	—	35	22	62.9
1573-1620[b]萬曆元年至泰昌元年	—	—	—	—	—	—	549	375	68.3
1621-1627天啟元年至7年	—	—	—	—	—	—	195	138	70.8
1628-1644崇禎元年至17年	—	—	—	—	—	—	303	186	61.4
明代總數	507	338	66.7	—	—	—	2,024	1,514	74.8
1644-1661順治元年至18年	1,050	671	63.9	47	38	80.9	286	162	56.6
1662-1722康熙元年至61年	267	189	70.8	333	200	60.0	811	462	57.0
1723-1735雍正元年至13年	—	—	—	78	36	46.2	218	117	53.7

時期	常熟縣			海門縣			南通縣		
	總數	出身未有科名的家庭人數	百分比	總數	出身未有科名的家庭人數	百分比	總數	出身未有科名的家庭人數	百分比
1736-1795乾隆元年至60年	1,142	663	58.1	424	230	54.2	1,071	658	61.4
1796-1820嘉慶元年至25年	464	224	48.3	180	76	42.2	494	258	52.2
1821-1850道光元年至30年	608	293	48.2	207	86	41.6	534	229	42.9
1851-1861咸豐元年至11年	227	78	34.4	62	20	32.3	177	71	40.0
1862-1874同治元年至13年	408	173	42.4	95	42	44.2	350	146	41.7
1875-1904c光緒元年至30年	851	357	42.0	210	103	49.0	403	198	49.1
清代總數	5,524	2,986	54.5	1,636	831*	48.4	4,344	2,301	53.0

史料出處：《國朝虞陽科名錄》（光緒三十年〔1904〕後刊印）、《靜庠題名錄》（民國二十二年〔1933〕）、《通庠題名錄》（民國二十二年〔1933〕）。【譯者按】：虞陽是常熟別名，靜海為海門古名，通州為民國南通縣舊名。

a、這些時期都是每位皇帝在位的時期，從明太祖洪武元年(1368)直到成化二十三年(1487)，由於授受官品的生員人數很少，因此把幾個明朝前期的皇朝合為一期。

b、包括短命的明光宗朝（泰昌元年〔1620〕）。

c、南通縣名冊止於光緒十七年(1891)。

* 【譯者按】：原書作791，經計算更正為831。

　　生員的員額制度之詳情，將在第五章的開始再行論述。在此擬
先說明，整體而言，表9的進士社會成分顯示長期變遷的一般趨
勢。不出所料，生員仍由廣大社會基層中選拔出來。太平軍戰役密
集的長江下游地區，受到嚴重破壞的咸豐時期(1851-61)，其出身
無科名家庭的生員的比例最小。儘管我們的資料，只涵蓋三個長江
下游地方，但它們仍具高度意義，這主要是因爲：第一，它們顯
示，即使在文風鼎盛的地區如常熟，這個誇稱出過許多一甲進士和
全國著名家族的縣分，一般平民仍有公平進入這個關鍵的社會初始
轉型的機會。第二，這三個序列的地方數據，可幫助我們更廣泛地
瞭解那些高階科名擁有者資料的意涵。由於科舉制度經過高度嚴格
篩選，進士位居科名擁有者的大金字塔之頂端。事實上，即使清代
A類出身進士的平均數已降至明初平均數的三分之一至四分之一
間，但仍有超過一半的生員來自沒有功名的平民家庭；這意味著在
寬廣金字塔底部的普通平民雖不易進入頂端，但底層仍有較寬廣的
機會結構。有賴於常熟、海門與南通的這些數據，我們的推測至少
有部分是可以成立的。第三，明初的生員總數中，有功名家庭出身
的生員只占一小部分，至清代後半已爲相對多數；但這不能視爲有
儒學傳統的地方家庭越來越能延續他們在地方考試上的成功。南通
名冊的編者在總結這依地方家族編排，極其複雜卻有價值的生員表
時細心地觀察到，只有少數地方家族能成功地在好幾代中，每代均
產生一位生員。同樣的表及編者評語，也可在鄰近的海門縣生員名
冊中看到。[18]明代平均近四分之三的生員，清代超過一半的生員，

18　《靜庠題名錄》，序言。【譯者按】：《國朝虞陽科名錄》，(清)王元鐘
　　輯，清暉書屋，道光三十年(1850)刊，咸豐光緒間(1851-1908)增修，光緒
　　三十年(1904)印本。《靜庠題名錄》，(清)崔靈驥等原輯；(清)成廷宗續
　　輯；(清)成榮仲等增輯，光緒三十二年(1906)刊本。《通庠題名錄》，(清)

來自先前連初階科名都沒有的寒微家庭；這意指廣大生員群體，甚至比他們更少得多的進士群體，其社會成分是經常處於流動狀態中。

總之，統計序列顯示出最重要的特徵，是A類進士人數，從十六世紀後半起至清代的末葉，呈持續減少趨勢。這個持續衰減現象，放在社會脈絡中來看，意指寒微人士要爬升社會─官僚體系的階梯，其困難與挫折越來越大。雖然這個效應部分地被B類的穩定成長所減輕，但實際上，寒微人士遭遇到的困難與挫折更大；本章的統計數據並不能顯示金錢力量的日益增強。清代大部分時期，很容易以金錢轉換成統治階級的身分，官員的買賣還會造成官僚體系的過度膨脹。造成A類的長期下降趨勢及機會結構變遷的原因，將有系統地在第五章討論，並在最後一章進一步聯繫本章主要的統計資料及這一研究所累積的事證。

(續)───────────────

顧鴻輯，清同治三年(1864)刊，光緒補刊，又有(清)崔靈驥，張寶琛續輯，民國二十年(1931)石印本。

第四章

向下流動

在研究社會流動時，長期的向下流動往往只是提示，較少做系統化的探究。這是因爲收集顯示向下流動的資料，遠比其他形式流動的資料，困難得多。近年來，對近代西方工業化社會的社會流動研究，採用資料是基於抽樣調查中父子兩代職業的變遷，[1]其中並沒有可研究跨幾個世代的職業身分變遷資料。本書探究向下社會流動唯一有用的資料是家譜（【譯者按】：或稱家乘、族譜、宗譜，下文一律稱爲「家譜」）。家譜往往記載家人或族人擁有的功名、官職和官銜。因此，我們的資料性質與近代西方資料不同。

科舉題名錄所提供舉子祖宗的資料，既準確又有代表性；家譜則不然，部頭很大，必須仔細詳查篩選後才能使用。一來，明清時代宗族制度並不是全國都發展得很好；大部分可用的家譜是長江流域各省的。再者，一般家族並非同質體的社會，具有高功名或官職者占家族總人數的比重相當少。而家譜並不記載一般家族大部分成員的社會、職業與經濟地位的相關信息。

基於以上這些原因，我們只選擇四個家族的歷史作爲實例，來說明社會分層化變遷的普遍過程。選擇的理由是因爲這四大家族在晚明到清代爲全國最大的望族：他們是山東省會濟南附近的新城王氏，安徽南部的桐城張氏，江蘇南部的無錫秕氏，浙江東北沿海的海寧陳氏。王氏正式的族譜，在北美找不到，但仍能依各個世代整理出其男性成員的學術—官員身分的系統性信息，及從不輕易披露的家訓資料。家訓是促使他們能獲得非凡成功的依傍。其他三個家族的正式家譜，見於哥倫比亞大學圖書館與美國國會圖書館，我們可據以推估其學術—官員突出成就的世代間變遷。我們希望這些特

1　S.M. Lipset(李普塞)and R. Bendix(本迪克斯), *Social Mobility in Industrial Society*(工業社會的社會流動), Ch.6.

殊家族的記錄，可以大略增進我們對長期向下流動的理解。如果這些望族，在若干世代間的沒落是不可避免的；則我們可以穩妥地總結出：大部分成功家族向下流動的進程應該會逐步加劇。

　　除了總結這些取樣家庭的記錄外，我們將努力嘗試解釋引起向下流動的環境、教育、制度與經濟的因素。

第一節　抽樣的家譜記錄

(一)王氏宗族

　　新城王氏始祖王貴，在元末的時候已成年。他原爲山東諸城縣人，由於家鄉缺少經濟機會，又害怕那些被他和其他村民擊退的土匪報復；於是移民新城。王士禛(崇禎七年至康熙五十年，1634-1711)，是王氏最著名的後代，他證實王貴在移居新城縣之初，爲曹姓大地主傭作。[2]一日，狂風劇驟，有一少女求助於曹家，後來知道這女子來自王貴的家鄉；於是由曹姓地主作媒，王貴娶了這個女子，生了五個兒子。由於他辛勤工作，生活儉樸，終能置些產

2　《池北偶談》，卷10，頁1a。這要指出的是，王之垣(王士禛的曾祖父)與王象晉編的《大槐王氏念祖約言世紀》並沒有提到在王貴置產之前曾爲人傭作，似乎在王之垣對其家族粗略和軼事性歷史敘述中，只留下鼓舞子孫的善事和箴言，家族寒微的起家並未刻意著墨。由於王貴是被迫遷移到新城的，看來他不可能打從一開始就擁有家產。因此，王士禛《池北偶談》中可能根據家傳的口述證詞，比較可信。【譯者按】：原文是：「〈初夫人劉太夫人〉先始祖妣初夫人，諸城人。年始笄，一日，忽爲大風吹至新城之曹村。時，始祖琅琊公方爲某大姓傭作，未婚，遂作合焉……四世至太僕公始大其門。」則王貴的夫人劉氏是十五歲時因避風逃到新城縣的曹村，當時王貴正爲曹村某大姓的雇傭，未婚，遂因主人之媒而與劉氏組成家庭。經過四代的努力，至王重光才光大其門。

業；接著由於精耕及借穀子及金錢給人放高利貸，進而改善其經濟地位。

王伍是王貴五子中最小的一個，對於他我們所知不多，但王氏家族的名人均爲其後代。由有關他的記載之簡短及他因排行老五而得名看來，他可能沒受過好的教育；因爲這種依排行命名，是不識字農民或下層社會人民的命名方式。從他開始捐錢給地方做善事看來，其耕作是持續成功的。其四子中有二人有科名，長子王麟十三歲中秀才，後來成爲貢生；因此，有資格任縣學訓導，官至河南潁川府學教授。王麟的其中一個弟弟是生員。

王結，這位王家最成功的第三代，大概是許多自耕農子弟爬升社會階梯的典型，其過程不是沒付出代價的。他有四個伯伯與三個兄弟的這一事實提示我們，他在祖父王貴去世時，繼承土地的持分，在整個祖產中占的比例是相當小的。微薄的產業，伴隨著他的書生職業，使他陷入經常性的財務困難。雖然我們無法斷定在通過第一階段地方考試與取得貢生身分之間要花費多長時間，但看來似乎是相當長；因爲貢生的授予一般是基於年資。他不時須靠母舅的接濟來維持生計，甚至取得貢生身分後，收入仍然很少，持續爲經濟所苦；下一代能在社會階梯上攀爬得更高，絕非必然。

一般人在這樣的家境中是難以繼續向上攀升的，王家卻不同，他們很幸運，有一個特別勤奮而懷大志的兒子王重光（弘治十五年至嘉靖三十七年，1502-58）。重光八歲時，有一次，王麟命令他輟學；一方面是因爲經濟困難，另一方面也是想試試他的恆心毅力。這孩子寫了「進士」兩個大字放在書桌上，以示其決心。由於父親長期的教導，王重光終於嘉靖二十年(1541)考上進士；於是在王家的第四代，家境就發生關鍵性的變遷。

王重光，這位王氏家庭第一位真正成功的成員，官至貴州左參

政(輔佐布政使，從四品)，以討貴州赤水黑白羿蠻叛，過勞致死。在其任職各地方與省級職務的十七年仕途期間，王重光經常與諸子通信，教他們如何讀書，尤其是如何寫應考時文的技巧。對於他和他的兒子來說，人生首要目標在求高階科名及第，他訓示諸子的家訓有云：

> 所存者必皆道義之心，
> 所行者必皆道義之事，
> 所友者必皆讀書之人，
> 所言者必皆讀書之言。

這個家訓後刻在石碑上，置於王氏宗祠「先勤祠」的院落。王重光是確定其家訓體例的第一人，家訓中混雜了儒家清教徒式的信條與社會現實主義思想。他瞭解他的成功歸功於早年心理上的挑戰，因此盡量灌輸子孫立大志對社會與科舉成功的重要性。他居家與未成年諸孫最愛談的話題，是有關他們將來科舉考試名次的事。[3]

王氏的這個家庭傳統為第五代與第六代的傑出成員好好地維護下來，王重光次子王之垣於嘉靖四十一年(1562)登進士，其後官至戶部左侍郎；王之垣孜孜不倦地教誨其弟及子姪：精力不可浪費，

---

3 《池北偶談》，卷5，頁8b-9a。王重光的家訓有云：「所存者必皆道義之心，非道義之心，勿汝存也，制之而已矣！所行者必皆道義之事，非道義之事，勿汝持也，慎之而已矣！所行者必皆道義之事，非道義之事，勿汝行也，慎之而已矣！所友者必皆讀書之人，非讀書之人，勿汝友也，遠之而已矣！所言者必皆讀書之言，非讀書之言，勿汝言也，誥之而已矣！」今刻石忠勤(王重光)祠中。本書原來所引有刪節。

要專心讀書，眞正的智慧在不參預朝廷黨爭。由於他經歷明代中期
與後期的一連串黨爭，和許多著名的官員一同因牽涉黨爭而遭到嚴
厲處分；無疑地，這位執業官員的智慧幫助他們延續其家族的成
功。他進一步訂下家訓，要求所有家中男性青年必須留在自家宅院
中，專心準備科舉考試，不得談論政治。[4]家訓是基於他自己的經
驗，提供全家人參考，他將政府規定的主要科舉事務及他自己寫作
八股文的技巧，摘抄入家訓。[5]王氏家族賢明而嚴格的傳統集中體
現於他的大兒子王象乾(嘉靖二十五年至崇禎三年，1546-1630)寫的
對聯。王象乾於萬曆三十年(1602)登進士，官至浙江布政使。這幅
對聯就如王重光的家訓一般，刻在祭祖廳堂的石柱上，其言云：

> 紹祖宗一脈真傳，克勤克儉；教子孫兩行正路，惟讀惟
> 耕。

王家這一優良傳統爲當世所熟知，十七世紀後期的學者鈕琇
(歿於康熙四十三年，1704)見證了王家青年子弟經常要面對的心理
挑戰：[6]

> 新城王氏自參議公(王重光)而後，累世顯秩，家法甚嚴，
> 凡遇吉凶之事，與歲時伏臘祀廟祭墓，各服其應得之服，
> 然後行禮。子弟名入泮宮，其婦始易銀笄練裙，否則終身
> 荊布而已。膺爵者纓紱輝華，伏牖者襤褕偃蹇，貴賤相
> 形，慚惶交至。以是父誡其子，妻勉其夫，人人勤學，以

4　《大槐王氏念祖約言世記》，冊甲，頁9a。
5　同前書，冊乙，頁24a-24b。冊乙是王象晉編撰的。
6　鈕琇，《觚賸續編》，卷3，頁1a。【譯者按】：〈新城家法〉條。

自奮於功名。故新城之文藻貽芳，衣冠接武，號為宇內名家。

在說明王家早期成功的主要原因之後，我們就能夠利用可找到的記載來分析王氏的名冊。[7]

根據表16，顯然王氏家族在第六代達到成功的頂點，這一代產生九名進士、一名舉人與三名貢生；九名進士中，四名官至高品。王家逐漸中衰的原因，雖然找不到有系統的說明，但王家的人已有值得注意的預感：第六代之後，要維持那樣特別的科舉成功是很不容易的。王士禎作證說：[8]

> 吾家自明嘉靖中，先高祖太僕公（王重光）以甲科起家，至隆萬而極盛，代有聞人。當明中葉，門戶紛紜之時，無一人濡足者，亦可見家法之恭謹矣。先伯祖太師霽宇公（諱象乾）出入相將六十年……先祖方伯公（諱象晉）為禮部主事，時鄉人亓詩教、韓浚勢張甚，以公名閥，素有清望，餌以詮曹，欲引入其黨，公力卻之……至從叔祖吏部（象春），為東林聞人，而才浮於□（【譯注】：原書缺字推測為「事」），家法始一變矣。

---

7 這份名冊是取材於康熙三十二年(1693)編印的《新城王氏家乘》與民國二十二年(1933)編印的《新城縣志》及《山東通志》，參見三書的科舉與列傳篇章。在此所用的主要方法是通過交叉分析法在方志的氏族志中追尋王氏家族的行輩名字；因此，如果王氏後代不採用行輩名時，可能會漏掉，使這份名冊可能不完整。但這種遺漏情況，要是有的話，也不會太多。

8 《池北偶談》，卷6，頁11a-11b。

表16　王氏家族名人

代	人名	功名官品或其他事業	每代高中科名與官員 總數	進士	舉人	貢生	每代高官的總數
第一	王貴	—	-				-
第二	伍麟	—					-
第三	重光	貢生：從七品	1	0	0	1	-
第四	之垣	進士(嘉靖二十年，1541)：從四品	1	1	0	0	-
第五	之輔	進士(嘉靖四十一年，1562)：正二品	6	3	1	1	2
	之城	舉人(嘉靖四十年，1561)：正五品					
	之猷	貢生：正五品					
	之楝	進士(隆慶元年，1567)：正三品					
	之都	從七品					
		進士(萬曆二十三年，1595)：正四品					
第六	象坤	進士(嘉靖四十四年，1565)：正二品	15	9	1	3	4
	象乾	進士(隆慶五年，1571)：從一品					
	象晉	進士(萬曆三十二年，1604)：正二品					
	象蒙	進士(隆慶二年，1568)：正四品					
	象斗	進士(萬曆二十三年，1595)：正六品					
	象節	進士(萬曆二十年，1592)：從七品					
	象恆	進士(萬曆二十三年，1595)：正二品					

代	人名	功名官品或其他事業	每代高中科名與官				每代高官的總數
			總數	進士	舉人	貢生	
第六	象春	進士(萬曆三十八年，1610)：正五品					
	象雲	進士(天啟五年，1625)：正四品					
	象復	正五品					
	象兌	貢生：從八品	6	2	2	2	0
	象咸	從八品，精於書法					
	象泰	舉人(萬曆元年，1573)					
	象艮	貢生：正五品					
	象益	貢生：從八品					
	象明	精於書法與詩					
第七	與夔	舉人(萬曆四十年，1612)					
	與胤	進士(崇禎元年，1628)：正五品					
	與慧	生員					
	與端	精於詩畫					
	與玖	工於詩					
	與盛	精於文學					
	與美	貢生：從七品					
	與階	生員：捐助地方慈善					
	與敉	貢生：未做官					
	與襄	進士(順治十六年，1659)：從七品					

代	人名	功名官品或其他事業	每代高中科名與官				每代高官的總數
			總數	進士	舉人	貢生	
第七	興裔	舉人(順治十八年，1661)	5	4	1	0	1
第八	士純	精於詩畫					
	士俊	進士(順治十二年，1655)：從五品					
	士驤	進士(康熙三年，1664)：從七品，精於詩					
	士馨	舉人(順治八年，1651)：精於詩、佛經、好酒					
	士騀	精於琴、詩、佛經					
	士祐*	進士(康熙九年，1670)					
	士禛	進士(順治十五年，1658)**：從一品，藏書家，工於詩，美術鑑賞家	3	1	1	1	0
第九	敏沃	進士(康熙十五年，1676)：從七品，在長期退休中以畫著名					
	敏磊	精於書法與畫					
	敏涷	捐貢：正八品，精於詩、畫、書法					
	敏大	舉人(康熙八年，1669)：正八品，精於詩、書法					

代	人名	功名官品或其他事業	每代高中科名與官 總數	進士	舉人	貢生	每代高官的總數
第十	兆鄺	候補從八品	5	0	3	1	0
	兆杲	貢生：精於書法					
	兆隆	舉人(乾隆五十三年，1788)，由於年老而獲恩賜					
	兆信	監生：以地方慈善著名					
	兆郊	生員：孝子					
	兆玄	舉人(嘉慶四年，1799)					
	兆錕	舉人(嘉慶四年，1799)					
第十一	祖璽	從七品	5	0	3	0	0
	祖雒	舉人(嘉慶六年，1801)；從七品(嘉慶七年，1802)皆由恩賜					
	祖熙	舉人(乾隆二十一年，1756)；精於畫；好酒好旅行					
	祖鈺	舉人(乾隆十八年，1753)；正八品					
	祖繡	生員：正四品；由捐納得來					
第十二	宸倬	武進士(乾隆二十六年，1761)	6	1	5	0	0
	宸仔	舉人(乾隆三十六年，1771)；從七品					
	宸佶	進士(乾隆十七年，1752)；正七品					

代	人名	功名官品或其他事業	每代高官中科名與官				每代高官的總數
			總數	進士	舉人	貢生	
第十二	宸價	舉人(乾隆四十八年，1783)；候補從七品					
	宸綏	舉人(乾隆五十九年，1794)；正八品					
	宸揚	舉人(乾隆二十七年，1762)	4	2	2	0	0
第十三	允禋	進士(道光十六年，1836)；從七品					
	允楚	進士(嘉慶十年，1805)					
	允璋	舉人(嘉慶十五年，1810)					
	允栢	舉人(嘉慶二十四年，1819)					
第十四	維榮	舉人(道光五年，1825)					
	維度	舉人(光緒十四年，1888)；從八品	2	0	2	0	0

＊原書誤作土祐，今據江慶柏，《清朝進士題名錄》，頁165，引《康熙九年庚戌科進士三代履歷便覽》改正。

＊＊原書誤作1655(順治十二年)，今據江慶柏，《清朝進士題名錄》，頁99，引《順治十五年戊戌科進士三代履歷便覽》改正。又王士禛卒後，因避世宗諱改名士正，乾隆皇帝諭令改名士禛，是後遂以士禛行世。參見《清史稿》卷266〈王士禛傳〉。

史料出處：《新城王氏家乘》(未注出版年月，可能是十七世紀末)；《新城縣志》(康熙二十三年又民國二十二年版)；王士禛，《池北偶談》多處歡記王氏先祖事蹟。

　　儘管東林黨的成員一般都是正直而有崇高理想的人，[9]但他們因為長期而極端地抨擊有權勢的閹宦所控制的內廷而遭殃。王象春參加東林黨的確偏離王氏祖訓，這祖訓很適切地用中國人的一句老話：「明哲保身」來說明。東林黨多文人，他們或好酒，或好公開炫耀其文采；王象春因為結交東林文人，而成為王氏家族成員中第一位浪費精力的人。

　　然而實際上王象春並非唯一未能遵奉務實家訓的官員，王氏家族在他們最興盛而全國知名的第六代，已不再能使全族中的男子遵從這原是促使王家特別成功的嚴格傳統學風與自律。對某些家族成員來說，這該是享受家族成功果實的時候了，如王象咸就沒有科名，只是沈迷於酒與書法，同樣是第六代的王象明也未得科名，但因其詩才與書法使他在地方志上占有一席之地。

　　這種趨於安逸生活，追求藝術文學的嗜好，沈醉於酒與音樂的現象，在其後幾代更為顯著；第七代就未產生一個全國知名的人物，第八代只出過王士禛一人而已。王士禛的父親王與敕就常指引其子作詩寫古文；但許多親戚把這看作是家族暫時的急驟衰落，便建議王與敕好好指導他的兒子做些較功利的事，如練習寫科舉考試的時文，卻遭他斷然拒絕。[10]在逐漸背離早期家族傳統的趨勢下，王家第八代還是產生一位禮部尚書與兩名進士。但舉業成就衰落的種子，卻由族中最著名的成員王士禛種下。自順治十六年(1659)起身任揚州府推官，至康熙五十年(1711)去世，王士禛成為全國知名

9　關於東林黨的性質，參閱Charles O. Hucker(賀凱), "The Tung-lin Movement of the Late-Ming Period," in J. K. Fairbank, ed., *Chinese Thought and Institutions*, pp. 132-62.【譯者按】：中文譯本見張永堂譯，〈明末的東林運動〉，《中國思想與制度論集》(臺北：聯經出版公司，1976)，頁163-211。

10　汪琬，《說鈴》，頁2b-3a。

人物，不是以其科名仕宦而是以其詩才，以他在全國性的文人結社
與藝術家結社中的地位及其作爲美術鑑賞家與藏書家而著稱。[11]事
實上，在他有生之年，王氏家族流行的生活方式已與前幾代大有徑
庭，他的這一代有七人在方志中有傳，但其中五人以詩、文、畫、
音樂與佛學爲其終身事業，就連母家親戚徐元善也只關心文學、哲
學與藝術，最終成爲地方四位著名隱士之一。[12]

　　王氏家族的後代應是多子多孫，但在方志中卻未記載王家子弟
事跡。沒有記載王家子弟的事跡，透露出一個沒說明的事實：王氏
家族每一代成員之中，必定有越來越多的子弟未能登科或未有才
名，或未達到藝術或文學高名；他們都是屬於有閒階級，坐吃繼承
來的祖產與祖德餘蔭。只有第十一代的王祖肅例外，他不斷地捐
官，官至知府正四品。其後王氏家族有科名者均未超過七品，大概
他們寧願過舒適的生活，做一退休的小官，而不願從事辛苦的公
務。由於諸子均分家產的緣故，後來每個人可分得的家產越來越
少；使許多王氏族人遭受經濟困難之苦。無論如何，王士禛的後代
變得貧寒，已是人所共知的事實。十九世紀初，王氏子孫中竟有人
以衙役爲生，這在當時是常見的社會現象，有一位江西的學者曾以
此作爲其悲痛詩歌的主題。[13]晚清著名學者繆荃孫(道光二十四年
至民國八年，1844-1919)更證實王士禛貧困的後代幾乎將所有那些

<hr>

11　李斗，《揚州畫舫錄》(北京，1959年再版)，頁220-21。有王士禛早年在在
　　文學與藝術結社中廣爲人知之生動敘述。【譯者按】：據《漁洋山人自撰年
　　譜》(惠棟注，紅豆齋版)：「順治十六年己亥，謁選得江南揚州府推官。」
　　(卷上，頁15b)或曰清代無推官，王士禛的正式官職應是通判；其實清初承
　　明制，府設推官掌理刑名，康熙六年(1667)始廢。則順治十六年(1659)，推
　　官一職尚未廢除，王士禛謁選得江南揚州府推官，應該無誤。
12　《新城縣志》(民國二十二年〔1933〕刊)，卷15，頁12a-12b。
13　徐珂，《清稗類鈔》，冊16，頁15。

使王士禛聞名全國的藏書、古玩、畫、字典賣殆盡。[14]

(二)張氏、嵇氏、與陳氏宗族

這三姓是清代最顯赫的宗族，桐城張氏與無錫嵇氏均接連兩代出過大學士；海寧陳氏更勝一籌，接連三代均出過宰輔。張氏的遠祖爲匠籍，擁有相當多田產，到第九代聞名全國，出了第一位大學士張英(崇禎十一年至康熙四十七年，1638-1708)，他爲諸子訂下嚴格的計畫，要他們努力習作科舉考試八股文的技巧。[15]張英的次子張廷玉(康熙十一年至乾隆二十年，1672-1755)，是整個清代最有權勢的宰輔之一，死後獲得配享太廟的殊榮。嵇氏在第四代出了第一位大學士嵇曾筠(康熙十年至乾隆四年，1671-1739)，其不平凡的成就由其次子嵇璜(康熙五十年至乾隆五十九年，1711-94)繼承，嵇氏在顯赫之前三代，已出了好幾個學者與一個小官，是「耕讀」傳家的典型案例。海寧陳氏先祖是一個貧窮的青年，與豆腐店老闆家結親。[16]陳家所出三位宰輔爲第九代的陳之遴(萬曆三十三年至康熙五年，1605-66)，第十代陳元龍(順治九年至乾隆元年，1652-1736)，第十一代陳世倌(康熙十九年至乾隆二十三年，1680-1758)。甚至傳說偉大的乾隆皇帝也是陳家的人，這當然是無稽之談，但這也可以看作陳氏在科舉官僚方面非凡成就的體現。張氏家

---

14 繆荃孫，《雲自在龕隨筆》，頁70。

15 張英，《聰訓齋語》，卷B，頁3b。【譯者按】：原出處有誤，應爲張英，《篤素堂文集》，卷16，頁13b-14b。

16 陳其元，《庸閒齋筆記》，卷1。作者是陳氏家族的一分子。【譯者按】：海寧陳氏始祖陳諒，初居仁和的黃山，遊學至海寧，困甚，偶憩趙家橋上，忽墜於水，爲橋傍開豆腐店的陳明遇所救，「以女女之，而以爲子焉」。則陳諒似乎是入贅於開豆腐店的陳明遇家。

族的發展在張廷玉有生之年達到空前的巔峰，劉統勳(康熙三十九年至乾隆三十八年，1700-73)，這位正直的都御史，後來很快地成為著名的大學士，乾隆七年(1742)在一份奏疏中說道：張氏及同樣出於桐城的母家姚氏，「占半部縉紳」，出身這兩家的縉紳幾乎占全中國的一半。[17]顯然這是誇大之詞，但這種說詞也反映出張氏家族的成功在整個明清時期是獨特的，被他們的財富與榮耀所眩，當代人都願意相信陳氏與張氏兩家長久興盛是由於風水好的傳說。[18]

由於父系繼嗣團體(common descent group)的宗譜是篇幅很龐大的著作，我們只能分析這三個家族中最成功的一支的社會流動趨勢，在此我們的目的是研究向下社會流動，於是把張英、嵇曾筠與陳氏三宰輔最近的共同祖先陳與相(嘉靖二十四年至崇禎元年，1545-1628)當作「始祖」或第一代。

對這些宗譜資料做技術性分析，將留到本書第五章討論向下社會流動的制度與非制度因素時再來做。通觀宗譜記錄，可以發現不論其科舉官僚成就的數量與質量如何，均同樣出現長期衰落的現象。宗族長期衰落有部分是生理方面的，為何如此？這難以得到令人滿意的解釋。嵇氏自第五代起，已無生育能力；陳氏從第十代起也有同樣生理性障礙。這兩個家族生育力下降的速度，又因太平天國之亂而加快，太平軍造成蘇南浙北的人命犧牲甚大。表面上，至少到新宗譜編成的光緒十六年(1890)為止，張氏家族仍能自我繁

17　徐錫麟，《熙朝新語》，卷2，頁9a-9b。【譯者按】：《筆記小說大觀》本《熙朝新語》，卷8，頁8b-9a。劉統勳疏云：「大學士張廷玉與伊戚姚文然本係巨族，科第漸多，仕宦實盛，至今名登仕籍者有張廷璐、姚孔金丙等數十員。」

18　《桐城張氏宗譜》，卷1；《海寧渤海陳氏宗譜》，卷1；陳其元，《庸閒齋筆記》，卷1。

衍；但在質量上，張氏自第三代起生育能力已經出現非常嚴重的問題。張廷玉這一房無疑地是張氏最成功的，但他的四個兒子中三個英年早逝，長子張若靄(康熙五十二年至乾隆十一年，1713-46)在科舉上的表現最光彩，他在雍正十一年(1733)年的殿試獲第一甲三名的殊榮，但由於張廷玉怕其子科舉的傑出表現會引人嫉妒和敵意的批判，而請求皇上把他改爲第二甲第一名(傳臚)。張若靄精於文學，工於書畫、文學，是乾隆皇帝喜愛的臣子。但當他受皇帝青睞，升任協辦大學士兼禮部侍郎後不久，就以三十三歲的英年棄世，他極其有前途的官宦生涯因而驟然中止。張廷玉的次子張若澄(康熙六十年至乾隆三十五年，1721-70)，乾隆十年(1745)進士，四十九歲死於禮部侍郎任上。三子張若淑(雍正五年至乾隆二十五年，1727-60)以蔭入仕，爲六部主事，年僅三十三歲便去世。要不是乾隆皇帝對張廷玉的幼子張若渟(雍正六年至嘉慶七年，1728-1802)的特別恩寵，最後任高官至刑部尙書，張氏家族的中衰可能會更快些。

　　由於缺乏系統性科學的解釋，我們最多只能推測出科名的長期成功會導致後代生活方式的改變，可能在成功後的第二或第三代，其家族的青年就會追求或耽於聲色享樂，或過著各種形式的奢華消費生活，逐漸侵蝕其活力。當他們家族成功達到頂峰之後，家族中許多前途被人看好的成員英年早逝，這樣的事情並不少見。族譜通常會記載成員的生日與忌日，但把這些望族成員的壽命製作成表格，這種費力的研究工作目前還做不到，只有俟之未來。

　　無論如何，我們的資料顯示這三個望族，從長遠來看，在科舉上或社會上已沒有再生產的能力了。張氏家族的末代顯赫成員是張若渟的兒子張曾誼(1747-97)，他能升任三品官還是因爲乾隆感念他的父祖服務朝廷之功。嵇氏家族自第三代起沒有一個人能官至三品，陳

表 17　張氏、嵇氏、陳氏的向下社會流動

代	男子總數	科舉						官員				後代有功名者的百分比	後代有官位者百分比
		蔭	進士	舉人與貢生	生員	監生	總數	高	中	低	總數		
張夷的後代													
第二	6	—	4	2	—	—	6	3	1	1	5	100	83.3
第三	14	1	4	8	—	1	14	3	8	—	11	100	78.6
第四	38	3	1	15	2	16	37	1	14	15	30	97.3	79.0
第五	77	1	2	6	10	28	47	—	10	13	23	61.0	30.0
第六	101	—	1	5	9	22	37	—	12	21	33	36.5	32.6
第七	113	—	2	6	6	20	34	—	11	11	22	30.0	19.4
嵇曾筠的後代													
第二	8	1	1	3	—	3	8	2	4	1	7	100	87.5
第三	25	—	1	1	1	20	23	—	11	6	17	92.0	68.0
第四	56	—	—	2	4	27	33	—	9	13	22	60.0	39.4
第五	63	—	—	3	2	15	20	—	2	15	17	31.7	27.0
第六	49	1	—	1	2	8	12	—	2	6	8	24.5	16.3
第七	28	1	—	1	1	3	6	—	1	3	4	21.4	14.3

代	男子總數	科舉						官員				後代有功名者的百分比	後代有官位者百分比
		蔭	進士	舉人與貢生	生員	監生	總數	高	中	低	總數		
第八-第九	16	—	—	—	—	4	4	—	—	3	3	25.0	18.8
陳與相的後代													
第二	5	—	2	—	1	2	5	1	1	—	2	100	40.0
第三	11	—	1	6	2	2	11	1	2	—	3	100	27.3
第四	38	1	6	7	7	12	33	4	9	2	15	86.8	39.5
第五	67	—	7	18	7	15	47	3	20	5	28	70.0	41.8
第六	173	2	1	23	20	68	114	—	41	14	55	65.8	31.8
第七	260	1	2	16	39	75	133	2	23	31	56	51.2	21.5
第八	268	2	5	18	23	68	114	2	16	51	69	42.9	25.7
第九	299	1	—	10	15	41	67	—	13	36	49	22.4	13.4
第十	224	—	—	10	32	23	64	—	8	18	26	28.6	11.6
第十一	157	2	—	8	22	11	43	—	7	11	18	27.5	11.5
第十二	82	—	—	1	9	—	10	—	1	1	1	12.2	1.2

史料出處：《桐城張氏宗譜》、《嵇氏宗譜》、《海寧渤海陳氏宗譜》。

氏家族則自第八代，或者說達到頂峰的四代以後，便不再有高官。進一步的分析，顯示一個家族發展至高峰之後二、三代，大部分的家族中擁有的功名，只是下層的生員，特別是捐納來的監生。

張氏家族的經濟基礎，其共同的族產雖經連續的分割，但在家族發展達到頂點後三、四代仍很健全；這是因爲桐城大姓(尤其是張英這一家)喜好治田產，而不從事其他投資。[19]張英在一篇著名的文章中指出，田產雖然獲利回收低，但土地是不動產，因此不易爲後代賣掉。[20]可能由於這一長久的家族傳統，也因爲前三代積蓄財富之大，使部分張氏子孫仍能捐到中級官位。嵇氏家族則沒那麼幸運，嵇曾筠與嵇璜均以廉潔著稱，從做官的薪資所積蓄的財富並不多；嵇曾筠的一個孫子證實兩位宰輔所留下的財產「尚不及中人之家」。[21]這也可能是誇大之詞，但無疑地儘管其家族有不凡的成就，但他們並不眞正富有。嵇氏到第八、九代，整個家族只有四名監生與三名具虛銜的低級官員，許多本來寒微而正向上爬升的家族，他們的表現會比嵇家好得多。

第二節　人文環境

這些最顯要的家族漸進而不可避免的長期向下流動，提示我們其他成功的家族也會經歷著同樣的過程。雖然在我們現今的研究範圍內，無法對如此龐大數量的族譜做分析工作，但許多當代細心的

19　對置治田產的長久傳統及對桐城地區的認眞研究，參見馬其昶《桐城耆舊傳》；關於張氏同樣的傳統，參見《桐城張氏宗譜》中張廷玉爲其第九代子孫的傳記卷所寫的序。

20　張英，《篤素堂文集》，卷14，〈恆產瑣言〉。

21　《嵇氏宗譜》(光緒三十三年〔1907〕編)，卷8，頁26b。

觀察家已注意到家族的枯榮浮沉，他們認為人文環境是導致向下流動的因素，這個觀點值得我們去檢驗。

　　就如我們先前已說明的，唐以後的社會，性質上之所以不同於唐以前及唐代初期的社會，在於唐代以後對望族少有制度化的方法來延續其地位；到了宋代，文官考試制度已取代家族威望，成為決定社會地位最重要的因素。一些宋代社會觀察家已完全認識到身分制度的流動性之逐漸增加，結果是家庭運勢的急遽升降。十二世紀著名作家袁采(歿於宋寧宗慶元元年，1195)討論家庭事務並總結這個現象說道：

　　　　世事更變皆天理：世事多更變，乃天理如此。今世人往往
　　　　見目前稍稍榮盛，以為此生無足慮，不旋踵而破壞者多
　　　　矣。大抵天序十年一換甲，[22]則世事一變。今不須廣論久
　　　　遠，只以鄉曲十年前、二十年前比論目前，其成敗興衰何
　　　　嘗有定勢？[23]

其大致的結論是人運勢的變遷主要由人文環境與家庭教育決定。

　　經過長久的觀察之後，元末明初著名的學者葉子奇總結說道：

　　　　祖宗富貴自詩書中，子孫享富貴則賤詩書矣；家業自勤儉
　　　　來，子孫得家業則忘勤儉矣。此所以多衰門也。戒之哉！[24]

22　傳統中國曆法，年係以十天干與十二地支的組合命名，頭一個天干與頭一個
　　地支起組合成每六十年一大循環與每十年一小循環。

23　《袁氏世範》，卷2，頁2b-3a。

24　《草木子》(嘉靖八年〔1529〕刊本)，卷4，頁12b。【譯者按】：萬曆八年
　　(1580)刊本，頁48b-49a。

　　一位清代的地方官以其第一手資料解釋官宦家庭中青年人的腐化及其不可避免的衰敗的原因：

（明王洪洲參政圻《家訓》曰：）「子孫才分有限，無如之何；然不可不使讀書。貧則訓蒙以給衣食，但書種不絕可矣。若能布衣草履，足跡不至城市，大是佳事。」……先大夫嘗言：「服官福建二十餘年，家居又二十餘年，歷數州縣同官之子孫，能卓然自立，功名逾前人者，百中僅一二人；能循謹自守不墜家聲者，十中僅一、二人。豈州縣官之子孫皆生而不肖哉？飲食、衣服、貨財，先有以汩其志氣，即不驕淫縱慾，此身已養成無用之身；一旦失勢歸田，無一技之能，無一事可做，坐致貧困，一也。況居於衙署之中，有淫朋以誘之，有狡僕以媚之，圈套萬端，不中不止；自非身有定識定力者，鮮不為其所惑，二也。而為州縣之父兄，方且營心於刑名錢穀、事上接下之道，無暇約束子弟；子弟即不肖，亦無人肯聲言於父兄之前；故有身雖在宦途，而家計已敗壞不可收拾者。」歷舉數人數事，為之太息痛恨也。余兄弟幼時即聞此論，幸稍長，即歸家讀書，未沾染此等習氣，亦未遇此等牢籠。先皆以訓蒙為事，嗣名譽略起，亦不過就記室之席，刻苦甚於寒士，故能稍稍自奮。然不幸自身復作州縣，五、六年來，時時以先大夫之言為戒，第不知己之子弟又何如矣！余自高祖專南公，以內閣中書迴避，出為縣令，曾祖、祖、父及余身皆官州縣，已五世矣。綿延不絕，是由先人謹慎刻

屬，有以維之，思之可幸，尤可懼也。[25]

以上所引及許多其他特殊的中國人文環境對家道興衰之解釋是確實的，而為眾多的傳記資料所證實。有一些例子足以說明縱使是最顯要的官員家族也因為缺乏好的家庭教育，而在一兩代內就淪於湮沒。楊士奇(元至正二十五年至明正統九年，1365-1444)，明初最著名的宰輔之一，其聰慧與溫文使他贏得四位皇帝最高的寵信，卻因他的兒子楊稷在鄉里的殺人惡行，而被御史舉發，使其地位大為震動；因為他未盡為父的責任，雖為英宗所慰勉，還是因憂傷而一病不起；死後不久，楊稷仍被論斬，死於獄中。[26]楊士奇兩位同事楊溥(洪武五年至正統十一年，1372-1446)與楊榮(洪武四年至正統五年，1371-1440)的後代也不見得更好，楊榮的兒子楊恭以蔭官進入仕途，為一中級官員，由於侵占鄉民產業，被法司論杖為民，另外一個兒子楊華及孫子楊泰均因殺人而被論斬，籍沒抄家。楊溥的孫子則因毆死家奴險些被流放。另一明初著名官員胡廣(洪武二年至永樂十六年，1369-1418)的兒子也坐殺人抵罪。[27]當梁儲做宰輔

25 引自陳其元，《庸閒齋筆記》，卷1，頁5a-5b。這位官員的姓名是王圻，明清時代，最少有六人同名同姓；最著名的一位是《續文獻通考》的編者，嘉靖四十四年(1565)進士，上海人。但這段引文中所記的家庭背景，與王圻《王侍御類稿》(萬曆十三年〔1585刊〕)，卷5，頁39a-40a，所記不合。另外五位王圻都是清代人，《鳳陽縣志》卷7頁33b提到的一位王圻是嘉慶十年(1805)進士，後來做到四川一個州的知州，但由於缺乏進一步的細節敘述，無法辨認他是否就是這段引文的王圻。另外四位王圻都是畫家。【譯者按】：這位王圻應該是是明朝做過參政與編著《續文獻通考》的王洪洲。

26 《明史》，卷148。

27 沈德符，《萬曆野獲編》，頁458，〈三楊子孫〉。【譯者按】：沈德符云：刑部尚書俞士悅言：「壽罪雖律當徒，然奴由恩賜，又祖所愛，今壽殺之，有虧忠孝，請勿以常律論。」賴大理卿蕭維楨爭之得免。則楊溥的孫子

時，兩個兒子中的長子在正德八年(1513)，居鄉以奪人田產，屠滅三十餘家，殺三百餘人。[28]次子蔭官，早逝。由於明代高官顯要之親戚在鄉常胡作非為作姦犯科，著名史家趙翼(雍正五年至嘉慶十九年，1727-1814)曾作專文論之。[29]

即使大部分著名官員的後人未犯殘暴的罪行，使其家族蒙羞，但仍可能由於各種分散精力與放蕩的事跡，終致其家道中落。有一本記載富於軼事的晚明著作，就舉一位明代著名的宰輔與文壇領袖王鏊(1450-1524)為例，敘述其長子的生平如下：

> 王文恪(王鏊)之子延喆性奢豪，治大第，多蓄伎妾；子女出從，群奴數十皆華服盛裝；珠玉、寶玩、尊彝、窯器、法書、名畫，價值數十萬元。夕宴，客席必懸一珍珠燈，飲皆古玉盃。恆日歸，肩輿至中門，門啟則健婦畀之，美妾列坐二十餘人，各挾二侍女，群飲至醉，有所屬意則憑其肩，聲樂前引，入室，復酣飲乃寢。[30]

王鏊另外的三個兒子雖然不像長子延喆一樣惡名昭彰，但也都是古玩家和藏書家。[31]這不只是巧合，我們對王鏊的其他後代也知之甚少，只知其第九代孫因為太窮而去店裡做學徒，雖然靠著母家親戚的幫助，終於考上生員，但年至三十始娶妻；由於長期辛苦與

楊溥「險些被判徒刑」，而非本書原來所說的"barely escaped exile"「險些被流放」。又本書原來把楊溥誤譯為Yang Fu，應改正為Yang P'u。

28 沈德符，《萬曆野獲編》，頁461-62，〈梁文康子殺人〉。
29 趙翼，《廿二史箚記》，頁495-96。【譯者按】：〈明鄉官虐民之害〉條。
30 李紹文，《皇明世說新語》，卷8，〈汰侈〉，頁11b。
31 葉昌熾，《藏書紀事詩》，頁86-87。

營養不足，三十一歲就英年早逝。[32]

　　江蘇南部崑山徐氏在清初出了三名一甲的進士：刑部尚書徐乾學（1631-94），禮部侍郎徐秉義（崇禎六年至康熙五十年，1633-1711），首輔徐元文（1634-91），則是另一向下流動形態的例證。徐家雖然以侵占鄰家田產聞名，但是徐家有一長久而著名的讀書傳統；並無突然衰敗的跡象。徐乾學五子皆登進士，徐家至少有兩三代在當地獨占高中科名的炙手可熱地位。然而他們家族一直延續昂貴的嗜好（如：藏書、古玩）及資助學者的傳統，其後代子孫都鄙視從事生產的事業。到了玄孫一代，竟有一年僅十三歲的孩子，迫於家境，學業未竟就到縣衙門做胥吏以糊口。從他未獲得任何一個同族親人救助的事實看來，他們家的親戚，即使不是全部，也大都經濟狀況在小康以下。他後來又在城隍廟邊上以說書為生，當人們詢其家世之時，則偽作聾狀憨笑而已；因為他認為自己操術既卑，不希望羞污先人門第。母親死後，這個人就失蹤了，當地人相信他是自己投河自殺了，並追憶他為徐孝子。[33]

　　這些顯著的官宦家庭的後代子孫，甚至沒有明顯的墮落行為或被溺愛的事證，家道也可能會因為他們不用功讀書或笨拙而衰落。試舉明初著名的大學士黃淮（元順帝至正二十七年至明英宗正統十四年，1367-1449）的後代為例，黃淮的樸實，有遠見，及具備從各方面分析難題的能力，使他得到成祖皇帝的高度讚賞。黃淮於宣德二年（1427）退休後，在老家浙江南部沿海的永嘉安享餘年二十二載。黃淮應該不會像許多同事一樣，不注意子弟的教育，但如果不

32　吳德旋，《初月樓聞見錄》，卷7，頁8b。

33　A. W. Hummel, "Hsü ch'ien- hsüeh," *Eminent Chinese of the Ch'ing Period*; 葉昌熾，《藏書紀事詩》，頁220-21；徐錫麟，《熙朝新語》，卷16，頁3b-4a，〈徐孝子〉。

是更早，至少到了十六世紀初期，他的子孫已經很貧窮；有一位浙江學者官員證實了一個令人不敢相信的事實，就是不過才幾代，黃淮的子孫竟把祖墳的神道碑石給賣了。[34]另外，弘治九年(1496)進士，官至南京戶部尚書的邊貢(成化十二年至嘉靖十一年，1476-1532)，其子孫的事情可為另一例證。邊貢是山東省會濟南人，明代中葉的著名詩人。當王士禛編濟南府志的人物列傳時，著意於搜集邊貢及其子孫的史料；費了很大工夫，最後才發現邊尚書的長子以蔭入仕為中級官員，次子是地方有名的詩人；其後的子孫全都沒沒無聞。經過長時間的探究，才找到兩個邊家的後代，他們是第七代孫與第八代孫，都是為人佃作的文盲，唯一值得驕傲的祖產是代代相傳的邊貢畫像。[35]

雖然一般中國人普遍相信非凡的科舉成就，緣自好風水或其他超自然或前生註定的民間信仰，但事實上，儒家所強調的教育與人為的努力，還是很占優勢。曾於萬曆三十一年至三十三年(1603-05)在福建南部沿海的泉州府任地方官的陳懋仁，基本上是一位理性的

34　黃淮的傳記，見《明史》，卷147；有關黃淮子孫的記載，見徐咸，《西園雜記》，頁133-34。【譯者按】：《西園雜記》還記載：華亭錢文通公溥治第，役鄉民擔土，問：「土從何處擔來？」鄉民曰：「黃廉使宅基上擔來。」即黃翰有聲永樂間者，不數十年，宅基已為人挑毀矣。觀此二事，則區區為身後計者當深省云。

35　王士禛，《香祖筆記》，卷2，頁7b-8a。【譯者按】：《香祖筆記》云：當王士禛編《濟南府志》時就著意於搜集邊家的材料，他發現邊尚書二子，長子翼以恩蔭任官光祿寺丞，其後無聞；次子習爲歷城縣生員，有詩名。其後的子孫皆完全無聞，第七代孫材是個佃戶，第八代孫紹祖十餘歲亦失學，傭工為生。又王士禛是原名，後為避雍正胤禛的諱，改名士正，乾隆三十九年(1774)，皇帝親改為王士禎。他的書如果刻成「王士禛」，應該是雍正時或乾隆三十九年以前所印本；如果改成「王士禎」，則是乾隆三十九年以後所印本。

典型士大夫。他評論道：

> 泉之東門外，有官山，周數里，為貧家葬瓦棺處，葬如棋
> 布，無著腳地；然而科第標木，森立其間，往往有之。此
> 豈當時重堪輿、邀地脈者耶？良由祖父無產可營，於德無
> 損，子孫憑藉雖少，外慕自絕，惟知讀書自立故耳。又聞
> 之，巨室至十餘年未葬其親者，以為難得善地，既葬而子
> 孫日見式微，此豈當時不重堪輿、不邀地脈者耶？[36]

現代的研究者很難不接受當代記載與傳記資料所說的這種人文環境
與家道興衰間的緊密或者可能是碰巧的關係。

第三節　競爭激烈的考試制度

在尋求表9有關進士社會成分資料的涵意時，我們得到一個引
人注目的發現，就是除了順治十二年(1655)、康熙二十一年(1682)
與康熙四十二年(1703)等三科考試外，在每一科進士的考試中，這
些名門望族出身的進士均未超過10%。以整個明清時期論，出身名
門望族進士平均只占總數的5.7%。雖然在事實上，這些望族只構成
官員家庭的一小部分，然而他們任何三代間累積的應考人數的平均
值，肯定超過任何一科錄取的進士名額。也就是說，儘管名門望族
的成員在科舉考試中占有無與倫比的有利地位，但他們在會試與殿
試中並不能占優勢。這就和十八世紀英國政治權力為幾百個家族所
長期壟斷的情形，成強烈的對比。這一方面證實競爭性的科舉考試

36　陳懋仁，《泉南雜志》，卷上，頁11。

制度確能平衡社會地位;一方面也呈現那些富有的和擁有高地位的
家族,無法長期維持其地位。

　　除了擁有如捐官或蔭官等其他途徑,大部分望族的後代和富人
仍須在高階的科舉考試中競爭成功,才能取得任官的資格。明清時
代,甚至望族中未被寵壞的、用功而聰慧的子弟,也難保能在高階
科舉考試中及第,因為考試的成功常要靠幾分運氣。葉良材是一個
強有力的例證,他是葉盛(永樂十八年至成化十年,1420-74)的曾
孫,葉盛是一位能幹、廉潔的官員,也是著名的藏書家,官至吏部
侍郎;葉良材的母舅、江蘇南部太倉的王世貞(1526-90)為他所寫
的傳記有下面這段話:

> 兩家子弟聲習慕好懂甚,葉君之始歸外王父家,譬而諸
> 生,文甚奇,中表目之,耳相屬曰:「是夫稱為文莊(葉
> 盛)後者。」葉君數從有司校,亡不褒然首列也;以是頗負
> 氣,抵掌談說天下事,亡論一第足難葉君者,久之,竟不
> 第……葉君方欲從余而北就選人格為縣官,拊循一方吏
> 民,死不入循吏傳,乃虛死耳。然竟葉君死,不得一遂雠
> 志,可悲也![37]

由於科舉制高度競爭的性格,它導致的向上和向下社會流動,比較
通常在近代工業社會的流動,程度上要大得多;由近來的研究可
知,近代工業社會兩代間的縱向流動,在大多數情況下,相當緩慢
而漸進。[38]

37　《弇州山人四部稿》,卷84,頁12a-14a。【譯者按】:〈葉君傳〉。

38　Lipset and Bendix, *Social Mobility in Industrial Society*, chs. 6-7.

第四節　有限度的蔭敘

　　與唐宋官員的世襲特權制度相比，明清的蔭官範圍要小得多。明朝一開始，所有七品以上的文官，只要任官一段時間考核期滿後，皆得蔭一子，以世襲其祿。這一相對寬鬆的明初任子蔭敘制度，其後漸受限制，而有附帶條款：這些受蔭子弟得先入國子監就學，而且得先通過特別考試始得任官。[39]不久，特別考試的規定取消了，但蔭官只限三品以上官員的直接繼承人。[40]實際上，整個明清時代，文官蔭敘的規定是一品文官之子得不經考試入仕，出任五品官，以次遞降，三品官之子可出任七品官。[*]

　　有一些具體的實例可釐清蔭敘制度的運作和皇帝特別恩寵的作

39　《大明會典》（萬曆十五年〔1587〕刊本），卷6。【譯者按】：《大明會典》卷6，頁12a-12b，〈蔭敘〉：「國初，因前代任子之制，文官一品至七品，皆得蔭一子，以世其祿。後乃漸爲限制，在京三品以上，滿考著績，方得請蔭，謂之官生；出自特恩者，不限官品，謂之恩生。或即與職事，或送監讀書。」

40　《明會要》，卷48。【譯者按】：《大明會典》，卷6，頁12b，〈蔭敘〉：「洪武二十六年定：用蔭者以嫡長子，如嫡長子有廢疾，立嫡長子之子孫……如無，立嫡長子同母弟……如無，立繼室所生。如無，立次室所生。如絕嗣者，傍蔭其親兄弟，各及子孫。如無，傍蔭伯叔及其子孫。」

*　【譯注1】：《大明會典》，卷6，頁12b-13a，〈蔭敘〉：「凡蔭敘品級，洪武二十六年定：職官子孫蔭敘，正一品子，正五品敘；從一品子，從五品敘；……正三品子，正七品敘；……正五品子，正九品敘；正六品子，於未入流品相應上等職事內敘；從六品子，於未入流品相應中等職事內敘；正七品子，於未入流品相應下等職事內敘。」清代制度，《清史稿》，卷101，〈選舉五〉：「康熙間定制，三品以上蔭知州，四品以下至通判蔭知縣，布政、按察、都轉鹽運三司首領官及州縣佐貳六品、七品官蔭縣丞，八品、九品官蔭縣主簿，未入流蔭州史目。」

用，例如張廷玉就為他的幾個兒子在蔭敘上取得最大的權益和其他特權，長子張若靄在雍正十一年(1733)登進士二甲一名之前，就以恩蔭敘得低階爵位輕車都尉；*科舉及第進入政府服務之後，輕車都尉，這個低階爵位，只是個榮譽職，並不實用，沒有什麼重要性。張廷玉的特殊地位，使他能為次子張若澄取得正規的蔭敘權利；但張若澄於乾隆十年(1745)考中進士後，他就不需要這個蔭敘特權。張廷玉再次因為與皇帝的關係密切，這個蔭敘特權准予轉給他的三子張若淑；**張若淑英年早逝於六部員外郎(從五品)任上，從此這個蔭敘特權便停用了。結果張廷玉的幼子張若淳在無法得到比貢生更高的科名時，只得以捐納取得官職。[41]

要特別指出的是張廷玉的三個兒子與一個孫子所得到的蔭敘特權，已超過通常蔭敘的範圍。張若淳享年七十四高齡，是皇帝特別恩典的主要受益人。乾隆五十一年(1786)，史無前例地任命張若淳為內閣學士；依慣例，這個職位是由有顯赫科名的人充任，為此，皇帝特詔聲明這個任命完全是因為皇帝對張廷玉的懷念，不得著為例。

還有一點要注意的，張若靄和張若澄兩人最後均官至二品，但

---

* 【譯注2】：清代的輕車都尉是外姓功臣與外戚的爵位稱號，不是實職，位於爵位的第六位，居於公侯伯子男爵之下，並與以上爵位一樣都是分三等的，一等輕車都尉是屬於正三品，二、三等的輕車都尉則為從三品。如果擁有者沒有其他實際官職，就僅僅是一個擁有爵位的貴族，沒有具體的職務。

** 【譯注3】：張若淑為張廷玉六子，生於雍正五年(1727)，乾隆二十四年(1759)以正一品蔭生，授戶部浙江司員外郎，供職勤勉。每有錢糧出納，必親自核算。

41 所有關於張氏家族運用蔭敘制度的資訊，來自《桐城張氏宗譜》所收錄經幾個世代編輯的各種相關傳記。【譯者按】：張若淳係「入貲授刑部主事」。

均未任滿就去世；因此，未能爲其子孫取得蔭敘權。於是張若靄的長子只得以捐監起步，然後才考中舉人，最後官至中央六部的五品主事；次子通過拔貢考試後，做一書吏，最後官至縣丞(正八品)；張若澄的獨子死時只得監生一銜。由此可見張氏家族的這三房，不但未得到任何眞正的蔭敘權，而且其社會地位也急遽下降。

張若淳的八子中只有第七子得以蔭官，出任正六品的中央六部的主事，但不久就去世了；張廷玉與若淳所得的任子權至此而終。但若淳的八子中，以張曾誼(1747-1797)最成功，也是由於有位顯赫的祖父，使他能官至浙江按察使(正三品)，因此任子權又可再延一代。但其他諸子均須先捐得一監生，然後再捐納一小官，其中只有一子官至從七品。所以，從張廷玉死後二代起，張家中只有少數做到中級官員，而且都得要經由考試或捐納。

嵇氏家族中，也只有嵇宣筠的次子實際享受到蔭敘權而官至知府(正四品)。十八世紀後期，由於皇帝想念嵇家二宰輔，而賜予其第六代的嫡長房以最低的貴族爵位恩騎尉，這一爵位依慣例是不能世襲的，但皇帝還是讓他得再傳一代。表17列出這兩位受蔭者，即第六代一位和第七代一位，但他們獲得的也不過是一個冗職而已。如果無皇帝的特別恩賜使其超越正常範圍，蔭子權只能到第三代爲止。由表17及嵇氏宗譜中的一篇傳記的樣本看來，蔭子制度實際上對於家族的持續向下流動並無阻止的效力。[42]

我們有理由相信清代蔭敘的法規要訂得比明代嚴格：其一，在明代大部分時期，有權勢的宦官與大臣常能爲子孫或親戚，向皇帝求得特別的蔭敘恩賜，但通常由於他們濫用權力招致的災禍，大大地抵消這種一時擴大的蔭敘特權所帶來的好處。大體上，清代的官

---

42 以上討論資料來源是《嵇氏宗譜》。

員要比明代官員來得謹慎，其子孫濫用家族權勢的案例要少得多。
再者，依明代的法規，第一位蔭敘者，如果能經由其他管道進入政
府任職，他可以把蔭敘特權轉讓給其弟或繼承人，由他們遞補；有
證據顯示，清代法規一般禁止蔭敘特權的轉讓，除非獲得皇帝特別
恩賜。例如清代中葉最有權勢的宰輔之一的曹振鏞（乾隆二十年至
道光十五年，1755-1835），曾爲其長子取得蔭敘權利，然而早逝；
由於他和道光皇帝（1821-50）的親密關係，才使他可能把這蔭敘權
利轉由次子曹恩瀅（嘉慶十三年至咸豐四年，1808-54）遞補。曹恩
瀅後來參加科舉考試屢試不第，最後仍官至通政使（正三品），[43]使
得曹氏家族蔭子權得再延一代。

　　蔭敘權轉移的困難，又可從史家趙翼（雍正五年至嘉慶十九
年，1727-1814）的話得到進一步證實。趙翼曾在宰輔汪由敦（康熙三
十一年至乾隆二十三年，1692-1758）*家中代筆札，擔任私人祕書，
後來補內閣中書舍人，入直軍機處；因此，對清朝典制有深刻的認
識。汪由敦爲其長子汪承沆取得蔭敘特權，但汪承沆於乾隆二十五
年（1760）去世，終其一生並未補得一實際職缺。趙翼說：「吾師
（即汪由敦）身後遂無復登仕籍者。」有一天，趙翼回憶起汪由敦曾
提及：大臣身後有恤典，其子例當赴京詣闕謝恩；於是在汪由敦歿
後，趙翼就提醒他教過的汪家二個兒子來北京向乾隆皇帝謝恩，感
謝御賜祭葬；希望能引發皇帝對忠心老臣的思念，萬一蒙恩旨，汪
家兩兄弟「或可得一官」。趙翼這一聰明的計畫，得到皇帝親信、

43　彭蘊章，《彭文敬公全集》（最後序於同治七年〔1868〕），卷8，頁13b-
　　14b。

*　【譯注4】：汪由敦累官至內閣學士、工部尙書、吏部尙書及協辦大學士，但
　　未做到本書原來所說的"prime minister"。汪由敦的長子汪承沆只是分部學
　　習，未蔭敘實在官缺。

滿洲貴族政治家傅恆(康熙五十四年至乾隆三十五年,1715-70)的
支持,汪家兩兄弟遂獲皇帝接見垂問,老二汪承霈因此得遞補大哥
汪承沆承襲蔭敘,補六品之戶部主事,老三獲賜舉人。值得指出的
是在皇帝接見前,許多汪由敦生前的同事與部屬都對汪家兩兄弟態
度冷淡,他們深知尋求遞補蔭敘成功的希望不大。自從趙翼爲汪家
兩兄弟開創此例後,一些高官大臣子嗣遂得仿此例,以爲求取皇帝
恩賜的另一方式。[44]由這些例子可以證明,在正常情形下,正式的
蔭敘特權很少延伸兩代以上。

　　幸而,在我們爲蔭敘制度之運作做計量研究時,在哥倫比亞大
學圖書館、美國國會圖書館及日本京都,找到七份蔭生的名冊,分
別是道光元年(1821)、咸豐元年(1851)、同治元年(1862)、光緒元
年(1875)、光緒十五年(1889)、光緒二十年(1894)與光緒三十年
(1904)等年的恩蔭同年齒錄。前四份的時間是新皇帝登基之年,光
緒十五年是光緒皇帝成年及大婚之年,最後兩份的時間是慈禧太后
六十歲與七十歲(中國算法)大壽的壽辰。似乎道光元年名冊中的蔭
生數目是當時還存活的歷年蔭生總數,其後的名冊上登載的大概也
是中間時期累積的總數;因此,這七份名單約涵蓋整個十九世紀,
但有些因爲死亡而未載入,看來蔭生的實際總數很可能要比下列這
個表顯示的累計數字要大一些。

　　必須提到的是上述名冊登載的只有正規蔭生與恩蔭生(皇帝特
別恩賜的),不包括難蔭生(凡因先代爲內戰或對外戰爭殉職而錄用
其子孫的蔭生),難蔭生的數目,在後太平天國時期頗爲不少;但
難蔭的特權充其量不過是授予低級吏員職務,而且大多數情況下,
及身而止。

44　趙翼,《簷曝雜記》,卷2,頁4a-5a。

　　簡而言之，部分近代學者由於對明代以前蔭敘制度範圍的寬廣度與目的明確，印象深刻；既沒有查閱明清法律文書，更沒有參考家族史和傳記，就對公元500年至1900年中國蔭敘制度的社會影響，做出誇大和扭曲事實的總結。從我們對蔭敘制度在一些顯赫家族運作的說明，及從我們提供的總體數據，似乎可以得出合理的結論：蔭敘制度對明清時代高級官員家族的長期向下社會流動，真正的影響並不大。

表18　晚清蔭生

時　　　期	數　目
道光元年(1821)為止	614
道光元年至咸豐元年(1821-1851)	119
咸豐二年至同治元年(1852-1862)	80
同治二年至光緒元年(1863-1875)	93
光緒二年光緒十五年(1876-1889)	25
光緒十六年至光緒二十年(1890-1894)	48
光緒二十一年至光緒三十年(1895-1904)	43
總計	1,022

史料出處：《道光元年恩蔭同年錄》(1821)；《咸豐元年恩蔭同年齒錄》(1851)；《同治元年恩蔭同年齒錄》(1862)；《光緒蔭生同年齒錄》(光緒三十年〔1904〕編)，包括光緒元年(1875)、光緒十五年(1889)、光緒二十年(1894)與光緒三十年(1904)等四份蔭生名冊。

第五節　財富的減少

　　我們在第一章已經說明科舉功名與財富是社會身分地位的兩個重要的決定因素，而且從景泰二年(1451)以來，財富能夠轉換為學術─官僚的成功。財富的逐漸減少，與顯赫家族長期的向下流動關係甚大；因此，這個難題必須有系統地在他們的生活模式與家庭制

度的運作脈絡中討論。

　　有閒階級的生活模式。明清中國的有閒階級包括現任與退休官員，出身於有獨立經濟收入家庭的士子，以及在商貿或其他領域致富後加入精英行列的新富。雖然有行政職務在身，但官員們有閒暇時間從事培養學術性的嗜好，而且每因父母過世而丁憂或行政上的錯誤遭到處罰，長時間留在家中；因此，有充分機會從事嗜好相關活動。而有錢的讀書人或退休官員與新富們一樣，更有無限的閒暇。事實上，精英分子身分的共同特徵就是閒暇生活模式與追求高貴的嗜好。

　　確實不是所有官員都是單純的讀書人，其中大部分在未做官之前，已養成對文學、經學、歷史、哲學或藝術真正的興趣，應付科舉考試所需修習的課業相對簡單，很難滿足他們心智上的需求。其實嗜好是有益的，它既是個人快樂的泉源，也是具有社會身分地位重要性的表徵，許多明清官員都追求昂貴的嗜好如以藏書與玩賞書畫珍奇為消遣，因藏書與玩賞書畫而揚名全國的官員、學者與新富，更可列出一長串。[45]在此只要說明全國上自皇親王子下到沒有官職的士子，都以收集書籍與藝術品為共同的嗜好便足夠了。有閒階級之中許多人一輩子都在建立他們的收藏。這樣的嗜好多半還傳之子孫，由他們承襲下去。甚至那些對文學與藝術研究沒有真正興趣的人，為了個人在社會上的威望，也追求這些嗜好。十六世紀初以來，精英分子嗜好的範圍更加擴大，所以當時的刻書業[46]與精美的文具、瓷器、銅器、青銅器、漆器、象牙與玉雕的生產大步向前發展，以應精英分子不斷增長的需求。

45　葉昌熾，《藏書紀事詩》。單是全國知名的藏書家，明代有427人，清代有497人。

46　有關印刷術的進步，請參看本書第5章的印刷一節。

　　十七世紀中葉，因流寇與改朝換代的戰爭，導致這種追求嗜好的風氣短暫地中止，但其後長期的和平繁榮使物質文化繼續發展，從而提升精英階層的享受嗜好。這種培育士人嗜好的風氣甚至擴散到滿清朝廷及其貴族的身上。[47]這種對書畫與藝術瘋狂的愛好在乾隆時代達到巔峰，這位喜好享樂的皇帝對藝術品的愛好在當時是首屈一指的。他開展了書法及古畫的收藏，再加上當代文人士大夫藝術家的作品，皇家典藏數目與範圍之大，可由其典藏目錄竟有三編二百四十卷之多得到證明。[48]皇帝在上所做的榜樣，有樣學樣的官員與新富日增，他們追求這種嗜好的熱情更是加倍。

　　對個人來說，有限度地發展這種花錢的精英嗜好是很有吸引力的，也不一定會導致立即的財政危機，但持續數代長久沈迷於這些活動，便會榨乾家財，這可由許多著名的藏書與藝術品收藏易手之頻繁得到證實。[49]事實上，十六世紀大藏書家與大收藏家興起之前，長江下游地區的富家為此精英嗜好而破產的，就相當普遍。[50]十六世紀以後，為熱愛此類嗜好而破產的案例更是大為增加。茲舉鉅富安岐(生於康熙二十二年，1683)為例，他先在長蘆，後來在兩淮經營鹽的運銷致富之後，就建立書畫精品的私人收藏，其收藏之豐，除明代的浙江嘉興大收藏家項元汴(嘉靖四年至萬曆十八年，1525-90)之外，無人能出其右。安岐家的收藏品大部分來自四個著

47　Hummel(恆慕義)，*Eminent Chinese*(清代名人傳略)；參見書中的〈玄燁〉、〈明珠〉、《(納蘭)性德》、〈索額圖〉等條目。葉昌熾，《藏書紀事詩》，頁192-93，〈果親王〉〈怡親王〉。

48　《石渠寶笈》、《石渠寶笈續編》、《石渠寶笈三編》，均出版於民國七年(1918)。

49　葉昌熾，《藏書紀事詩》，頁75、89、100、113、123、157、158、160、161、163、164、171、176、177、194、203。

50　陸容，《玉堂漫筆摘抄》，頁10b。

名家族：沒落的項家，吏部侍郎與著名的書畫解題《庚子消夏錄》的作者孫承澤(萬曆二十一年至康熙十四年，1593-1675)，大學士梁清標(萬曆四十八年至康熙三十年，1620-91)與久任福建巡撫、後官至刑部侍郎的卞永譽(順治二年至康熙五十一年，1645-1712)。到了1720年代康熙、雍正之際，安岐的奢侈生活及其終身對藝術的熱情投入，所累積的影響開始發酵，終致被迫讓售其收藏。[51]

雖然安岐是一個特殊的案例，但還有一個精英嗜好耗損財富更典型的例子，即孔子的後人，廣東孔家。孔氏亦以運銷鹽而致富，其後成為著名的士大夫。[52]在十九世紀前半，孔家的書畫收藏全國著名，但是當光緒十八年(1892)，孔家最著名的書畫鑑賞收藏家孔廣陶出版了一本他們孔家藝術收藏品的目錄解題時，為這本書寫跋的士大夫朋友就已經說：孔家為財務需要所迫，已開始讓售累積三代所建立的書畫收藏。[53]

富裕的士人家庭錢氏的悲慘結局，則是眾多追求書畫鑑賞卻未能聞名全國的典型案例：

> 陽湖(江蘇南部的武進縣)錢素園，名履坦，善畫梅，工詩，精篆刻，尤善鑑別古書畫器物偽真，與從兄魯斯並有名公卿間。手創小園，鑿池疊石，植花木自娛，魯斯家居時賓客恆滿座……嘉慶丙寅(1800)素園客死吳門(蘇州)，後數年魯斯卒，魯斯子山簡，貧不能自存，以庚辰(1820)五月投水死。距魯斯卒時，未及十年，而魯斯所圍，所珍

51　Hummel, "An Ch'i(安岐)," *Eminent Chinese*.

52　《南海縣志》，卷13，頁57b-59a。

53　孔廣陶，《嶽雪樓書畫錄》，〈跋〉。

古法書名畫，散佚無存矣。[54]

雖然並非所有的藏書家、書畫鑑賞家都揮金如土，但是我們還是有
理由同意聰慧和樸實的王士禛關於中國老諺語「玩物喪志」真理的
闡發。雖然王士禛的好書畫沒有導致他立即破產，但這的確阻止他
改善他家庭的經濟地位。此外，這種士人的嗜好是有傳染性的，它
在不知不覺中腐蝕了許多年輕族人的上進心。也許就是對嗜好所
產生難以察覺影響的遲來覺悟，使王士禛引自己為例來告誡其子
弟。[55]明末與清代成功仕宦之子孫，因家庭追求嗜好，而從事於
書、畫、文學欣賞、學術研究，或收藏書籍、藝品、石刻、銅器，
終身全神貫注地投入，因而聞名全國，如果要把這些人以表列之，
這個表會相當長。他們可能會過著十分享樂的生活，然而其下代或
第三代的子孫能過什麼樣的日子，則不難想像。的確，長江下游地
區著名的畫家錢泳(乾隆二十四年至道光二十四年，1759-1844)總結
他多年來對許多藏書家和書畫鑑賞家家庭的觀察，說道：「素所讀
書作宦清苦人家，忽出一子弟，精於會計，善於營謀，其人必富。
素所力田守分殷實人家，忽出一子弟，喜談風雅，篤好琴書，其人
必窮。」[56]節儉的張廷玉也說：「人家子弟承父祖之餘蔭，不能克
家，而每好聲伎，好古玩。好聲伎者，及身必敗；好古玩者，未有

54　吳德旋，《初月樓聞見錄》，卷8，頁1a。

55　王士禛，《居易錄》，引自葉昌熾，《藏書紀事詩》，頁216-17。但《叢書
　　集成》本的王氏這本著作，未見此段記載。【譯者按】：王士禛引用自己沈
　　迷於購藏書癖為例說：「自知玩物喪志，故是一病，不能改也。亦欲使我子
　　孫知之。」(1989年，上海古籍出版社，《藏書紀事詩》，卷4，頁383。)

56　《履園叢話》，卷7，頁7b。【譯者按】：〈子弟〉條。

傳及兩世者。余見此多矣，故深以爲戒。」[57]

　　花錢的嗜好不過是有閒階級生活的一面而已，不可或缺的體面生活，蓄養大批家僕，資助窮親戚宗人的義務，在精英社群中經常舉行的奢侈宴會，是不利於儉省的。儘管傳統教訓注重節儉的美德，但社會與文化的環境，使有閒階級無法依傳統規範過生活。

　　官員與富有的士人所做的每一件事，新富們註定要超過他們；部分的原因是雖然成功的官員的收入已很富足，但要賺得最大的財富得從事經商；這些富有的商人新富的社會自卑情結促使他們走極端，晚明具非凡觀察力、並雲遊四方的謝肇淛便注意到這些富商在「妓、妾、爭訟」方面「揮金如土」，以及他們如何因爲急切地想擠入精英族群，而成爲受騙於假古董與書畫贗品的冤大頭。[58]

　　窮奢極欲的情況，在十八世紀的揚州達到頂峰，這裡是兩淮大鹽商的集中地，在一本當代介紹這一美麗城市的導覽書《揚州畫舫錄》中，有下列生動的描述：

> 揚州鹽務，競尚奢麗，一婚嫁喪葬，堂室飲食，衣服輿服，動輒費數十萬。有某姓者，每食，庖人備席十數類，臨食時，夫婦並坐堂上，侍者抬席置於前，自茶、麵、葷、素等色，凡不食者搖其頤，侍者審色則更易其他類。或好馬，畜馬數百，每馬日費數十金，朝自內出城，暮自城外入，五花燦著，觀者目眩。或好蘭，自門以至於內室，置蘭殆遍。或以木作裸體婦人，動以機關，置諸齋閣，往往座客爲之驚避。其先，以安綠村爲最盛，其後起

57　《澄懷園語》，卷1，頁14a-14b。
58　《五雜俎》，卷4，頁25b；卷7，頁26a-27a。

之家，更有足異者。有欲以萬金一時費去者，門下客以金
盡買金箔，載至金山塔上，向風颺之，頃刻而散；沿江草
樹之間，不可收復。又有三千金盡買蘇州不倒翁，流於水
中，波為之塞。有喜美者，自司閽以至灶婢，皆選十數齡
清秀之輩；或反之而極，盡用奇醜者，自鏡之以為不稱，
毀其面以醬敷之，暴於日中。有好大者，以銅為溺器，高
五六尺，夜欲溺，起就之。一時爭奇鬥異，不可勝記。[59]

　　當那些粗俗的「新富」以最變態的方式揮霍其財富，而那些文
雅的新富，則走向另一極端，把錢大量花在資助學者、詩人或花在
培養昂貴的藏書與書畫嗜好上。洪氏家族的「倚虹園」，自十七世
紀晚期以來，便因聚集一群士人與藝術家而增添光彩。自十八世紀
中葉起，馬家的「小玲瓏山館」，程家的「筱園」，鄭家的「休
園」，均為全國最知名的文學沙龍，在這裡舉行定期詩會，並提供
奢侈的娛樂與富厚的獎賞。馬氏兄弟馬曰琯(康熙二十七年至乾隆
二十年，1688-1755)與馬曰璐(康熙三十六年至乾隆三十一年，
1697-1766)，均為天才詩人與藏書家，他們把宅子作為各種文人雅
士全年無休的豪華招待所，並且在一些專業書販的協助下，建構最
精美的宋版、元版善本書藏書，置於「叢書樓」。這座叢書樓，同
時也以典藏書畫及碑拓聞名，是公認江北最好的藏書樓。乾隆三十
七年(1772)，當乾隆皇帝敕令開館編輯鉅大不朽的《四庫全書》
時，馬曰璐之子馬裕進呈大批珍貴稀有圖書，其中有776種由四庫
全書館繕寫。[60]

59　李斗，《揚州畫舫錄》，卷6，頁9b-10b。

60　Ping-ti Ho, "The Salt Merchants of Yang-chou: A Study of Commercial
　　Capitalism in Eighteenth-Century China," 156-57.【譯者按】：中文譯本見巫

這些人並非絕無僅有，大杭州地區七位私人藏書家中有五家是來自徽州，而且是以經商或從事鹽業而致富的，他們是吳氏、三位不同宗的汪氏與鮑氏。[61]其中最著名的是汪啓淑(雍正六年至嘉慶四年，1728-99?)與鮑廷博(雍正六年至嘉慶十九年，1728-1814)，汪啓淑於乾隆三十七年(1772)進呈524種善本書供四庫全書館繕寫，他又以收藏古代與近代的印章著名，乾隆十年至乾隆二十二年(1745-57)間曾將他的收藏編刊為四集的《飛鴻堂印譜》。鮑廷博也於乾隆三十七年(1772)進呈善本626種，也是清代數一數二的私人刻書家，在他生前及死後，鮑家獨資印行善本珍本書達三十集，彙編為《知不足齋叢書》。[62]

(續)————————————————————

　　仁恕譯，〈揚州鹽商：十八世紀中國商業資本的研究〉，《中國社會經濟史研究》，1999年第2期，頁59-76。又據《揚州畫舫錄・虹橋錄上》：虹橋修禊，元崔伯亨花園，今洪氏別墅也。洪氏有二園，「虹橋修禊」為大洪園，「卷石洞天」為小洪園。大洪園有二景，一為「虹橋修禊」，一為「柳湖春泛」。是園為王文簡賦〈冶春詩〉處，後盧轉運修禊亦於此，因以「虹橋修禊」名其景，列於牙牌二十四景中，恭邀賜名倚虹園。

61　吳家著名的成員有吳焯(康熙十五年至雍正十一年，1676-1733)及其子吳城(康熙四十二年至乾隆三十八年，1703-73)與乾隆三十五年(1770)舉人吳玉墀。汪家最早成名的是汪憲(康熙六十年至乾隆三十五年，1721-70)及其長子汪沅琇；第二有名的是主要以熱中收藏著稱的汪日章與汪日桂(卒於嘉慶四年〔1799〕)。對這些活動的概略論述，參閱Nancy Lee Swann(孫念禮)，"Seven Intimate Library Owener(七位私人圖書作藏書家)," *Harvard Journal of Asiatic Studies*, I(1936), pp. 363-90。亦參閱Hummel, *Eminent Chinese*, "Wang Hsien(汪憲)" 他們都被當作徽州商人的子孫，而在《兩淮鹽法志》(嘉慶十一年〔1806〕刊本)有傳。

62　Hummel, *Eminent Chinese*, "Pao T'ing-po(鮑廷博)"條與"Wang Ch'i-shu(汪啓淑)"條。【譯者按】：汪啓淑以家藏古銅印及當時代百數十家印人篆刻蒐集而成。成書於乾隆四十一年(1776)。全書五集二十冊四十卷，總錄印數約為三千五百方，皆附註釋文及篆刻者姓名。《知不足齋叢書》是清乾嘉間大

　　長江下游以外，十九世紀的廣東也是一些鉅富的落腳地，其中最富有的十三公行家族伍氏與潘氏，不讓十八世紀長江下游的商業鉅子專美於前。伍家顯赫的浩官三世(Howqua III，伍崇曜〔1810-63〕)，在他晚年與死後不久刊印一部多達三編三十集的大型叢書，名爲《粵雅堂叢書》。潘家最有文化的潘仕成，在道光十二年(1832)因爲慷慨解囊救災而獲皇帝嘉獎賜予舉人身分，他也接著伍氏刊行一部部頭稍小但非常有用的叢書《海山仙館叢書》。[63]

　　毋庸諱言，杭州與廣州的富商家族也和揚州的兩淮鹽商一樣，營建豪華別莊，收藏藝術品，贊助學者，豪華鋪張地款待宴請賓客。不難理解的，當一個人致富後，更多的財富並不必然帶來更高

(續)───────────────────
　　藏書家鮑廷博父子刊刻的著名叢書。全書三十集，其中前二十七集由鮑廷博所刻，後三集由其子鮑士恭續刻。共收書208種(含附錄12種)；所收皆爲首尾完整的足本，多爲稀有的抄本，校讎極精。

63　Hummel, *Eminent Chinese*, "Wu Ch'ung-yüeh(伍崇曜)"條與 "P'an Shih-ch'eng(潘仕成)"條。【譯者按】：(1)Howqua係伍家創辦怡和行的第一代伍國瑩所取之商名，而爲子孫所沿用。本書原來以Howqua III爲伍崇曜，然據梁嘉彬，《廣東十三行考》(廣州：廣東人民出版社，1999)，頁286-289，〈(四)關於Howqua III之考證〉與〈(五)關於Howqua IV之考證〉，Howqua III是伍秉鑑第四子伍元華，而Howqua IV才是伍秉鑑第五子原名伍元薇的伍崇曜。(2)《粵雅堂叢書》，由伍崇曜出資，譚瑩校勘編訂，於道光三十年(1850)至光緒元年(1875)在廣州刊刻，匯輯魏至清代著述，凡3編30集185種1347卷，爲清末與《知不足齋叢書》《士禮居叢書》《守山閣叢書》齊名的最有影響之綜合性大型叢書。(3)潘仕成道光十三年(1833)參加順天鄉試，中副榜貢生。樂善好施，爲京城、廣東等地多次賑濟捐資，一次竟達13,000兩白銀之多。後來又捐資13,500兩搶修廣州貢院，出資爲小北門至白雲山鋪設石路等。因捐巨款賑濟北京災民，獲欽賜舉人。(4)《海山仙館叢書》：海山仙館是潘仕成坐落在荔枝灣的園林，潘氏不惜斥巨資刻印《海山仙館叢書》56種492卷，分編經、史、子、集四部，共120冊。

的社會聲望；相反地，只有爲文化目的而揮霍才能得到更高的聲
望。現代學者可能會提出這樣的論點，認爲這些富商家族若能善於
經營事業與投資，即使大量花費，應該能繼續維持其財富。但實際
的情況是明清時代的社會環境，很難導致發展出像十七、十八和十
九世紀歐洲那樣自發的資本主義體制。

　　首先，販賣一些民生必需貨品之特權，如在政府專賣制度下的
茶與鹽，至此還是最易致富的方法。這類特權是世襲的，但也不易
以兼併其他有執照的商人的方式來擴張其財富；因此，這些鹽商、
公行與其他重要商人集團的活動，均具包稅性質，而非自生性的個
人企業。其次，在這些少數壟斷專利的行業之外，獲利的投資機會
極爲有限。第三，企業管理通常是家族主義的延續，充斥著裙帶關
係、沒效率與不合理的情況，以致從長遠來看，會導致這些壟斷專
利貿易的衰落。而且這些家族雖從政府取得壟斷專利權，但不可避
免經常受到政府的榨取。[64]

　　當代對於那些新富衰落的記載，必然大不如述說他們繁榮的
多，但仍可得知他們最終衰落或破產的情形。例如，著名的揚州導
覽書的作者李斗就簡要地提到不少富商擁有的豪華別莊，在十八世
紀末以前便已易手。[65]活到道光二十四年(1844)的畫家錢泳也見證
了許多破產的案例。[66]馬氏兄弟去世之後幾十年，一位學者看到盛
極一時的小玲瓏山館破落和被變賣而觸景傷情。[67]更爲人所知的是
著名的藏書家與士大夫程晉芳(康熙五十七年至乾隆四十九年，

64　這概括性的分析是基於我的〈揚州鹽商〉與《中國人口史論》(*Studies on the
　　Population of China, 1368-1953*)，頁204-206。

65　李斗，《揚州畫舫錄》，全書。

66　錢泳，《履園叢話》，卷6，頁7a-7b，14b；卷20，頁7b。

67　李桓，《國朝耆獻類編》，卷435，最末論述馬曰琯的文章。

1718-84)，也是擁有筱園的最重要大鹽商家族的成員，後來不得不出讓其五萬卷藏書，甚至到他死前還欠詩人袁枚(康熙五十五年至嘉慶三年，1716-98)五千兩銀子。[68]關於一個鉅大家族財富的耗散，請參看本書〈附錄〉的案例12更詳細的個案研究。

第六節　家庭制度

從長遠來看，使家庭財富不再增加的基本因素之一，是中國家庭制度的運作。雖然在整個中國歷史中，的確出現過大家族，但後封建時期的中國人通常是住在以夫婦爲基本單位擴大出來的大家庭中。從宋代理學興起後，強化了宗族制度的力量，但眞正的經濟單位仍然是家庭，而不是包括所有父系子孫的父系繼嗣宗族。[69]「父系繼嗣團體」對於社會流動的影響，將在下一章做概括討論。在這裡我們要討論的是導致家庭財產耗損的主要原因，也就是不實行長子繼承制度。

長子繼承制是古代封建貴族宗族制的核心，比封建制度之存在多兩世紀。公元前206年，前漢帝國創建之後，爲皇帝諸子設置封

68　何炳棣，〈揚州鹽商〉，頁159。

69　Hu Hsien-chin(胡先縉), *The Common Descent Group in China and its Functions* (中國宗族及其功能), Introduction and ch.1.【譯者按】：胡先縉女士爲哥倫比亞大學人類學博士，是1940年代末在哥倫比亞大學進行的「當代文化研究」(Research in Contemporary Cultures)的「中國小組」華人成員之一。另外的重要著作有*Emotions, Real and Assumed, in Chinese Society* (New York: Institute for Intercultural Studies, Columbia University, 1949) 與"The Chinese Concept of Face," *American Anthropologist*, 46 (1944), pp. 45-64.中譯參見黃光國譯，〈中國人的面子觀〉，收入黃光國(編)，《中國人的權力遊戲》(臺北：巨流出版公司，1988)，頁57-84。

國，也賜予建國有功異姓的大臣與武將諸侯爵位與封地；於是在中央集權帝國的架構下，有一部分地方恢復實施封建制度。但經由中央政府的高壓手段，非劉姓皇室的諸侯於公元前二世紀末都失去封地，而同姓諸侯王國則在元朔二年(127B.C.)實施推恩令後，逐漸廢除長子繼承制，實行諸子均分；於是「眾建諸侯而少其力」，以分散而削減諸侯王國的力量。[70]

因此，在過去二千多年以來，無論社會地位的高低，通常當家長去世時，家產必定要分割。從歷代正史對於少數家族能夠數代同居共財而不分家，稱為美德模範並予以高度褒揚這一事實看來，它反映著不實行長子繼承制的永久性影響。[71]一位近代的社會學家總結說：「事實上，傳統中國的一般家庭都不能連續超過三代同堂，而且分家的過程還一直在持續中。」[72]

的確，到了宋代，一般人必須靠自己的本領才可攀上社會階梯，世襲門閥家庭已成過去，要求恢復上古宗族制度與長子繼承制度的聲音時有所聞。理學家如程頤(宋仁宗明道二年至徽宗大觀元年，1033-1107)與朱熹(宋高宗建炎四年至寧宗慶元六年，1130-1200)就主張恢復長子繼承制度與抬高宗子(長房的長子)的地位，希望藉此使祖產的完整性能永久維持，宗族才不致衰落。[73]但在實際的社會實踐上，宗子幾乎只是個名義上的角色，對其他族人既未

70　司馬遷，《史記》，卷112，〈主父偃列傳〉(tr. by Burton Watson, *Records of the Grand Historian of China* II, pp. 225-38)；亦見於班固，《漢書》，卷6，〈武帝紀〉。

71　瞿同祖，《中國法律與中國社會》，頁3-4。

72　Hui-chen Wang Liu(劉王惠箴), *The Traditional Chinese Clan Rules* (傳統中國的族規)，p.70.

73　Hu, *The Common Descent Group in China and its Functions*, p.27.

享有更大的權威，也分不到更多的財產。[74]一項基於傳統中國族規的大規模研究，對於分割家產的作法做了簡要的說明：

> 諸子均分祖產的原則，依各地風俗有所不同。有些地方，長子分得雙分，因為他比弟弟們有較多成年的子孫，或者是部分地模仿上古封建時代的長子繼承制度。通常嫡子比庶子分得的要多，但許多地方並不許偏離（平分祖產的）原則。[75]

雖然因為理學與更古老的教訓不喜愛保存這樣的分家記錄，所以有關分割家產的詳細描述並不多見，但仍然有些具體的實例，可顯示分產的經濟效應。例如嵇曾筠的四子嵇璜，官至湖北道臺與署布政使，中年早逝，當他的夫人仍然健在時，其家產就分為五分，四個兒子各得一分，每分不超過200畝，剩下的第五分則劃為宗族的永久祭田。雖然嵇曾筠的曾孫嵇文甫曾說這個出過兩位大學士的家族所留下的家產，不過是「中人之產」，這樣的說法，無疑有誇大之嫌；但他說他分家所得不過中人之產，卻可能是真實的描述。[76]再舉另外一個例子，官至大學士的彭蘊章（乾隆五十七年同治元年，1792-1862），其著名的祖先中，有彭定求（順治二年至康熙五十八年，1645-1719），康熙十五年（1676）廷試一甲第一狀元；彭啓豐（康熙四十年至乾隆四十九年，1701-84），雍正五年（1727）廷試一甲第三探花，官至兵部尚書。當嘉慶五年（1800）兄弟姊妹分家之時，彭蘊章所得的一分，只夠他繼續學業與準備科

74　同前注，頁28。

75　Liu, *The Traditional Chinese Clan Rules*, p.69.

76　《嵇氏宗譜》，卷8，頁9a-9b，26a。

舉考試而已。道光六年(1826)還被迫參加一項特考以求得低級教職來資助家用。[77]如果不是他後來榮登科甲及官至大學士，則彭家一定會繼續其向下流動的趨勢。

著名的日記作者王闓運(道光十三年至民國五年，1833-1916)的高祖在湖南湘潭有良田萬畝，是當地首富，其後家產由五子所分，經過三代的再分產與揮霍無度，闓運的父親只能做小商人維持家計，其叔父也只能在村塾教書維生。[78]一位勉力向上的人物汪輝祖(雍正八年至嘉慶十二年，1730-1807)，乾隆四十年(1775)進士，以畢生積蓄購田九十畝，捐四十畝給宗族祭田，剩下五十畝由其五子平分，每人只分得十畝。五子中有兩子是庶出的，必須留在鄉下做小自耕農。[79]

或許因為遺產繼承均分的習慣常會引起兄弟、有時也包括遠親間的財產紛爭一類令人厭惡的事，因此大量的族訓中均禁止族人對遺產的爭論與訴訟；[80]孤兒寡婦往往難以抵擋貪婪的叔伯或更遠親戚侵占其財產。[81]不用說，家產的減少與每一房人的人口多寡成正比，南宋袁采注意到分產的習慣使那些子孫人數較多的那一房加速沒落，這個法則在明清也一樣適用。[82]

為了與中國對照，托尼(Tawney)教授講了一句幽默的話：「如果養幾隻小貓，只需保留一隻；就把其餘的都丟進水裏，任其飄

77　彭蘊章，《彭文敬公全集》，《歸樸龕叢稿》，卷8，頁6a，11b。

78　王闓運，《王湘綺先生全集》，其子所作的序言。【譯者按】：在全集所收錄王代功(王闓運的兒子)，《湘綺府君年譜》，頁1b-2a，〈序〉。

79　參見本書〈附錄〉第14案例。

80　Liu, *The Traditional Chinese Clan Rules*, pp.62-63.

81　參見本書〈附錄〉第11和19案例。

82　為許多後來類似的著作所引用，見《古今圖書集成》，〈家範典〉，冊321，頁11b；冊326，頁10a與頁16b-17a。

蕩。」英國傳統的公侯士族之所以能保持名位財產，歷數百年而不衰，正是由於長子繼承法的無情而有效。[83]

中國的家族制度則與英國不同，由於一直處在經濟均分的過程中。關於家產的不斷地減少與高地位家庭無法延續其地位之間的關係，以保守正直著稱的都御史葛守禮(弘治十八年至萬曆六年，1505-78)有最犀利而精闢的見解。他退休後把千畝田捐給宗族，規定這些族田永遠不准分割或讓渡，當時他說：「夫宗法(上古以長子繼承爲核心的宗法)不立，則天下無世家；天下無世家，則朝廷無世臣。」[84]無怪乎，明清時代的中國不能有像十八世紀英國那樣視爲當然的「命定的議會議員(predestined parliament men)」；因爲「命定的議會議員」，只有經由長子繼承制度與給予貴族保有有地產完整性的特權，才可能存在。而長子繼承制度與保有繼承地產完

83　Richard Henry Tawney（托尼），"The Rise of the Gentry, 1558-1640,"〈紳士之興起〉*Economic History Review*《經濟史評論》XI, no.1（1941）.【作者按】：傳統英國大貴族地產雖不分割，只傳給長子，但次子、幼子卻得到父親其他方法資助，次子往往成爲下議會議員，幼子亦可成爲海商股賈或改府官員。當時土諺甚至認爲次子幾可視爲先天注定的下議會議員，這種社會現象，非深悉十七、八世紀英史者不易瞭解。【譯者按】：托尼(1880-1962)，英國著名的經濟史家、社會批評家、基督教社會主義者、成人教育家。曾先後任教於格拉斯哥大學、牛津大學，並擔任倫敦大學政經學院經濟史教授。其代表作有*The Agrarian Problem in the Sixteenth Century*《16世紀的土地問題》(1912)、*The Acquisitive Society*《貪婪的社會》(1920)、*Religion and the Rise of Capitalism*《宗教與資本主義的興起》(1926)、*Land and Labour in China*《中國的土地和勞工》(1932)等。托尼也是一名積極的社會-政治活動家和改革家，他服務於不少公共教育團體並長期擔任英國政府的經濟顧問。五十多年持續的社會實踐及其思想和人格，爲他贏得了極大的聲望和尊敬。

84　葛守禮，《葛端肅公集》，卷7，頁17b-19b(【譯者按】：〈德滋堂記〉)。要注意的是一些宋代理學家也說過類似的話，但葛守禮表達得較好。

整的特權，正是十九世紀英國改革時代(Age of Reform)來臨之前政
治權力最重要的資源。[85]

第七節　小結

　　高地位家庭均可能因下列任一因素，導致長期的向下流動：
(1)未給子女適當教育。(2)基於個人能力而非家庭地位的競爭性科
舉考試制度。(3)高級官員只享有限的蔭敘制度。(4)有閒階級的生
活方式與文化表現。(5)未實行長子繼承制致使家產稀薄化。前四
項爲變數，第五項爲常數。特別要注意的是在幾代之內，通常是兩
三代，這些因素會同時發生作用，如果沒有新的科舉成功，向下流
動的進程會進一步加速。

　　雖然向下流動的資料，並沒有像向上流動的進士祖宗資料那麼
有系統，但見識淵博的王世貞(嘉靖五年至萬曆十八年，1526-
90)，根據他對明朝制度的瞭解，指出：從明朝創建到王世貞的晚
年，近兩個多世紀中，只有二十二個家庭能連續兩代都出一位尙
書，三十三個家庭連續兩代各出一位三品以上的京官，其中只有三
個家庭接連三代每一代都能出一位三品以上的京官。福建福州的林
家則更特別，接連三代每一代各出一位尙書。整個明朝，只有杭州
江家與四川巴縣劉家，能連續五代每一代都出個進士。[86]

　　有理由相信，清代有少數著名家庭的卓越記錄超過明代，張家
包括張英在內的六代中，每代至少成功地出一名進士，而且都能得
到入選爲翰林院成員的額外榮譽。但如果細稽家譜，則長期的向下

85　Sir Lewis B. Namier, *The Structure of Politics at the Accession of George III*,
　　ch.1.

86　王世貞，《弇州史料・後集》，卷42。

流動的趨勢，從統計數字上看來就相當明顯。

　　潘光旦教授，這位居領導地位的社會遺傳學家，他對著名家族透徹而出眾的研究論著，值得我們注意；他研究明清兩代浙江嘉興府九十一個望族，挑戰封建時代以來廣爲接受隱含長子繼承制度的成語：「君子之澤，五世而斬」。根據潘教授從家譜、傳記和方志爬梳出來的信息可知，一個望族平均可延續八代，而非五代。[87]表面上，他的結論不但與我們這一章的結論不符，而且也和一項用現代方法研究前漢貴族子孫所提供的統計結果不同，但該項研究證明著名成語「五世其昌」是過分樂觀的說法。[88]這些不同的結論，主要是不同的觀點與標準所造成，潘教授從遺傳學的觀點來研究，注重家族的生物性延續，而不是其社會地位的卓越。潘教授的標準是當一個親戚的名字廣泛在史料中出現時，這一世代不論其社會身分地位如何，都被認爲是「顯赫」的。如眾所周知，一個「父系繼嗣團體」包含的男性成員，如果不是幾百，至少也有幾十。常見的現象是雖然一個宗族整體而言已處於衰落的進程中，但總會有一、兩房仍能出一、兩個能夠在地方上留名的人。一般而言，一個人不一定要得到比貢生更高的科名才能列名於地方志中。事實上，甚至以最寬泛「顯赫」的標準，一個普通的宗族約在八代中便會被人完全遺忘，這似乎肯定了基於社會學和計量觀點所做的研究發現。

　　值得一提的是在時代與性質上，晚清給人的印象與王世貞爲明代收集的資料所顯示的，有所不同。在少數能找到的生員名冊中，

87　潘光旦，《明清兩代嘉興的望族》。【譯者按】：「君子之澤，五世而斬」
　　語出《孟子離婁下》。話意爲成就了大事業的人留給後代的恩惠福祿，經過
　　五代人就消耗殆盡了；因爲子孫們坐享其成，不思進取。

88　吳景超，〈西漢社會階級制度〉，《清華學報》，第1卷9期(1935年10月)。
　　【譯者按】：本書原來誤爲IX, no.1(9卷1期)。

有兩部完全依地方宗族排序，這兩個地方是江蘇南部的通州及其鄰近的海門廳。兩部生員名冊的編者，在其序言中都提到，一個宗族要在幾代都產生擁有初階科名的族人，是相當困難的。[89]政治家曾國藩(嘉慶十六年至同治十一年，1811-72)，儘管事業上有特殊的成就並獲封侯爵爵位，也曾說他的後代如果能每一代出一個擁有生員身分的人，就很感激了。[90]從我們的研究結果看來，他的願望並非過謙。

89　《靜庠題名錄》與《通庠顯名錄》二書的序言。
90　引自《靜庠題名錄》序言。

第五章

影響社會流動的因素

　　若干制度化與非制度化的因素，對明清時代社會流動起了重要的作用；系統性地分析這些因素，有助於我們理解不同時期「機會結構」(Opportunity-Structure)的變遷，及解釋本書第三章所揭示的長期變遷的社會流動趨勢。這一章要討論本書第四章所解釋的那些導致社會向下流動的因素之外，所有與社會流動相關的因素。

第一節　科舉與官學

　　自公元七世紀以後，競爭性的科舉制度對於社會流動的影響日漸顯著；這個制度逐漸打破初唐西北關隴世族的政治壟斷，這些漢族與非漢族貴族所組成的集團，在隋文帝開皇九年(589)統一中國的過程中，扮演關鍵性的角色。雖然不大可能估算唐代政治社會流動的數量，但這些由進士科出身的政治新貴很快地團結成為一個強力的集團，與貴族爭權。這些貴族雖然不再能壟斷政治，但直到唐末仍然享有高度的社會優勢；要等到五代(907-60)，在戰亂中，唐朝貴族世家才走上衰落與最後滅絕之路。貴族的衰亡，隨後在宋朝，進一步創造了平民進入仕途的機會，雖然直到北宋末靖康元年(1126)，真正貧寒與非士人家庭出身的平民，在科舉—政治成功的機會有多大，仍值得懷疑。[1]

　　科舉考試永久制度化，部分地實現了孔子的原則，也就是必須以個人的才能來選定統治階級的成員。但自隋朝開科取士以來，已歷三個多世紀，政府最關注的，只是將科舉制作為選補官僚人員的管道，而非提供教育設施給立志做官的人。換言之，從七世紀至宋

1　這個說法是我根據自己抽樣閱讀宋人傳記所得到的印象，有待宋史研究專家進一步的專門研究來確認或修正。

初，除了維持歷史悠久的國子監之外，朝廷從未視公眾教育爲政府重要職能，而國子監有時候也是名存實亡的。[2]教育是非常私人的事，幾乎完全視個人的家庭背景與機會而定。宋朝立國之後，朝廷的基本政策逐漸導向解決公眾教育問題。爲壓抑與掃除殘餘的藩鎮勢力，宋朝初年，朝廷大力提升文官的威信與權力，而逐漸將科舉考試制度視爲重要的政治社會流動管道。致使許多認眞的省級和地方官員考慮比考試制度本身更根本的問題，即開設官學作爲訓練舉子的場所。因爲沒有官學，則給予所有人平等教育機會的眞正儒家理想，便不能實現；科舉考試制度反而只有利於那些有能力受教育的人。公眾教育的原則是無可爭論的，因爲從公元前二世紀起，已有一些「模範官員」零零星星地建立爲數不多的官學。[3]

　　從宋代史籍中可知，宋代最早的官學，係眞宗乾興元年(1022)山東西南部兗州一位知府倡議設立的；次年，皇帝賜予土地作爲維持學校的經費，於是它成爲全國第一個正式的府學。後來，雖然也有些官吏仿效，但這始終未受政府重視，直到仁宗慶曆三年(1043)變法派政治家范仲淹出任宰相時，情況才有了變化。[4]慶曆四年(1044)，在仁宗皇帝自己主持的一次廷議後下詔說：缺乏公眾教育設施使許多有天分的人不能盡其才爲國家服務，於是詔令天下路府州縣設立學校。但由宋人筆記文集記載可知，慶曆四年詔令所預設

2　方豪，《宋史》，頁70。

3　參照本書第1章，注37。【譯者按】：本書所謂的"Public School"(官學)泛指府州縣儒學與國子監。

4　方豪，《宋史》，頁66-68。又參閱James T. C. Liu(劉子健), "An Early Sung Reformer: Fan Chung-yen," in J. K. Fairbank(費正清), ed., *Chinese Thought and Institutions*.中譯本參見劉紉尼譯，〈宋初改革家：范仲淹〉，收入《中國思想與制度史論集》(臺北：聯經出版公司，1976)，頁123-162。

的目標與實際情況有很大的差距，直到宋末，好的官學只是例外而不是普遍的。

其原因在於：第一，朝廷不久就陷入長期而密集的黨爭所苦。而靖康元年(1126)國都開封失陷後，政府又被迫南渡，導致朝廷不能持續關注公眾教育。第二，缺乏永久性的基金與捐款，使一般府縣難以開設官學，少數設立成功的府學，幾乎全靠官員的提倡和地方上的支持。儘管地方上願為教育而熱烈慷慨捐輸，校產卻經常會減少，或為貪污腐化的地方官所侵占。第三，慶曆四年的詔令並非有心實施的辦法，關於教師的產生、選任與維繫並無固定的規定，甚至在設有官學的一些府中，在詔令公布後很長的一段時間，教師僅由知府的下屬官員兼任，他們只能用一小部分時間來教書和監督管理學校。雖然神宗元豐元年(1078)，有一道詔令要各省府官員任命有官品的專任教師，但全國上千個縣僅有教師五十三名。當時教師的選任相當嚴格，但由於官品太低，薪資太少，而不得不以打雜維持生活。[5]

宋代教育運動雖發展有限，但太學卻有長足的進步，從一個有名無實的機構逐漸發展成全國最高學府。在靖康元年北宋滅亡之前，太學生入學人數曾高達三千八百人，北宋滅亡之後人數最多時也有一千七百人。[6]

儘管宋人已對科舉考試與官學兩者間的邏輯關係有很好的了解，卻沒把兩者整合為一體。但從明初開始，考試與學校制度不再分開，洪武二年(1369)，明朝開國君主明太祖下詔天下府州縣皆立學，教師由政府指派，經費永久由政府基金支持。洪武三十一年

5　趙鐵寒，〈宋代的州學〉，《大陸雜誌》，第7卷10、11期(1953)。
6　同前注，第7卷4、5期(1953)。

(1398)，明太祖結束他的長久統治之前，在他有效統治的地區內已設有學校約一千二百所。[7]到十五世紀前半，許多軍衛或駐軍指揮部也設立了學校。[8]隨著中國內陸國境的繼續擴展與向來是少數民族地區的漢化，到嘉慶十七年(1812)官學已增至一千七百四十一所，到光緒十二年(1886)更增至一千八百一十所。[9]明初規定：每一府學置教授一人、訓導四人，縣學設教諭一人、訓導二人；於是全國有好幾千個學官。[10]雖然官階與俸祿比較低，但明初的統治者對學官很尊重，常指派著名學者任教職，又常擢升有才的學官為政府高官。[11]事實上，教職逐漸多由官場上沒有出路的舉人、貢生擔任，明代中期以降，舉人、貢生已充斥於官僚階層的下層，而學校作為地方學術中心的價值日減。然而明清二代官學仍保留若干重要功能：第一，他們監督生員的日常課業，管理政府獎學金或廩餼公

7　這個洪武年間(1368-98)設立的府州縣學的數字，是我根據大部頭的地理志《大明一統志》計算出來的，由於缺頁的關係，我較傾向於取其整數一千二百。

8　見聞廣博的陸容在他那本廣為人引用的《菽園雜記摘抄》卷3頁22b敘述道：「本朝軍衛舊無學」。洪武朝已有一些軍衛設立衛學，永樂朝(1403-24)與宣德朝(1426-35)，尤其是正統朝(1436-49)軍衛設立衛學更多，《大明一統志》中還標明衛學設立的年代。【譯者按】：陸容說：「今(明代中期，正統元年至弘治九年〔1436-1496〕)天下衛所幾與府州縣同治一城者，官軍子弟皆附其學，食廩、歲貢與民生同；軍衛獨治一城，無學可附者，皆立衛學。」

9　《學政全書》(嘉慶十七年〔1812〕版)，卷66-68，與《大清會典事例》(光緒二十五年〔1899〕版)，卷370-81。分省的數據表見Chang Chung-li(張仲禮), *The Chinese Gentry*(《中國紳士——關於其在十九世紀中國社會中作用的研究》)，表15與表16。

10　章潢，《圖書編》，卷107；徐學聚，《國朝典彙》，卷129，頁1b。

11　徐學聚，《國朝典彙》，卷129，頁3b。

費。第二，在貧窮與邊遠的地方，學校經常是唯一提供基本圖書設備的場所。第三，朝廷經由學校控制人數龐大的生員群體，從中選拔中高階科名的舉子與官員。於是學校與科舉考試制度就統整在一起了。

　　將學校與科舉考試制度的統整，明清朝廷試圖於地方、省與全國三個不同的層次之上，控管舉業造成的社會學術流動量。朝廷的控管政策，依各時代統治者的需求及其控管的意願而不同，對社會流動的作用也因時而異。一般說來，朝廷對高階科名進士員額的控管，比中階的舉人、貢生和初階科名的生員更為嚴格；因為進士選拔與政府官員的供需直接相關。歸納明清科舉的發展，明初對寒微出身的人採取較寬大和同情的政策，但從康熙二十二年到乾隆六十年(1683-1795)，當滿清統治權力逐漸發展到最高峰時，則改採非常嚴格的政策。朝廷政策的轉變，正好與本書表9所顯現的社會流動長期變遷的主流趨勢相符，也就是從十六世紀後期開始，出身祖宗三代均無科名或任官的A類進士所占的百分比，持續降低。

　　首先要討論朝廷對初階社會學術流動的規定。幾乎從明朝創建開始，政府就對那些通過一系列地方考試的人授予生員科名，他們因而取得參加省級科舉考試鄉試的正式資格。生員名額的比例是固定的，京城所在的府城是六十名，一般府城四十名，州三十名，縣二十名。所有生員均就學於府城或州縣城內的儒學，接受學官的教學、定期學業考試與訓導。生員免除徭役，享受免費住宿與廩食月米六斗，洪武十五年(1382)月米增至一石，其他魚肉鹽醋之類也由官給。[12]明朝的這一改革很重要，原因有二：第一，標示科舉考試

12　除非另有說法，此處討論的明代生員的學則是根據《大明會典》(弘治十五年〔1502〕與萬曆十五年〔1587〕版)，卷76-77。【譯者按】：萬曆十五年版《大明會典》是卷77。

的秀才、舉人、進士三項正式科名與資格制度的開始，這個制度一直維持到光緒三十一年(1905)最終廢除爲止。第二，標示一個啓蒙的、全國性的獎學金制度的創始，這個制度是基於儒家注重個人賢能的原則建立的。在一個需求簡單的時代，公費月米一石大致足夠讓一個勤奮向上的青年可以衣食無憂地集中精神念書，尤其生員不但自己本身可免徭役，另外還可免除家中兩個男丁(如果有)的徭役；於是大大地減輕全家的財政負擔。

　　雖然明清甄選生員制度，對中國史研究者來說，是眾所周知的常識，但實際上這個制度在明代的變遷，在明朝的法令中，並無明確的記錄；而且明初對生員的規制，與清代基本上是不同的。清代生員名額，是在每一考試舉行年度應錄取的人數，而明初的名額，則是全國各地生員的累積總數。假定到建文二年(1400)左右，全國有一千二百所儒學，後來加上新設衛所的衛學及西南的儒學，到景泰元年(1450)左右，全國的學校約增至一千三百所；若進一步假設每一學校平均入學人數爲二十五人，則建文二年全國生員總數應有三萬人，當景泰元年全國人口數字比明初的六千五百萬增加許多時，全國生員總數應該有三萬二千五百人。[13]

　　爲了適應一般對名額增加的需要，政府在洪武十八年(1385)增加了一種不限名額的學生——「增廣生員」(增生)。*原設生員與增廣生員具體的差異，在於後者雖通過地方政府舉辦的資格考試後也可參加鄉試，但不像原設生員一樣有享受公費的權利。此後，享

13　Ping-ti Ho, *Studies on the Population of China, 1368-1953*, chs. 1 and 11.

*　【譯注1】：據《大明會典》(卷78，頁1，〈學校・儒學〉)，增生始設於洪武二十年(1387)，「令增廣生員，不拘額數」。《明太祖實錄》(卷186，頁3a)洪武二十年十月丁卯，「增廣生員，不拘額數，復其家」。則增生始設於洪武二十年，非本書所云十八年。

受公費待遇的生員被稱爲「廩生」（【譯者按】：《明史・選舉志》謂「廩生」稱「廩膳生員」），是全體生員中資深而有才華的群體。至宣德三年(1428)才確定增生的額數與「廩生」相同，於是在理論上，生員人數比原來增加了一倍。正統十二年(1447)，接受一位知府的請求，禮部通令天下學校，如果民間聰明而學問優良的子弟人數多，超過原來生員額數，准許增廣資淺的生員名額，不限額數，稱爲「附學生員」，通常簡稱「附生」。[14]

　　雖然隨著名額的一再擴大，生員的額數大增，但是明初政府仍維持相當嚴格的學規，而且經常設法減少長年累積下來的生員額數。自洪武二十四年(1391)起，頒布一系列的法令，規定生員在五、六或十年內未通過鄉試者，一律退學而降爲地方政府胥吏或平民。[15]之所以如此嚴厲規定，是因爲地方上生員名額有限，只有經常審查淘汰，才能留下空缺給其他有才能者。*透過如此少量優選

14　《明英祖實錄》，卷151，頁2b-3a。又見《明會要》，頁410。

15　俞汝楫，《禮部志稿》，卷24；亦見顧炎武，《日知錄集釋》，卷17，頁1a-3a。【譯者按】：據《禮部志稿》卷24〈考法〉所載，退學並非因爲長年考不過鄉試，而是提學官每年主持的歲考；洪武二十七年，規定「生員入學十年之上，學無成效，送部充吏」。宣德三年，又規定：「廩膳，十年之上學無成效者發附近布政司、直隸發附近府州充吏；六年以下鄙猥無學者，追還廩米爲民。」正統元年，更進一步詳定：「廩膳，六年以上，不諳文理者充吏；增廣，六年以上，不諳文理者爲民。」天順六年再詳加規定：「生員考試不諳文理者，廩膳，十年以上，發附近去處充吏；六年以上，發本處充吏。不諳文理者充吏；增廣，十年以上，發本處充吏；六年以上，罷黜爲民。」

*　【譯注2】：明代生員分廩生、增生、附生三等，其中只有廩生享受公費待遇，名額有限；必須等到廩生出了貢，成爲貢生或考中舉人，或考試成績不及格罰充吏及罷黜爲民等原因出缺時，才會由「增廣內考選學問優等者幫補」。增生出缺，則由在歲考和科考中等第高的附生補充。廩生與增生爲正

新生，和無情地嚴格淘汰舊生，才能維持一個總數很少的生員群體。南京禮部尚書在正統三年(1438)的一份奏摺上說：全國生員總數大約只比三萬稍多一點。也就因為在制度上，士子要想獲得第一個科名相當不容易，並且嚴格地遵循注重個人文才的原則；明朝初年遂能成功地阻止過多的人參加鄉試以上的高科名考試，避免過度浪費社會資源。[16]

同時，由於人口穩定成長，全國廣泛地察覺到教育是攀昇社會地位的重要途徑；因此，明初維持小數額生員的政策，無法長期維持。增生名額雖於景泰元年(1450)廢除，但隨後便恢復，並於成化三年(1467)又規定額數，永為定制。由京師地區一句流行的諷刺話語，可反映出當時一般人的情緒，他們說：「和尚普度，秀才拘數。」[17]雖然關於明代生員來源制度的變遷，只留下零散的史料，但從一些分散在法令中的證據可以看出，自十五世紀以後，政府必須使原來所定的生員名額具有伸縮性，以適應全國逐漸增長的需求。

1500年以後，生員在一定年限內未達考課標準就會被淘汰的舊

(續)────────────────────

額生，有一定額數；附生則變化較大，額數難以估計，以蘇州為例，據文徵明的估計，附生約為廩生與增生總數的三倍。參見龔篤清，《明代科舉圖鑑》（長沙：岳麓書社，2007），第2章〈生員及以培養生員為宗旨的府、州、縣學〉；宗韻、吳宣德，〈科舉與社會分層之相互關系──以明代為中心的考察〉，《人文雜志》，2007年第6期。

16　《明宣宗實錄》，卷96，頁5a-5b；顧炎武，《亭林文集》，卷1。【譯者按】：《明宣宗實錄》，卷96，頁5a-5b，並無正文所依據的資料。而正統三年(1438)全國生員總數只有三萬多一點的資料來源，亦不可考。倒是根據王弘，《山志・初集》，卷4，〈生員〉條載，正德年間「計天下廩膳生員共三萬五千八百許」。

17　黃溥，《閒中今古錄摘抄》，頁5a-5b。

規定，漸漸鬆弛了。嘉靖十年(1532)，一位御史提議對減縮久任生員的政策採寬大的態度，並獲皇帝恩准。[18]四年之後，又有一法令規定，凡年五十歲以上累科不第者，如果願告退閒，仍可保有免除本身雜泛差徭及穿戴生員冠帶的權利，作為有別於平民的標幟。[19]這種對生員寬大的政策，加上額數不定的附生漸成為此一制度的永久特徵，生員的累計總數肯定大增。以人口多而文化高的江蘇南部無錫來看，在永樂二十二年(1424)只有62名生員，可是到隆慶六年(1572)則增至239名。[20]

自正統元年(1436)起，兩畿與十三布政司各置提督學官一員，[21]對於生員入學的規定逐漸有了重大改變。在這個新學官設立後，有相當一段時間，新生員入學的原則仍非常嚴格且依個別情況而定的原則。眾所皆知的，到了萬曆三年(1575)規定各級儒學每次考試錄取新生的名額如下：府學二十名，縣學十五名，高於較小或文化落後的縣分四名或五名。萬曆十一年(1583)，另一法令公布，進一步要求各提學每歲巡歷全省，考校新生員學額一次，務使入學不失原額。在文化、人口多、人才眾多的地方，考生人數眾多，准

18　《明世宗實錄》，卷133，頁10a-10b。【譯者按】：《明世宗實錄》，卷133，頁10a-10b，並無正文所依據的御史楊宜之奏疏，正確的出處是《明世宗實錄》，卷133，頁7b-8a，嘉靖十年十二月辛丑條；宜改正。由於嘉靖十年是1531年，但十二月辛丑日已是公元1532年。

19　俞汝楫，《禮部志稿》，卷24，頁2b-3a。【譯者按】：《禮部志稿》原文是：「給與冠帶榮身」，賜給相應品級的冠服，似乎不是本書正文所說的"to wear students' cap and gowns"保留生員的冠服。

20　《錫金遊庠錄》，卷1。

21　《明會要》，頁718。《續文獻通考》，卷50，頁3245。王世貞，《鳳洲雜編》，卷5，頁4b-5a，提供至今最詳細的資料，但他把提學設置時間誤為宣德年間(1426-35)。

許酌量增取學額，但不許倍於原數。[22]我們有理由相信，這兩條法令不過立下一個寬鬆的原則而已，各地實際執行的情況還是因地而異的。

從萬曆三十五年(1607)刊行的晚明方志《保定府志》，我們得到一個北直隸府的最特別數據。

在使用這組數據之前，我們要注意一些技術問題。第一，儘管自萬曆三年(1575)以後，生員人數大為增加，但至少在理論上，明初以來的總原額制度仍然保留在府志中。府志並未解釋地方上累積的學額是如何確定下來，我們只好猜測。由於明後期以來，每三年舉行兩場生員入學考試，漸漸成為常例；而根據萬曆三年的法令，府學每次考試都得錄取生員二十人，一個世代是三十年，三十年依規定舉行二十場考試，每場錄取生員二十名，應錄取的人數正與保定府學累積的生員學額人數相合，都是四百名。但我們仍無法知道為何清苑與安肅二縣的累積生員人數，前者是226名，後者是197名，都低於萬曆三年所定的額數，依規定每縣每場錄取十五名，三十年二十場考試錄取人數應該是300名。另一方面，在人口稠密而富庶且文化程度較高的蘇南常州府，萬曆四十六年(1618)時，其一府五縣儒學的生員學額，分別為520、435、416、413、443及210名。[23]除了小縣靖江的學額為210外，其他縣都比保定府屬縣高；唯一可能的解釋為兩地的人口及文化水平不同。第二，保定府學額相對較小外，其實際累積學額比法定累積學額甚至於更低，這一現

22　俞汝楫，《禮部志稿》，卷24，頁21a-25a。【譯者按】：《禮部志稿》原文是：「其地果係科目數多，就試人眾，則於定額之外，量加數名，但不許倍於原數。」則人數之增加並非"the quotas could be doubled"而是"the quotas could not be doubled"。

23　《常州府志》(萬曆四十六年〔1618〕刊本)，卷11上，頁10a-10b。

象與南方許多地方的情況相反。第三，由府志提到的廩生與增生之革除開復與候補、廩生之剝奪公費及附生之革除，可知對生員的定期學力考課及地位的升降之相關規定，是合理而嚴格地執行著。

表19 萬曆三十五年(1607)保定府生員學額

A保定府學(累積總數400名)	
類　　　　別	人　　數
廩生	40
革許開復廩生	10
增生	40
革許開復增生	3
附生	280
總計	373
B清苑縣學(累積總數226名)	
類　　　　別	人　　數
廩生	20
革許開復廩生	2
剝奪公費的廩生	4
增生	20
革許開復增生	2
附生	157
總計(10名開革附生除外)	205
C安肅縣學(累積總數：197名)	
類　　　　別	人　　數
廩生	20
革許開復廩生	7
剝奪廩膳的廩生	3
候補廩生	4
增生	20
候補增生	6
附生	116
總計(11名開革附生除外)	176

史料出處：《保定府志》卷17，從全府21縣學中選出三個儒學為樣本。

表20　明代長江下游三個縣學生員學額

南通 時期	總數	每年平均	無錫 時期	總數	每年平均	平湖 時期	總數	每年平均
1371-1487(洪武4年至成化23年)	267	2.2						
1488-1505(弘治元年至弘治18年)	88	5.1						
1506-1521(正德元年至正德16年)	143	9.5						
1522-1566(嘉靖元年至嘉靖45年)	444	11.0				1540-1566(嘉靖19年至嘉靖45年)	311	12.0
1567-1572(隆慶元年至隆慶6年)	35	7.0				1567-1572(隆慶元年至隆慶6年)	81	16.2
1573-1620(萬曆元年至泰昌元年)	549	11.7	1602-1620(萬曆30年至泰昌元年)	487	21.5	1573-1620(萬曆元年至泰昌元年)	1,021	22.2
1621-1627(天啟元年至天啟7年)	195	32.5	1621-1627(天啟元年至天啟7年)	337	56.2	1621-1627(天啟元年至天啟7年)	201	29.2
1628-1644(崇禎元年至崇禎17年)	303	19.0	1628-1644(崇禎元年至崇禎17年)	864	54.0	1628-1644(崇禎元年至崇禎17年)	776	48.5

史料出處：《通庠題名錄》(民國22年〔1933〕刊本)；《錫金遊庠錄》(光緒四年〔1878〕後刊行)；《平湖采芹錄》(民國4年〔1915〕刊本)。

　　至今，我們研究明代生員學額制度變遷最好的史料是現存的三種生員名冊：江蘇南部的南通(【譯者按】：南通位於江北)與無錫及浙江東北沿海的平湖縣的明代生員名冊，其中無錫與平湖兩縣坐落於人口稠密及文化經濟發達的地區。

　　上表中顯示幾個事實：第一，從原始的分期數據可以看出，在明代大部分期間，每次考試並未依照規定固定學額錄取新生員。直到嘉靖(1522-66)年間，仍基於個別情況錄取新的生員。甚至在這個執行生員入學政策寬鬆的時期，我們從平湖縣的生員名冊知道，在嘉靖十九年至二十五年(1540-46)六年間舉辦的二次考試中，總共只錄取三名生員。另一方面，在嘉靖三十三年(1554)錄取了51名生員，嘉靖四十三年(1564)錄取多至81名；這樣劇烈的波動，顯示明朝的制度與清朝制度有很大的差異，清朝的生員制度相對穩定，而且定期地每年錄取一定數額。第二，大致的趨勢顯示晚明生員人數大量增加，但人數增加的幅度，則視地方需求及提學官的酌量，而有地區間的差異；而且萬曆三年(1575)與萬曆十一年(1583)的法令，並未規定大縣的生員人數上限。第三，比較表21所顯示清代生員人數的年平均數，顯示晚明政府實際上對生員入學採取放任政策，而且似乎已失去了控制初階社會學術流動的決心。實際上由於興起的滿洲所帶來的壓力，及晚明財政亟需經費的情況，使明朝政府在某些如南通這樣的地方，於天啓元年(1621)與七年(1627)之間，公然販賣「生員」資格。這是一般研究中國制度史的學者罕知的史實。第四，晚明平均每一個世代生員累積人數的增加，不但使學生的素質惡化，而且使參與鄉試會試科舉考試的士子越來越供過於求。[24]

24　顧炎武，《亭林文集》，卷1。

　　諸如此類，促使清初朝廷採取更多的規定。爲孚眾望，滿清的第一位皇帝順治(1644-61)多年維持大量的生員學額，但當滿清帝國的統治比較穩固之後，朝廷遂於順治十五年(1658)規定生員學額：大府二十名，大而文化高的州縣十五名，小而落後的縣四名或五名。[25]換句話說，萬曆三年(1575)所訂的最低學額下限，如今成爲最高學額的上限。對研究制度史的學者來說，值得關注的是，清初政府定地稅、徭役與生員的數額，均以萬曆(1573-1619)初年的舊額爲基準。在北美能找到的八份清代生員名冊中，我們選取三份作爲概觀學額變遷的樣本，來反映清政府的政策。

　　從順治十五年所定的新學額，與表21顯示的康熙初期(康熙元年至十六年，1662-77)生員數據可知，無疑地，新朝廷雖讓人聯想起明初的朝廷。清初和明初一樣，都亟欲減縮初階社會學術流動，以便較好地管制後階段的流動。這段期間每年平均生員學額特別低，主要是因爲考試的次數減少及遵守順治十五年縮減學額的規定。若非爲征討三藩之亂所引起財政需要，此一嚴格的政策必能較長期地執行。康熙十七年至二十一年(1678-82)四年間，一個大縣每次考試不過錄取三、四名，但對於以一百二十兩捐納一個生員的學額，卻未立上限。在平定南方與康熙二十二年(1683)征服臺灣之後，生員的學額又趨穩定，且保持在晚明至順治十五年前的水平之

25　《大清會典事例》(光緒二十五年〔1899〕刊本)，卷370。【譯者按】：據《大清會典事例》，卷370，〈禮部・學校・學額通例〉，滿清初入關，於順治四年(1647)規定：「直省各學廩膳生員，府學四十名，州學三十名，縣學二十名，衛學十名。增廣生員名數同。」則清初生員員額比明萬曆年間的員額，府學二十名，縣學十五名，小縣四名或五名，要多得多，幾乎是加倍。但順治十五年(1658)，又恢復到明代的規模，規定：「直省取進童生，大府二十名，大州縣十五名，小縣或四名或五名。」本書將順治十五年的新規定誤作1661年(順治十八年)，譯文已依《大清會典事例》改正。

下;因此,在清朝的前二百年中,平均每個世代生員累積的總數不大。的確,清初地方的學額高於平常;但順治時期很短,且從順治十八年至康熙二十一年(1662-82)年間,生員學額的急遽減縮與擴張,大致相互抵銷。此外,隨著新區域人口的持續增長與發展,學校的數目也有所增加;值得注意的是,在十七世紀五、六十年代,大學者與旅行家顧炎武(萬曆四十一年至康熙二十一年,1613-82)所估計的平均每一世代的生員數額,幾乎與錢德明神父(Father Jean J. M. Amiot)在乾隆四十二年(1777)所記錄的相同,都是五十萬上下。[26]

　　咸豐元年(1851)爆發的太平天國革命迫使政府用盡各種方法籌款,各地方捐款給政府換取暫時或永久性地方生員學額的增加。值得注意的是,在咸豐元年至十一年(1851-61),若非某些地方因為戰事而延緩舉行考試的話,生員學額數應該會更多。而同治元年至十三年(1862-74)實際的生員人數應該更少,因為其中多了那些因戰爭延緩而補行的考試。光緒十二年(1886)刊行最後一版的《大清會典事例》中,全國每年的生員學額從嘉慶十七年(1812)的兩萬五千人增加到三萬多人。如果以一個生員的平均職業生涯期為三十年

26　Chang Chung-li, *The Chinese Gentry*, pp.98-99. 【譯者按】:張仲禮著,李榮昌中譯本,《中國紳士》(上海:上海社會科學院出版社,1991),頁97-98。錢德明(1718-1793)是法國耶穌會神父,於乾隆十五年(1750)奉派來中國傳教,第二年就奉詔進京,受到乾隆皇帝的優遇,一直到他去世,在北京住了四十三年,為耶穌會中國傳教團最後一任會長。他是第一位將《孫子兵法》介紹給西方的人。這個關於生員數額的估計,出於Jean J. M. Amiot(錢德明), *Memoires concernant l'Histoire, les Sciences, les Arts, les Moeurs, les Usages, etc. des Chinois, Par les Missionnaires de Pékin*, Tome sixième(《北京傳教士關於中國歷史、科學、藝術、風俗、習慣錄》,第6卷), Paris: Nyon l'Aine, 1776-1789.

來計算，在這段期間中應有二十次考試，則十九世紀後半，生員累積的總數可能近六十萬；這個數字雖然比道光三十年(1850)以前高20%，但仍不會比明末來得高。

綜上所論，雖然明清朝廷都瞭解控制生員規模的重要，但實際上控管是很難落實的。唯一的例外是明初時期限制生員群體規模的政策，因為嚴格執行選才的原則，並落實考覈淘汰。隨著人口及需求的持續增加，後來的明朝政府對生員的甄選和考課逐漸寬鬆。從十六世紀的最後二十五年開始，由某些文化先進的大縣分生員學額無上限的例子看來，實際上明朝政府已失去由初階流動控制學術社會流動的意志。當十四世紀末，中國人口為六千五百萬，到萬曆二十八年(1600)可能增長至一億五千萬。[27]在這段期間，生員總人數可能增加了二十倍；這似乎提高平民取得初階科名的機會，但這並不意味著平民要達到社會流動最終目標比以前容易。相反地，生員人數膨脹的結果，是造成高階科舉考試考不上的人過多，以致受社會挫折的人數大增；但政府不能放棄對進士名額的控制，因為進士員額直接關係官僚組織的規模。

滿清政府在維繫穩定的生員學額方面，大致是成功的。到同治二年(1863)，生員學額的急遽波動不再，其後學額的增加漸進而溫和，即使在太平天國革命之際，也沒像明末那樣飛快增加。顯而易見地，清代穩定的生員學額制度，未與急遽倍增的人口相配合。當時的人口可能從康熙三十九年(1700)時近一億五千萬，增長到嘉慶五年(1800)的三億及道光三十年(1850)的四億三千萬。[28]無疑

---

27 Ping-ti Ho, *Studies on the Population of China*, ch. 1.【譯者按】：本書正文未標此注號。

28 同前書，第11章。

表21 清代長江下游三縣的生員學額

時期	常熟			嘉善			平湖		
	人數	年平均數	高或低於標準值之百分比	人數	年平均數	高或低於標準值之百分比	人數	年平均數	高或低於標準值之百分比
1644-1661（順治元年至18年）	389	23.0	30.0	488	27.0	41.4	525	31.0	61.4
1662-1677（康熙元年至16年）	79	6.0	-66.1	151	12.6	-34.0	94	6.0	-68.7
1678-1682（康熙17年至21年）	232	58.0	227.7	250	62.5	227.2	411	103.0	436.4
1683-1722（康熙22年至61年）	535	13.7	-22.6	619	15.9	-16.7	482	12.4	-35.4
1723-1735（雍正元年至13年）	230	19.2	8.5	268	22.3	11.5	222	18.5	-3.6
1736-1795（乾隆元年至60年）	1,002	16.8	-5.1	1,045	17.7	-7.4	1,044	17.4	-9.4
1796-1820（嘉慶元年至25年）	415	17.3	-2.3	444	18.5	-3.2	447	18.6	-3.1

時期	常熟			嘉善			平湖		
	人數	年平均數	高或低於標準值之百分比	人數	年平均數	高或低於標準值之百分比	人數	年平均數	高或低於標準值之百分比
1821-1850 （道光元年至30年）	527	18.0	1.7	521	18.0	-5.7	521	18.0	-6.2
1851-1861 （咸豐元年至11年）	187	18.7	5.6	160	6.0	-15.7	172	17.2	-10.4
1862-1874 （同治元年至13年）	331	27.7	56.5	329	27.4	43.5	342	28.5	48.4
1875-1904 （光緒元年至30年）	675	23.3	31.6	689	24.0	25.7	751	26.0	35.4
總計	4,602	17.7 （標準值）		4,964	19.1 （標準值）		5,011	19.2 （標準值）	

史料出處：《國朝虞陽科名錄》（光緒31年〔1905〕版）；《嘉善入泮題名錄》（光緒34年〔1908〕版）；《平湖采芹錄》（民國四年〔1915〕刊本）。

地，平民要爬上初階社會學術流動的難度不斷地增高，雖然由於政府對捐買監生採行實質上自由放任的政策，給予平民得到與生員同等身分與權利的機會，情勢多少緩和了一些。我們雖沒有關於整個清代捐買監生頭銜的系統性資料，但確實知道嘉慶(1796-1820)與道光(1821-50)時期捐納監生的總數可能已超過六十萬。[29]總之，在這穩定的生員學額制度內，具有一般水準以上經濟能力的平民，要想得到初階科名的機會已經不大；至於非書香門第出身的窮苦平民，要爭取初階科名的機會，似乎更是大爲減低。表15所顯示的清代常熟、南通、海門三縣非書香門第平民家庭出身的生員數據，其百分比呈現持續下降的趨勢，雖然不能說整個中國都如此，但這似乎代表了大部分地方的情況。

從個人向上社會流動立論，達到貢生或舉人地位，是極爲重要的；因爲擁有兩者之一，就具備出任下級官員的資格。管控貢生和舉人的數目，及設計一個維持地域或社會代表性的公平制度，是明清政府主要的功能之一。在甄選生員入學的原則上，清朝根本地改變明朝制度；但在甄選中階科名之貢生和舉人時，清朝與明朝制度間的關係卻有明顯的一致性。關於清朝不同層級的科舉考試制度，已有許多研究論著；[30]因此，對於這個影響社會流動極具重要性的複雜制度，在此僅概述其中幾個面向。

29　同前書，第1章，參照注83。

30　最有系統的研究論著是商衍鎏，《清代科舉考試述錄》。【譯者按】：商衍鎏於光緒三十年參加甲辰科殿試，獲一甲第三名進士及第，授翰林院編修；由於親歷科舉考試的每一階段，這本書是相關研究中最詳實的一本。該書寫作起於1954年，三年之後，完稿於作者八十三歲之年。1958年由北京三聯書店出版。2003年，其孫商志䦋將該書重校注釋，增補商先生生平資料圖表及其他相關論著如《太平天國科舉考試紀略》與〈科舉考試的回憶〉等，於2004年由天津百花文藝出版社出版。

　　貢生與舉人的學額，必須簡要地檢討。洪武十六年(1383)，明朝政府首次明訂貢生學額。這一年奏准，自明年爲始，天下府州縣學歲貢生員各一人，到京城進國子監讀書，接受進一步教導，最終得出任官職。雖然最初甄選是基於個人文才，但後來逐漸成爲慣例，且幾乎全依年資。貢生的學額，直至正統六年(1441)才固定下來，依規定：府學，一年貢一人；州學，三年貢二人；縣學，二年貢一人。[31]這些學額一直維持到光緒三十一年(1905)廢科舉制度之前都未改變。隨著時代的演進，又產生四類定期由特定管道選拔的正途貢生。應該不晚於十六世紀後期，生員中資深而領公費的廩生，就可以依例捐納爲貢生。清代生員中資淺的增生、附生得捐納爲貢生，已成爲一般常例；道光三十年(1850)以後，尤其普遍。清代正途出身的五類貢生，*據推估平均每一世代約在三萬二千至四萬之間。[32]由於有些貢生後來考中舉人、進士或做了官，他們必須從這個總數中扣除，因此實際的數字應該比這個數字少幾千人。此外，晚明的總數必然比這個平均數稍微少些，而明初則應該要更少。至於晚明與清代非正途捐納的貢生的人數，則無法確知；但即使在道光三十年，捐納貢生人數到最高峰時，也不會多過正途出身的貢生。因爲只有經過考試取得初階科名的生員才有資格捐納貢生

31　《大明會典》(萬曆十五年〔1587〕刊本)，卷77，頁2a。

*　【譯注3】：據商衍鎏，《清代科舉考試述錄》，五類貢生包括：(1)歲貢，府州縣學廩生食餼十年後挨次升貢者。(2)恩貢，凡遇國家慶典或登極頒布恩詔之年，以當貢者充之。(3)拔貢，每隔一段時間，乾隆七年定例每十二年舉行拔貢考試，廩生、增生、附生均得應試。(4)優貢，不拘廩生、增生、附生，每三年一次，選送文行兼優者入國子監。(5)副貢，鄉試之副榜，可直接入國子監，不由學政另行考選。

32　Chang Chung-li, *The Chinese Gentry*, pp.127-32.【譯者按】：李榮昌譯，《中國紳士》，頁126-129。

頭銜，而清代監生的捐納，則開放給沒有科名的平民；因此，各類貢生總數的增加，肯定趕不上人口的急速成長。

　　洪武三年(1370)第一次為各省訂定舉人的解額，其總數為470人，但大省的解額是有彈性的。[33]洪武十七年(1384)鄉試，光是今日江蘇與安徽兩省所在的南直隸就錄取229名舉人。[34]其後因應人

33　《大明會典》（萬曆十五年〔1587〕刊本），卷77。【譯者按】：依一般史料如《大明會典》、《明太祖實錄》及《禮部志稿》等書的記載，直隸府州貢額百人，河南、山東、山西、陝西、北平、福建、浙江、江西、湖廣各40名，廣西、廣東各25人。若人才多處，或不及者，不拘額數。則總數應該是510名。但據汪維真，《明代鄉試解額制度研究》（北京：社會科學文獻出版社，2009），《皇明詔令》《皇明進士登科考》《弇山堂別集》《罪惟錄》等其他史料，則有不同的說法，其關鍵在對廣東與廣西的解額之記載不同，有的說廣西25人、廣東40人，有的說廣西、廣東各20人，有的說廣西附廣東為25人。於是洪武三年解額總數有525人、510人、485人、500人與485人等五種說法。據查繼佐及嘉靖年間禮科左給事中田秋與貴州按察使韓士英等人的說法，明初兩廣因人才缺少，只設一科；這種情況到洪武二十年(1387)才結束。根據洪武三年五月頒布的〈設科取士詔〉（《皇明制書》卷1），「鄉試，各省并直隸府州等處通選，以五百人為率。」並不是本書所說的470人，實際上，解額是一回事，實際錄取的人數又是一回事。明初，承元末大亂之後，社會殘破，人才匱乏；採行「不拘額數，從實充貢」的政策，鄉舉多未能及額。如洪武三年，京畿規定可取百人，只取中72人；廣東也只錄取12人。

34　沈德符，《萬曆野獲編》，頁857。【譯者按】：《明太祖實錄》卷165，頁1，洪武十七年九月丙申朔條，「應天府奏鄉試中式舉人廖孟瞻等二百二十九人。」但《明太祖實錄校勘記》頁567記「中本二十作一十。」中本係國立中央圖書館藏舊鈔本，則錄取人數又有219人之說。又洪武十一年(1378)起，明朝已廢除兩京制，今江蘇與安徽兩省為京師，是全國唯一的直隸府州。兩京制的重建，是永樂元年(1403)以後的事，其後才有南京與北京，各領其直隸府州。總管北京直隸府州的省政府是北京行部，其省長不是一般省份的布政使，而是行部尚書與侍郎。參見徐泓，〈明北京行部考〉，《漢學研究》，第2卷2期(1984)，頁569-598。

口的增長，其額數相繼增加至景泰年間(1450年代)總數已超過了1,100名，隆慶年間與萬曆初年(1570年代)已超過1,200名，清代的額數則在1,200名與1,800名之間。太平天國期間則有些暫時性與永久性的增加。若扣除後來登上進士與做官的人數，清代大部分時期，平均每一世代累積的舉人總數可能在一萬名左右。可以確定的，在景泰元年(1450)之後，穩定的舉人解額是無法與持續增長的人口同步成長的，這使平民想要獲得舉人這中階科名的機會，變得越來越少了。*

　　而且明清政府除長期凍結或和緩地增加舉人名額外，還灌注很大心血於關注各省舉人解額地理分布的公平性。最早的分省舉人名額定於洪武三年(1370)，大致依人口、田賦收入與文化傳統的比例而定。南直隸和江西的解額最多，因為前者是京畿首善地區，後者是宋代以來文化最發達的地方。[35]浙江、福建也因文化傳統優良與文人人口多，被列為舉人解額多的「大」省。其他的長江流域省份與北方省份則被視為「中」省份，而廣西、雲南、貴州等西南省份被視為「小」省。永樂十九年(1421)，北京定為首都之後，京畿地區北直隸省的解額持續增加，成為全國解額最大的地區。乾隆十三

---

* 【譯注4】：北方以順天府為例，從景泰七年(1456)至萬曆三十四年(1606)，每科均錄取135名舉人，但應考士子卻從1,800增至4,400人；則錄取率由7.5%減至3.07%；考取的機率大減一倍以上。南方以應天府為例，成化元年(1465)應試人數2,000餘人，錄取舉人125名；嘉靖十九年(1540)應試人數增至4,400餘人，錄取舉人135名；萬曆三十一年(1603)應考士子更增至6,000餘人，錄取舉人仍為135名；則錄取率由6.25%減至2.84%，其後更減至2.25%；考取的機率大減至約為原來的三分之一。總之，明代鄉試錄取機率的發展趨勢，是無論南北都越來越減少，而南方的情形尤為嚴重。參見汪維眞，《明代鄉試解額制度研究》，頁151-153。

35　這將在第6章詳論。

年(1748)訂定的舉人解額，與明末相差不多，它代表清代大部分時期的解額，各省的解額如下：京師直隸206，江南（江蘇與安徽）114，浙江、江西均爲95，福建85，廣東72，河南71，山東69，陝西（包括甘肅）61，山西、四川均爲60，雲南54，湖北48，湖南、廣西均爲45，貴州36。[36]

必須注意的是，如果沒有這樣的固定配額規定，則北方及邊緣省份產生的舉人會更少，而文化先進的南方各省產生的舉人會占絕對多數。由於過去江蘇與安徽一起構成江南大省，使其產生舉人的能力因而受固定配額所阻礙。政府對少數民族較多的地區，給予特別的考量；因此，這些地區雖然文化較落後，卻能定期產生一定數目的舉人。

清初朝廷較少關注寒微人士，因爲從王朝的利益出發，安撫與贏得被征服地區的主要社會階級──士大夫階級的支持才是明智的。[37]在十七世紀之交，有相當高比例有影響力的士大夫家庭成員獲得舉人、進士的科名，有時甚至以不完全合法的手段獲得；以致受挫的考生和有良心的官員大力反對。由於某些舞弊案例的揭發，迫使康熙皇帝於三十九年(1700)臨時爲有影響力的家族成員制定一特殊官卷解額，限制其中舉人的總人數。於是四品以上京官、講筵官及不拘官品的翰林院官員、三品以上的省級官員和二品以上的武官，他們的子孫與兄弟均得在這特別設置的舉人官卷解額中錄取；這個特設的官卷舉人解額依其比例而定，大省民卷二十名設官卷一名，中省民卷十五名設官卷一名，小省民卷十名設官卷一名；經過

36　商衍鎏，《清代科舉考試述錄》，頁76-78。

37　清初對待中國士大夫階級的政策啓發性的論述，參見孟森，〈己未詞科錄外錄〉，《張菊生先生七十生日紀念論文集》。

少許改變後，在乾隆二十三年(1758)著為定例。*翰林院的官員所以不拘品級，乃基於他們是「文」官，均具較高的文化優勢。從表面上和數字上看來，這特設的學額，對高官與文官家庭成員甚為有利。[38]但實際上，在這特選的群體中競爭極為劇烈，許多沒能在這指定的「官卷」解額中考取舉人的士子，如果讓他們參加鄉試與一般的平民競爭，也能夠勝出的。雖然這一特設的「官卷」解額，每科考試會稍有些出入，在道光二十四年(1844)刊行的《禮部則例》所列全國總數也不多，只有59名。[39]1800年以前的舉人解額不見記載，然由表10可知，出身高官家庭的舉人不過占3%弱而已。由於鄉試對出身高官家庭的舉人解額有效的管控，會試便不再需要有類似的限制。

---

* 　【譯注5】：依《欽定科場條例》(卷25，頁7-8)規定：「在京滿洲漢員，文官京堂以上及翰詹科道，武官副都統以上；在外文官藩臬以上(《禮部則例》卷93頁3b云：文官三品以上)，武官副都統、總兵以上(《禮部則例》卷93頁3b云：武官二品以上)；其子、孫、曾孫、同胞兄弟、同胞兄弟之子，皆編為官卷。」又《清高宗實錄》，卷558，乾隆二十三年三月丙申條：「嗣後直隸、江南、浙江、江西、湖廣、福建等大省官生，二十名取中一名，三十一名取中二名；山東、河南、山西、廣東、陝西、四川等中省，十五名取中一名，二十三名取中二名；廣西、雲南、貴州等小省，十名取中一名，十六名取中二名。」

38 　例如Chang Chung-li, *The Chinese Gentry*, pp.185-86.（李榮昌中譯本，《中國紳士》，頁186-187。）張仲禮就不理解這一特殊的「官卷解額」制度的原始目的及其實際的成效。【譯者按】：張仲禮認為設立官卷解額的最初目的是「想給窮書生以較多的機會」，「但是實際結果都是適得其反」，「遂使憐恤寒畯之意，轉成僥幸縉紳之路」。張仲禮以「官卷解額」為「保障」名額，本書作者則以「官卷解額」為「限制」名額，兩人的注釋完全相反。何先生說得不錯，對於能力強、條件好的人們來說，固定的名額，不但不是保障，反而是限制；因為他們不需要保障。

39 　《禮部則例》(道光二十四年〔1844〕刊本)，卷93。

　　明清政府最關注對進士名額的管控。明朝的第一次會試在洪武四年(1371)舉行，但第二次會試卻隔了十四年之久，到洪武十八年(1385)才再行開科取士。會試取中人數變動很大，洪武四年為120名，洪武十八年突然跳升到472名；＊這是因為明朝初創的幾十年中，科舉制度雖然恢復，且與學校制度相整合，但並不是選舉官員的唯一途徑，其重要性還不及為配合需要臨時由官員薦舉賢能的薦舉制。直至十五世紀中期，科舉制度才取得決定性的優勢地位。雖然舉人與貢生的解額已漸趨穩定，但理論上，朝廷仍保留依時代的需要而訂定進士員額的權力。

　　由於會試與殿試具全國性的特質，最初並沒有區分地區或省的名額。但中唐以後人口、經濟與文化重心的南移，使南方某些省份尤其是江蘇、浙江、江西、福建具有無可比擬的競爭優勢。[40]洪武三十年(1397)舉行的會試，南方人得到絕對的優勢，引起北方人廣泛的抱怨，導致明太祖下令調查。結果雖未發現舞弊情事，但太祖處決了主考官劉三吾，部分是因為太祖對劉三吾的存心報復，但最

＊　【譯注6】：《明太祖實錄》，卷61，頁4a，洪武四年二月壬申條：「中書省奏：會試中式舉人俞友仁等中式舉人一百二十名。」則會試取中人數應該是120人，而不是本書所載的119名；譯文據此逕行改正。又《洪武十八年榜進士題名碑》被毀，致該榜進士名錄成為明代89榜進士中唯一殘缺不全的一榜。而今人常用之《明清進士題名碑錄索引》收錄該榜進士422名，尚缺50名。問題還不止此，更嚴重的是，所收422名進士名錄中，存在嚴重錯誤，致以訛傳訛，亟須訂正。俞憲的《皇明進士登科考》保存了《洪武十八年會試錄》，共收進士472名，與該榜殿試所取472名進士正好吻合，是迄今為止最完整、最可靠的登科名錄。參閱龔延明，〈明洪武十八年進士發覆兼質疑《明清進士題名碑錄索引》〉，《浙江大學學報(人文社科版)》，2007年第3期，頁75-83。

40　這將在本書第6章做進一步的論述。

大的理由是考慮更公平的地區代表性。[41]另一個政治考量，亦使明初政府必須博取北方人的好感。由於北方人在異族統治下歷經兩個多世紀，其民族情感遠比南方人要弱得多。經此事件之後，朝廷訂下一個相對寬鬆的地域解額，其比例為南方各省的南卷占60%，北方各省的北卷占40%。接著，為嘉惠邊遠和文化落後省份，乃於洪熙元年(1425)，創設主要包括有四川、廣西、雲南、貴州等省之中卷。[42]

41　商衍鎏，《清代科舉考試述錄》，頁290-91。【譯者按】：這次會試「大江以北無登第者」，於是下第諸生上疏言：「(劉)三吾等南人，私其鄉」；於是再考落卷中文理長者第之，錄取六十一人，皆北人。調查考官的結果，劉三吾等考官被控為胡惟庸與藍玉黨，於是除劉三吾以老謫戍邊外，其餘考官或戍邊，或磔殺；則劉三吾並未被處決。劉三吾是湖南人，是科登第者並無湖南人；「三吾等南人，私其鄉」的指控並不能成立。參見王世貞，《弇山堂別集》，卷81，〈科試考一〉及李調元，《制義科瑣記》，卷1，〈春夏二榜〉。王凱旋，《明代科舉制度考論》(瀋陽：瀋陽出版社，2005)，頁155-157。又這次會試的年代，本書正文誤植為1937，譯文逕自改正。

42　《大明會典》(萬曆十五年〔1587〕刊本)，卷77。【譯者按】：中卷還包括南京(南直隸)的廬州、鳳陽、安慶三府與徐、滁、和三州。洪武三十年發生的「南北榜」事件和宣德以後會試實行以地區分卷按比例錄取制度，皆為明代科舉史上的重大事件。前者是科舉取士南、北地域矛盾的一次集中爆發，後者則是明廷為解決這一矛盾所採取的制度設置。對此進行研究的成果，主要有靳潤成，〈從南北榜到南北卷──試論明代的科舉取士制度〉，《天津師院學報》，1982年第3期；檀上寬，〈明代科舉改革背景──南北卷の創設たぁじって〉，《東方學報》，第58冊(1986)；檀上寬著、王霜媚譯，〈明代南北卷的思想背景──克服地域性的理論〉，《思與言》，27卷1期(1989)；李濟賢，〈唐宋以來戰亂對北方社會的影響──明初「南北榜」歷史原因初探〉，《史學集刊》，1991年第1期；林麗月，〈科場競爭與天下之「公」──明代科舉區域配額問題的一些考察〉，《臺灣師大歷史學報》，第20期(1992)；劉海峰，〈科舉取才中的南北地域之爭〉，《中國歷史地理論叢》，1997年第1期及其《科舉學導論》；王凱旋，〈明代分卷制

必須指出的是，這個制度雖阻止了任何一地區得到完全的優勢，卻不能阻止地區內某個文化先進的省份產生比別的省份更多的進士；因爲每一地區都大得足夠產生省份間的差異。從明初至清初，浙江、江蘇、江西三省的登第士子仍超過其他地區，而一些落後的省份如甘肅在連續數次考試中也考不上一個；因此，導致康熙四十一年(1702)制定各區內省份進士名額浮動計算表，也就是在每科會試之前，查明入場應試舉人的數目，與前三科考每省參加會試的舉人人數，重新設定各省應錄取的進士額數。[43]

由於參加會試的人數與各省累積的舉人人數密切相關，而後者又與各省鄉試錄取舉人的定額大致相稱，因此康熙四十一年以後各省進士的名額實質上是凍結的，只在太平軍之亂時及亂事平定後稍作調整。這使邊遠與落後地區得到相當大的好處，而文化先進的東南沿海各省實際上是吃虧的。需要指出的是，康熙四十一年以後僵化的各省進士比例，其實非常不公平；因爲各省舉人的名額並不合理。例如，明清大部分時期，由於浙江從開始就是一個人口眾多和學術成就不凡的省份，在萬曆二十八年(1600)以前，舉人的解額一

(續)────────────────

述論〉，《合肥學院學報》，2005年第2期；錢茂偉《國家、科舉與社會》，郭培貴《明史選舉志考論》等論著，各從不同的角度得出如下結論：宣德以後，明廷在會試中實行分卷按比例錄取制度，是爲保證不同區域的「政治均衡」，對於鞏固統一和促進邊遠落後地區的文化發展具有積極意義。另外，林麗月〈科場競爭與天下之「公」──明代科舉區域配額問題的一些考察〉、汪維眞〈明朝景泰年間鄉試解額調整史實鉤沈〉(《史學月刊》，2005年第10期)等論文及錢茂偉《國家、科舉與社會》、劉海峰《科舉學導論》、郭培貴《明史選舉志考論》等著作，還對各直、省鄉試解額的確定和調整問題做了研究。詳見郭培貴，〈二十世紀以來明代科舉研究述評〉，《中國文化研究》，2007年第3期(秋之卷)。

43 《禮部則例》(道光二十四年〔1844〕刊本)，卷93。

直高於江蘇；但是到晚明，江蘇人口已比浙江多了許多，而且從萬
曆二十八年至康熙四十一年(1600-1702)間，其取中的進士數量也明
顯地高過浙江；江蘇在較寬鬆的地區名額制度下，於順治元年至康
熙四十一年(1644-1702)間共產生1,015名進士，同時期的浙江卻只
產生766名進士。但在僵化的省區比例制度下，江蘇從康熙四十二
年至咸豐十一年(1703-1861)間，只產生1,466名進士，而浙江卻有
1,621名。直到咸豐十二年(1862)之後，江蘇進士名額分配才超過浙
江。因此，我們可以知道浙江在整個清代生產進士方面居於領導地
位的原因，大致是由康熙四十一年(1702)以前的地區解額制度造成
的。再舉湖南為例，雖然在明代與清初是文化比較落後的地區，但
在清代後期，尤其是道光三十年以後，進步神速；但由於過去舉人
解額較少及康熙四十一年後偏低的進士比例，使湖南在整個清代進
士產量僅為全國第15位。因此，康熙四十一年制度的實施，無疑為
達成一個更均平的地理代表性，而犧牲了某些文化先進省份。[44]

　　影響社會流動率更重要的一個因素，是表22呈現的進士總名額
的變化。

　　雖然明初至景泰元年(1450)，平均每年錄取進士的數目很少，
但還有很多科舉以外選授職官的途徑。如本章稍後將要討論的，在
戰爭與社會劇變之下，明初的機會結構，實際上較後代寬廣。當其
他補授官員途徑都封閉之後，明政府就讓進士名額加大；景泰二年
至崇禎十七年(1451-1644)，每科平均取中進士為317.6人，高於清
代的平均數。[*]

44　更深入的論述，見於本書第6章。

*　【譯注7】：依表22，景泰二年至崇禎十七年(1451-1644)，每科平均取中進
　　士應為317.6人，高於清代的平均數238.8人，原著說景泰二年至崇禎十七年
　　(1451-1644)，每科取中進士為78.8人，恐怕是筆誤，今譯文逕予改正。

表22　明清進士名額

時　　　期	考試次數	進士總數	每科考試平均數	每年平均數
(1)1368-1450洪武元年至景泰元年	19	3,636	227.2	44.3
(2)1451-1644景泰二年至崇禎十七年	66	20,958	317.6	108.6
總計(明代)	85	24,594	289.3	89.1
(3)1644-1661順治元年至十八年	8	2,964	370.5	174.8
(4)1662-1678康熙元年至十七年	5	1,029	205.8	64.3
(5)1679-1699康熙十八年至三十八年	7	1,115	159.3	55.7
(6)1700-1722康熙三十九年至六十一年	9	1,944	216.0	88.4
(7)1723-1735雍正元年至十三年	5	1,499	300.0	125.0
(8)1736-1765乾隆元年至三十年	13	3,422	263.0	118.0
(9)1766-1795乾隆三十一年至六十年	14	1,963	142.1	67.7
(10)1796-1820嘉慶元年至二十五年	12	2,821	235.0	117.5
(11)1821-1850道光元年至三十年	15	3,269	218.0	112.8
(12)1851-1861咸豐元年至十一年	5	1,046	209.2	104.6
(13)1862-1874同治元年至十三年	6	1,588	264.3	132.3
(14)1875-1911[a]光緒元年至宣統三年	13	4,087	315.2	113.6
總計(清代)	112	26,747	238.8	100.2

史料出處：李周望，《國朝歷科題名碑錄初集》＊。明代進士名單則依沈德符
　　　　《野獲編補遺》增補，這本書載有洪武十八年(1385)與永樂二年
　　　　(1404)舉子的總數。清代則用房兆楹與杜聯喆《增校清朝進士題
　　　　名碑錄》。

a、由於科舉制度廢除於光緒三十一年(1905)，實際上，最後一次科舉考試舉
　行於光緒三十年(1904)。

＊【譯註8】：清代進士登錄存世較少，查閱不便，北京孔廟的進士題名碑經
　風雨磨蝕，字跡漫漶；這使《國朝歷科題名碑錄初集》成為考察明清進士群
　體的重要資料。房兆楹、杜聯喆的《增校清朝進士題名碑錄‧附引得》和朱
　保炯、謝沛霖的《明清進士題名碑錄索引》都是根據它編纂的。然而《國朝
　歷科題名碑錄初集》本質上卻是一種以新聞宣傳、市賣盈利而非保存文獻
　為主要目的的出版物，在清代還存在著坊間盜刻本，該書在記載進士的姓
　名、籍貫方面存在數量不少的誤刊；其中部分誤刊也被《增校清朝進士題
　名碑錄‧附引得》和《明清進士題名碑錄索引》所延續。詳見毛曉陽、金甦，
　〈論《國朝歷科題名碑錄初集》的刻版與印本〉，《福建農林大學學報（哲
　學社會科學版）》，第10卷3期(2007)。

在純算術的基礎上，明代士子登科甲的機會較清代容易得多；如果把人口成長因素計算在內，則除了康熙四十一年(1702)新的進士名額建立後，實際改善錄取機會的某些邊遠落後省份之外，[45]要達到社會流動的最終目標的機緣，明代比清代容易了好幾倍。表9顯示一個引人注意的顯著統計趨勢，從十六世紀晚期起，出身非官員或無科名家庭的進士所占百分比劇降。由於競爭越來越劇烈，舊學者與官員家庭享有各種優勢，加上康熙年間(第4、5、6期)與乾隆後期(第9期)進士名額突然緊縮，對寒微出身的平民打擊特大，所以這一出身非官員或無科名家庭的進士所占百分比衰減的趨勢是不可避免的。如果其他條件相等，則取中的進士數額越少，會試及第所要求的學術標準就會越高，對於缺乏學術傳統的不民家庭子弟而言，要取中進士的難度也就越高。表9中A類出身於三代沒有功名家庭的進士在康熙三十一年(1692)與四十二年(1703)，分別為168及166，似乎是現存進士錄中數額最小的，占整個取中進士的百分比也是最低的。從康熙四十二年殘存的進士名錄與一些現存的十八世紀舉人與貢生名錄可知，非官員與非學者家庭出身的舉子中式比例相當低。

在結束這一部分的討論之前，必須對作為主要社會流動制度化途徑的考試制度，簡短評論其公正性與有效性。早在宋太宗淳化三年(992)考生匿名原則就已確立，以防止甄選進士時個人因素發生作用。考卷上考生姓名用紙糊上，寫上密碼，俟閱卷完畢打過分數，才拆號解開密碼。更進一步為防止考官從考生筆跡認人，宋真宗大中祥符八年(1015)，又設謄錄院，考卷經謄錄後，再送考官評閱。一位研究宋朝文官制度的近代史家說：「為使考試公正幾乎已

45　見下面的第6章。

用盡一切辦法，沒有什麼可做的了。」[46]除此之外，明清政府又採取許多防止串通作弊的辦法。

無論如何，當考試制度成為日益重要的任官途徑後，不同層次的舞弊情事是難以避免的。明清筆記文集中充滿了考試作弊的記載，但必須小心地追究。明代有某些政治上的有力人士便運用其影響力，為其家鄉省份爭取較大的臨時解額，或為其子孫與門生爭取較高的榮譽。例如正德三年(1508)，宦官劉瑾(陝西人)及其門生焦芳(河南人)，均為家鄉省份爭取到比文化較高的東南各省更多的舉人解額；據說在當年舉行的會試，劉瑾交給主考官一個他希望取中進士的五十人名單。但好探人隱私與八卦消息靈通的晚明學者沈德符卻認為「其事未必真」。這些劉瑾的門生中，充其量只有少數因其勢力而得登科，舞弊的程度肯定是誇大的，極可能只是道聽塗說。[47]另舉一例子，據說很有權勢的宰輔張居正為他的兒子在萬曆八年(1580)廷試中取得最高榮譽，但並沒有直接證據顯示其中有任何串通舞弊情事。[48]萬曆二十八年(1600)以後，當明帝國迅速衰落

46　Edward A. Kracke(柯睿格), Jr., *Civil Service in Early Sung China*(宋初文官制度), p.67.

47　沈德符，《萬曆野獲編》，頁862-63。【譯者按】：卷32，補遺二，〈士子謗訕〉。

48　同前書，頁306-9。【譯者按】：出處可能有誤，應該是卷十四，頁379，〈關節狀元〉：「今上庚辰科狀元張懋修為首揆江陵公子。人謂乃父手撰策問，因以進呈，後被劾削籍，人皆云然。」明末周玄暐《涇林續記》記載了許多考試舞弊的事，其中也說到張居正是通過別人幫助兒子舞弊，考前先將字眼密授考官，許以升賞，讓考官錄取他的兒子，迫於壓力，考官只得照辦。趙翼，《陔餘叢考》卷29〈關節〉條記載：「萬曆四年(1576)，順天主考張汝愚，中張居正子嗣修、懋修及居正黨侍郎王篆之子之衡、之鼎。居正既歿，御史丁此呂追論其事。」趙翼的說法明顯來自明王世貞《科場考》卷4記載：「前甲申(1584)，御史丁此呂追論禮部左侍郎兼翰林侍讀學士高啓

之時，這種收買考官的舞弊情形就比較普遍了。

　　清初在試務上處於一個相當鬆散的時期，據說在順治年間
（1650年代），高官家庭子弟要通過直隸鄉試沒有什麼困難。在順治
十四年(1657)直隸順天鄉試，有十四名官員與考官受賄，幫二十五
個打通關節的考生篡改答案卷，案發後經查證屬實；結果七名官員
與舉人被處決，財產充公，家人流放。主考官與副考官均遭免職，
二十五個送賄通關節的考生及其家人亦遭流放，財產充公，並有數
百人受牽連。但後來對此一不尋常的弊案重新調查後發現，實際上
只有八個高官和一些長江下游富人的子弟牽涉在內，而且並非所有
的人都通過考試。於是御旨令所有及第舉人重考筆試，由一宗室親
王親自監考；結果在這次舞弊陰影下錄取的190名舉人，有182名因
文理優良而再獲錄取，只有8名因文理不通被革去舉人。[49]一般說
來，在十七世紀後半，高官家庭成員在考試中繼續占優勢，特別是
直隸順天鄉試。這種持續的現象，可能是因為他們擁有無可匹敵的
優越家學淵源，而非倚賴非法手段的運作。但是政府仍受輿論所迫
而宣布自康熙三十九年(1700)起，高官與文官家庭子弟必須在其出
身的各別省份之「官卷名額」中互相競爭。[*]果然，這個制度有效

（續）

愚主試應天時命題〈舜亦以命禹〉，為阿附故太師張居正，有勸進受禪之
意，為大不敬。得旨免究矣。吏部參論此呂，謫外，遂奪啟愚官，削籍還
里，並收其三代誥命。」則張居正幫兒子舞弊一事，見於多種明清筆記史
料。

49　商衍鎏，《清代科舉考試述錄》，頁299-303。【譯者按】：詳見(清)信天
　　翁撰，《丁酉北闈大獄紀略》。

*　【譯注9】：文武大臣(京官文四品、外官文三品、武二品以上及翰、詹科、
　　道等官)子侄應鄉試者稱為「官生」，其試卷稱為「官卷」。乾隆二十三年
　　(1758)定官生名額，「大省二十卷中一，中省十五卷，小省十卷中一」。詳
　　見《清史稿》卷108，〈選舉三〉，頁3166-3167。

地限制他們在舉業的成就。

　　另一嚴重的弊案發生於咸豐八年(1858)的直隸，主考官大學士柏葰及一些官員被處死或免官；主要的證據是某些考生傳紙條給一些考官，請考官辨認出他們的考卷。實際上，這個案子是被柏葰在朝廷的首要政敵肅順有意地誇大，當代人多同情這位德高望重、寬厚、平庸的滿洲大學士柏葰，大家相信這件弊案的嚴重性是被誇張到無可理喻的地步；此案最詳細且爲人所接受的記載本身，就包含許多錯誤，可能部分根據道聽塗說。[50]在會試中，大部分指控與證實弊案只牽涉到相對少數的考生，有時或與甄選第一甲的人有關涉，但這對整個考試並無重大影響。甚至在甄選第一甲進士時，想確定選出自己偏愛的人也不一定做得到，例如翁同龢(道光十年至光緒三十年，1830-1904)，這位皇帝的老師與協辦大學士，一直把張謇視爲門生(見〈附錄〉第24案)，光緒十八年(1892)的會試，翁同龢是考官之一，他想幫張謇，自以爲在謄錄的卷子上認得出張謇的暗號，而打了高分；但他後來失望地知道張謇並沒有考上。光緒二十年(1894)的會試，張謇靠自己的才能考上。在殿試時，翁同龢能給張謇第一名狀元，這是因爲按新法殿試考卷不必再行謄錄。[51]

　　在此必須提到的是，許多受挫折的考生自然會憤憤不平與輕信謠言，熱切地把流言當作事實。爲補償他們的失敗，他們經常寫些

50　至今對咸豐八年(1858)這件弊案最詳盡的記載，是薛福成《庸盦筆記》，卷3，頁14b-16a。對這件弊案真正的範圍與程度之公正評述，請參閱商衍鎏，《清代科舉考試述錄》，頁312-17。【譯者按】：詳見楊學爲、劉芃主編，《中國考試史文獻集成》第6卷〈清〉(北京：高等教育出版社，2003)，頁473-93，〈咸豐戊午科場案〉。

51　商衍鎏，《清代科舉考試述錄》，第8章。張謇事件，參見賈景德，《秀才舉人進士》〈附錄〉。

諷刺的文字，運用各種方式惡毒地攻擊考官，明清時期曾有多次考官受到不負責任的指控，而成為無辜的受害者。洪武三十年(1397)會試主考官劉三吾便是第一位犧牲者。曾以六十九歲高齡登進士一甲的著名學者姜宸英(明崇禎元年至清康熙三十八年，1628-99)，出任康熙三十八年己卯科直隸順天府鄉試副主考官時，竟因落第舉子的毀謗，死於獄中，死後才得平反罪名；由於重新對姜宸英所取中的舉人重行考試的結果，證明所有取中的士子無論詩文都是高水準，符合取得舉人科名資格。[52]副都御史李紱在擔任康熙六十年(1721)會試副總裁時，也因取中一些江蘇與江西著名學者家子弟而遭落職和罰作苦役。據後來的調查並未找出任何受賄或串通作弊的跡象。[53]總之，雖然長期以來不免有偏私與收受賄賂的情事發現，但難得有嚴重到會改變科舉考試基本性格的事發生，科舉考試仍是基於個人賢才的通用的選官制度。事實上，明清朝廷把考試制度視為一個令人敬畏的、幾乎是神聖的制度，從未放棄其消除特殊主義和褒揚誠實行為的意志。

第二節　社學與私立書院

府學、縣學均由官方資助，但只開放給有生員資格的人，不能算是基礎教育。明朝的創建者很早就瞭解初級教育的必要性。自洪武八年(1375)起，就屢詔天下各府州縣設立社學。[54]雖然皇帝的詔令使鄉村或都市等地方由民間自力建造這些學校，但其成功相當程度要靠地方官的倡導。例如，吳良在執行守備長江南岸戰略要

52　商衍鎏，《清代科舉考試述錄》，頁306-9。

53　商衍鎏，《清代科舉考試述錄》，頁310-11。

54　《大明會典》(萬曆十五年〔1587〕刊本)，卷78，頁22b-23a。

地江陰任務時，就創辦許多社學，延聘地方知名儒生為師講論經史。[55]方克勤(元泰定三年至明洪武九年，1326-76)這位明初的模範循吏，在任山東濟寧知府任上，設立社學百區。[56]最初許多正直的地方官關心初級教育，但後來也有利用立社學自肥的例子被皇帝發現；因此，洪武十六年(1383)特別下令誥誡地方官不得干預民間所立的社學。[57]在成化元年(1465)御令民間子弟願入社學者聽，其貧乏不願者勿強。另一方面，從太祖皇帝的大誥可知，有些熱心的地方官不顧鄉村兒童父母希望子弟在田裡幫忙農作的願望，逼令他們入學。[58]從我們對明太祖在執行律令的高壓手腕的理解，尤其是由方志中所得的資訊，我們若懷疑明初政府倡導設立初級教育的設施只是一種表面形式，那是不公平的。

　　大體上，在十五世紀，國家享受著長期的復甦及財政重擔的減輕的果實；使設立社學的運動，多能在地方官的倡導下快速地推行。為節省學校建築的開支，地方官有時會將未經批准興建的淫祠改建為學校校舍，[59]在浙江某些地方社學則利用現有的公共建築的剩餘空間，如官倉。[60]從晚明與清代方志有關洪武八年(1375)以後

55　《明史》，卷180。

56　《明史》，卷181。

57　《大明會典》(萬曆十五年〔1587〕刊本)，卷78，頁23b。【譯者按】：原書23b是空白頁，應該是22b。

58　《大誥》〈社學第四十四〉。【譯者按】：《御製大誥》原文是：「奈何府州縣官不才，酷吏害民無厭。社學一設，官史以為營生。有願讀書者，無錢不許入學。有三丁、四丁不願讀書者，受財賣放，縱其愚頑，不令讀書。有父子二人，或農或商，本無讀書之暇，卻乃逼令入學。」

59　《明會要》，頁412。【譯者按】：《明會要》轉引《明史》卷286〈張弼傳〉。

60　《嘉興府志》(萬曆三十八年〔1610〕刊本)，卷2。《紹興府志》(乾隆五十七年〔1792〕刊本)，卷20。

社學資料的記載可知，至少在明代的前半期，社學的地域分布相當廣闊。許多著名的例子顯示，甚至在西南少數民族邊區都有社學。[61]其中最有名的是政治家、將軍與理學家王陽明，於嘉靖七年(1528)在廣西設立的初級社學與高級學校的書院，作爲漢化邊疆少數民族的主要方法。[62]

由於皇帝屢次的誥誡，例如正統元年(1436)、成化元年(1465)、弘治十七年(1504)等，使擴充初級教育的設施成爲省級學官與地方官的責任。[63]管轄上海縣的松江府便遵從御旨將社學擴增數倍。天順六年(1462)，一位巡按御史與知府爲甄選生員，而禮聘一位當地知名的學者來華亭縣督導日漸繁複的社學行政。次年，另一負責全省教育的御史，又增設60所社學，使全省社學總共達1,152所。正如府志所言：「是後，村皆有學。」上海在成化八年至正德十六年(1472-1521)間，共增加了96所新社學，這並不包括原先設立含50位教師1,224位學生在內的49所社學。[64]十六世紀中葉，江蘇溧陽縣的一些父老證實，直至十六世紀初期，官方與民間對社學的支持從未減少，而社學實爲貧民子弟上升社會地位的重要途徑。[65]

然而，隨著長期的財政困難及官員與地方熱心漸息，終使許多

61　《明會要》，頁410。

62　王守仁，《陽明全書》，卷32-37。王陽明的年譜是他的門人所撰。【譯者按】：門人係錢德洪。嘉靖七年，王陽明在廣西先設立社學，後發展爲書院。

63　《大明會典》(萬曆十五年〔1587〕刊本)，卷78。【譯者按】：頁22b-23a。

64　《松江府志》(嘉慶二十四年〔1819〕刊本)，卷31，頁19a-19b；卷32，頁17a-17b。

65　何喬遠，《名山藏》，〈貨殖記〉，頁10a。【譯者按】：原文爲：「(馬一龍傳)當時子弟不輕易習舉子業，即習未成，亦不敢冒儒生巾服；而令倌子豎兒厚遭干進，恃此持門戶爲權貨梯階。」

社學爲人棄置。明世宗(1522-66)與明神宗(1573-1619)時代最爲人所知的是行政懈怠與官員侵吞，但也不能因此歸結出明代後期全國基礎教育衰敗的結論。例如湖北北部襄陽府，與廣東附近的新會縣，恰在這兩個懈怠期間，見證了社學大爲擴展。[66]在廣州附近的順德縣，明代創辦的二十一所社學，到了1850年代的咸豐年間，仍然在運作。[67]正如陝西某些地方，任何地方的社學只要擁有永久的地產，不但可以在明清鼎革的亂世中存活運作，甚至可以一直延續到二十世紀。[68]還有一點必須要指出的是，社學雖被認爲是典型的明初制度，但有清一代還是持續地發展，在許多地方，新社學還是不斷地設立。[69]

在此介紹各類型義學。有些義學是由各宗族專爲教育族內子弟而設立的，這將在本章宗族制度一節中討論；有些義學是由各地富人設立，開放給四鄰無力入私塾的青年。這些學校，有的依賴定期的捐贈，有的擁有永久的資產。[70]此外，清代逐漸出現各地的商人組織在主要的沿海或內地的港埠設立義學的情況，例如，長江下游商人便在重慶設立學校，不但他們自己與雇用職工子弟免費入學，且補助校友參加地方的縣試、府試、院試，省級鄉試與京師的會試。[71]有趣的是，澳門至今還存在兩所創設於明代的義學，一所坐

---

66 《湖北通志》，卷59，頁1548；《新會縣志》(道光二十年〔1840〕刊本)，卷3，頁41a-43b。

67 《順德縣志》(咸豐四年〔1854〕刊本)，卷5，頁5a-6b。

68 《陝西通志稿》(民國二十三年〔1934〕刊本)，全書。

69 《湖北通志》，卷59；《陝西通志》，卷27；《陝西通志稿》，卷37、38、39。

70 參見《四會縣志》(光緒二十二年〔1896〕刊本)，冊2上，頁93b；《新會縣志》(道光二十年〔1840〕刊本)，卷3，頁39b。

71 《同鄉組織之研究》，頁72-73。【譯者按】：這本書是社會部研究室主編，

落在中國航海者保護神媽祖廟中。這座廟當地人稱為媽閣廟，澳門的洋名Macao一詞，就是源自葡萄語；這所學校，幾百年來均由來自福建沿海漳、泉州兩府的商人及其後代所支持。另一所坐落在佛寺觀音堂，也就是顧盛(Caleb Cushing)著名的《中美望廈條約》簽約處，這所望廈義學一直由廈門人贊助。[72]

　　總之，在明清中國大歷史的社會脈絡裡，其基礎教育設施雖不能與近代工業社會的強迫義務教育相比，但我們要牢記的是，在近代西方社會觸及到普及教育問題之前的好幾個世紀，明初的統治者已瞭解其重要性。無疑地，在明代前半期，社學已普及全國，而且達到重要的教育目的。的確明清時代儒家教育機會均等的理想並未完全實現，但明初一百五十年的教育，要比當代西歐大部分的國家普及得多。

　　約在社學開始衰落的同一時期，私立書院如雨後春筍般的成長；雖然書院並非為基礎教育的目的而設，但它大大地填補國家教育的不足。「書院」源於唐代，最初的性質類似公立圖書館，而非學校。到了宋代，書院才成為既是圖書館，又是著名學者講學的地方。雖有著名理學家朱熹發揚書院的名聲，但從十一世紀初起至南宋末帝昺祥興二年(1279)，有記錄的書院還不到五十所。[73]可能由於蒙元政府疏忽教育事務，元代(1260-1368)中國學者與官員增設了許多書院。依據各種不同的史料，近代的學者整理出元代十四個省份中，新創辦和繼續維持的新、舊書院達390所之多。[74]

(續)────────────────

　　竇季良編著，正中書局出版。

72　這些資訊是1958年12月，在我的港澳之旅期間收集來的。

73　方豪，《宋史》，頁78-80。

74　何佑森，〈元代書院之地理分布〉，《新亞學報》，第2卷1期(1956年8月)，頁361-408。

明初雖曾有官員恢復和創設書院的案例,[75]但大體上,私人書院的發展在明初是暫時受挫的。主要因為明初官學設施大為擴展,擠壓私立書院的發展空間,部分原因則是明初皇帝以高壓手段要求官員嚴格遵奉官方意識形態。明初的學術氛圍,不同於宋元自由講學的書院性格。許多舊書院到十五世紀已破落不堪,而帝國政府又往往不准設立新書院。[76]

1500年後不久,一個有力的思想解放運動,由王守仁,也就是一般稱為王陽明(成化八年至嘉靖八年,1472-1529)的政治家及將軍所倡導。他是自朱熹(宋高宗建炎四年至寧宗慶元六年,1130-1200)以來最有創造力的理學家。朱熹集傳統中國思想之大成,王陽明則點起全國新學術運動的火花。他強調直覺的良知及知行的合一,與朱熹注重冗長的讀書研究及安於社會現狀,形成尖銳的反差。[77]雖然對王陽明學說的影響做系統性的評述,非關本書主旨,但仍須簡要地指出他為理學戰鬥吶喊的革命性格及其社會意義和影響。

王陽明思想體系的核心,是潛藏在人人心中的良知,這個理論及其涵意,其門人說得更清晰:人人都有實現啓蒙與成為聖人的潛能。陽明學說的歷史意義,其學派第二代門人曾做出適切的指述:

> 自古士農工商業雖不同,然人人皆可共學。孔門弟子三千,而身通六藝者才七十二,其餘則皆無知鄙夫耳。至秦滅絕學,漢興,惟記誦古人遺經者,起為經師,更相授

75 《明會要》,頁415-16。

76 陸容,《金臺紀聞摘抄》,頁8b-9a;余繼登,《典故紀聞》,卷16,頁260。

77 王陽明的哲學思想體系,參見Feng Yu-lan(馮友蘭), *A History of Chinese Philosophy*(《中國哲學史》), vol. II, ch.14。

受，於是指此學獨為經生文士之業，而千古聖人與人人共
明共成之學，遂泯沒而不傳矣。天生我師，崛起海濱，慨
然獨悟，直超孔、孟，直指人心，然後愚夫俗子，不識一
字之人，皆知自性自靈，自完自足，不暇聞見，不煩口
耳，而二千年不傳之消息，一朝復明。先師之功，可謂天
高而地厚矣。[78]

與傳統理學家一般，王陽明及其門人皆以回到理想的上古與孔
子，來證明其學說的正確性與合理性；但事實上，王陽明主張良知
人皆有之，在良知面前人人平等，這樣的學說是眞正具革命性的。

出於王陽明強調知行合一的重要，他的眾多追隨者與仰慕者持
續創辦私立書院，舉辦開放給上層與下層民眾的公眾講會。特別是
王艮(成化十九年至嘉靖三十年，1483-1541)，這位貧窮的江蘇泰州
煮鹽灶戶之子，以其絕頂的聰慧與倔強的性格，成為左派王學的領
袖。他和他的次子王襞高舉知識的火炬走向民眾，在左派王學盛行
的江蘇、安徽各地，我們看到佃農、樵夫、陶匠、磚瓦匠、石匠及
其他出身寒微的各行各業的人們，參加講會、朗誦經書。這些寒微
出身的人之中，不少後來成為名人。[79]當時有這麼多人願意因著相
信人人心中有良知，而接受他們的同胞，已更接近眞正的孔子「有
教無類」理想，這在傳統中國是空前絕後的。不論明代強力專制政
治的惡果有多大，整體而言，我們仍應視明代為一個學術傑出與社
會解放的時代。

78　黃宗羲，《明儒學案》，卷32，頁24a-24b。【譯者按】：出自王艮門人王
　　棟語錄，見於《一菴王先生遺集》(南京圖書館藏萬曆三十九年〔1611〕鈔
　　本)，卷上，〈會語正集〉，頁40。

79　同前書，卷32，全卷。

　　當然，保守的官員與朝廷無法忽視王陽明學說所明示或暗喻地對傳統理學與社會秩序的挑戰。私立書院與公眾講會曾於嘉靖十六年(1537)、萬曆七年(1579)與天啓五年(1625)三次被禁。[80]嘉靖十七年(1538)的一道詔諭，雖未對王陽明指名道姓，卻批判王學極其背戾正統，指斥其異說惑亂士人之心。[81]幸而，王學追隨者夠多，影響夠大；因此，即使經歷第一次未認真執行的禁令，與導致江蘇地區六十四所書院關閉的第二次更嚴厲的禁令，書院還是存活了下來。但王學中最勇於挑戰傳統學術的門人如何心隱(1517-79)與一般人稱李卓吾(1527-1602)的李贄都死於獄中。[82]到第三次禁令時，一些著名的書院捲入朝廷黨派鬥爭，導致被整肅關閉的災難。雖然直到明末，被良知學說解放出來的知識與社會力量把自己耗盡了，但私立書院已完成它們的任務，對國家教育制度留下永久不可磨滅的影響。

　　經歷半個多世紀的停滯，清代私立書院又興旺起來，但其目的與課程卻發生激烈的變化。明代書院首要關注的是哲學論述，準備考試只是附帶的事；但在清代，準備考試成為專注的目標。雍正元年(1723)，世宗皇帝即位後，他堅決冷酷地對士大夫階級從事嚴格的意識形態整合工作；所謂的私立書院，事實上幾乎已變成官學的補校。無論如何，從社會流動的角度來看，清代書院雖失去其自由講學的精神，只是成為科舉士子的場所，但他們的校產與講學金制度仍然持續獲得改善。

80　《明會要》，頁416-17。

81　余繼登，《典故紀聞》，卷17，頁287。【譯者按】：詔書指斥王學：「詭誕支離，背戾經旨」，「假道學之名，鼓其邪說，以惑士心」，是「詭道背理」「異說」，「不可不禁」。

82　容肇祖，《李贄年譜》，全卷。何心隱死因，參見頁54。

表23　清代廣東創設的書院

時　　期	官方倡設的書院	私家設立的書院	總計
1662-1722 康熙元年至六十一年	69	12	81
1723-1735 雍正元年至十三年	20	0	20
1736-1795 乾隆元年至六十年	82	21	103
1796-1820 嘉慶元年至二十五年	31	20	51
1821-1850 道光元年至三十年	24	22	46
1851-1861 咸豐元年至十一年	4	24	28
1862-1874 同治元年至十三年	14	17	31
1875-1908 光緒元年至三十四年	14	37	51
總計	258	153	411

史料出處：劉伯驥，《廣東書院制度沿革》（上海：商務印書館，1937），
　　　　頁46-79。*

　　一位近代學者從各種清代傳記資料中收集了大約三百所書院的名字，[83]這離完整的總數還差得很遠。選用一本清代方志為樣本，它顯示幾乎每一府縣，不論何時總有一所或多所書院。在另一本基於廣泛研究方志來論述廣東書院的卓越論文中，這個印象得到進一步確認。

　　在一個像廣東那樣的新興省份，書院也如此高密度地分布，這

---

* 　【譯注10】《廣東書院制度沿革》的出版資料應該是「上海：商務印書館，1939」。

83　參見盛朗西，《中國書院制度》，特別是頁139。

表示除邊遠的省份外，書院在全國應有更廣的地理分布。表23的分項數據顯示，大部分書院是官方與半官方性質，然而在咸豐元年(1851)太平軍起事之後，官方主動倡設的情況減少，而民間私人的努力卻增強。

　　書院的成功與持久，全視校產的大小與經營而定。一般說，校產成長的趨勢，依賴地方富人與官員定期的捐贈。湖南省會長沙的嶽麓書院，是歷史可以追溯到十一世紀宋代的古老書院，擁有一筆不算多的校產，但到嘉靖十八年(1539)已有地1,824畝，其後還穩定地擴張。[84]在鄱陽湖邊的江西省，其風景優美的廬山有著名的白鹿洞書院，朱熹曾做過這裡的山長。到康熙十二年(1673)時，書院在鄰近四個縣已有校產3,851畝地。[85]這些書院校產雖然還算可觀，但是比起後來的那些書院就相形見絀了。例如陝西最大的味經書院，同治九年(1870)以後校產已達銀17,000兩以上，這使他們可建藏書萬卷的圖書館，且發給學生每人每月一兩半到二兩的獎學金。[86]河南省會開封的明道書院，校史也可追溯至十一世紀。該書院訂了一個巧妙的籌募款的規矩，畢業生每次任官或升官均須捐款四十到一千兩不等。雖其校產的總數無從知道，但一定相當大；因為每月書院給列入主要名冊的學生每人四兩，增額名冊的學生每人二兩。[87]河南省武陟縣河朔書院為豫北三府二十五縣而設，在十九世紀中

84　《嶽麓書院志》，卷1，頁23a。

85　《白鹿洞書院志》（康熙十二年〔1673〕刊本），卷16，頁32b。嘉靖四年(1525)刊本的《白鹿洞書院志》卷二，分別詳載捐贈的土地，但無總數。似乎當時的校產土地面積比康熙十二年小。

86　《陝甘味經書院志》。

87　《明道書院志》，卷6。

期，當地紳民所捐校產達銀24,700兩。[88]

完全為地方而設的書院，其資源也很多元。揚州安定書院是一所專為鹽商子弟開設的學校，就有一筆達銀7,400兩的充裕校產；因此，雍正十一年(1733)以後，能夠每月發給每位學生三兩的膏火津貼。[89]然而，偏遠的雲南昆陽龍湖書院擁有的校產卻只有244畝水田。[90]至於書院圖書資源的規模差距亦大，從最多的蘇州學古堂六萬卷，位處偏遠的湖南寧鄉縣的雲山書院，只有屈指可數的幾部基本經書、正史和零散的文集。[91]

被稱為「膏火」的獎學金，其規定之多樣，亦不遑多讓。一般

---

88 《河朔書院志》。【譯者按】：河朔書院是清朝末年豫北地區的最高學府。河北道臺劉體重會同三府二十五縣暨各縣紳民捐銀24,720兩，於道光十六年(1836)十一月初一在木欒店東南門開工興建，次年五月竣工。書院占地五十五畝三分一釐五絲，共建房一百四十餘間。

89 《兩淮鹽法志》(嘉慶十一年〔1806〕刊本)，卷53。【譯者按】：《清世宗實錄》，卷127，雍正十一年正月壬辰條載：雍正皇帝特頒諭旨，令各省省城均建書院，由政府頒賜經費，各給「帑銀一千兩，歲取租息，瞻給師生膏火」，並明確表示是為科舉培養人才而加強書院建設。又據《兩淮鹽法志》，雍正十一年(1733)，於宋儒胡瑗的祠堂舊址建書院，以胡瑗的號安定先生為書院名稱。當時由鹽商公捐建築費銀七千四百兩有奇；於雍正十三年(1735)二月興工，十月落成。乾隆五十九年(1794)，增修學舍重定規條，正、附課生各七十二人，隨課生無定額。正課生月給膏火三兩，附課生二兩；住在書院肄業學生另發給膏火每日三分。則校舍落成開學應在雍正十三年，而定每月每生膏火三兩是乾隆五十九年的事，且膏火三兩是發給正課生的，附課生只有二兩。學生如果住校上學，另給生活津貼每日銀三分，即每月九錢。詳見李世愉，〈論清代書院與科舉之關係〉，《北京聯合大學學報(人文社會科學版)》，第9卷3期(2011)。

90 《龍湖書院志》，卷上，頁38a-43a。

91 《寧鄉雲山書院志》；與謝國楨，〈清代書院制度變遷考〉，《張菊生先生七十生日紀念論文集》(上海：商務印書館，1937)。

給生員和考第一級院試學生的月津貼，從三到一兩半不等。有些書院還給高班進階學生如貢生和舉人額外津貼。由於清代書院的目的高度功利，到清代後期，收高班進階學生，成為普遍的慣例。大部分書院也補助參加鄉試和會試的學生旅費，十八世紀後期開始，廣東有十九所較大型的書院發展出一套精緻的津貼制度，來幫助學生報考較高階的科舉考試。[92]坐落在有八旗駐防城市的書院，還特設獎學金名額給八旗子弟，因為大多數八旗軍人都經歷長期經濟惡化的過程，極需要錢財幫助他們的子弟上學。[93]

　　清代書院對社會流動的作用相信一定相當大，雖然由於缺少學生名冊與學生祖宗的資料，以致無法做系統性統計之陳述。甚至即使不是所有書院學生實際上都是窮學生，我們還是無法否定書院所承擔的重要社會與教育功能。例如，在一個像江蘇鎮江那樣的文化先進地區，資產充裕的寶晉書院就能在乾隆三十二年至光緒六年(1767-1880)之間，出了69名進士和262名舉人。[94]文化比較落後的陝西，味經書院在同治十三年到光緒二十年(1874-94)短短的二十年間，就出了18名進士和76名舉人。[95]因此，如果說在一個府學和縣學對學術漫不在意，已變成只是政府津貼發放者的時代，書院正

92　劉伯驥，《廣東書院制度沿革》，頁332-33。

93　《錦江書院紀略》。這所書院位於有八旗駐防的四川省會成都。

94　《寶晉書院志》，卷3。由於在美洲大陸只收藏少量關於明代書院的書籍，所以很難做一量化的陳述。無論如何，唯一能找到的明代論著《百泉書院志》，包括其校友資訊，說明私立書院對社會流動發生相當的作用。十五世紀晚期創設於河南縣的百泉書院，有個不大的625畝校產，卻在弘治三年(1490)與嘉靖八年(1529)間教出10名進士，在成化十五年(1479)與嘉靖十年(1531)間教出29名舉人。見於《百泉書院志》(嘉靖十二年〔1533〕刊本)，卷1和卷4。

95　《陝甘味經書院志》。

好填補教育設施的缺失，應該不算誇張。一個小書院能發給學生的
獎學金可能只有十或十多名，但大多數書院能發給學生的獎學金可
能有四十或四十多名，大約和國立學校廩生學額的總數差不多，或
者還多一些。廣東省各個書院給的獎學金學額，從10名到320名不
等，平均約80名，[96]可能比全國總平均數要高些。

　　順帶一提，由於清政府要求書院嚴格遵奉意識形態，有些書院
便迴避理學研究，成為著名的學術研究中心。例如，大學者及官員
阮元（乾隆二十九年至道光二十九年，1764-1849）於嘉慶六年（1801）
在杭州創建的詁經精舍，就出了一群全國知名的學者；在著名學者
俞樾（道光元年至光緒三十三年，1821-1907）長達三十一年的督導
下，賡續精舍的學術傳統。當阮元到南方任兩廣總督時，他又於嘉
慶二十五年（1820）在廣州創設以大量刻書著稱的學海堂；十九世紀
末，學海堂誇稱他們畢業學者的文史論著編印成的叢書就有四編九
十卷。光緒十三年（1887），張之洞在廣州新創廣雅書院，其學術的
名聲與刊刻書籍的熱忱堪與學海堂相提並論。[97]

第三節　幫助舉子應試的社區援助機制

　　為進一步輔助正式教育管道，各地方對應試舉子提供各種錢財
補助，最值得注意的是作為地方社區公益基金的義學、貢士莊、希
賢莊、青雲莊制度，其明確的目的在於補貼本地子弟到省城或京城
趕考的旅費。這個制度最初出現的時間和地點不明，根據宋代的文

96　劉伯驥，《廣東書院制度沿革》，頁311-16。

97　參見A. W. Hummel, *Eminent Chinese of the Ch'ing Period,* "Juan Yuan(阮元)"
　　條與"Chang Chih-tung(張之洞)"條。其他以學術研究著稱的書院，部分條列
　　於謝國楨，〈清代書院制度變遷考〉。

獻記載，孝宗淳熙十一年(1184)，一位省級官員在湖北十四個地方
開始建立這種制度，到十三世紀前半期，地方性社區公益基金已普
設於長江流域省份，如湖北、湖南、浙江、江蘇，尤其以江西最普
遍。[98]愛國的烈士暨政治家文天祥(宋理宗紹定五年至元世祖至元
十九年，1232-82)，出身江西中部、文化先進的吉州(明清的吉安
府)吉水縣，在他的全集裡找到兩份地方社區共同基金貢士莊創立
與經營的詳細記錄；十三世紀初，在文天祥家鄉吉州，貢士莊最初
由胡槻創辦的，胡槻是一位中央六部尙書(【譯者按】：贈戶部尚
書胡泳)之子。他們稱此社區共益基金爲「貢士莊」，意指「爲進
京趕考會試士子而設的義莊」。吉州貢士莊最初的資產不多，只有
米2,200斛。後來，當葉夢鼎(歿於宋端宗景炎三年，1278)在宋端
宗淳祐十一年至寶祐元年(1251-1253)以直秘閣‧江西提舉常平兼
知吉州時，又增資630斛。其後經由官員不斷的努力與捐助，至宋
度宗咸淳八年(1272)增至6,100斛，並由吉州州學學諭提點貢士莊
事。[99]

---

98 周藤吉之，《中国土地制度史研究》(東京，1954)，頁204-7。較詳細的研
究，請參閱楊聯陞，〈科舉時代的赴考旅費問題〉，《清華學報》，新第2
卷2號(1961年6月)。很遺憾，這兩種研究，由於最近才發現；因此，沒來得
及列入〈引用書目〉中。【譯者按】：其實只有周藤吉之，《中国土地制度
史研究》未列入〈引用書目〉。

99 文天祥，《文山先生全集》，卷9，頁1a-2b(【譯者按】：〈吉州州學貢士
莊記〉)。必須提到的是文天祥並未說明吉州貢士莊創辦的確切日期，但我
們知道胡槻是胡銓的孫子，胡銓是宋高宗建炎二年(1128)進士，宋孝宗乾道
七年(1171)歿於中央六部侍郎任上。胡槻生卒年不詳，在胡銓中式後長達四
十多年的仕宦生涯中，可能在後期看到孫子胡槻出生；假設胡槻也用了胡銓
同樣長的時間達到高官位，則胡槻在吉州創辦貢士莊的時間應該在1220或
1230年代(宋寧宗嘉定年間至理宗紹定年間)。胡銓、胡槻與葉夢鼎的傳記資
料摘自《宋史》，卷374與卷414及《吉安府志》(乾隆四十一年〔1776〕刊

　　文天祥還提到吉州鄰近的建昌軍(明清的建昌府)的軍治與屬縣也有類似吉州貢士莊的設施，這個地區設置的目的較廣，不但資助赴京趕考會試的舉子，而且也贊助赴省城參加鄉試的考生。捐資或以錢或以穀，積倉於一廢寺，經過幾十年的嘗試，爲免貢士庫名存實湮，這些地區的義莊均改庫爲田，以利久遠。這些地方的公益基金，取了個較象徵性的名稱「青雲莊」，意指此「莊」產可助士子平步青雲。[100]

　　社區公益基金制度在十二世紀後期至十三世紀初期順利起步後，在蒙元與明代的發展卻遭遇挫折。在蒙古統治下，首先是科舉考試遭到延宕，其後雖然恢復，但僅零星舉行。一些江南官員不斷上奏建議將原屬於各地方貢士莊的田產歸爲國家所有，這些建議終於在元世祖至正二十五年(1288)與至正二十九年(1292)爲元朝政府所採納。到了明朝，政府對於官員建議在南方重建社區公益基金制度也不支持；自洪武十七年(1384)起，舉人赴京考試，已由官給廩給腳力，即政府供應交通工具、食宿與零用金。這個規定使南方各地重建社區公益基金制度，在理論上並無必要。[101]

　　儘管如此，江西有些地方還是靠地方的努力重建社區公益基金

(續)────────────────────

　　本)，卷24，頁10a。【譯者按】：葉夢鼎任職江西提舉常平兼知吉州的時間，本書誤爲1151至1153年(宋高宗紹興二十一年至二十三年)，而葉夢鼎生於宋寧宗慶元六年(1200)，1151至1153年尚未出生，查對《宋史》葉夢鼎傳原文，應該是宋端宗淳祐十一年至寶祐元年(1251-1253)；今譯文逕自改正。又葉夢鼎爲貢士莊增資是630斛，原書作600斛，今譯文逕自改正。且乾道七年並非胡銓去世的時間，而是他辭官的日子，胡銓是在淳熙七年(1180)卒於故里，非歿於侍郎任上。

100 文天祥，《文山先生全集》，卷9，頁14a-16a。【譯者按】：〈建昌軍青雲莊記〉。

101 楊聯陞，〈科舉時代的赴考旅費問題〉。

制度，例如聞名國際的瓷都景德鎮所在的浮梁縣，通明一代，以「進士莊」為名的社區公益基金制度就營運得很好。[102]正如我們將在第六章進一步討論的那樣，江西一些地方有像貢士莊這樣的設施，可能是使明代前期個別省份科舉特別成功的顯著因素之一。

　　北美收藏的明代方志較少，增加我們要有系統地探討明代地方社區公益基金制度的難度。但仍可根據清代記載來推估。地方社區公益基金是靠持續的關注與定期的捐助，通常存在於較富庶和科舉成功率高的地區。資源較有限的地方，關注的重點會放在發憤向上並亟於通過鄉試的生員身上。例如，湖南邵陽縣的社區公益基金名曰「賓興款」，其歷史可追溯至崇禎十二年(1639)，當時的官員以剩餘的府倉羨米購田召租，每三年提撥一次，供社區公益基金補助赴省城應考鄉試的生員。乾隆初年(1730年代)，田歸濂溪書院，歲取銀十一兩為經營管理之用，餘款分給參加鄉試生員。其後書院經費短絀，經營不善；賓興款庫逐漸枯竭。道光初年(1820年代)縣令研究過去成例之後，將社穀銀千兩轉為賓興款，存入地方典當鋪生息。在付出高利數年之後，典當鋪逃避其契約責任，邑紳連年具控。由於款庫一直不穩定而未能有所擴張，直至道光三十年(1850)以後，縣令出面解決，令典商捐錢存典生息，才解決紛爭。邵陽縣賓興款庫的案例，可能是許多地方的典型。但是《邵陽縣志》光緒元年(1875)刊本的編者評論，認為提高興賓款是過去二十多年來導致當地士子科第日盛的原因之一。[103]

　　在較富庶的地方，社區公益基金的供給相對充足。例如，商貿繁榮的徽州府休寧縣和績溪縣，至少自十九世紀初起，各有一地

---

102 《古今圖書集成》〈職方典〉，卷857，頁39a。
103 《(光緒)邵陽縣志》，卷4，頁12a-12b。

方政府立案之公捐專款銀五千兩，發鄉城典鋪生息，以爲本縣生員應試旅費。[104]此外，皖北合肥縣、湖南西北常德府、魯東即墨縣也有專款補助發憤向上的生員。[105]許多地方運用公款幫助生員取得第二個功名，可能由於舉人身分在社會分層上有關鍵作用，任何人成爲「已舉之人」後，想從地方社區公益基金以外的管道，進一步取得赴京會試的補助，並不太困難。由於明朝創建之後，舉人成爲正式的功名，可取得下級官員的資格；自然使得大部分明清地方社區公益基金，把補助的重點，從幫助本地子弟生產進士，轉移到幫助本地子弟取得對他們最緊要的中階科名舉人。

　　隨著時間的推移，許多地方擬出比較周密的地方莊庫計畫，例如在富庶的廣州城就有充裕的基金補助生員與舉人，基金的資產規模高達銀二萬兩；由於廣州離北京很遠，在同治年間(十九世紀中期)，絕大多數基金用來資助舉人。[106]乾隆年間(十八世紀晚期)起，浙江中部的蘭谿縣擬定一個雖不眞正充裕卻非常完整的津貼制度，除補助赴省城杭州趕考鄉試的生員及赴北京趕考會試的舉人旅費外，尙有一定的基金保留給定期赴府城金華參加府試的童生，參加武舉的鄉試與會試的舉子則可得到稍低的津貼。[107]有時某些地區會較注重社會正義，而不是社會策略；往往有限的基金資源分給各類舉子，因而減少了津貼的金額。[108]

---

104 《(道光)徽州府志》，卷3之1，頁59b、95b-96a。【譯者按】：詳見劉上瓊，〈清代科舉經費的管理制度研究〉，《教育與考試》，2010年第3期。

105 《(嘉慶)合肥縣志》，卷10，頁23b-24b；《(嘉慶)常德府志》，卷15，頁11b-12a；《(道光)即墨縣志》(同治十二年〔1873〕刊本)，卷3，頁27a-27b。

106 《(同治)番禺縣志》，卷16，頁30b、41a-41b。

107 《(光緒)蘭谿縣志》，卷3，頁44b-47a。

108 《(嘉慶)商城縣志》，卷5，頁43a-43b。

　　十九世紀的江西廬陵縣擬定的賓興文課公所、公車局、采芹會與廩局條例，可能是社區公益基金中最詳盡的。雖然在南宋與明初當地有驚人的科舉成功，但當時已成記憶；因此，為增進科舉方面的成功，除為舉人、生員與廩生而設莊庫基金外，還保留一部分給當地自明代以來就創設的文學社團興賢文社，以改進士子作考試時文。[109] 雖然遲至清末，仍有些地方未有補助舉子的社區公益基金基金，但的確有相當多的地方設有且維持良好的這種機制，毫無疑問地能成功地對社會流動發生一些作用。

　　必須順便一提的是，大筆的社區公益基金大部分由當地最大的書院提點維持，但是也有一些地方有些小筆社區公益基金，是由某些鄉鎮的義學來經營管理，例如浙江紹興府嵊縣和湖北蘄州。[110]

　　除了地方社區公益基金之外，至少從十六世紀初開始，全國各省、各府，有時甚至某些縣分，逐漸興起在京城興建會館的風氣，供來京城趕考會試的本地子弟使用。從字源來說，「會館」的「會」字源自「會試」。據資料豐富的北京福建會館史志《閩中會館志》，早在正德年間(1506-21)，福州府會館已不止提供家鄉來的舉子食宿，同時也招待進京需要臨時住宿的本地官員。[111]明亡之前，福建除一府外，均在北京建有會館。自清初至乾隆二十五年

---

109 《(宣統)廬陵縣志》，卷14，頁16a-24a。
110 《(乾隆)紹興府志》(乾隆五十七年〔1792〕年刊本)，卷20，頁31a-31b。（【譯者按】：本書誤作頁32a-32b，今逕依《(乾隆)紹興府志》原書改正）；《(宣統)湖北通志》(宣統三年〔1911〕年刊本)，卷59，頁19a。（【譯者按】：本書作頁1583，今逕依《(宣統)湖北通志》原書頁次改正）。
111 《閩中會館志》，〈福州會館〉章，頁28a-28b。《吉水縣志》〈儒學書院〉記載當地會館興建於正德年間的1510年代是受到王陽明的影響。

(1760)，福建至少有八個縣分別在京城設會館。[112]我們有理由相信，建置社區公益基金先進的江西，在北京興建會館是不會落在福建之後的。做過首輔的政治家朱軾(康熙四年至乾隆元年，1665-1736)證實：明代江西省暨各府就在北京建了許多會館，甚至朱軾的家鄉高安縣就有兩所會館，其後逐漸頹壞，終至清雍正元年(1723)整併成一所。[113]浙江嘉興人沈德符就對十六世紀後期的北京有那麼多會館印象深刻。[114]離北京較近的省份在北京建會館的時間自然比較遠的南方省份晚些。例如，雖然山西大企業商人早已興建行會的會館，但遲至十七世紀後期才爲進京趕考會試的本地子弟建會館。[115]據我們對近代北京的瞭解，可以斷言清代全國各省、許多大型的府與某些大縣都在北京有會館，雖然對它們創辦的確切日期難以知悉。

這些會館都有一個有趣的特徵，原始創設時把他們住在北京的商人排除在服務的對象之外。雖然少數較遲興建的會館，仍遵循早年的習慣，如湖南寶慶府。[116]但由於從事區域間貿易的商人通常資本較富厚，這種情形後來有所改變。例如，徽州會館幾乎從十六世紀成立以來，便讓本地商人利用會館設施；清代徽州會館的營運也仰賴商人的定期捐款。[117]一位福建南方內地龍巖的煙草富商曾於乾隆三十七年(1772)獨力建一會館。[118]雍正元年(1723)，當高安會館

---

112 《閩中會館志》全書各處。

113 朱軾，《朱文端公集》，卷1，頁54a-55a。

114 沈德符，《萬曆野獲編》，頁608。

115 陳廷敬，《午橋文編》，卷38，頁11a-12a。

116 《寶慶會館志》，卷上，頁24b。

117 《歙縣會館錄》，卷上，頁1a；詳細的捐款人名單見於卷下。

118 《閩中會館志》，〈龍巖會館〉章。

重建時，高安商人捐款相當多，因而取得使用各種會館設施的權利，包括有權在館內設鋪展售其貨品。[119]隨著時間的推移，眾所皆知，北京大部分的會館已不再有歧視。[120]至於各府縣在省城設會館供本地生員使用，爲一般所習知，此不贅述。

　　總而言之，雖然地方社區公益基金和會館都不能算是提高地區社會流動的主要因素，但他們存在於明清時代，一般來說，正反映了一個重要的心理事實，即地方社會幾乎是不遺餘力地幫助地方子弟取得科舉成功與社會名位。

第四節　宗族制度

　　小家庭或大家庭是眞正的共同生活單位，長遠來說，經由財產繼承制所導致的經濟再分配，會稀釋和拉平家庭的經濟；但是，宗族或「父系繼嗣團體」則不同，其永久性共有財產與福利規定，往往成爲幫助同族貧困成員提升社會地位和向上流動的要因。[121]感謝

---

119 朱軾，《朱文端公集》，卷1，頁54a-55b。

120 著名的法律史家程樹德在爲《閩中會館志》寫的序中對這變遷說明得很清楚：「京師之有會館，肇自有明，其始專爲便於公車而設，爲士子會試之用，故稱爲會館。自清季科舉停罷，遂專爲鄉人旅京者雜居之地；其制已稍異於前矣。」但是我們收集的事證顯示：這一變遷早在1905年科舉廢除之前就已發生，對於不同於此的商人會館之研究，請參閱加藤繁，《支那經濟史考證》，頁557-84。【譯者按】：吳杰譯，《中國經濟史考證》（北京：商務印書館，1959），第1卷，頁337-369，〈論唐宋時代的商業組織「行」並及清代的會館〉。

121 的確甚至大宗族制度對其最成功的族人也會是一種財務拖累，因爲理學的訓誨要求他們有義務捐出錢財幫助族人。但這種捐獻的數目，比起他們與家人分享的財產來說，通常並不會太大。通明清兩代，像組織宗族義莊的先驅范仲淹那樣，把所有地產捐給宗族的案例，幾乎沒人聽說過。

某些近代學者的研究成果，[122]有關傳統中國宗族組織及其各種功能，不需要在此細論。

　　眾所周知，近世的宗族制度的組成是仿自某些宋代著名的典範，尤其是仿宋仁宗皇祐二年(1050)政治家范仲淹(989-1052)所創的義莊，後來這個宗族制度爲范氏後人所修正，而普爲當代和後世的君王、官員和士大夫所稱頌。[123]就我們的研究目的而言，雖然范氏義莊初設的目標，主要關注於收容與周濟貧苦族人，但後來其子於宋神宗熙寧六年(1073)增定一條關於宗族教育及資助族人參加科舉考試的規定。在一個科舉考試已經成爲最有效的嶄露頭角管道的時代，教育在宗族福利方案中的重要性是廣爲人所注重的。例如關注家族事務的南宋學者袁采，竟主張置義莊不如置義學，並將一般性宗族福利條款，完全以教育條款取而代之。其理由是置義莊以濟貧族，易使族人懶散而生依賴之心，置義學擇師教族人讀書，將來可爲全族爭得更大的社會酬賞。[124]於是，十一世紀晚期以後，由南宋以迄於元，規模及資產較大的宗族，往往分出部分族田作爲宗族義學之恆產，或作爲資助族人參加科舉趕考的盤纏。[125]例如，雍正

---

122 特別值得注意的是Hu Hsien-chin(胡先縉), *The Common Descent Group in China and Its Functions*(《中國宗族及其功能》)；清水盛光，《中国族産制度攷》。【譯者按】：中文譯本爲宋念慈譯，《中國族產制度考》(臺北：中華文化出版事業委員會，1956)；Hui-chen Wang Liu(劉王惠箴), *The Traditional Chinese Clan Rules*(《傳統中國的族規》).

123 Denis C. Twichett(自訂漢名原爲「杜希德」，或譯作「崔瑞德」), "The Fan Clan's Charitable Estate, 1050-1760(范氏義莊，宋仁宗皇祐二年至清高宗乾隆二十五年)," in D. S., Nivison(倪德衛)and Arthur F. Wright(芮沃壽), eds., *Confucianism in Action*(《儒家思想之實踐》)，煞費苦心地以范氏做個案研究中國宗族制度的歷史演變。

124 袁采，《袁氏世範》，卷1。

125 清水盛光，《中国族產制度攷》，第1章。

末年乾隆初年(1730年代)，在少數民族占多數的邊陲省份雲南，其登記於省及地方政府的宗族義學便有三萬所以上。[126]

　　現代學者由於運用大量的清代家譜，才有可能對宗族提供的獎學金及補助制度的情況做數量性的敘述。本研究分析晚清至民初七十五種可能是沿襲舊譜的族規，其中五十種有「維繫宗族聲譽遠比周濟有需要的族人更有價值」的相關規定。[127]於是族人通過生員、舉人或進士考試者，依例至少可獲得象徵性的獎金。要進省城或京城趕考者，其旅費部分或全部由宗族資助。立志投考初階科名生員的青年，可以在宗族內免費學習。甚至到別處讀書，也可以得到補助。一些財源豐富的宗族義學，如浙江西北部的湖州南潯鎮，是一個以產絲著稱的繁榮市鎮，其宗族義學恆常賓興基金，多達二萬五千兩至四萬兩。[128]

　　這是相當普遍的慣例，一位為當今研究提供資料的受訪者表示，其全部教育經費，就是來自其祖父創設的宗祠基金。[129]哥倫比亞大學何廉教授(Franklin L. Ho)惠允我引用他的事作為宗族協助教育的例子，他是湖南邵陽人，在其宗族所屬那一房設立的學校完成初等教育之後，又在全宗族設立的主要義塾念書；清光緒三十三年至宣統元年(1907-1909)間，宗族當局每年發給他五十銀元，供他到省城長沙一所邵陽人辦的高中讀書。甚至後來他在長沙就讀雅禮大學(Yale in China)的教育經費，及到美國加州波莫納學院(Pomona College)的旅費，也部分由宗族的共同基金支付。*

126　陳宏謀，《全滇義學彙記》，〈序〉。

127　Liu, *Chinese Clan Rules*, p.126.

128　《南潯志》，卷35，頁4b-6a。

129　Hu, *Common Descent Group*, p.88.

*　【譯注11】：何廉(1895-1975)於1919年赴美國耶魯大學留學，曾在歐文・費

　　儘管有這些例子，仍不應誇大傳統宗族組織對社會向上流動的作用。第一，發達的宗族組織並非遍布全國各地。爲人熟知的是：宗族組織在最南方沿海的福建與廣東兩省最爲發達，在長江中游與下游省份也廣爲分布而且組織完善；但在北方一些省份，宗族分布稀鬆，並不發達。[130]在宗族組織不發達或宗族數量較少的地區，窮人無法利用上述宗族機制獲得受教育的機會。第二，宗族設置的教育設備和考試津貼，通常並不充分，而且獲利的大都是那些小康以上的家庭。[131]儘管如此，我們也不應小看宗族作爲一種社會流動的

　　雪(Irving Fisher)身邊工作，研究指數。1926年回國，任南開大學商科教授，基於「建立適應中國特點經濟學」，成立了南開經濟研究所。1931年任南開大學經濟學院院長。在這段期間，他一方面編製了南開經濟指數，成爲日後研究中國當時經濟狀況的絕佳資料；另一方面，他翻譯了大量經濟學著作，引入西方經濟學。雅禮大學的由來，美國耶魯大學學生是受到義和團運動的刺激，於1901年正式成立前往中國傳教的組織雅禮會(Yale Mission in China 或Yale-China Association)，選擇湖南長沙作爲基地。1906年11月16日，長沙雅禮學校(Yali Union Middle School)在西牌樓租借民房成立開學，由蓋葆賴(Gage)任校長，胡美醫生(Edward Hume)則在對面的「中央旅館」開辦雅禮醫院，後改名湘雅醫院(Yali Hospital)。1914年開始，雅禮學校正式改稱雅禮大學(College of Yale-in-China)，開始招本科生，分文科、理科。1929年，雅禮大學停辦，合併於武昌華中大學。雅禮的校園改辦「湘雅醫學院」(Hsiang-Ya Medical College)，成爲中國第一流的醫學院校，享有「南湘雅，北協和」的盛譽。

130　Hu, *Common Descent Group*, pp. 14-15；Liu, *Chinese Clan Rules*,〈備考〉，表1。必須指出的，劉王惠箴論著依據的族譜，主要是哥倫比亞大學典藏的各省族譜，其數量可能不足以作爲傳統宗族地理分布的指標；哥倫比亞大學或其他美國著名的藏書典藏的福建與廣東族譜數量不多，可能是這些族譜很少送到北京書市，而美國圖書館購買的中國古書大部分來自北京書市。

131　Hu, *Common Descent Group*, p.88. 從何廉的例子看來，的確是如此，他的父親是監生，是一位相當富裕的商人。

管道。首先，即使宗族教育設備有限，通常會給孤兒和貧窮族人優先使用。[132]而且，即使一個宗族沒有恆常制度化的義塾，也不表示不會爲教育目的幫助貧窮族人。宋代以後，在理學的影響下，照顧貧窮族人和親戚的美德爲人們所稱頌。自晚明社學衰落之後，有能力聘請塾師的家庭常把私塾開放給聰慧、肯上進、有大志的貧窮族人。許多明清著名人士雖沒受惠於制度化宗族義塾，但其早年教育有賴族人的私塾。本書〈附錄〉第五案例，後來做到大學士的許國（嘉靖六年至萬曆二十四年，1527-96）就是一個很好的例子。同樣地，我們可以說個人的因素，例如同情親戚、友人、鄰人及贊助聰慧有志氣，堅定向上的窮人，在推動向上社會流動方面，比起制度化的宗族教育設施，一點也不遜色。

第五節　出版印刷

雕板印刷最初於第八世紀前半的唐代中期在佛寺發展起來。[133]但刻書的技術與書籍的供給，要到宋代才有可觀的發展；就書的品質與美學的魅力而言，宋版書是無可比擬的。然書籍大量刊刻的現象，要等到明代中期才出現。就如我們不斷提起的，明朝的締造者

---

132 Liu, *Chinese Clan Rules*, p.128.

133 Thomas F. Carter(卡特), *The Invention of Printing in China and Its Spread Westward*(中國印刷術的發明及其西傳), ch. 6 and chronological chart(第六章及年表)(【譯者按】：中文譯本最早爲劉麟以文言文譯，題名《中國印刷源流史》，但內容頗有節刪。其後全譯本有兩種：一爲吳澤炎譯，1957年由北京商務印書館出版，題名《中國印刷術的發明和它的西傳》；一爲胡志偉譯，1968年由臺北臺灣商務印書館出版，題名《中國印刷術的發明及其西傳》）。又李書華，〈印刷發明的時期問題(上)(下)〉，《大陸雜誌》，第12卷5-6期(1958)。

對教育極為熱中，早在洪武元年(1368)，就頒布一項給予所有書籍免稅的法令，明太祖兩次下令於不易取得書籍的北方各省免費頒贈《五經》、《四書》等儒家基本典籍。明太祖下令典藏元朝皇家圖書館藏書的南京國子監，將殘缺的舊書板考補，以備重新刻印之用。[134]永樂十五年(1417)，政府又頒《五經》、《四書》及已為國家認定具正統地位的宋理學之基本著作《性理大全》。十五世紀初期的明朝皇帝均曾對建立皇家藏書表示持續的關注，但總數約兩萬

---

134 《明史》，卷1，〈太祖本紀〉。【譯者按】：這三件事均不出於《明史》，卷1，〈太祖本紀〉。書籍免稅是洪武元年八月，見於《明史》，卷2，〈太祖本紀二〉；頒經書於北方是洪武十四年三月辛丑與洪武二十四年六月戊寅，則見於《明史》，卷2，〈太祖本紀二〉及《明太祖實錄》，卷136，頁3b與卷209，頁7b。至於南京國子監考補殘缺書板，亦不見於《明史》〈太祖本紀〉，而是出於《明太祖實錄》，卷150，頁2b-3a，洪武十五年十一月壬戌條，及《南雝志》，卷1，頁28a-28b，洪武十五年十一月壬戌條。南京國子監藏舊書板來自南宋國子監，宋亡入元，書板被移送至西湖書院保存。元時，余謙、葉森等人曾督工匠修補印行。元亡入明，約在洪武八年，明政府又把這些板片轉存南京國子監，同時再次加以修補刷印。洪武十五年南京國子監考補殘缺的書板應該是這批書板，而不是元大都奎章閣與崇文閣的皇家藏書。洪武元年八月，明軍攻入大都。入城之後，即封存元朝皇家和中央官府藏書。十月戊寅，明太祖在平元都的詔書中提到：「(元朝)祕書監、國子監、太史院典籍，太常法服、祭器、儀衛，及天文儀象、地理、戶口版籍，應用典故文字，已令總兵官收集。其或迷失散在軍民之間者，許赴官送納。」(《明太祖實錄》，卷35，頁4b)《明史・藝文志》也說：「是年(洪武元年)，定元都。大將軍徐達收圖籍致之南京。」則元朝皇家及中央官府的藏書已運回應天府。運回應天府後，大部分置於文淵閣，另一部分納入大本堂，供太子及諸王學習使用。這些藏書後來部分於永樂十七年起運到北京文淵閣，雖未毀於永樂十九年的三大殿火災，後來卻毀於明正統二年(1437)正月，據沈德符《萬曆野獲編》(卷一)記載：「南京所有內署諸書，悉遭大火。凡宋元以來祕本，一朝俱盡矣。」參見汪桂海，〈大本堂考〉，《文獻》，2001年第2期。

種、近百萬卷的皇家藏書中，只有30%是刻本，其餘是寫本，由此可知當時印刷設備仍十分有限。[135]

從長遠來看，普遍的和平、政府撙節開支、經濟復甦、愛書風氣的漸起，特別是官學招生人數大增，及科舉考試制度重要性的不斷增長等，均刺激刻書業的發展。到嘉靖時期(1522-66)，南京國子監在原本的任務之外，又肩負起刊印《十三經》和《二十一史》的任務，以應付基本文本和類書不斷增長的需求。在第一次刊刻的書板遭火災損毀之後，新刊刻的書板完成於萬曆十四年至二十四年(1586-96)之間。這些大規模翻刻基本書籍的工作，對傳播知識和書籍的普及起了很大作用。雖然北京國子監不像作為刻書中心的南京國子監那樣重要，但他們也對刻印這些卷帙浩繁的基本書籍，給予基本的關注，也獨立刻印書籍，北監本廣泛流傳。而司禮監、禮部、兵部、工部、都察院、欽天監、太醫院及不少省府當局也都分別進行一些刊印圖書的工作，雖然他們大部分刊刻的書性質上多與其專業相關。[136]

明中期的刻書以技術的開創與進步著稱，這是民間個人努力的成果。江蘇南部無錫的華燧(正統四年至正德八年，1439-1513)及其子孫是使用銅活字印刷的重要先驅，他們刊印的大量書籍中，有一些是極有用的文學百科全書。同地區的大富豪安國(成化十七年至嘉靖十三年，1481-1534)，即使所刊印書籍種類不是最多，但其刊印書籍以品質超群聞名。值得注意的是大學士暨藏書家王鏊(景泰元年至嘉靖三年，1450-1524)的長子王延喆，他是發展影刻技術複

---

135 《明會要》，頁419-20。

136 K. T. Wu(吳光清), "Ming Printing and Printers," *Harvard Journal of Asiatic Studies*, VII(1942-43), pp. 225-29. 【譯者按】：吳光清這篇論文刊載於 *Harvard Journal of Asiatic Studies* 7, no. 3(February, 1943), pp. 203-260.

製古代珍稀善本技術的先驅。江蘇南部常熟的毛晉(明萬曆二十七年至清順治十六年，1599-1659)，一生刊印的書達六百種，其中包括需求量大的《十三經》與《十七史》。[137]

　　明代刻書業的中心主要在南京、杭州、徽州、北京和福建北部山區的建陽。建陽地區盛產竹子及其他製紙纖維原料；以數量而言，建陽在流傳廉價版的基本圖書方面，扮演特別重要的角色。[138]明代刻書業的特色是，注重出版科舉中式者的考試時文，大約自十六世紀中葉起，此類實用的出版品出現一個難以滿足的市場。[139]到了晚明，不但基本典籍和類書可隨時供應全國之需，且早年的珍本善本古籍與大部頭的著作也不斷重刊，大大地拓廣學者的學術視野與境界。

　　刻書業經歷晚明民變及滿清統一戰爭而停滯了半個多世紀之後，清代刻書業設備又再擴張。清代對刻書的品質並不特別在意，這也使書籍出版的數量較過去更多，書價更便宜。政府機構、官員、大藏書家和大的民間書院都從事大規模刻書事業。清代中期出現許多著名的大藏書家、大刻書家及大學者時代，並非偶然。的確，清代對刻書的熱中與書籍的數倍出版，是眾所周知的；於是已故的翟理斯教授(Giles, 1845-1935)就總結出一個至今未受到挑戰的說法：直到乾隆十五年(1750)以前，中國刻印的書可能比全世界的總合更多。[140]

137　同前注，頁215-24、244-45。

138　同前注，頁232-33。

139　李翊，《戒庵漫筆》，卷8，頁15a-15b。又顧炎武的評論，見於其《日知錄集釋》，卷16，頁9b-10b。

140　L. C. Goodrich(富善，又名富路德), " China's Greatest Book,"*Pacific Affairs* 7:1(March, 1934). 【譯者按】：原書將富善的論文誤爲"The World's Greatest

　　顯然，明清刻書出版業的發展，有助於向寒素之士散播知識，但是這對於寒素之士社會流動的確實影響，卻不容易估計。一方面，明初政府與民間刻書出版業者注重翻刻大量基本原典、經典與類書，似乎使出身寒素環境之人，有較好的機會研讀必要的考試書籍，因而有助於提升其社會地位。另一方面，明代後期所大量翻刻專門和昂貴的書籍，便非寒素之士所易獲得，這似乎比較有助於富裕人家達成較高學術標準。弘治、正德年間(十六世紀早期)，當刻印設備開始擴張時，一位非凡而具觀察力的學者與退休官員陸容就哀嘆道：勤奮的窮書生與偏州下邑人士，已無法取得較專業和昂貴的論著。[141]的確，寒素之士要成功地攀升社會地位須仰賴一系列的條件，而刻書出版業帶來豐盛的文化成果，正是其中之一。大型民間私人藏書興起於十六世紀之時，這也是寒素之士發現自己越來越難和官員家庭子弟競爭的時候，這一巧合的現象值得留意。就如同我們使用的十八世紀進士、舉人和貢生名冊所顯示的，這個大藏書家的時代，可能也是寒素之士科舉成功比率最小的時代。如果書籍持續驟增的部分原因，是貧富間教育資源不斷懸殊化，這就可能壓擠寒素之士的科學成功率，只有獨具天分的有志之士才可獲致最後的成功。

(續)————————————————

Book,"，期刊*Pacific Affairs*亦未註明卷期，今補正。又翟理斯(Herbert Allen Giles, 1845-1935)，劍橋大學第二任漢學教授，曾在中國各重要港埠擔任英國領事，將《三字經》、《佛國記》、《聊齋誌異》、《洗冤錄》等書譯成英文，以編收錄漢文單字 13,838 個的《華英字典》(*A Chinese-English Dictionary*)及完成漢語羅馬拼音的威妥瑪拼法或威瑪式拼音(Wade- Giles)系統著稱。

141 陸容，《菽園雜記摘鈔》，卷5，頁19b-20a。【譯者按】：應該是頁20b-21a。

第六節　戰爭與社會動亂

本研究所使用的系統性數據，基本上完全是反映正常和平環境下的社會流動。雖然在明清時期並不經常發生戰爭與社會動亂，但戰亂似乎也會帶來比較激烈的社會流動。由於缺少具有跨地域的系統性資料，使我們不可能對較激烈形式的社會流動做數量化研究，但做概括性的觀察則是必需的。

十四紀五、六十年代，普遍的反元革命與長期動亂，不能不對社會流動產生重大的影響。眾所周知，明朝的創建者朱元璋自己原來是個貧農之子，在他十幾歲時，他的家因為饑荒、疫病和死亡以致窮途潦倒。他因為貧窮只好出家當小和尚以求生，持續的饑荒迫使他加入主要由饑民、土匪、無賴和貧寒的各行各業的人所組成的造反隊伍。此一隊伍自稱「紅巾軍」，無疑是來自社會底層。朱元璋的政治天才與機智，使他後來博得一些元朝下級官員、政府胥吏、士大夫和有力地主的支持。在洪武元年(1368)朱元璋稱帝時，他那原本具有「無產階級」色彩的革命已不鮮明。[142]他的官員與將軍出身的社會階層與地位範圍，極為廣泛；顯示他們之中的社會流動數量之多與程度之高，是自公元前206年漢朝創建以來，空前未有。[143]

社會秩序的變遷如此之激烈，重建一個統治階級的工作自然很繁重，明朝創建之初的幾十年中，社會流動數量與程度，一直十分劇烈。我們的明初進士社會成分數據資料似乎只能顯示部分的史

---

142 吳晗，《朱元璋傳》。
143 這是根據朱國楨《皇明開國功臣傳》的取樣總結出來的。

實。事實上,可能有相當大量的社會流動不是經由科舉制度的管道,明太祖從一開始就屢次下詔要求中央和地方官員薦舉賢才爲朝廷服務,不在乎他們的階級身分,例如洪武十三年(1380),就有860人被保舉任官,這個人數是好幾科進士及第人數的總和。[144]雖然,後來薦舉的人數從未再達到這樣高的額度,但明初薦舉的總人數似乎超過其科舉所舉用的數量。這些新官員被薦舉的理由是因爲他們的學識、文學或聰明正直,或因爲他們是富民和某些地方納稅多的人、鄉里耆民、地方政府胥吏、孝子、釋道、風水師、算命、木匠、石匠、廚師等;其中許多人最後官至高位。[145]更誇張的是,有一個窮書生爲奉養母親而求官,居然立即如願。[146]

甚至大批國子監生也不必取得高階科名就可以進入政府任官,雖然國子監生的社會身分可能比起被薦舉人士相對而言較爲齊整,其中可能相當多來自家計較差的貧窮書生家庭。洪武二年(1369)起,國子監生被任命爲省府和州縣地方政府的負重要責任的職位,和中央的中級官員。任官的監生,於洪武元年(1368)和洪武二十四年(1391)兩年中,分別有1,000人和639人。[147]直到正統、景泰年間(十五世紀四、五十年代),仍然有少量的監生與被薦舉的人繼續進入政府工作,但這時政府職官已經飽和,科舉制度已成爲錄用政府官員最重要的制度化管道;於是明初這一不尋常的社會流動情況就此結束。明朝創建的社會劇變,所發生的作用牽延了差不多四分之三個世紀。

---

144 徐學聚,《國朝典彙》,卷40。

145 馮應京,《皇明經世實用編》,卷12。褚人獲,《堅瓠集》,卷5,頁9b。
　　【譯者按】:本書誤作「褚人穫」,今改正。

146 黃瑜,《雙槐歲鈔》,卷4,頁7a-7b。

147 郭鎜,《皇明太學志》,卷12,頁33a-34a。

　　但1644年的改朝換代並未帶來類似明初的社會流動情況，原因之一是推翻明朝的大批起事農民很快地被入侵的滿清打垮；一般地說，他們沒在中國社會留下永久的痕跡。此外，清初的統治者認識到他們是外來的，要維持長久而成功的統治，端賴中國最有影響力的社會階級支持；因此，這些改朝換代之前已在官場、社會和學術上有地位的中國人，就是滿清努力爭取為朝廷效力的對象。[148]舊有的社會秩序保持不變。

　　雖然社會秩序依舊，但滿清的征服戰爭與平定三藩、明鄭及其後的西南少數民族的戰役，還是讓許多寒素出身的人士爬上社會階梯。清代部頭最大的傳記與碑銘資料集《國朝耆獻類編》中就有好幾卷記載清初將校的事蹟，雖然在這部傳記資料鉅著收錄的標準還有待進一步研究，但是這些卷帙中的確充滿許多寒素出身人物的事業成功的例證。在此略舉數例，如官至總兵(相當於旅長，正二品)的馬惟興，出身寇盜，幼貧，不識字，甚至不識父母名字。同樣官至總兵的陳昂與林亮，是出身於閩南海邊泉州的貧苦孤兒，在漫無目的地流浪多年後加入滿清水軍為兵卒。許多十七世紀清朝將領均起自兵卒。[149]

　　在其後的平定內亂的戰爭期間，也有類似案例。最著名的是羅思舉，他起家於嘉慶元年至七年(1796-1802)間的平白蓮教亂，早年曾是一個強盜，一個屢次逃獄的罪犯，甚至還吃過人肉。[150]的確，

148　例如，順治元年(1644)，京師順天府學政薦舉的都是前明官員與高科名擁有者，參見《國朝史料拾零》，卷2，頁35a-36a。關於清朝對漢人官員階級的撫綏政策，參閱孟森〈己未詞科錄外錄〉。

149　李桓，《國朝耆獻類編》，卷269，頁51a；卷273，頁28a；卷281，頁46a；及卷265-81。

150　羅思舉，《羅壯勇公年譜》。

我們可以推測：即使在太平之世，從軍之門還是很少為窮人關上的；因為，武闈重在考弓馬武藝，筆試只是形式，文字不論工拙，甚至有極可笑者。[151]

　　太平軍起事（咸豐元年至同治三年，1851-64）對社會流動的作用更為人所知，除大力平定太平軍的湘軍統帥曾國藩之外，與湘軍有關者182人留下傳記資料。這182人中，有兩人官至大學士，晉升侯爵；25人官至總督和巡撫；17人官至布政使和按察使；5人雖未授官職，但獲授同等官品；37人成為提督和總兵；10人未實際任此等職官，但獲授同等官品。其他人，除了一小部分外，都位至中等官品文武官。他們在參加政府軍隊前夕的身分，請參見表24。

　　由此可見，總數中的64%，甚至不曾受過基礎教育，例如官至提督的鮑超，年輕時很貧窮，在參軍前曾一度要自殺，以了結他的悲慘人生。其他還有一些不屬湘軍的顯要，如官至提督的張嘉祥，原來是盜賊；官至統轄一省官兵的提督黃翼升，原來是個補鍋匠和賣鞭炮小販；官至福建巡撫與臺灣巡撫的劉銘傳，原來是個鹽梟。[152]

---

151 趙翼，《簷曝雜記》，卷2，頁9b。

152 朱孔彰，《中興將帥別傳》，卷11下，頁1a；卷13上，頁3b；卷24上，頁4a；卷28下，頁1a。【譯者按】：黃翼升，本書誤作黃翼生，今改正。

表24　湘軍顯要成員的起家身分

起家身分	人數	起家身分	人數
進士	8	生員與監生	31
武進士	1	末弁(下級軍官)	5
舉人	10	未有功名	117
武舉人	3	共計	182
貢生	7		

史料出處：羅爾綱，《湘軍新志》(上海：商務印書館，1939)，表列在頁55-62。

第七節　人口與經濟因素

明清人口成長與造成如此多方面成長的各種因素，在我最近出版的書中已經討論過。[153]人口變遷與社會流動的相互關係，在本章的前段已經簡要提及，第六章將做更仔細的分析；在此僅做簡要的說明。

從人口學來說，除十七世紀明末大規模農民起事，滿清的征服戰爭及其逐漸恢復所造成的上下波動外，自十四世紀晚期的明初到道光三十年(1850)，中國人口是持續成長的。明初人口超過六千五百萬，到1600年左右的萬曆中期可能增加了一倍多。十七世紀晚期的清初起，人口增長率至今未知。到了嘉慶年間(1800)人口增至三億，到道光三十年(1850)突增至約四億三千萬。如果其他事務是一樣的，當人口倍增時，高階科名科舉考試的競爭必定會越來越激烈。

如果結合人口因素與經濟變遷因素來看，就可較好地理解出身

---

153 這整節的論述是根據我的《中國人口史論》(*Studies on the Population of China*)的各章。

寒素家庭人士進入統治官僚機關的機會普遍減低的情況。整體而言，明代是一個經濟擴張的時代，稻米耕種區域的擴展，許多地區農作物的商品化及棉紡織業興起成為全國性的農村產業，產業與手工業的成長，國內外貿易的發展，白銀不斷從歐洲人與日本人手中流入，及勞役的不斷雇傭化等，都促使經濟比以前更加變化與多樣化。事實上，中國大陸史家最近就以「資本主義萌芽」來說明明代與清初的經濟。此外，以現代的標準而論，當時人口數量相對較少，土地也夠用。儘管賦稅與徭役負擔沉重，平民爬上社會階梯的機會似乎比起現代中國要來得好。經過十七世紀明末清初的某些中斷，經濟繼續增長，直到後來經濟成長的果實為人口的更快速成長所抵消。十八世紀晚期的乾隆末年起，敏銳的觀察家如有中國馬爾薩斯之稱的洪亮吉(1746-1809)、龔自珍(1792-1841)及汪士鐸(1802-89)都見證了一個明顯的變遷趨勢：快速下滑的生活水平和緊繃的經濟壓力引發了太平軍起事(1851-64)時達到頂點。太平軍起事是世界史上最大規模的內戰，也可能是人類編年史中對馬爾薩斯理論最有力的正面論證。

十九世紀六、七十年代的內戰至多只是給國家喘口氣的空間，並未能恢復舊時代人口與土地比例的均衡。長江下游人口成長肯定在太平軍戰役中踩了煞車，但華北平原的人口似乎不斷增長，其增長速度比道光三十年(1850)以前快得多。我們或可猜測中國總人口很可能在十九世紀的八、九十年代的清末已超越道光三十年的高峰。東北的開放與海外的移民，雖然有區域性的緩和作用，但以全國而論，並未能獲致較好的人地比。

由於近代中國缺少一個主要的科技革命，不可能明顯擴大其經濟規模。雖然，道光年間(1840年代)中國開埠後，緩慢擴展的國際貿易，近代金融和銀行的開展，蒸汽機和火車的到來及中國人與洋

人建立的輕工業和農、礦、漁業，促使中國經濟變得更多樣化；但這些新生事物發生的影響，只限於東部沿海和一些內陸的港埠，中國經濟的基本性格並未發生重大轉變。事實上，鴉片戰爭之後的百年，西方對中國經濟的影響，理應是建設性的，然實際上卻是破壞性的。此外，晚清的中央與地方省政府財政的特色，是不免大幅增加附加稅與陋規；而全國性的虧空問題，更加重人民的財政負擔。總而言之，道光三十年(1850)以後中國的政治與經濟條件合起來，國家似乎只能進一步以降低人民生活水平，來養活大量的人口。因此，幾個世紀的人口與經濟因素的轉變，與我們探討的社會流動趨勢，主要是一致的。

第六章

科舉的成功與
社會流動的
地域差異

　　科舉的成功和社會流動的地域差異，取決於一系列因素的組合，諸如人口、移民、經濟、文化傳統、可用的制度化和非制度化管道、進士和舉人的地區定額，及促進社會流動的觀念和神話對社會的滲透程度。即使以限定的地理範圍來研究當代社會，上述各個因素尚且難以明晰，更不用說目前研究的是一個歷史上前後歷時達五個半世紀之久的龐大社會。因此，本章的主旨在於呈現進士的地理分布及地域社會流動率變化的統計，我們這裡所做出的地域性和地方性差異的解釋，都是具有試探性質的。

第一節　各省的人口

　　各省人口數字，是研究科舉地理分布和社會流動率地域變化的基礎。然而，當代研究者面臨一個幾乎難以克服的困難，雖然明清時期有一長系列的全國人口數據和不少組的分省數據可資利用，但其中大部分述及的是財稅人口，而不是總人口。正如我在另一研究中曾經系統地討論過，比較有用的數字是明初的數據和乾隆四十一年(1776)到道光三十年(1850)間清代中葉的數據；這些數據，無論在定義上還是實際上，都包括了全體人口，雖然已知道地域數據有著嚴重的訛誤。[1]這些為數不多卻比較有用的各省數據，連同具有參考價值的1953年人口普查數據，都列於下表。

　　我們主要的困難，是缺乏洪武二十六年(1393)到乾隆五十二年(1787)間四個世紀比較有用的數據。我們知道，從明初到萬曆二十八年(1600)左右，中國人口以中等的速度成長。雖然在康熙二十二年(1683)，全國統一，進入一個海內昇平和物質繁阜的時代，人口

1　　見Ping-ti Ho, *Studies on the Population of China*, 第1-5章。

表25　官方的分省人口數字

（百萬為單位）

省份	1393	1787	1850	1953
河北[a]	1.9	23.0	23.4	38.7[b]
山東	5.3	22.6	33.1	48.9
河南	1.9	21.0	23.9	44.2
山西	4.1	13.2	15.1	14.3
陝西和甘肅	2.3	23.6	27.5	28.8
江蘇	6.6	31.4	44.2	47.5
浙江	10.5	21.7	30.0	22.9
安徽	4.2	28.9	37.6	30.3
江西	9.0	19.2	24.5	16.8
福建	3.9	12.0	-[c]	13.1
湖北	4.7	19.0	33.7	27.8
湖南		16.2	20.6	33.2
四川	1.5	8.6	44.2	62.3
廣東	3.0	16.0	28.2	34.8
廣西	1.5	6.4	7.8	19.6
雲南	0.26	3.5	7.4	17.5
貴州	-	5.2	5.4	15.0
遼寧[d]	-	0.8	2.6	18.6

史料出處：Ping-ti Ho, *Studies on the Population of China, 1368-1953*, p.258（表44），p.283（附錄II表）。【譯者按】：葛劍雄中譯本〔北京：三聯書店，2000〕，頁304和頁331-32。

a、為簡單明瞭起見，不使用歷史名稱「北直隸」和「直隸」。

b、這個數字不包括北京人口。清代的數字都不包括北京。

c、已經證實，福建在嘉慶五年（1800）後不久就開始任意編造人口數據。因此，道光三十年（1850）的數字一千九百萬人，應摒棄不用。

d、為簡單明瞭起見，不使用「遼東」和「奉天」的歷史名稱。在明清的絕大部分時期，這也包括滿洲的其他部分。

以很快的速度增長，但十七世紀仍是一個人口劇烈波動的時期，因為在它的中後期發生大規模的農民造反和戰爭。十八世紀則是一個人口持續和激增的時期。我大膽地推測明代人口的最高峰，在1600年以後不久可能達到1.5億左右，似乎相當於乾隆五十二年(1787)總數的一半。由於洪武二十六年(1393)的分省人口數字和十七世紀初期最高人口數字都不能代表整個明代，我們不得不獨斷地估算出各省的「平均」人口，以作為進一步分析和比較的基礎數據。這些分省人口的平均數，得自洪武二十六年的數字和乾隆五十二年數字一半之平均數。

　　鑑於明清時期西南省版籍存在嚴重的脫漏，我們不得不對官方數字加以大幅度修正。特別是四川，由於十七世紀中葉數十年間，肥沃的紅色盆地上的人口被消滅殆盡，人口波動極大。到乾隆五十二年(1787)，大規模的再移民恢復四川人口的行動幾乎還沒有開始。*我們提出的雲南和貴州人口的數字無疑是過低的，這些數字，只是在一個土著居民占絕大多數的地區，作為漢族人口極為粗略的指標。同樣，我們遼寧人口數字也是高度武斷的，因為向滿洲有組織的移民開發，直到1860年代的咸豐、同治年間才開始。我們重建的明代各省人口平均數，不應被視為準確的數字，甚至連近似精確的數字也不是。它們只能作為非常粗略的指標，但是如果沒有

---

*　【譯注1】：曹樹基，《中國移民史・第六卷・清 民國時期》(福州：福建人民出版社，1997)，第三章，〈西南移民潮：湖廣填四川〉云：清初採行大量移民實川政策始於康熙七年，其後因三藩之亂而中斷，亂平後恢復移民，康熙二十九年宣布：「凡流寓墾荒願居住者，將地放給為永業。」除准移民入籍外，並准其子弟在當地考科舉。於是各地移民湧至，到乾隆初期，四川已出現人浮於地的情況；乾隆後期，移民入川的運動已經式微。這與何先生原書說的："By 1787 its large-scale repopulation had hardly begun."有相當大的出入。

這些指標，科舉和社會流動率的地域差異，也就無從論證。

表26　明代各省人口的平均數

省份	人口 （百萬為單位）	省份	人口 （百萬為單位）
河北	6.7	福建	5.0
山東	8.4	湖北[a]	5.9
河南	6.2	湖南	5.2
山西	5.3	四川	8.0[b]
陝西和甘肅	6.8	廣東	5.5
江蘇	11.2	廣西	4.4
浙江	10.7	雲南	2.0[b]
安徽	9.3	貴州	2.0[b]
江西	9.3	遼寧	1.0[b]

a、假設湖北和湖南各占1393年兩省人口總數的一半（譯者按：當時兩省合為湖廣）。

b、很籠統地推測，這些數字雖然指的是當時的人口，但很可能遠遠低於真實的數字。

　　清代可資利用的數據較多。由於乾隆五十二年(1787)實際上是順治元年(1644)到宣統三年(1911)間的中點，這一年的人口數據的品質比較好，我們用這些數字作為清代各省人口的平均數。無論如何，我們還得考慮到一些複雜的因素。第一，乾隆五十二年的全國人口總數超過2.92億，作為整個清代人口的平均數可能太高。道光三十年(1850)，太平軍造反前一年，全國總人口4.3億，可能代表著清代人口的頂峰。雖然，我們對於清初，約順治五年(1650)前後，全國總人口數，無從知曉；但由於大規模的農民造反、屠殺和滿族征服中國的戰爭，人口數字一定大大低於我所估計的明代的最高人口數1.5億。在我的印象中，清代人口平均數，大概不會離2.5億太遠。第二，咸豐元年至同治三年(1851-1864)，太平軍造反，造成長

江流域五省人口銳減，這甚至還部分反映在1953年的人口普查中。乾隆五十二年的人口數據作爲有清一代人口的平均數，對於浙江、江蘇、安徽、江西和湖北來說，肯定是過高，雖然這個數據對北方各省來說，倒是比較接近實情。由於乾隆五十二年的各省人口數據是第一份可資利用的比較精確的數據，爲了簡化我們的工作，避免瑣碎和任意的改訂，並且防止對歷史上發達的東南諸省誇張其科甲成功和社會流動率，我們不打算對這些數字做任何修改。第三，到晚清和近代，四川人口發生更加劇烈的變遷。雖然，乾隆五十二年的860萬人口數字，正反映了自十七世紀晚期以來，已有零星的移民進入四川，但大規模的移民要到十八世紀後期才開始。到道光三十年，四川人口驟增至4,420萬，咸豐三年(1953)更進一步增加到6,230萬。因此，因川的人口數字，若以乾隆五十二年的數字作爲整個清代的平均數就太低了；我們認爲兩千萬才是一個更切合實際的數字。第四，版籍脫漏的情況在西南地區一直很嚴重，尤其是雲南，至少到乾隆五十二年，那裡的土著人口還是很多。因此，我們傾向以道光三十年的數字作爲平均數。最後，姑且假定有組織地移民滿洲，要等到咸豐十年(1860)以後才開始；無疑地，在光緒三十四年(1908)年第一次有系統的官方調查以前，滿洲隱匿戶口的情況是全國最嚴重的。我們如果做一個保守的估算，可以200萬作爲清代滿洲人口的平均數。其他各省則以乾隆五十二年的數字爲標準。

第二節　以省份區分的科舉成功者之地理分布

下列有三個表，涉及明清時代進士的地理分布。

表27　明代進士的地理分布[*]

省份	1371-1439	1440-1472	1473-1505	1506-1538	1539-1571	1572-1604	1605-1644	各省總數	名次
河北	72	251	339	335	348	251	302	1,898	5
山東	53	124	219	270	325	310	422	1,723	6
河南	105	167	201	260	229	295	341	1,598	7
山西	49	88	154	190	207	180	241	1,109	8
陝甘	39	83	153	184	139	146	237	981	10
江蘇	150	328	442	398	395	389	619	2,721	2
浙江	290	363	488	532	561	471	575	3,280	1
安徽	76	109	157	167	169	170	188	1,036	9
江西	345	361	354	357	367	266	350	2,400	3
福建	237	211	232	354	309	352	421	2,116	4
湖北	40	59	113	154	165	191	246	968	11
湖南	27	66	89	72	47	57	68	426	13
四川	57	87	125	137	128	88	169	791	12
廣西	10	16	30	35	36	19	27	173	15
雲南	4	13	27	45	35	39	78	241	14
貴州	0	7	4	10	17	20	27	85	16
遼寧	0	10	13	13	10	4	7	57	17
總計	1,616	2,522	3,367	3,754	3,718	3,444	4,559	22,980	

史料出處：李周望，《國朝歷科題名碑錄初集》。必須指出，某些年份缺進士鄉貫的資料。少數高麗和安南籍的進士略去不計。因此，總數與表22並不吻合。[**]

---

[*]　【譯注2】：原著本表無廣東省，顯係遺漏，今將表中所記的總數，減去各省相加的總和，得出一組數字，即62；179；227；241；231；196；241；1,377。該省總數為1,377，當名列第八，故各省名次應適當調整。參見王振忠譯，〈科舉和社會流動的地域差異〉，《歷史地理》，第11輯(1993)，頁301。

[**]　【譯注3】：原書作「表21」，但表21是原著第5章第180頁〈影響社會流動的因素〉的〈清代長江下游三個縣分的學額〉表，與此無關。當為原著第189頁的表22〈明清進士的定額〉表之誤。今改正。由該表可知，自洪武元年(1368)至崇禎十七年(1644)，全國進士總數為24,594。參見王振忠譯，〈科舉和社會流動的地域差異〉，《歷史地理》第11輯(1993)，頁301。

表28 清代進士的地理分布

省份	1644-1661	1662-1722	1723-1735	1736-1795	1796-1820	1821-1850	1851-1861	1862-1874	1875-1904	各省總數	名次
河北	432	498	161	488	275	313	92	135	307	2,701	3
山東	419	429	105	359*	210	268	79	118	273	2,260	4
河南	297	311	81	282	133	169	95	108	217	1,693	6
山西	250	268	81	311	141	143	47	58	131	1,430	7
陝西和甘肅[a]	169	190	60	228	121	138	94	95	290**	1,385	9[a]
江蘇	436	666	167	644	233	263	69	124	318	2,920	1
浙江	301	567	183	697	263	300	87	108	302	2,808	2
安徽	128	142	43	216	164	166	39	76	215	1,189	12
江西	83	200	115	540	223	265	74	122	273	1,895	5
福建	118	178	99	301	156	150	46	82	269	1,399	8
湖北	189	191	69	212	126	135	43	72	184	1,221	11
湖南	30	44	39	128	102	106	31	68	178	726	15
四川	15	61	31	159	88	108	49	71	181	763	14
廣東	34	91	69	252	106	139	36	79	206	1,012	13
廣西	2	28	17	102	67	91	27	72	164	570	18
雲南	0	46	48	129	117	119	36	42	156	693	16
貴州	1	31	29	129	98	95	29	44	143	599	17
遼寧	4	25	10	29	20	26	12	17	40	183	19
旗籍	56	122	92	179	178	275	61	97	240	1,300	10
總計	2,964	4,088	1,499	5,385	2,821	3,269	1,046	1,588	4,087	26,747	

史料出處：房兆楹和杜聯喆，《增校清朝進士題名碑錄》。

a、名次不精確，因為是兩省進士的總和。倘若分開，陝西總數為1130，名列第十二；甘肅總數為255，僅高於遼寧。為了與明代資料對照，兩省合併統計。

* 【譯者按】：原書作259，經計算更正為359。

** 【譯者按】：原書作280，經計算更正為290。

表29　平均每百萬人口的進士數
（以省區分）

省份	明代		清代	
	數量	名次	數量	名次
河北	283	3	117	3
山東	205	8	100	7
河南	258	5	81	13
山西	209	7	108	6
陝西和甘肅	144	11	59	16
江蘇	243	6	93	10
浙江	307	2	130	1
安徽	111	14	41	18
江西	260	4	99	8
福建	428	1	117	3
湖北	164	10	64	14
湖南	82	15	45	17
四川	172	9	38	19
廣東	144	11	63	15
廣西	40	18	90	12
雲南	120	13	94	9
貴州	42	17	116	5
遼寧	57	16	91	11
旗籍[a]	-	-	130	1

a、在清代，沒有滿族、蒙古和漢軍旗人及其家庭的正式登記數據。
　我們武斷地估計，清代旗籍人口總平均數為一千萬。

　　由於我們的研究時間跨度長達五個半世紀，在各個分時期內進
士地理分布的主要變遷，必須加以簡要說明。就進士的產生來說，
如果不考慮各省的人口數，到正統四年(1439)為止的明代初期，江
西居於全國首位。在正統五年至成化八年(1440-1472)期間，江西的
首位僅以微小的差距被浙江搶走。在明代的最初一百年，江西、浙
江、江蘇和福建，同列入領先的前四名。東南地區這種引人注目的

領先地位,可以有種種可能性的解釋。

自從八世紀中葉以來,人口、經濟和文化的重心,一直從北方穩定地向東南移動。五代時期(907-960),華北淪爲戰爭連年的舞臺,特別是宋欽宗靖康元年(1126)華北落入女眞手中以後,這種移動變得更加醒目。有學問的北方漢人大規模南遷,長江流域無與倫比的河流、湖泊和運河網絡,幾乎持續不斷興修的水利工程項目,以及大大拓展水稻種植範圍的早熟稻推廣等,這一切都促使長江流域某些省份和福建在經濟上和文化上更加先進。[2]

然而,並非所有的南方各省都同樣受惠於這些長期的、多方面的變化。受過教育的北方人通常沿著容易到達的水路向南方艱苦跋涉。江西至遲從五代時期以來,便因鄱陽湖和贛江以及該省相對中央的位置而吸引著北方人。及至十一世紀,江西的北方移民後裔,已開始攀上學術官僚階梯。[3]值得一提的是王欽若,他成爲第一個當上宰相的南方人(十一世紀初)。著名的政治家如歐陽修(宋眞宗景德四年至宋神宗熙寧五年,1007-1072)和王安石(宋眞宗天禧五年至宋哲宗元祐元年,1021-1086),也都出自江西。唐宋古文八大家中,宋代占六位,傳統上名列前茅者,有三位是江西人,即歐陽修、王安石及其同時代的曾鞏。另外三位古文大家出自四川蘇氏一門,但其中只有蘇軾,即一般人習知的蘇東坡(宋仁宗景祐三年至宋徽宗建中靖國元年,1036-1101),才是眞正的文學巨擘。因此,

---

2　關於經濟、文化和人口重心的南移,見Ping-ti Ho, "Early-Ripening Rice in Chinese History(中國歷史上的早熟稻)," *Economic History Review*(經濟史評論), 2 series, vol. IX, no. 2 (December, 1956), pp. 205-6, 215-18;全漢昇,《唐宋帝國與運河》;錢穆,《國史大綱》,第38-40章。

3　青山定雄,〈五代宋に於ける江西の新興官僚〉,《和田博士還曆記念東洋史論叢》(東京:講談社,1951),頁19-37。

的確可以斷言，在十一世紀，執中國文壇牛耳者，非江西莫屬。只有到十二和十三世紀，南宋定都於杭州，才使浙江在學術文化的盛名超過江西。

在長江流域，湖北的大部分、安徽北部和江蘇北部，由於是宋金拉鋸戰的戰場，經濟和文化都遭到嚴重的衰退。靖康元年(1126)，北宋覆亡以後一段時間，甚至江蘇南部也受到入侵的女眞反覆騷擾。因此，南宋時期，比較南面的省份受益於遠離宋金邊界，更爲安全，經濟與文化也更加穩定發展。除了浙江與江西以外，在十二和十三世紀，由於早熟稻的推廣，海上貿易的繁榮，以及如朱熹那樣著名學者和哲學家的移入；福建也開拓進取，成爲文化先進的省份。[4]

下列蒙元時期各省的多項文化指標，可對明初科舉成功的地域差異，提供部分解釋。

綜合指標顯示，浙江在累計數值上占有優勢，其次是江西和福建。明初，江西科甲的盛況令人震驚，其原因無從確知。雖然，元代的江西，史學家、哲學家和文學家的人數比浙江少，但經學家和書院的數目卻領先全國。由於經書是考試的基本課程，提供廩餼獎學金對書院來說是重要的教育設備，在明初數十年中，江西的文化資產可能不比浙江少。我們可以推測，明初江西科甲鼎盛的特異記錄，部分要歸功於社區努力保有一些義莊與學田，能較好地提供對應試士子的資助，而江西在這方面是全國的先驅。儘管瞭解一個地區科甲鼎盛的確切原因往往相當困難，但我們確知，在王陽明(成化八年至嘉靖八年，1472-1529)崛起於政壇和哲學界之前，江西就

4　關於宋代文化區域的系統性研究，參見何佑森，〈兩宋學風之地理分布〉，《新亞學報》，第1卷1期(1955年8月)(【譯者按】：「何佑森」本書均誤作「何祐森」)。

已經是全國最重要的學術中心。[5]

表30　元代著名學者和書院的數目
（以省區分）

省　　　　份	經學家	史學家	哲學家	文學家	書　　院
河　　　　北	23	18	18	40	20
山　　　　東	0	6	6	17	22
河　　　　南	6	5	8	12	10
山　　　　西	3	7	7	16	12
陝西和甘肅	3	4	2	8	7
江　　　　蘇	27	9	25	68	26
浙　　　　江	79	30	45	125	62
安　　　　徽	22	11	17	34	17
江　　　　西	90	24	34	86	73
福　　　　建	25	4	7	31	55
湖　　　　北	2	0	0	2	19
湖　　　　南	2	0	4	8	37
四　　　　川	10	2	2	6	23
廣　　　　東	1	1	0	2	24
雲　　　　南	0	0	0	1	0

史料出處：何佑森，〈元代學術之地理分布〉，《新亞學報》，第1卷2
　　　　　期（1956年2月）和〈元代書院之地理分布〉，《新亞學報》，
　　　　　第2卷1期（1956年8月）。

　　明初的浙江，以擁有最多的人口和悠久的文化傳統而自豪，它
很快就在科舉的成功方面超過江西。十五世紀後半期，這趨勢已經
顯著，但要到十六世紀，浙江才牢牢地樹立起全國的卓越地位。江
西在十六世紀科舉非凡的成就，是否部分由於王陽明「心學」和
「知行合一」革命性理論的影響，尚難以確證。不過據王氏家鄉餘

5　只要對黃宗羲《明儒學案》前幾卷做抽樣，就清楚了。

姚縣及紹興府有許多出身寒微的進士來判斷，有理由相信，這些促成社會流動的概念和神話，可能已廣泛傳播到浙江大部分地區。無論如何，浙江在十六世紀確實已取代了江西，成為學術的重心，我們的統計顯示，該省在科舉成功方面的領先地位，要到明代最後四十、五十年，才被更加富裕、資源更為充沛的鄰省江蘇所取代。

從長遠來看，江蘇具有多樣無與倫比的優勢。雖然在明代大部分時期，占全省三分之二的蘇北地區在科舉競爭方面相當不佳；但長江以南各府，經濟和文化都有顯著的發展。由於地理位置得天獨厚，蘇南無疑是全國最重要的商業地區。日益多樣化的經濟進一步刺激了手工業和產業，特別是松江府和蘇州府的棉紡織業。正如晚明官員和旅行家謝肇淛所說的，儘管蘇南賦稅之重甲於天下，同樣繁重的負擔，往往會壓垮其他任何地區，但多樣化的經濟所創造的報酬頗豐的就業機會，使蘇南成為國內最富庶的地區。[6]十五世紀後半期以來，該地區富甲海內，這在當時出現一些傑出的藏書家、出版家和鑑賞家中可以得到部分反映。如果說蘇南不是知識活力的中心，至少也是為數最多的文學家和藝術家薈集之處。

而且，江蘇在明代大部分時期，經濟和文化的空前發展，應部分歸功於移民和財富與人才的流入。南京原先是大明帝國的首都，永樂十九年(1421)朝廷遷都北京後仍舊是陪都。作為陪都，南京保留了一個較小規模的中央政府，但一個比北京更大、更重要的國子監。這一地區的富庶和舒適，深深地吸引著許多文武官員，使他們

6　轉引自Ping-ti Ho, *Studies on the Population of China*, pp. 263-264。【譯者按】：《五雜俎》卷3〈地部一〉：「三吳賦稅之重甲於天下，一縣可敵江北一大郡，破家亡身者往往有之，而閭閻不困者，何也？蓋其山海之利，所入不貲，而人之射利，無微不析，眞所謂彌天之網，竟埜之罘，獸盡於山，魚窮於澤者矣。」

選擇永久定居於此。他們的後裔受惠於家庭的影響，通常能夠在蘇南落籍地通過較高一級的考試。另外，在十五世紀末前後的鹽政改革，更吸引了許多富裕商幫萃集於全國最大的鹽務中樞揚州，雖然他們中間不少人卜居於江南其他城市。與浙江不同，浙江總的說來是人才輸出的省份，江蘇則是接納人才和財富最多的兩個地區之一。到明代最後半世紀，各方面都表明，江蘇在科舉競爭中已經趕上、並且註定要超過浙江。

　　雖然在清代，江蘇的經濟和文化繼續取得令人矚目的發展，但是由於康熙五十一年(1712)官方進士定額制度的變遷，*它在科舉方面遭到了嚴重的阻礙。正如第五章開頭所闡明的那樣，自明初到康熙五十一年，全國爲會試分成南、北、中卷三個大區；區內各省產出的進士不定額數，每科考試會有相當的不同。從康熙五十一年以後，區內各省取中的進士額數，是依據情況調整而固定下來；即各省在會試前不久，根據各省前三科應試總人數的粗略比例，確定其應中式進士的名額。由於會試應考者的人數與每一省舉人累計數密切相關，而且由於後者與每一省固定的舉人限額大致保持一定比例，各省新科進士定額實際上被凍結在同一比例上。歷史上，江蘇

---

* 　【譯注4】：官方進士定額制度的變遷，本書原作1702年(康熙四十一年)。據本章初譯者王振忠云：1702年(康熙四十一年)當係1712年之誤，原著提及的1702年(康熙四十一年)制度改革，均當作1712年。1712年爲康熙五十一年。《清史稿》(中華書局本)卷108《選舉》：「(康熙)五十一年，以各省取中人數多少不均，邊省或致遺漏；因廢南、北、官、民等字號，分省取中，按應試人數多寡，欽定中額。」參見光緒二十五年敕修《大清會典事例》卷350《禮部‧貢舉‧會試中額》及《古今圖書集成》續編初稿《選舉典》(臺北：鼎文書局，1977)。參見王振忠譯，〈科舉和社會流動的地域差異〉，《歷史地理》，第11輯(1993)，頁305。本段文字中涉及1702年(康熙四十一年)制度改革之處，譯文皆據此改正爲康熙五十一年(1712)。

就一直受到舉人解額比較少的痛苦；明初定各省舉人解額時，就因
爲比起浙江和江西，江蘇的人口較少，文化也較不太發達；所以舉
人解額較少。康熙五十一年以後的定額制度下，浙江由於舉人解額
本來就比較多，進士的人數得以居於領先地位，一直要到咸豐十年
(1860)左右，江蘇才稍微領先。順治元年至康熙五十一年(1644-
1712)間，江蘇應試會考的舉人雖較少，但由於區內各省進士名額
不固定，江蘇參加會考的舉人可因表現較好而逐漸建立起進士人數
的顯著優勢。如果不是這樣，江蘇在整個清代中式進士的累計人
數，就不可能比浙江略勝一籌。

　　如果說康熙五十一年(1712)以後的進士定額制度妨礙了江蘇，
那麼，該制度和明代的定額制度，則使安徽遭受更爲嚴重的損失。
明清兩代，從行政和考試的角度看，安徽實際上是江蘇的附庸，它
分到的進士名額，比其他東南省份小，這絕不意味著安徽文化落
後。從明代中葉以來，安徽就是最重要的人才輸出省份之一，這一
事實卻不能在其不多的中式進士額數上反映出來。安徽對江蘇南部
和浙江北部科甲鼎盛，實際上起了相當大的作用，這兩個地區聚集
了安徽南部一批富有而且通常是深有文化修養的徽州商人。道光七
年(1827)刊行的《徽州府志》，列舉順治四年(1647)至道光六年
(1826)本地區的142名進士，與此同時寄籍他省獲得功名的本地子
弟及其後裔至少有377名。在此同時的一百八十年間，江蘇產生的
一甲進士94名中，出自徽州府的就有14名；浙江一甲進士59名，也
有5名是徽州人。[7]我們有理由相信，府志所列的這份名冊並不完
整，事實上，蘇南和浙北的科第盛況，徽州人在其中的貢獻更爲巨
大。例如，乾隆五十五年(1790)庚戌恩科第一甲榜眼洪亮吉，官方

7　《徽州府志》卷9下，全卷。

注籍雖然是蘇南的陽湖縣，但祖籍卻是徽州，這一事實為編者所忽略。[8]蘇南無錫的華亦祥在順治十六年(1659)的殿試中，獲得相同的榮耀。他原姓鮑，幾乎可以肯定他的祖籍是徽州。事實上，汪氏、鮑氏、程氏和江氏，如果不是全部，至少有大部分，無論官方注籍何處，都很可能是來自徽州地區。[9]倘若把移民出境的影響以及傳統上較高功名定額較小等因素考慮在內，則安徽並沒有打破東南地區的一般模式。

福建就其人口比例而言，科甲所占的分量非比尋常地大，特別是在明代。南宋以來，福建就是一個文化發達的省份。直到晚明時期，刺桐港，或稱泉州，是世界上最的大貿易中心之一。在宋元時代，許多富有的波斯和阿拉伯裔人居住於此。[10]葡萄牙人在嘉靖元年(1522)被驅逐出廣州以後，就同泉州及其附近的漳州開展非法但賺錢的走私貿易，大量的白銀由此流入中國。[11]從明代的記載和清初耶穌會士的報告來看，福建經濟即使不完全像蘇南那樣發達，也比大多數省份更加多樣化。[12]還應當提及的是，閩北的建陽是明代最大的刻書業中心。福建就全省而論，尤其是南部濱海的泉州和漳州二府，其宗族組織可能是最高度發展的，貧困的人和有志氣的人

---

8 《徽州府志》卷12下，頁56a-57a。【譯者按】：洪亮吉為乾隆五十五年(1790)庚戌恩科第一甲榜眼，本書誤為1799年；譯文逕予改正。

9 這是根據我本人對徽商的研究，以及徽州人胡適博士對此的諳悉。

10 桑原隲藏，《蒲寿庚の事蹟──唐宋時代に於けるアラブ人の支那通商の概況殊に宋末の提挙市舶西域人》(東京：岩波書店，1935)；參見方豪，《中西交通史》(臺北：中華文化出版事業委員會，1954)，第3冊，第4-5章。

11 梁方仲，〈明代國際貿易與銀的輸出入〉，《中國社會經濟史集刊》，第7卷2期(1939年12月)。

12 Ping-ti Ho, *Studies on the Population of China*, 第9章第1節。

都能得到宗族的幫助。[13]悠久的文化傳統，富庶和多樣化的經濟，加上部分由於向海外移民造成的緩慢增長的人口，使福建在明代全國的進士與人口的比例上是最有利的一省。

其他三個長江流域省份湖北、湖南和四川，以及最南面的沿海省份廣東，也因明初舉人解額較少而間接吃虧，因為這些解額並不隨人口增長而修訂，康熙五十一年(1712)以後的分省進士定額，又使這幾個省份直接蒙受損失。在明清的大部分時期，湖北和湖南合成單獨一個湖廣省。而且，直到康熙五十一年，所有這四個省不得不在所謂的「南卷」區中，與文化發達的東南諸省競爭。湖北、湖南和四川三省也不可以視為文化落後的省份。

早在明朝立國以前幾個世紀，北方經濟和文化的落後，便已十分明顯。北方是封閉的內陸，農業經濟是自給自足的，又長期在外來的契丹、女真和蒙古統治下，更不必提那些更早的野蠻征服者；使北方註定被南方遠遠地超前。自從宋代以來，北方文化的困境已為當代人所證實。[14]北方諸省缺乏書籍，使明朝開國者及其子明成祖屢次下令從南方調集基本的經書分發給北方的學校。甚至到清初，顧炎武(1613-82)這個遊歷天下、並在北方各省生活了多年的大學者，還提及北方的「二患」，即「地荒」和「人荒」。[15]著名的小說家蒲松齡(1640-1715)也指出，在他的家鄉山東，教師的素質和教育水平太差。[16]

不過，毫無疑問，北方比先進的東南地區更加充分地受益於明代按大區域分配進士名額，尤其是康熙五十一年(1712)以後的分省

13　顧炎武，《天下郡國利病書》，福建部分，尤其是泉州府與漳州府。

14　顧炎武，《日知錄集釋》，卷17，頁16a-17a。【譯者按】：〈北卷〉。

15　同上。

16　蒲松齡，《醒世姻緣》。

定額制度。在洪武三十年(1397)確立地區定額之前，*北方很少有人能通過會試，以至於明朝開國者不顧串通舞弊證據的不足，還是把當年的主考官處死，並且建立新的制度，使北方各省彼此相互競爭。康熙五十一年後分省定額制度，又給北方一些最落後的省份更大的優惠。舉個極端的例子，甘肅在改制前的順治元年到康熙五十一年(1644-1712)沒有出過一名進士，但在定額改革以後，產生的進士總數竟達255名。

　　在北方各省中，河北省除了受益於定額制度，且因國家首都北京所在地的關係，河北一直到明朝晚期，舉人的定額連續增加，在有清一代超出了200名，相比之下，發達的省份如浙江和江西卻不及100名。龐大的舉人解額間接地有助於該省在康熙五十一年(1712)以後獲得一個有利的行省進士比例。此外，許多從各省來的中央官員，在首都北京都會區永久定居，或至少有一個到二個兒子入籍河北。正像後文「科甲鼎盛的地區」中所表明的那樣，河北省的科甲人數超過了平均水平，其中兩個京縣宛平和大興所起作用最大，中央官員、屬吏，以及中央政府各機關的書吏，其家庭都聚集於此。他們實際上來自帝國的四面八方，其中許多人來自文化發達和流動很大的地區——浙江省的紹興府。因此，河北甚至比江蘇更受惠於移民的輸入。還必須指出的是，皇室宗族、滿族、蒙古和漢

---

*　【譯注5】：1397年即洪武三十年，據《明史》(中華書局本)卷70〈選舉二〉載：「訖永樂間，未嘗分地而取。洪熙元年……定取士之額，南人十六，北人十四。」洪武三十年似未確定定額，只是做了完全相反的決定，最初錄取的進士全是南方人，「大江以北無登第者」，重考後卻盡取北士；當時尚無「分地而取」的制度。「使北方諸省彼此相互競爭」的情形，得要等到洪熙元年以後才會出現；王振忠疑此處之1397年為訛誤，甚是。參見王振忠譯，〈科舉和社會流動的地域差異〉，《歷史地理》，第11輯(1993)，頁306。

軍旗人科甲的比例也高於平均數；這是因為其進士定額相對其人口
規模而言是寬裕的。

　　由於我們所取的西南省份四川、廣西、雲南和貴州的平均人口
數字可能過低，並不能代表近似的漢族人口，進士在人口中的比例
可能相當誇大。四川在十七世紀中期的災禍及其緩慢恢復（這種恢
復一直拖到十八世紀晚期），造成考取進士人數急遽減少。它的人
口大約從1800年以來迅速上升，其進士定額卻未能獲得大量的修
正。然而，其他三個西南省份卻都增加了大量的進士名額，貴州和
廣西清代進士在人口中的比例，甚至有所增加。

　　簡言之，在清代人口迅速增長之時，除了廣西、雲南、貴州和
遼寧以外，所有的省份平均每百萬人口中式進士的數目都遭到急遽
下降的厄運。

第三節　社會流動率的地域差異

　　由於可資利用的明清進士名冊都不按照省份編排，將所有一萬
兩千多名進士的家庭背景按省份列表，需要花費更多的時間與精
力，非作者能力所及。為了盡可能涵蓋整個時期，此處選出十份進
士的名冊，製成表格來說明。鑑於十六世紀晚期以來社會流動率開
始大幅度下降，把現存三份萬曆時期（1573-1619）的名冊也全部包括
在內。現存順治（1644-1661）和康熙（1662-1722）時期的八份名冊，
只有縮微膠捲可以利用，加上登記進士籍貫的字體極小，製起表來
非常費力。因此，有清一代我們不得不選用十份十九世紀的名冊來
製表，從嘉慶二十五年（1820）以後，每十年為一區間。正如表9所
顯示的，從十七世紀後半的前半期少數我們可以找到的名冊中，所
能看到的社會流動率，與明代最後兩份名冊頗為一致，而略高於十

九世紀的平均數。但是，由於我們缺乏十八世紀的資料，這個時期的社會流動率甚至可能低於十九世紀的平均數；根據十九世紀名冊估計的社會流動率，即使不能完全代表有清一代的情形，這個估計也不會與清代的實際平均數相去太遠。

　　由表9可見，除了嘉靖十二年(1553)、萬曆十四年(1586)和萬曆三十八年(1610)以外，*B類進士，亦即出身於上三代僅具最低功名的家庭的進士，不是沒有就是少得可憐。因此，在明代，我們注目的是A類進士百分率的地域差異，這一類進士是在自己一代從卑微而出人頭地。由於A類比率在清代劇烈下降，B類進士實際上也是出身於比較寒微的家庭，我們的清代表格也將後一類包括在內。不同省份的社會流動率見下列三表。

　　表31顯示，明代A類進士在各省的百分率都很高。儘管所分析的十份名冊平均率高達47.6%，但特別重要的是，文風熾盛的省份如浙江、江蘇、江西和福建，A類進士的百分率都超過全國的平均值。安徽產生的進士總數雖較少，然而A類的百分率卻最高。即使從人口角度而言，浙江、江蘇、江西和福建也處於領先地位。其中最高的是福建，平均每百萬人口中，出身寒微家庭的進士比率高達262。從這些非常粗略的數字和比率，並根據我們的明史知識，我們可以說明代文化和社會的活力，主要源於東南。相形之下，北方、長江中上游和落後的西南諸省的社會流動率則較低。

---

*　　【譯注6】：王振忠云：據表9，明代B類進士，1553年為24名，占全國進士的6.3%；1586年為54名，占15.2%；1610年為40名，占17.4%(材料不完整，見表9注d)。另外，1583年的數字為48名，占13.7%，原文似屬遺漏。參見王振忠譯，〈科舉和社會流動的地域差異〉，《歷史地理》，第11輯(1993)，頁307。

表31　明代社會流動率的地域差異

省　　　份	進士總數	A類進士		
		數目	占全省總數的百分率	百分率高於或低於全國的平均值
河　　　北	287	117	40.8	-6.8
山　　　東	219	78	35.6	-12.0
河　　　南	206	79	38.3	-9.3
山　　　西	119	50	42.0	-5.6
陝西和甘肅	112	49	40.2	-5.4
江　　　蘇	356	186	52.2	4.6
浙　　　江	370	177	47.8	0.2
安　　　徽	116	71	63.8	16.2
江　　　西	301	170	56.5	8.9
福　　　建	255	156	61.2	13.6
湖　　　北	122	52	42.6	-5.0
湖　　　南	55	23	41.8	-5.8
四　　　川	188	82	43.6	-4.0
廣　　　東	91	49	53.0	6.3
廣　　　西	27	9	33.3	-14.3
雲　　　南	29	12	41.4	-6.2
貴　　　州	9	5	55.5	8.0
遼　　　寧	10	5	50.0	2.4
總　　　計	2,882	1,373	47.6（全國平均值）	

史料出處：根據永樂十年（1412）、天順元年（1457）、成化八年（1472）、弘治九年（1496）、正德十六年（1521）、嘉靖二十三年（1544）、隆慶二年（1568）、萬曆八年（1580）、萬曆十四年（1586）、萬曆三十八年（1610）的進士名冊。這些名冊的名稱，見本書〈參考書目‧主要統計資料〉項下的〈進士名冊〉。

　　表32顯示清代時期，大部分省份，特別是文化先進的東南諸省的A類百分率急遽下降，這一事實昭示寒微之士在與社會上層競爭時越來越居劣勢。這樣的競爭在江蘇最為尖銳，該省A類和B類合計的百分率為8.5%，比全國的平均值低，而清代全國平均百分率本身也大大少於明代全國的A類的平均值。浙江稍微好些，雖然它在清代A類的百分率幾乎同江蘇一樣低，但B類百分率卻比江蘇高得多。這使人聯想到，即使這個流動最多的省份，平民通常需要一代人以上的努力，才能躋身於社會上層。表32和33顯示，江西、福建和安徽的社會流動率也極大幅度地下降。儘管從產生進士的絕對數目來看，清代東南諸省仍居全國領先地位，然而，區域之內流動方式的劇烈變化，造成出身寒微和比較寒微的人在社會上遭受巨大的挫折。

　　另一方面，清代國內其他省份社會流動率的下降，並沒有東南地區那麼劇烈。只有直隸河北省和山東省是例外，河北省因為官員和受過教育的人經常從四面八方紛至沓來，所以科舉競爭歷來都更加激烈；山東省則是傳統上比較保守、社會流動較少的省份。因為明代北方各省科舉成功的人不太多，尤其因為康熙五十一年(1712)後分省定額制度的穩定作用，一般說來，這些省份的社會流動率，就其平均人口來看，下降幅度比較和緩。實際上，康熙五十一年後的定額制度，文化狀況的落後，以及地區明顯較低的會試水準，使清代陝西和甘肅有可能成為A類百分率最高的省份之一。

　　清代，西南省份廣西、雲南和貴州，以及滿洲的遼寧，由於漢族人口較少，特別是由於康熙五十一年(1712)定額制度的改革，其社會流動率實際上高出很多，即使從平均人口來看也是如此。雖然，大多數的旗籍進士出自官宦家庭，但平均每百萬人口中的A類比率，卻也在平均值之上。這是因為在北京、瀋陽和八旗駐防的各

表32　清代社會流動率的地域差異

省　　份	進士總數	A 類		B 類		A、B百分率合計	A、B百分率合計高於或低於全國的平均值
		數目	占各省總數的百分率	數目	占各省總數的百分率		
河　　北	188	24	12.8	37	20.0	32.8	-5.7
山　　東	164	23	14.0	35	21.3	35.3	-3.2
河　　南	109	24	22.0	24	22.0	44.0	5.5
山　　西	76	14	18.4	18	23.7	42.1	3.6
陝西和甘　肅	108	38	35.1	20	18.5	53.6	15.1
江　　蘇	183	21	11.4	34	18.6	30.0	-8.5
浙　　江	190	22	11.6	56	29.5	42.1	3.6
安　　徽	127	20	15.8	30	23.6	39.4	0.9
江　　西	161	21	13.0	34	21.2	34.1	-4.4
福　　建	118	19	16.1	23	19.7	35.8	-2.7
湖　　北	105	20	19.0	31	29.5	48.5	10.0
湖　　南	94	23	24.4	29	30.8	55.2	16.7
四　　川	98	26	26.5	15	15.3	41.8	3.3
廣　　東	99	21	21.2	18	18.2	39.4	0.9
廣　　西	83	15	18.1	15	18.1	36.2	-2.3
雲　　南	74	16	21.6	16	21.6	43.2	4.7
貴　　州	66	16	24.2	14	21.2	45.4	6.9
遼　　寧	17	4	23.5	6	35.3	58.8	20.3
旗　　籍	121	17	14.0	2	1.6	15.6	-22.9
總　　計	2,181	384	17.6(全國平均值)	457	20.9(全國平均值)	38.5(全國平均值)	

史料出處：根據道光二年（1822）、道光九年（1829）、道光十三年（1833）、道光二十四年（1844）、咸豐九年（1859）、同治七年（1868）、光緒二年（1876）、光緒十二年（1886）、光緒二十一年（1895）、光緒三十年（1904）年的進士名冊。各名冊的名稱，見本書〈參考書目・主要統計資料〉項下的〈進士名冊〉。

省城，提供給八旗子弟的廩餼比較充裕。[17]不僅如此，雍正五年
(1727)雍正皇帝從法律上開豁小群散居於各地的「賤民」，也為稱
為「包衣」的八旗世僕子弟制定一條基本方針，即在供給旗人子弟
廩餼時，不拘門第，不再考慮其家庭地位，而是唯才是舉。乾隆皇
帝遵循這一方針，而且還進一步擴大了包衣後裔受教育方面的設
施。[18]

　　總之，明代人口較少，情況獨特，使全國社會流動率極高，文
化上得天獨厚的東南地區尤其如此。清代人口大量增加，使大多數
省份，尤其是東南諸省的社會流動率急遽下降。康熙五十一年
(1712)分省定額制度實施以後，北方諸省的社會流動率下降較少，
而落後的周邊省份社會流動率甚至還高於明代。因此，儘管總的來
說，全國的社會流動率正在下降，但以犧牲發達的東南為前提下，
科甲成功者的地理分布卻更加均勻，而落後地區甚至還擁有略為廣
闊的機會格局。

　　若干可用到的舉人和貢生的資料也應加以分析。然而有兩個原
因不可能像對進士資料那樣做詳細的分析。首先，這些獲得中級功
名的士子，清代全國和各省的總數，只能粗略估算，而明代的數目
甚至連粗略的估算都不可能。因而無法從各省平均人口的角度，估
計這些中級功名獲得者及其家庭背景的地域差異。其次，已知現存
全國舉人和各類貢生的所有名冊，都限於十九世紀，因此，缺少與
先前各時期比較的基礎。基於這些限制，上列舉人和貢生表格只能
作為前面明清進士表格的補充。不過，有趣的是在前表中顯示出大
地區的模式，大體上與表32所示互相吻合。

17　《八旗通志》，卷46。

18　《國子監志》，卷11，頁18a-23a。

表33　每百萬人口的進士數目
（僅限於平民出身，以省區分）

省份	明代	清代		
	（限於A類）	A類	B類	A＋B
河北	115	15	23	38
山東	73	14	21	35
河南	99	18	18	36
山西	88	12	16	28
陝西和甘肅	58	20	11	31
江蘇	127	10	14	24
浙江	147	15	38	53
安徽	71	7	9	16
江西	147	8	21	29
福建	262	11	23	34
湖北	70	7	13	20
湖南	34	11	14	25
四川	75	10	6	16
廣東	76	13	12	25
廣西	13	15	15	30
雲南	50	30	30	60
貴州	33	28	25	53
遼寧	28	21	32	53
旗籍	-	18	1	19

史料出處：表26和乾隆五十二年(1787)各省人口數字，其中有些修訂
　　　　　過；以及表27，28，29和30。

第四節　科甲鼎盛的地區

　　要討論科舉成功的地理分布，不提某些進士薈萃的地區，是不
完整的。儘管可以獲得爲明清進士題名及其籍貫的專門編錄，[19]然

19　李周望，《國朝歷科題名碑錄初集》，首先編纂於康熙五十九年(1720)，乾

而，根據士子的官方登記縣分籍貫，將五萬多名進士排列成表，工作量是沒完沒了地大；因為明清各有總數達1,800個以上的縣，需要將綜合兩朝的名冊單獨分類。我們不得不依靠方志和少數專門登載本地功名獲得者的名冊。明代的工作比較簡單，因為清代編纂的地方志，總是包括前明時期地方進士名冊，儘管其中所列舉的並非絕對正確無誤。一方面這是因為，明初科舉的一些資料付諸闕如；另一方面，這些數字幾乎都包括僑寓他鄉的本地進士。由於清代大部分方志修纂於光緒三十一年(1905)科舉制度廢除之前，一般說來，清代進士的題名通常是不完整的。當進士的題名資料殘缺不詳時，我們必須參考房兆楹、杜聯喆精心編纂的《增校清朝進士題名碑錄》加以修正。有三個原因使我們得出的地方進士總數，可能仍然包含著一些誤差。首先，把進士依其出身的府或縣分類，相當乏味而且費力，故細小數目的省略，大概在所難免。其次，房、杜所編雖很精確，但與方志所提供的總數卻可能不完全吻合。已經發現數例，應試者通過會試之後，卻未能參加隨後的殿試。他在獲得資格參加三年後下一場殿試之前，可能已經亡故。或因健康欠佳，或因父母去世丁憂在家，都可能妨礙他參加進一步的考試。這些原因中無論哪一個原因，都會使此人的名字從房、杜名冊中消失。誠然，未參加殿試，根據規定不授予進士，然而，除政府以外所有的人都會視他為進士，而列名方志之中。再次，顯然地最複雜難解的是，地方志修撰者只要能得到資料，就把寄籍他鄉考取進士的本地人，也都搜羅列入。例如，徽州府、縣方志的編纂者做了大量工作，將官方注籍徽州獲取功名者和寄籍他府考中進士的人加以區分。這是

(續)───────────────

　　　隆十一年(1746)修訂，其中也有明代的進士名單；房兆楹、杜聯喆，《增校清朝進士題名碑錄》(以下稱作「房、杜名單」)。

因為徽州是一個人口移出非常多的地區。但是其他許多方志就沒有做這種重要的本籍與寄籍的區分。通過對少數科甲鼎盛地區的抽樣查對，已經發現方志中的總數，通常都高於房、杜名冊。因此，總的說來，我們有關科甲鼎盛地區的資料，僅僅是作為粗略的抽樣，要對所有的地區詳盡無遺地排列成表，還有待日後的研究。

必須指出，北直隸順天府有明一代產生936名進士，在全國諸府中位居第四。[20]不過，由於它在明代轄有23個縣和衛（軍事衛戍據點）。在清代下屬24個縣；因此，不應視之為通常的府，而必須當成近乎省一級的行政單位。因為我們的目的是研究在一個大小適中的地區內進士集中的狀況，任何下轄超過15個及其以上縣的府，都必須排除在外。除下列13個產生進士超過400名的府之外，還應當提到安徽南部徽州府出了445名進士，包括寄籍外府獲得功名的本地人以及其後裔。[21]有一些府，如浙江西北的湖州，福建南部沿海的漳州，進士的密度實際上也很高，但卻因幅員異常狹小而無法躋身於全國領先行列。[22]

值得注意的是，清代直隸順天府實際上以1,038名進士而居全國領先地位。[23]從順治元年（1644）到道光六年（1826），徽州府以519名進士而自豪，不過其中僅有142人是在本府注籍的。[24]倘若將所有本地中式子弟包括在內，那麼，它無疑將名列前五或六名。然而一旦寄籍他鄉者不計在內，它便遠遠落後於全國的領先者。必須指出的是，上述名次並不精確，因為晚清修撰的這些府志所提供的數

20　《順天府志》，卷115。

21　《徽州府志》，卷9下。

22　《湖州府志》，有關明代進士的卷帙。

23　《順天府志》，卷116。

24　《徽州府志》，卷9下。

表34　出身平民家庭的中級功名獲得者的百分率

（僅限19世紀，分省）

省份	全省各類中舉者的總數	A 類		B 類		A、B 百分率 合　計
		數目	百分率	數目	百分率	
河北	3,561	530	14.9(-5.1)[a]	698	19.6(-5.6)[a]	34.5(-10.7)[a]
山東	1,503	227	15.0(-5.0)	386	25.6(0.4)	40.6(-4.6)
河南	1,446	331	23.4(3.4)	411	28.4(3.2)	51.8(6.6)
山西	1,129	235	20.8(0.8)	292	25.9(0.7)	46.7(1.5)
陝西和甘肅	1,372	364	26.5(6.5)	359*	26.2(1.0)	52.7(7.2)
江蘇和安徽	2,119	271	12.8(-7.2)	605	28.6(3.4)	41.4(-3.8)
浙江	1,570	170	10.8(-9.2)	484	30.8(5.6)	41.6(-3.6)
江西	1,532	211	13.8(-6.2)	453	29.5(4.3)	43.3(-1.9)
福建	1,183	287	24.3(4.3)	279	23.6(-1.6)	47.9(2.7)
湖北	966	190	19.6(-0.4)	252	26.1(0.9)	45.7(0.5)
湖南	799	227	28.4(8.4)	250	31.2(7.0)	60.6(15.4)
四川	1,409	472	33.5(13.5)	300	21.2(-4.0)	54.7(9.5)
廣東	1,291	332	25.7(5.7)	302	23.4(-1.8)	49.1(3.9)
廣西	851	175	20.6(0.6)	202	23.7(-1.5)	44.3(-0.9)
雲南	1,179	282	24.0(4.0)	327	27.8(2.6)	51.8(6.6)
貴州	581	175	30.0(10.0)	101	17.4(-7.8)	47.4(2.2)
總計	22,491	4,479	20.0 (全國平均值)	5,701	25.2 (全國平均值)	45.2 (全國平均值)

史料出處：根據嘉慶九年（1804）、嘉慶十二年（1807）、嘉慶十三年
　　　　　（1808）、嘉慶二十一年（1816）、道光元年（1821）、道光
　　　　　八年（1828）、道光十一年（1831）、道光十二年（1832）、
　　　　　道光十四年（1834）、道光十五年（1835）、道光二十三年
　　　　　（1843）、道光二十四年（1844）、咸豐五年（1855）、同治
　　　　　九年（1870）、光緒五年（1879）各年的全國鄉試舉人同年
　　　　　齒錄；道光二十九年（1849）、光緒十一年（1885）、光緒
　　　　　二十三年（1897）的全國拔貢生名冊明經通譜；光緒三十二
　　　　　年（1906）優貢生名冊同年齒錄和宣統二年（1910）舉、貢考
　　　　　職同年齒錄各一份，標題的全稱見本書〈參考書目〉。上
　　　　　表數字只包括有家世材料的人。

a、圖括號內的數字表示A類、B類和A、B類合計的百分率，高於或低
　　於全國的平均值。

＊　【譯者按】：原書作259，經計算更正為359。

字，可能有所誇大，如果拿來與部分來自清代前期的府志比較，或完全與房、杜全國性的名冊比較的話。不過，無論存在什麼樣的局限，它們仍然為我們對文化地理做歷史研究時，提供了引人關注的資料。

　　江蘇省長江以北的揚州府，進士登科未達400名，但因兩淮鹽䪐商的財富創造出高度的文化，故也頗值得一提。根據房、杜名冊，揚州府的進士總數348名，一甲總數11名；因此，也應列入全國最重要的文化地區。鎮江府，介於常州府與江寧府（南京是其最主要的城市）之間，幅員狹小，只包括四個縣。但它的進士卻達到266人，一甲達到12名。從科第密度看，可說名列前茅。

　　表35和36中顯示的延續與改變應當略加討論。江西中部的吉安府，由於悠久的文化傳統和為學習與考試而有的種種設備，明代最初一百年間，在各府中遙遙領先。迄至天順八年（1464），它出了449名進士；與之相較，福州為248名，紹興為184名，蘇州為146名。更不平常的是，吉安府在建文二年（1400）和永樂二年（1404）兩次獨占鰲頭，包攬了一甲進士，這是一項無與倫比的記錄。*先聲奪人的良好開端，使它僅次於清代的直隸順天府，在明清兩代所有各府中進士人數最多。明代江西的科甲相當集中，吉安和南昌兩府占了全省總額的72.2%。然而，從長遠趨勢看，整個江西，尤其是吉安，與資源更豐富、地理位置更優越的蘇南，以及浙江北部和浙中東部地區相比較，註定要被後數者所超越。迨至清代，吉安的記錄已經減少，僅僅剩下昔日光榮的一抹餘暉，只有省會地區南昌府勉強擠進前列。在科舉總趨勢衰落時期，清代江西進士的分布變得

---

* 　【譯注7】：建文二年，一甲一名胡廣、一甲二名王艮，永樂二年，一甲一名曾棨，一甲二名周述，一甲三名周孟簡，均為吉安府人；連續兩科的一甲進士六名，吉安府包辦了五名。

表35 明代科甲鼎盛的府

府	進士總數	府	進士總數
江西，吉安	1,020	浙江，寧波	598
浙江，紹興	977	浙江，嘉興	528
江蘇，蘇州	970	福建，興化	524
江西，南昌	713	浙江，杭州	520
江蘇，常州	661	江蘇，松江	466
福建，福州	654	廣東，廣州	437
福建，泉州	627		

史料出處：《吉安府志》（光緒二年〔1876〕刊）；《紹興府志》（乾隆
五十七年〔1792〕刊）；《蘇州府志》（同治元年〔1862〕
刊）；《南昌府志》（同治十二年〔1873〕刊）；《常州府
志》（乾隆五十九年〔1794〕刊，光緒十三年〔1887〕重
刊）；《福建府志》（乾隆十九年〔1754〕刊）；《泉州府
志》（乾隆二十八年〔1763〕刊）；《寧波府志》（雍正八
年〔1730〕刊，乾隆六年〔1741〕修訂，道光二十六年
〔1846〕重刊）；《嘉興府志》（光緒四年〔1878〕刊）；
《福建通志》（民國十一年〔1922〕刊），興化府的資料即
來自該志；《杭州府志》（光緒五年〔1879〕年至民國八年
〔1919〕修纂，民國十二年〔1923〕刊）；《松江府志》（嘉
慶二十四年〔1819〕刊）；《廣州府志》（光緒五年〔1879〕
刊）。上述方志對於明代進士，都有專卷論列。

更加均勻。

明代蘇南三個府蘇州、常州和松江，以及福建沿海三個府福
州、興化和泉州，也可以看到類似的集中現象。前三者占江蘇省總
數的77%，後三者則占福建省總數近85%。即使由於我們根據的是
方志的數據，這些百分率多少有點誇大，但科甲高度集中的現象，
則是庸置疑的。

表36　清代科甲鼎盛的府

府	進士總數	府	進士總數
浙江，杭州	1,004	浙江，紹興	505
江蘇，蘇州	785	浙江，嘉興	476
福建，福州	723	浙江，湖州	421
江蘇，常州	618	江西，南昌	413
廣東，廣州	597		

史料出處：《杭州府志》（民國十二年〔1923〕刊）；《蘇州府志》（同
　　　　　治元年〔1862〕刊），以房、杜名冊修正；《福州府志》
　　　　　（乾隆十九年〔1754〕刊），修正；《廣州府志》（光緒五年
　　　　　〔1879〕刊），修正；湖州的資料來自《國朝湖州府科第
　　　　　表》（光緒三十一年〔1905〕）稍後刊）。其餘諸府的數字均
　　　　　據房、杜名冊。

　　蘇南東半部獨特的經濟和文化發展良機，在前文第二節〈以省份區分的科舉成功者之地理分布〉中，已經解釋過了。長江以北的江蘇省的三分之二地區是比較落後的，也促成了科甲成功者集中在南部。自清初迄於道光三十年(1850)，由於承平日久，物力繁阜，以及文化的傳播，江蘇省的其他許多地區在經濟和文化上慢慢地步上領先地位。兩淮鹽政官署設在揚州，有大鹽場分布於江蘇北部和中部沿海，廣泛傳播文化與財富於江蘇北部，這個過去落後的全省三分之二地區。貫穿江蘇北部的大運河，是內陸交通運輸的要道，是商業的動脈，也是使蘇北地方繁榮的主因。儘管在清代，蘇州和常州仍然居於全國領先地位，科甲成功卻被省內除了僻處東北貧瘠的海州直隸州以外的其他地區，更加均勻地分享。本省其他地區注籍者科甲成功的增加，似乎主要是犧牲了蘇州和松江。雖然清代蘇州共有785名，居全國第二位——這主要根據方志，可能多少有所誇大，但與明代相較，總數仍然少掉185名。清代松江府科甲急遽衰微，僅有229名考中進士，而在明代則有466名，其中的原因難以

確知。[25]肯定是部分由於省內其他地區的競爭與日俱增,部分極可能是由於蘇松的大部分人力資源轉向投入經濟領域,特別是在上海成為全國最主要的港口以後。

對於清代江蘇科甲地理分布的重大變遷無論做何解釋,我們的數據顯示,蘇州、常州和松江,這三個歷史上著名的府,份額減少,只占全省總數的57.6%。清代江蘇省科甲成功在全省的擴散,這個令人注目的情況,部分可由一甲進士在全省各府分布證實。榮登一甲進士,除依靠個人才能,也同樣有賴於地方的文化環境。這可由下列的表37見之。

表37　江蘇等第進士一甲者之府別分布(清代)

府別	人數	府別	人數
蘇州	42	江寧	7
常州	20	徐州	1
松江	7	太倉[a]	9
鎮江	12	通州[a]	4
揚州	11	海州	0

史料來源:房兆楹和杜聯喆,《增校清朝進士題名碑錄》。
a、比府小的直隸州。
*【譯者按】:海州亦為直隸州。

福建科甲分布在朝代間引人注目的變遷,是沿海的福州、興化和泉州三個府,在明代居主導地位,但到清代,只有福州以犧牲省內其他地區為前提,科甲集中達到了驚人的程度。明代科甲集中於福建中部和南部沿海,顯然可以用其悠久的文化傳統、尤其是繁榮的國際貿易所提供的異乎尋常的機遇加以說明。有明一代的泉州是

25　總數取自《松江府志》(1883年刊),以房、杜名單修正。

東亞具有吸引力的主要國際港口，爲相對少數的人攫取巨額的財富，也爲窮人創造具充分有收益的就業機會。泉州不僅是一個科甲鼎盛的地區，而且還是貧賤寒微者社會流動率極高的地區。天啓元年至五年(1621-1625)刊行的《泉州府志》描述說：「山海之區，家詩書而戶業學，即卑微寒賤之極，亦以子弟知讀書爲榮；故冠裳之士，往往發自寒薄。」[26]乾隆二十八年(1763)刊行的《泉州府志》顯然是根據舊志給人的印象，敘述說：在泉州「寒酸食貧，半菽不飽，即宦成而歸，往往囊不名一錢」[27]是普遍的現象。對於明代福建其他地區而言，這樣的描述，也是符合的，只是程度上有所不同，打個折扣而已。正如同表33所顯示的，明代福建產生的A類進士，平均每百萬人口達262名，其比率名列全國各省之首，其次的才是浙江和江西，平均每百萬人口才147名。

　　歷史上，福建沿海大部分地區的國際貿易，是非常繁盛的，可是在明清之際，由於明朝的忠臣鄭成功，也就是西方學者習知的「國姓爺」，先是與荷蘭人爭戰，後來又與正在征服中國的滿清爭戰，其後又因清朝的遷海令，東南港口全面實行海禁，並強制東南沿海居民內遷；福建沿海由於戰亂，國際貿易陷於中斷。當滿族人完成征服之後，大部分對外貿易的重心南移廣州。這個山多而人口過剩的省份，在清代海岸貿易持久衰落，伴隨著社會流動率的急遽下降，似乎並非偶然的巧合。幸虧有康熙五十一年(1712)以後的分

26　引自《福建通志》(道光二十九年〔1849〕編纂，同治六年〔1847〕修訂和刊行)，卷56，頁1b-2a。

27　同前書，卷56，頁2b。【譯者按】：據王振忠云：此段引文原見於乾隆三十八年(1763)刊《泉州府志》(福建省圖書館民國16年〔1927〕泉山書社修補影印本)，卷2〈風俗〉引《隆慶舊志》。見王振忠譯，〈科舉和社會流動的地域差異〉，《歷史地理》，第11輯(1993)，頁314。

省定額制度，福建才能夠或多或少地維持固定的進士比例。然而正是福州府這個省會地區，以犧牲泉州、興化和漳州爲代價而增加名額。正如同表35與36所顯示的，福州的進士從明代的654名，增至清代的723名，占全省的百分比，也從明代的39%增至清代的51.7%。晚明以降，福州以「多故家世族」，爲顯赫宗族與家庭之地著稱。[28]

科甲地理分布的重大變化，也發生在浙江。我們的統計顯示，明代浙江產生進士超過500名的府有四個，這項記錄在清代也未被打破。杭州灣以南的兩個府紹興與寧波，產生進士超過了北部更加富庶的三個府杭州、嘉興和湖州。這種異乎尋常的現象，其確切原因不得而知，不過，萬曆十四年(1586)刊行的《紹興府志》卻提供了一些有價值的線索：

> 宋南渡之後，學徒益盛……下至蓬戶，恥不以詩書訓其子。自商賈鮮不通章句，輿隸亦多識字……尚氣多爭，宦室編民，不自懸別，沾沾足已，恥師人，見貴勢不為加禮……其無千金，無凍餓……又比他邑較尚文，士子間能習古文作字，或為詩社。近附於陽明先生，又多講理學，文辭議論，颯颯可述。[29]

這份府志接著證實，在王陽明的故鄉餘姚縣，越貧寒的人越是傲兀自矜，但士大夫官員，則以名節相尚，多爲有骨氣道德之士。[30]

---

28 《福州府志》(萬曆四十一年〔1613〕刊本)，論社會風俗。【譯者按】：卷4，〈輿地志‧土風〉。

29 《紹興府志》(萬曆十四年〔1586〕刊本)，卷12，頁2a-4b。

30 同前注。

　　儘管可能有許多其他的因素我們並不瞭解，當地風土民情的這些描述，確證了已知的事實，那就是在王陽明前後，紹興已經成為一個高社會流動率的地區。的確可以這樣說，王氏及其強調的「心學」和對「良知」的信念，是典型的紹興氛圍的產物，回過頭來，他必然也深深影響紹興的環境。十六世紀自始至終，紹興府科甲位居全國榜首，直到萬曆二十八年(1600)以後才被蘇州所取代。

　　在明代，紹興和寧波產生了1,575名進士，與此對比，浙江省北部富庶的三個府則有1,351人登科。浙江省其他比較貧窮的各府，進士登科數也並非無足輕重。事實上，明代的浙江頗似清代之江蘇，雖然某些府的記錄很突出，但科甲的分布卻相當廣泛。其中一個跡象是，在浙江十一府中，僅有兩個最貧瘠的山區，即衢州和處州未能產生至少兩名一甲進士。這項記錄只有到清代才被江蘇省最貧窮的地區所超過。

　　清代浙江發生的最顯著變遷，是科甲高度集中在北部三個府，尤其是杭州。王朝更迭以後，它們在全省進士總額中所占的份額，從41.2%上升到70%。如果不計及近乎省級的順天府，杭州以1,004名的總數，在全國各府中遙遙領先。一個明顯的原因是，沿著杭州灣和太湖的三角洲，是國內稻米、茶、絲生產最發達的地區，從長遠的趨勢看，這個地區巨大的經濟和人力資源，不可能不轉化為科舉的成功。不過，也還有更加明確的原因。晚明時期兩浙鹽政改革以後，財富、人才和文化源源不斷地輸入，使得杭州成為全國最大的文化中心之一。此外，在清代，作為大都市的杭州地區，還以擁有比其他大城市中心更加全國性著名的圖書館而自豪。[31]徽州鹽商及其後裔對於杭州的科甲盛況所做的貢獻，甚至連乾隆皇帝都知

31　見前文第4章第1節〈抽樣的家譜記錄〉。

道。[32]除此以外，當杭州大大受益於外來移民、嘉興和湖州也保持或增加了科舉記錄的同時，一度富有生氣的地區——紹興和寧波，卻因大量人才外流而蒙受損失，這對於促成杭州、特別是其他省份的科舉成功，作用是很顯著的。[33]地瘠人稠曾使許多紹興和寧波人不得不外出謀生，這種現象給十六世紀上海的一位士大夫留下了深刻的印象。[34]實際上，移民外出，並不限於這兩個府，在杭州灣以南本省的其他地區，即傳統上稱為「浙東」的地區，這種情況也相當普遍。[35]迨晚明和清代，如此眾多的紹興人背井離鄉，以至於紹興「師爺」，也就是官員手下熟諳錢糧和刑名事務的私人幕僚，在全國各地隨處可見。那些服務於中央政府各機構的人們，通常會選擇於鄰近北京的京縣大興和宛平久居，以使其職業能代代相傳。對明清進士名冊的抽樣調查顯示，該兩京縣進士之中紹興人的後裔就有一大堆。清代紹興府嚴格地注籍本地的進士仍有505名，這的確是很值得注意的不尋常現象。寧波在清代科甲衰落更加劇烈，可以與松江地區相比擬。寧波產出進士的總數，從明代598名減為清代的219名，雖然與一般的和許多較大的府相比，還是不差的，但在清代名列前茅的各府之中，卻是瞠乎其後。在近代中國，常見寧波商人、船主、實業家和金融家崛起，這與科甲的衰落是否存在著因果關係，我們只能臆測。在清代，當科第競爭變得比以往任何時候

32　《科場條例》，卷25，頁15a-18a。

33　順治元年(1644)到乾隆四十九年(1784)間，紹興府產出的進士總共有266名，其中13名注籍於浙江的其他縣分，尤其以杭州最多。其他還有57名注籍於大興和宛平縣，16名注籍於河北諸縣，16名注籍於其他各省。見《紹興府志》(乾隆五十七年〔1792〕刊本)，卷31。

34　陸楫，《蒹葭堂雜著摘抄》，頁3。

35　同上。

表38　清代科甲鼎盛的地區

縣　份	縣所屬的省和府	縣的今名	進士總數
仁和和錢塘	浙江，杭州	杭縣	756
宛平和大興	河北，順天	同	691
閩縣和侯官	福建，福州	閩侯	557
長洲、元和和吳縣	江蘇，蘇州	吳縣	504
烏程和歸安	浙江，湖州	吳興	325
山陰和會稽	浙江，紹興	紹興	277
武進和陽湖	江蘇，常州	武進	265
番禺和南海	廣東，廣州	同	248
上元和江寧	江蘇，江寧	南京	184
江都和儀徵	江蘇，揚州	同	175
嘉興和硤石	浙江，嘉興	嘉興	168
無錫和金匱	江蘇，常州	無錫	163

史料出處：仁和與錢塘，見《杭州府志》（民國十二年〔1923〕刊
　　　　　本）；宛平和大興，見《順天府志》（光緒十一年〔1885〕
　　　　　刊本），並以房、杜名冊修正；閩縣與侯官，見《福州府
　　　　　志》（乾隆十九年〔1754〕刊），並以房、杜名冊修正；長
　　　　　洲、元和與吳縣，見《國朝蘇州府長元吳三邑科第譜》
　　　　　（光緒三十二年〔1906〕刊本）；烏程與歸安，《國朝湖州
　　　　　府科第表》（光緒三十一年〔1905〕後刊本）；番禺與南
　　　　　海，《廣州府志》（光緒五年〔1879〕刊本），並以房、杜
　　　　　名冊修正；其餘的縣分搜據則基於房、杜名冊。必須指出
　　　　　的是，《無錫、金匱縣志》（光緒九年〔1883〕刊本）和
　　　　　《武進、陽湖縣合志》（光緒五年〔1879〕刊本）提供的總
　　　　　數，高於房、杜名冊的數字，因此不予採用。

都來得更加劇烈時，具有巨大文化資源的大都市中心，其優勢也就
變得越益明顯了。因此，浙江不屬大城市中心的另外六府，便只能
認命地接受遠遠落於北部三府的命運。

　　在這期間，科甲最後趨向集中於少數大都市中心的這一事實，
可以部分地以統計數據說明。雖然許多大縣在明清時期被分置為兩

個或三個縣，但在近代又被省併爲一縣；因此，我們仍把它們當作一個單位。宛平和大興，雖然總是兩縣，但實際上是不可分離的。同樣地，揚州府的首縣江都，與其實際上的附郭儀徵縣；以及構成廣州大都會的雙子城番禺和南海兩個縣，我們也都視之爲一個單位。

第七章

概括與結論

　　中國上古時代主要思想學派是封建時代的產物，他們都支持維繫階級社會，統治者與被統治者之間的權利與義務應有清楚明確的分界；這樣的社會制度之所以被大家普遍認同，係基於統治階級成員的身分必須以個人才能來決定的原則。當所有主要學派最終都以社會意識形態解決這個反論，只有儒家給了一個具體的解決方案：有教無類。當時這個解決方案離社會現實甚遠，但孔子自己立下榜樣，他收學生不論社會階級的高低，孟子也不斷回溯理想化的古代，各級學校都是聘用有才能的人擔任公職的管道。公元前二世紀後半，儒家取得獨尊地位；於是建立太學，引進推薦人才擔任公職的特別制度，這標幟著實現儒家社會意識形態的第一步。到了七世紀，當唐帝國將競爭性的科舉制度定爲選用人才的永久制度，又朝這個發展方向跨了一大步。從十一世紀起，設立了更多的學校和私立書院，明帝國創立後，中國開始建立全國性官學與獎學金制度。明初政府屢次宣諭設置社學，更進一步觸及基礎教育的難題。中國歷史上的確沒有一個時代完全實現儒家理想，但將競爭性的科舉考試制度化，把它作爲社會官僚流動的主要途徑，及大量公私立學校的存在，這在產業革命與國家義務教育制度建立之前的世界各主要社會中，可能是絕無僅有的。

　　傳統中國的社會分層，一般基於孟子的原則：勞心者治人，勞力者治於人。但這只是一個大原則，並不完全符合實際社會分層的實踐。我們發現在過去兩千年間，並非所有勞心者都是統治階級成員，傳統中國社會也不是兩個階級的社會。明清的社會分層與近代西方不同，高社會身分主要由高科舉功名與官僚制度中的職位來決定，雖然部分是事實，但也不能完全忽視金錢的力量。明英宗景泰元年(1450)之前，金錢能間接幫助人取得較高的科名與社會地位；景泰元年之後，經由捐納國子監生身分、官職與官銜，金錢能直接

轉換爲高社會地位。我們也可從清朝官員起始資格的統計資料(表2與表3),及鹽商家庭科舉成功的高比例(表6及其評述)看出金錢的力量。據我們對晚清制度史的瞭解,的確可以說,至遲到道光三十年(1850)以後,金錢作爲高社會地位的決定因素,已經使高科舉功名黯然失色了。由於先進的近代西方工業社會中,教育是決定社會地位的越來越重要因素,我們發現從晚清到1949年中共興起之間,中國社會的分層與西方也越來越相似。

明清社會雖然與較早的中國社會一樣,是一個管制社會,但我們也發現法律文本包含的社會理想與社會現實間有很大的差距。法理上,明初國家規定某些特殊勞役身分必須世襲;但事實上,複雜的社會與經濟力量,部分也由於帝國政府缺乏嚴格執行這個苛刻法律的堅強意志,使這樣的特殊身分規定難以維持。在整個明清社會,身分制度是流動的,有彈性的,沒有阻止個人和家庭改變社會身分地位的有效法律與社會的障礙。

雖然身分制度的流動性,部分可由表4的明代統計數據呈現,但主要還是表現在傳記、族譜與社會小說及當代觀察家對家族與家庭事務的評論中所顯現的各種形態的非量化事證。商業貿易及其他生產性行業,或與讀書舉業交替輪換,或與讀書舉業同步進行,這樣的事實是很普遍的;以致許多明清社會觀察家都有一個印象,認爲士農工商四種主要的職業之社會區隔是模糊的。甚至,各種文獻都顯示,唐代以後社會的顯著特徵是:一方面,社會的成功依靠個人的才能與成就,而非家庭身分地位;另一方面,如果子孫笨拙不肖,即使是高地位家庭也沒有辦法延續其成功與家業。因此,宋代以來諸多社會觀察家發展出一個以人文環境爲社會成功之要因的理論,並且宣揚典型的唐代以後的悲觀社會觀點,認爲財富與榮耀是

無常的。[1]從本書第四章和第五章中提出的例證看來，這些印象與觀點是可以成立的。因爲明清時代有各種制度化與非制度化管道鼓勵和助長寒微人士向上社會流動，但只有很少數的制度化措施阻止成功家庭的長期向下社會流動。在這個意義上，明清社會以其特殊方式賦予社會地位高度的競爭性。

我們掌握到的明清全國精英群體進士社會構成的統計數據，是到現在爲止最有系統的。從第三章提供的統計數據看來，科舉制度似乎達成一個重要的政治與社會目的。其中，明初出身於三代都無任官或擁有功名家庭的A類進士數據的比例，即使近代西方社會精英的社會流動率，也可能很難超越。[2]

王定保(唐懿宗咸通十年至後晉高祖天福五年，869-940?)，這位晚唐進士和論述唐朝科舉制度軼聞的作者，在一個關於偉大的唐太宗皇帝(627-49在位)的故事中提到，在看過新科進士裝腔作勢和威風凜凜綴行而出的樣子後，唐太宗喜曰：「天下英雄入吾彀中矣！」[3]唐代是否從唐太宗朝開始定期舉行科舉考試，他是否眞的說過上面那句話，已不易證實；因爲王定保的時代幾乎比唐太宗晚了三百年。但這樁軼事卻成爲晚唐中國人的指標，在觀察科舉制度的政治和社會作用約二百年後，他們相信這是唐初朝廷把科舉定爲永久選才制度的眞正用意。總之，後來的皇帝，特別是明太祖就很

1　甚至如最現實的社會策略家曹景宸(〈附錄〉案例13)在他的事業達最高峰時，訓示家人：「孝弟，根本者，根本不修，則枝葉何由而茂……處伯叔兄弟之間，事在克己。人生富貴何常？祖宗後嗣果有盛於吾者，則世業不墜，人之盛即吾之盛也。」曹文埴，《石鼓硯齋文鈔》，卷19，頁10a。

2　Vernon K. Dibble and Ping-ti Ho, "The Comparative Study of Social Mobility," (Debate), *Comparative Studies in Society and History,* vol. III, no.3(April 1961)，特別是頁320-27何炳棣的答辯。

3　王定保，《唐摭言》，頁3。【譯者按】：〈述進士上篇〉。

能理解：相當程度的經常性社會循環對王朝的穩定是很關鍵的。事實上，科舉制度長達十三個世紀的歷史本身，便是它作為社會流動主要管道及穩定政治與社會的要素，最有力的明證。如果我們也像某些近代學者一樣，對系統性統計數據與影響社會流動的制度或非制度因素，不是所知不多，就是完全無知的話，我們自然也會像他們一樣無法理解中國這樣一個龐大而務實的民族，竟然能長久實施科舉這樣一個哄人的制度。

　　附帶一提，雖然科舉制度對國家、經濟與社會並非沒有負面影響，就如在第五章指出的，自宋代以來(十一世紀)，科舉制度是否能符合國家的需求，一直是人們論辯的問題。但在傳統中國人的智慧與才幹所能提出的方法中，這一制度仍是選拔幹才最客觀的方法。其優點在於，科舉考試的科目集中於經書、文學、歷史與行政難題，能培育出具備健全常識與判斷力的人才，甚至是政治家。其缺點則是可能會培育出不具備原創力與想像力，只會像鸚鵡學舌一樣，強力附和官方意識形態的士大夫(只有一個最重要的例外，即在十六世紀的大部分時間中，王陽明的良知與知行合一學說導致了思想的解放，這是中國史上少有的情況)。此外，科舉制度另一特別的成就是突出已被獨尊的儒家倫理價值體系。西方世界好幾世紀以來在商業、產業、金融、科學和技術方面的成功受到社會尊重，可是在傳統中國這些成就被看作是次等的；因此，明代中國社會與文化環境很難促成科學與技術發明。社會上，由於科舉考試在所有的秀才舉人進士三階段競爭都很劇烈，造成人力與才智大規模的浪費，是任何其他社會所沒有的。晚清進士名冊中對其祖宗的詳細記載，使我們讀起來覺得悲傷；因為一個舉子參加每三年一科的高階科名考試失敗十多次的情形，並不少見。這些運氣欠佳的舉子，一輩子都浪費在苦讀和考場上。但就唐代以來對社會流動與社會變遷

的作用而論，幾乎沒有其他要素可以與科舉制度相比。

　　雖然本研究只處理中國歷史上最後兩個王朝，但這一成果有助於思考及觀察中國社會與社會流動長期的變遷。回顧起來，唐代是一個重要的過渡期，此時壟斷政治權力的早期中古貴族制度，在競爭性的科舉制度影響下，逐漸瓦解。雖然在唐代，眞正寒素之士究竟有多大的社會成功機率，還很難說；但是比起之前的三個世紀，唐代有更多的社會流動，是無庸置疑的。我們對於唐代靠科舉成功顯赫者之確實的家庭背景，所知有限，甚至唐代的文獻和傳記說到個人的社會出身是寒素或低微時，這種形容詞必須放在唐代的社會脈絡中解釋。很可能這種被當代人拿來形容寒素或低微的語詞，其實只是相較於世襲貴族家族而言的。雖然自七世紀中葉起，世襲貴族已不再能壟斷政治權力，但直到唐代最後結束以前，他們仍是支配性的政治勢力，享受絕對的社會聲望。[4]

　　唐代家族最終在五代(907-60)的戰亂不斷中衰落，科舉制度在宋代成爲永久定制，其後，中國社會的流動性肯定變得更大，組成統治的官僚階層的社會成分也變得更寬廣。一項傑出的現代研究顯示，在《宋史》列傳收錄的宋初官員中，46.1%出身寒族，而在

4　由於王朝正史很少提供比較寒素人家祖先正確的資訊，也由於「寒族」這樣的詞是用在中國歷史某一特別時期的歷史脈絡，因此，我相信要推測明代以前社會流動的面向最有效的方法，就是研究其社會流動的主要路徑與機會結構。一項最近的研究顯示：唐代促成寒族向上社會流動的一個有效要素，是作爲學術中心的佛教寺院之興起；一般來說，佛教寺院是對貧窮的人和有志努力奮鬥的人開放的。參見嚴耕望，〈唐人讀書山林寺院之風尚〉，《史語所集刊》，第30本下冊(1959年10月)(【譯者按】：本書原作1960，今依《史語所集刊》改正)。總之，比較安全的說法是：對社會流動發生作用的教育設施和其他制度化與非制度化的管道，唐代比起宋代和明清時代來說，是要少得多。

《新唐書》《舊唐書》所收的晚唐列傳中，相同社會出身的官員，只占13.8%。[5]雖然在運用王朝正史的局限下，上述研究描述的晚唐與宋初官員之社會出身想必是特定的，作為關鍵詞的「寒族」一詞必須放在唐代的社會脈絡中理解。現存的兩種南宋時期(1127-1279)的進士名冊有祖宗家世資料，其中顯示中式舉子出身平民而先世未為官的非官員家庭占全體中式的百分比，高宗紹興十八年(1148)戊辰科是56.3%，理宗寶祐四年(1256)丙辰科是57.9%。[6]

尤應注意的是這些南宋的數據，雖然引人注意，但並不能嚴格地與明清A類進士數據相提並論。這是因為宋代鄉試中式只是取得參加會試的資格，不像明清時代鄉試中式是取得正式科名或出任低階官職的資格。或許宋朝有不少從非官員家庭出身的進士，可以列入我們的B類和較低層的C類。

我們有理由相信如果使用與本研究的相同標準來分類，現存的宋代數據，它的A類數字會較小些，至少與明初相比會如此。如第五章所討論的，宋代府學和縣學及私立書院的數目遠比明代少，刻書與其他對社會流動有作用的管道，直到南宋末年，仍處於休眠階段，未開始發展。

明朝創建以後，科舉考試和功名授予制度越來越精細，學校制度真正普及全國；社會流動的增長趨勢持續進展。以上種種，加上明朝開創的最不尋常的政治與社會條件，創作了可能是中國史上絕無僅有的社會流動篇章。本研究最重要的成果之一是：A類的數字

5　孫國棟，〈唐宋之際社會門第之消融——唐宋之際社會轉變研究之一〉，《新亞學報》，第4卷1期(1959年8月)。

6　Edward A. Kracke, "Family vs. Merit in Chinese Civil Service Examinations under the Empire," *Harvard Journal of Asiatic Studies*, vol. X, no. 2 (September, 1947).

在明初最高，其後到十五世紀和十六世紀的大部分時期，逐漸穩定維持在一定的高度，十六世紀末期才急速下跌，到了十七世紀後期以後，維持在20%以下的低點。同樣重要的是在競爭劇烈的科舉考試中，成功家庭的成員自然擁有各種競爭上的優勢，普遍地比寒素人家占上風。如果不是早期大規模翻刻基本經典與類書及王陽明學說和其後如雨後春筍般興起的私立書院等因素互為作用，平民社會流動成功的機率可能早就急遽地下跌。因為正當社學開始衰落之時，大量提供經常性獎學金的私立書院適時興起。

與貧農出身的明朝創建者不同，清初的統治者主要關注的是在其征服的土地上，贏得關鍵階級，也就是士大夫階級的支持。除了順治時期(1644-61)進士學額異常之多，使A類數字還能維持晚明的水平外，此後平民的社會成功機率就持續地下跌。因為嚴格限制進士學額，加上急速倍增的全國人口及其所造成嚴重的經濟後果，雖然清代A類任用比率的平均來看還不算太單薄，但卻可能減弱寒微出身人士上升的機會結構，這必須放在當代中國社會脈絡中來評估。這個國家借助於明代的經驗，相信阿爾杰(Horatio Alger)那樣的神話，但A類比例持續下跌的趨勢反映出來的事實與原因，肯定會產生普遍的社會挫折感。十九世紀與二十世紀中國的社會不安與革命特徵，如果推論它與平民普遍挫折感相關，似乎是中肯的。所以太平軍這個世界上最大的內戰之興起，就不是偶然的巧合。太平軍是由洪秀全(1813-64)所發起，他出身於一個小自耕農家庭，投考秀才屢試不中。必須指出的，清代大部分時期，統治者的「穀」顯然沒能把天下英雄及數量可觀的心懷社會野心壯志者，引誘進去。一個科場失敗挫折者發動的叛亂，所造成的社會流動情況，雖不呈現在本書第三章統計數據裡，但部分在表24中反映出來。

在總結這個研究時，必須嘗試把主要的統計數據與各種質性的

證據整合起來。我們比較有系統的數據，是與進入仕途相關的一種特殊的社會流動。至於職業和其他各層面的社會流動，我們能利用的證據，雖不至於微不足道，但卻無法量化和以直觀印象理譯的。直到如今，方法學上的難題是精英的流動和一般的社會流動屬於不同的研究課題，究竟前者的研究對於後者的研究有什麼推論價值，還有待系統性的討論。本研究則有幸地在豐富的進士數據之外，還有許多舉人、貢生和生員的有用數據。進士及第標示達成社會流動的最高目標，進入生員的大團體則是近乎草根層次的社會流動。我們的地方、省級和全國水平靠科舉促成的社會流動統計數據，有其一致性標記。例如，從大量的十九世紀舉人與貢生的數據資料，得到稍高的A類百分比，而A類與B類百分比加起來，也比同時期進士數據資料得出的百分比高得多。南通縣的生員數據顯示明清時期同樣的長期向下流動的趨勢，就和進士的數據一樣；常熟縣與海門廳的生員數據顯示明清時期同樣的趨勢。但甚至在流動率大為減縮的清代，出身非士大夫的平民家庭之海門廳生員還占總數的48.3%；南通縣與常熟縣也占總數的50%以上(表15)。所有全國級、省級和地方級的系列數據，都要與具高度競爭性的三階段學術社會流動相對照；這意味著在社會金字塔的底層附近，必定有相當的社會流動，呈現於生員、舉人和進士三類功名擁有者面前。

　　本研究的方法，並非僅基於從一方面可以推論出另一方面蘊涵的關係而已，歷史學家在達成主要的結論時，必須依據他所運用的累積事證。系統性的統計數據雖極富價值，但也不能忽視各種形態質性事證的重要性，例如對於我們這個研究，傳記、族譜、社會小說及當代觀察家對社會、宗族及家庭事務的論述，都非常重要，這些史料使我們可以究明：促進社會流動的各種制度化與非制度化管道的存在，幾乎沒有制度化方法來阻止高地位家庭長期的向下流

動，均分遺產的習俗可能是稀薄化社會階級運作得最有力的因素，對身分流動缺乏有效的法律和社會障礙，以及某些導致社會流動的社會概念和神話合理又深入地滲透包括婦孺在內的大眾等。在這樣的性質與範疇的研究中，針對某一特殊形式的流動所做的統計，只有對照上述事實、特徵和印象來解釋和評估，才能有較完整的意義；其中有些事實、特徵和印象，則以〈附錄〉中的社會流動具體案例相印證。秉持儒家道德主義信念的非量化形式文獻的作者，都一致地證實明清社會普遍的共同現象是：家庭財富世代間的起伏與社會流動性格，除非他們都錯了，我們所累積的質性事證，當把他們與舉業造成的社會流動的統計數據結合起來看，一定會看出社會所有層次都存在著相當可觀的流動。

如果大膽推論，我們會發現中國的舉業造成的社會流動數據，似乎對瞭解普遍的社會流動，具有特定的推斷價值。舉業造成的社會流動的趨勢，與我們推測的明清社會一般社會流動的主要趨勢一致，雖然其間不是沒有出入。的確，雖沒有明清時期一般社會流動的統計數據，但我們有相當數量關於經濟與社會條件、財政重擔、生活水平和人口成長等變遷要素的事證，而這些要素會對一般社會流動發生影響。在我研究明清人口的書中，已針對此類事證做過仔細的分析，此不贅述。[7]

不言自明，明初到公元1500年(弘治十三年)的中國處於一個和平、繁榮，政府人事精簡，財政負擔相對較輕及農業和商業穩定擴展的時代，加以政府對寒素之士向上流動採取的相當同情態度，以

---

7 Ping-ti Ho, *Studies on the Population of China, 1368-1953*, Part II, "Factors Affecting Population," *passim*, and "Conclusion," *passim*. 【譯者按】：中譯本參見葛劍雄譯，《明初以降人口及其相關問題，1368-1953》，下卷，〈影響人口的諸因素〉和〈結論〉。

及大規模擴充教育設施，勢必對兩種形式的社會流動發生好的作用。的確，除非經濟、社會與制度因素全部，非比尋常地利於全國大多數人的向上流動，否則對現代學者來說，很難解釋明初的A類進士如何能持續這樣的高水平。明萬曆年間（十六世紀末期），A類進士數字開始第一次的急速下跌，正好和政府治理不當的時期幾乎同期，結果人民財稅負擔加劇，抵消的似乎不止是逐漸增長的燦爛經濟。

我們推斷的普遍社會流動趨勢與舉業造成的社會流動趨勢，唯一引人注目的落差，大概發生在康熙二十二年至乾隆四十年（1683-1775）間（或可能結束得稍微早些）。在這段期間，滿清政府的權力與威望達到最高點，全國擁有長久和平，物質繁榮，財政負擔寬鬆，生活水準改善和出現前所未有的人口增長。在這個生活過得稱心的時期，唯一可能對一般社會流動有不利作用的因素，是長江流域的土地所有權逐漸集中。大約到乾隆四十年左右，經濟與制度的綜合因素仍然有利，導致人口的快速與持續的成長，並且被當代人視為幾乎是老天無條件賜予的福氣。然而，由於政府對進士學額的限制，A類數字從晚明的水準進一步下跌。

乾隆四十年（1775）以後，推斷的普遍社會流動趨勢與舉業造成的社會流動趨勢，再度相符。由於人口的成長與技術的停滯造成各種經濟困難，而政府行政的敗壞，則使經濟困難越趨明顯。人口過剩對經濟和社會起的作用，為十八世紀末和十九世紀初的乾嘉學者所注意。例如，天才學者龔自珍在嘉慶二十五年（1820）評論道：「自乾隆末年以來，官吏士民狼艱狽蹶，不士、不農、不工、不商之人，十將五、六。——概乎四方，大抵富戶變貧戶，貧戶變餓

者，四民之首，奔走下賤。」[8]必須注意的是乾隆四十年以後，A類下跌的趨勢顯得比經濟與社會條件的急速惡化要和緩些。但我們的進士數據並不涉及捐官進入仕途者，如果把捐官的人也算在內，寒素之士成功向上社會流動的實質機率就會更少。因此，舉業造成的社會流動趨勢與普遍社會流動趨勢，似乎大致是一致的。

由此可見明清中國社會流動與近代西方社會流動的基本差異，在於長期的變遷趨勢。整體而言，在工業社會中，伴隨著繼續不斷的技術革命與經濟活力，從收入與職業帶來向上流動的穩定趨勢；[9]而明清中國，人口的倍增及技術與制度的停滯，卻使社會長期的向下流動趨勢無法避免。[10]

8　龔自珍，《定盦文集》，卷中，〈西域置行省議〉，頁6a。【譯者按】：本書原來誤為頁9b，今據《四部叢刊》本改正。

9　整個來說，美國的社會流動形態一向是從手工和半技術向技術與「第三級」的職業（【譯者按】：即服務業）轉變來說。參見S.M. Lipset and B. Reinhard, "Ideological Equalitarianism and Social Mobility in the United States," *Transactions of the Second World Congress of Sociology*, 1954。關於其他工業社會的同類趨勢，參見相同作者的*Social Mobility in Industrial Society*.

10　傳統學校、書院、廩饍制度、宗族組織等的衰落與消失，現代教育學費相對地高漲，及混亂的政治、經濟與社會條件，似乎指明民國時期(1911-49)可能延續本書所顯示長期向下社會流動趨勢。充滿活力的全國性提倡教育運動，和過去十一年，中華人民共和國政府的盡心竭力地在各個層面擴大教育的社會基礎，無論如何，肯定會改變歷史上的社會流動趨勢。可能中華民族開始經歷一個社會流動的新篇章，終致可與明初相比擬，甚至蓋過明初。

社會流動的案例選

　　本附錄由明清傳記文獻中選出二十七個案例構成，作為社會流動的各種類型及過程的例證。明清時代傳記文獻數量之多，令人印象深刻，但與社會流動研究有關的文獻卻很有限。歷代王朝的正史與列傳，在文體與內容上具有高度的形式主義，多半只依年代摘要記錄傳主的公務及其他業績。對於傳主的家庭背景和早年生活，大部分並不記載，或只是一筆帶過。地方志的列傳，可以查找那些非聞名全國的地方知名人士簡略傳記，但由於過分簡略，拿來當作世代間社會流動的研究資料，是帶有危險性的。因此，可以說，傳統中國並不存在現代意義的傳記。然而傳統中國的傳記資料中，還是有相當數量質優的名人「年譜」（依照年代記述的傳略）、「自訂年譜」（依照年代記敘的自敘傳略）及名人文集，這些文集收錄這些名人家庭背景與早年生活的記載，及由其子孫或著名學者撰寫的訃聞、行狀和墓誌銘。這類文獻，即使不能稱為傳記，至少會比正史的列傳提供較多瞭解社會流動的資訊。

　　在此說明選錄這些案例的指導原則：根據兩種或兩種以上的資料做出概括的敘述，以其中較短的一種資料為主，盡量少加更動，然後加以翻譯或意譯。如果原始文獻中包含好幾代的家庭史資料，對這個家庭進入社會流動決定性階段之前的早期歷史，做簡要的敘述。因為這種資料比較能幫助我們充分理解這個家庭運勢的消長，雖然在同時代人看來，這是一般性的社會現象，但本書第三章的統計數據卻無法顯示。如果原始文獻缺乏家庭或祖先的主要資料，我們研究的對象就不是家庭而是個人了。因此，我們不能對所有的案例用同一方式來處理。傳統中國儒學道學家強調特定的價值、行為和感情，傳記中的記述除非證明是假的，在概述其生涯或家庭史時，將不會被摒除在外。我們這種處理方式不是不能完全辨明，因為現代的歷史家不論他如何具有歷史觀，都不能期望他對過去時代

人們的經驗與感情有全盤的理解。只有在保存原文風味的情況下，從我們對明清時代社會狀況的理解出發，才能一定程度地洞察當時人們的希望、恐懼、鴻圖遠志與挫折等心態，這雖然對現代研究者來說太遙遠，卻是形塑過去人們生涯與命運的要素。

　　這裡簡單說明案例選擇的標準。首先，案例的選擇是根據文獻的品質、各個案例的性質與關注點、或它涵蓋的年代長度，這些是研究社會流動有用的資訊。甚至當兩條材料主要特色雖然相近，但事實上彼此的時間相隔一世紀以上，則兩者均予選取。我們的研究涉及時間很長，我們也要知道某種形態的社會流動是否也可能會在另外各個不同的時期發生。因此，選錄不同時代產生的類似案例，似乎有其正當性；因爲影響社會流動的制度、經濟、人口等諸要素結合體是經常變化的。無論如何，爲能盡量多舉些例子說明各種社會流動的形態，因此，對那些以早年事業形態及早期社會流動過程爲主的同一類型的好案例，不得不予以割愛。[1]即使的確有可能把社會流動形態做廣義分類，一些屬於某種廣義社會流動形態案例，也還是不能說明明清社會流動形態的實際部分，甚至連粗略說明都不可能。例如意味著教師微薄收入的「筆耕」案例，數量上，一直是代表向上社會流動成功的最重要案例；但是，基於上述的理由，我們只能選擇相當平均分布於十五世紀末至十九世紀末之間(明弘治年間至清光緒年間)的五個案例。

1　藉由「捐納」買官產生的流動，有一部分在四個關於富商家族的案例中處理。藉由買官的向上社會流動的著名案例很多，但一般來說，文獻中對於其個人先祖及其早年的情況，很少談及，甚至沒有資料。關於薦舉及軍功造成的社會流動，在第五章〈戰爭與社會的大變動〉一節中已有簡要的說明。在選出的案例中，也有闡明向下社會流動的案例，但〈附錄〉中沒有選錄完全只說明向下社會流動的案例，因爲這在第四章已有系統地探討了。

　　總而言之，這裡選出作爲社會流動研究的二十七個案例，就品質而論，差不多就等於是原始史料。其中最好的一些案例，明確描述社會流動過程主要階段中，個人或家庭的社會與經濟地位的變遷。這些選錄的案例，至少比第二章及本文其他各處所舉的簡要案例來得詳細和準確。其中有許多案例還透露社會與心理因素複雜的互動，而這些就不是本書第三章經過必要簡化的統計數字，所能適切說明的。我們也希望透過這些案例，更正確地論證每一身分類別的社會脈絡；這些身分類別已在本書的第三章給予廣泛的定義。還要進一步說明的是：第三章顯示的社會流動率，的確是盡量低估的。

　　以下這二十七個案例依年代排列，各案例之後的備考所指出的某些事實和要因，是我自己認爲特別值得注意的事項。

案例1：唐貴——弘治三年(1490)進士[2]

　　唐貴出生於江蘇省南部武進縣的貧苦人家，弘治三年(1490)進士及第。其父病瘝，不能謀生。雖然他們家一直沒人中過舉，但由於唐貴世爲儒家子，又不能徙業做其他的事，他一心一意只想做個學者。在十五世紀後半成化、弘治年間，中舉者的八股制義文章尚未被有系統地編印和販賣。唐貴就已看到靠此維生的可能，於是他廣求精擇，編印這些文章，賣給公、私立儒學與書院的學生。只要看到這類文章，他便借來抄寫複製。爲奉養雙親及年幼的弟妹，他常到鄰縣販賣這些中舉者的文集。跋涉饑困，不勝艱苦，他曾嘆息道：「吾不以文發身，父母終溝壑耳。」因此，他更加專注於學業，且誦且泣，覃精研思，通宵達旦，枵腸欲斷，寒膚欲裂，饑寒

2　萬曆《常州府志》，卷15，〈人物3〉，〈家傳〉。

也阻止不了。

在年滿十六歲時，[3]他通過縣級考試成爲生員，並強爲束髮加冠，以增加工作機會；[4]於是被當地家族雇爲童蒙的塾師，出授童子句讀。後來他在省學政監督的歲試、科試中拔得頭籌，名氣大起來，遠近的有錢人家開始爭相延請他教授子弟讀書。原來微薄的薪俸增至每年百兩；從此，他開始有能力提供父母適當的飲食及生活必需品，並支付兄弟姊妹的婚禮費用。約二十年後，他積蓄了足夠的錢購買田地三百畝；於是決定辭卻塾師的工作，致力於科考。

弘治二年(1489)，唐貴鄉試中舉，翌年進士及第，二甲第五名，授戶科給事中。唐貴在北京時常寫信回家，告誡弟弟們不要太熱中官位與錢財；因爲他任京官的收入可與大家分享。唐貴隨後轉至海南島任知府，於任內身故。他爲官清廉，去世時，家族的財產仍維持當初的三百餘畝，沒有增加。

唐貴的兒子唐珫於正德五年(1510)中舉，但考進士六次都失敗，後來任河南信陽州知州，累遷至湖廣永州府知府。唐家最出名的人物是第三代的唐順之(正德二年至嘉靖三十九年，1507-60)，嘉靖八年(1529)會試第一名解元，殿試二甲一名進士，官至右僉都御史(正三品)，是全國知名的作家及歷史學家。唐氏第四代中地位較高的是唐順之的兒子唐鶴徵，也是一位進士(隆慶五年，1571)，參加編撰父祖世代居住的常州府萬曆四十六年(1618)版《常州府志》，這部方志對於當地的制度、財政相關事情有豐富的記載。

【備考】這是關於「筆耕」出類拔萃的案例。其中應注意關於社會

3　〈附錄〉中提到人的年齡，比稱爲「歲」的中國傳統的計算法少一歲，以避免「歲」一詞的重複。

4　依據古代習慣，少年到二十「歲」爲成年，此時正式加冠。

及文化的重要事實是到了十六世紀三、四十年代，販賣專門為參加科舉者所編輯的中舉者文章的輔助讀本，已漸漸流行。其後，具有像唐貴這樣社會和經濟地位，而奮發努力的讀書人，是否可以藉由同樣的工作而取得同樣的財富就值得懷疑了。

案例2：戚賢——嘉靖五年(1526)進士[5]

戚賢，安徽省全椒縣人。曾祖父戚通是一個雄桀、修翰、長髯、身形高大、器宇軒昂的人。年輕時，戚通至國都服繇役，在路上遇到僕從很多、坐著轎子和乘馬車的達官貴人，他屏足嘆曰：「嗟乎！吾以七尺役於人，安得見吾子孫若是，灑吾辱乎？」但是他子孫均仍為農民，不習儒道。在他九十二歲高齡臨終時，他手拍大腿啜泣曰：「天乎！吾家縱不得達官貴人，乃靳一儒家兒耶？(老天啊！即使你不給我們家做成達官貴人，難道連一個讀書的儒生都捨不得給我們家嗎？)」在埋葬戚通時，一位衣衫襤褸的道士指著墓壟對戚通的孫子戚思庵說：「葬此十年，貴人生且易汝衣，惜不令此老見之。」十年後，戚賢生於弘治五年(1492)陰曆八月。

戚思庵有四子，除了戚賢之外全部業農自食。戚賢幼時雖力弱不任耕，但穎拔多慧，是一個聰明好學的孩子。幼時，從兄長處得知曾祖父臨終前的遺訓，感到悲傷羞憤，立誓必誦讀為儒生。但其父不好書數，不喜儒業，往往命他搬運重物，他因無力負荷而極力懇求，未果。他的母親為此時常與他一起哭泣。鄰居老翁聽說了這個情況，願意提供食宿，讓戚賢在他家讀書。

5　張萱，《西園聞見錄》，卷9，頁23b-24a。必須注意的，本書原來誤把戚通當作戚賢的高祖；由於傳記只記四代；因此，戚通應該是戚賢的曾祖父。

　　十五、六世紀之交弘治末年，全椒縣縣衙缺乏懂文書的佐書吏，便強迫戚賢到縣衙服吏役。爲了逃脫這個地位低下的事務性工作，他向父親提出讓他參加生員考試的要求。父親被他說服，不再干涉他的學業。兩年內，戚賢就考中增廣生員。

　　由於家庭人數眾多，戚賢一家貧不能給朝夕。戚賢更由於長期的營養不良，因而罹患血疾，也就是結核病。不久，母親去世，母親的死對戚賢而言更是莫大的打擊，益不勝痛，臥病數年，待痊癒時已二十九歲，這時他才結婚。嘉靖元年(1522)，江南北大饑，縣政府照例從當地選有行誼生員二名，監督救荒施粥，他被選爲其中之一。次年，他第一次讀到偉大的政治家兼理學家王陽明的著作，讀書之心忽然啓發，開啓他思想的新遠景，因而獲得非凡流暢的思考力，文思泉湧，對其作文有很大的幫助。嘉靖四年(1525)，他通過應天南京鄉試，翌年進士及第(【譯者按】：三甲五十三名)，歷官至刑科都給事中(正五品)。

【備考】這一事例有幾點值得關注的地方。第一，無論傳統中國的
　　　　單一價值體系有多堅固，像戚氏一族這樣為數眾多的小自
　　　　耕農家庭，對於現實生活的關心多於社會流動攀升的問
　　　　題，其原因可能是農作需要大量人力。第二，在戚賢往上
　　　　層流動的決定性階段，得到同情他的鄰人相助，這種情形
　　　　在中國傳統社會確實經常出現。第三，在多數案例中都出
　　　　現如戚賢般經過心理挑戰最後獲得成功的情況。第四，戚
　　　　賢為十六世紀初葉許多出身寒素的代表，他們受王陽明良
　　　　知人人平等及致良知學說的影響，而能解放思想。必須附
　　　　帶一提的，在王陽明的各種理論流行三、四十年之後，科
　　　　舉考試作文題目往往帶有理學性格，而且多基於王陽明的

理論，而不是國家支持的宋代理學家朱熹註釋的經典。

案例3：張倬——十六世紀中葉人（嘉靖至萬曆初）[6]

　　江蘇太倉州張倬幾代都是耕讀之家；由於家產不多，使他不能衣食無憂地專心讀書。耕作與讀書會互相妨礙，他專注於學業便荒廢了耕作；於是，不但生活不能有所給足，儒業亦不甚顯。加以其父貧弱瞽廢失明，*家庭的重擔落到他年輕的肩膀上。年紀稍長之後，雖然他時時訪求較好的老師，但他負擔不起學費，不能具脩脯贄。有些老師同情他，免費教導他。由於非常不喜歡耕作，十五歲時，他決定去做村裡的童子師。雖然他身形短小，不引人注目，但教書時頗有威嚴而認眞。張倬很快就通過生員資格的考試，在隨後的歲考、科考等複習考試均得到高名次，因此後來獲得廩膳官費的資助。雖然他有工於文的自信，認爲更高的功名唾手可得；但是，他的時運不佳，匆匆過了三十年，七十二歲過世時，還是廩生，沒有挨到出貢做貢生的機會。

　　由於家境貧窮，直到張倬死後七年，同樣身爲生員的兒子才籌到足夠的錢妥當埋葬他。張倬的兒子也於此時請求同鄉最有名的文人王世貞爲他運氣不好的父親立傳，收入《弇州山人四部稿》；王世貞是十六世紀一流的詩人、文學家、歷史學家。

【備考】這個案例反映儒家價值體系對處於經濟困境的小自耕農心智的滲透，是個與案例2相反的案例。同時這也是大多數社會流動受阻案例的代表，這類的文字記錄是非刻意、偶

6　王世貞，《弇州山人四部稿》，卷85，頁7a-9a。

*　【譯注1】：本書原作其父deaf(耳聾)，然王世貞撰〈孝友張先生傳〉的原文爲「瞽廢」，是眼睛失明，今從之。

然地保留下來。此外，這也顯示一個與困苦生活搏鬥的貧窮生員的社會地位是不高的；因此，張仲禮以生員構成他所謂的「下層紳士階級」的身分概念，是有疑義的。

案例4：孫義卿——十六世紀中葉人（嘉靖至萬曆初）[7]

孫義卿，徽州府休寧縣人。從小就鄙視他故鄉地區的人把錢看得很重和凡事都以利益考量。他的父親是個小生意人，在一次當孫義卿跟隨父親到長江下游進行商業之旅途中，有一天他跟父親說：「將令書東魯家言耶？即書吾徽什一也？且大人幸一子，奈何棄之賈？（是讀東魯孔子經書好呢？還是效我徽州人追逐什一商貿之利好呢？而且父親大人只有我這麼一個兒子，奈何放棄我的前途，迫我從商？）」他的父親爲其大志所感動，同意供他讀書；於是孫義卿專心認眞向學，沒多久就考上生員。他的歲考成績名列前茅，因而取得當地一所辦學成績極好的私立書院的入學資格，這所書院有較好的設備，與知識界有較好的聯繫；然而這似乎沒能幫上忙，孫義卿的鄉試還是屢試不第。

孫義卿的父親年事已高，他又從未幫忙父親經理事業，遂使家庭經濟陷入困境。一些當地的商人就問孫義卿的父親：是否後悔讓兒子棄商而去念書。他的父親仍對兒子抱著希望，認爲他終究會成功，便說：他樂於這樣做，並不後悔。事實上，這個終究會成功的願望，從未實現。孫義卿在七十多歲過世時，他和他的孩子在舉業上都沒有能成功。要等到孫義卿死後好多年，他的兒子終於到北京參加貢生特考，希望能謀得一個下級官職。在北京，他見到王世貞，含淚請求這位大作家爲他的父親孫義卿寫傳，因爲自己無法達

7　王世貞，《弇州山人四部稿》，卷84，頁20a-21b。

成亡父的期望，只有藉由王世貞寫的傳，才不會使亡父沒沒無名。

【備考】這一案例除了家庭背景的不同，及傳主的兒子最終獲得一
　　　　個下級官員的最低限度資格之外，實質上與前個案例相
　　　　似。

案例5：許國（嘉靖六年至萬曆二十四年，1527-96），大學士（萬曆十一年至十八年，1583-90）[8]

　　徽州府附郭的歙縣許氏家族幾代都經商，族中有幾房生活比較
富裕，許國自己這一房則貧苦。在他記憶中，他的直系祖先中沒有
一個人中過舉；其母家先人也一樣是寒素的平民，母親在婚前常到
鄰近的學校聽講，因此能掌握儒家基本經典的大意。這一資歷使她
後來在家庭經濟沒能力聘請正式的家庭教師時，仍能夠幫助孩子們
開始在家受啓蒙教育。

　　就像其他徽州小商人一樣，許國的父親有一定程度的識字能
力，但經商資本很少，其起始經商的資本，有一部分來自妻子不多
的嫁妝。大部分的時候，他在江蘇南部經商的伯父那裡當助手，
三、四年才能回一次家，有時甚至八、九年才回家一趟，家庭相聚
的時間很短，通常不會超過三、四個月。因此，扶養家庭的重擔就
落在許國母親的身上，她以刺繡營生，收入極微；整年只穿薄衣度
日，一日份的食物經常要吃兩日。由於夫妻長時間分隔，見面時間
很少，孩子的年紀相差甚大，許國比兄長小十五歲，第一次見到父
親時，已經六歲。

8　許國，《許文穆公集》，卷13。其中收錄六位家人和族人的傳記，亦參見焦
　　竑，《國朝獻徵錄》，卷17。

　　許國是個聰明好學的孩子，因而贏得他伯父的同情，幫他請塾師，讓許國進入家塾讀書，必要時還提供一定數額金錢幫助許國。許國九歲時，經商的伯祖父過世，父親帶著家人轉往江蘇南部的常熟，一起度過六年的時光。因此，在常熟能有機會與文風鼎盛的都會學者往來，對許國的學問很有幫助。回到歙縣兩年後，許國成為生員，當時他十七歲。但是，由於一連串的厄運如災荒、疫病的流行，母親家人的死亡和喪葬費，及附近鄉人的敲詐豪奪，父親多年來的一點積蓄很快就被掃光，就在這個時候，父親突然失明。幸好，這時許國得以擔任徽州府通判家塾的教師，而有些許收入，這個家還能過得下去。

　　嘉靖四十一年(1562)，許國在歷經四次失敗後，終於在第五次鄉試考上舉人，同年父親謝世，母親亦於翌年亡故。嘉靖四十四年(1565)，許國殿試第七(【譯者按】：應該是三甲一百零八名進士)，被選為翰林庶吉士。於是有機會在翰林院這個受高度尊崇的機構深造，後來成為皇太子的老師(【譯者按】：許國在萬曆元年任日講官，給神宗講解經書)，仕途因此通達順遂。

　　許國青少年時期長期的艱辛，使他為人特別溫和，能體恤別人。他在北京每日布施乞丐的行為，廣為人知，偶爾還招致非體之諷。[9]儘管他的事業成功，但他的子孫卻連一個傑出人物也沒有。四子中，長男為生員，二男受恩蔭而任官至中書舍人(正七品)，兩人均先許國而卒。四女中，兩人嫁給國子監生，一人嫁庶民，一人為下級官吏考功郎的子媳。許國兄長的次子可能受到許國的幫助而任下級官員。許氏家族的生活形態是儒商混合或儒商交替，許國非凡的個人成就似乎並未給許氏家族帶來生活形態任何變化。

9　沈德符，《萬曆野獲編》，頁847。

【備考】不顧家族生活形態的限制，許國始終不偏廢讀書；這是一
個修正的「耕讀」案例。他的生涯中兩個決定性要因：一
為母親有識學能力，一為親戚的同情及援助。必須指出
的，到社學衰退的十六世紀後半，一般來說，個人的成功
部分是靠非制度性與親友個人的援助，許國的案例不過是
其中之一。

案例6：宣城徐氏[10]

嘉靖四十四年(1565)進士徐元太的父親原本是浙江省某縣典
史，因言語惹惱巡按御史，而受辱扑責；憤而辭職回到安徽省南部
宣城縣隱居。一直到這時，他的兩個兒子都已失學，學業沒能快速
進步，部分是由於他俸給過低，部分是缺乏適當的督導。他常常涕
泣，悶悶不樂。一日，兄弟二人跪在父親面前，問父親悲傷的原
因。在聽到父親受辱的事情之後，父親說道：「爾兄弟皆廢學，吾
無後矣。」於是訴說受辱扑責之事，復流涕不已；兩兄弟遂誓言努
力向學，為父親洗刷恥辱。

後來，哥哥徐元氣[11]在嘉靖四十一年(1562)考上二甲進士，官
至雲南左布政使及山東左布政使與通政使。其孫輩一人任知府、曾
孫一人為貢生。弟弟徐元太為嘉靖四十四年進士(【譯者按】：三
甲七十一名進士)，累官至南京刑部尚書。其三子，長子萬曆十年
(1582)生，早逝；次子受恩蔭，然未任官；三子官至刑部郎中(正
五品)。

10　王士禎，《池北偶談》，卷8，頁9a-9b；《宣城縣志》，卷15，頁12a-13a；
　　《江南通志》，卷148，頁10b-11a。

11　王士禎把徐元氣誤為徐元太的弟弟，今據《江南通志》改正。

【備考】這是另一個心理挑戰如何促成在社會上成功的例子，在此
　　　　應注意恩蔭對於家族往後的社會流動並無作用。

案例7：徐光啓(嘉靖四十一年至崇禎六年，1562-1633)的先祖[12]

　　徐光啓是著名的基督徒、大學士、科學家，曾與利瑪竇及其他
耶穌會士共同翻譯數種歐洲科學、技術、地理學、神學相關的論
著。其先祖的事蹟，爲一個家族要通過科舉提升社會地位，其道路
之曲折，提供一個非常出色的案例。

　　徐氏在1120年代的北宋末年女眞族入侵華北時，第一次由河南
洛陽移居到江蘇南部的蘇州。*在徐光啓高祖父時移居上海。在幾
次倭寇侵擾中，家譜散逸；因此，徐光啓的高祖父的事蹟我們知道
的很少。所能知道的是徐光啓曾稱他爲「廣文」，這是縣學的教諭
或訓導在書簡上的稱謂；顯然他是一位貢生，也可能是舉人。

　　徐光啓的曾祖父爲應付沉重的地方賦役，無法維持讀書的傳
統。被迫去耕作家裡的田，此時家道已中落。其二子中，幼子就是
徐光啓的祖父，棄農從商；結果使家業大爲改善。但是，他英年早
逝，徐光啓父親在六歲時便成了孤兒。臨終時，他把財產的管理權
委託給岳父。這位老丈人保護他的寡婦女兒及僅有的外孫，並爲徐
光啓的姑姑選了一個賢婿，他們的兒子後來也考中進士。在徐家歷
史的關鍵時期，在母親家的親戚共同管理下，家業更加擴大。爲表
謝意，徐光啓的祖母將財產的三分之一給了這些代爲管理產業的親
戚。

　　徐光啓的父親爲人孝順慷慨，捐獻大宗財物給地方和宗族慈善

12　徐光啓，《徐文定公集》；方豪，《徐光啓》。

*　　【譯注2】：本書原來將蘇州誤爲位於southern Kiangsi(江西南部)。

事業。經商一段時間後便退隱家園。作為一個富裕家族的族長,地方政府要求他捐助防衛倭寇的費用。由於他屢次慷慨捐獻和怠慢經營家業,及對星象、醫藥、佛教和道教的興趣,使一度相當富裕的家產逐漸枯竭。徐光啓年輕時,又遭盜匪劫掠的進一步打擊,徐氏遂成貧窮人家。因此,徐光啓於萬曆九年(1581)成為生員後,就開始靠教書為生。

萬曆九年至二十五年(1581-97),徐光啓幾次搬家,從一地移居另一地。最初,搬到廣東北部的韶關,在那裡他第一次與耶穌會士往來,其後又搬到廣西和北京,持續他的「筆耕」生活。萬曆二十五年,他在北京取得舉人資格,萬曆三十二年(1604),進士及第(【譯者按】:三甲五十二名),被選拔為翰林庶吉士。這一家人由讀書追求舉業轉換為依農業為生,再轉為從事商業,之後又回到農業經營,過著悠閒自在的生活,最後又回到讀書追求舉業,四代之間的生涯曲折起伏,終於到徐光啓四十二歲時成功地完成向上的社會流動。

【備考】這一案例明確地指出許多宋代以後的社會觀察家的印象,
　　　　在有限的數代之中,一個家庭見證到家業激烈變動,是很
　　　　平常的;這也顯示財務負擔的變遷是如何影響家庭的經濟
　　　　地位。

案例8:李因篤(崇禎四年至康熙三十一年,1631-92)先祖[13]

李氏家族數代居住於陝西省富平縣(【譯者按】:原書誤為

13　李因篤,《受祺堂文集》,卷4,有其父母的傳記資料。另請參見吳懷清,
　　《關中三李先生年譜》,卷6-8。

"Shansi"〔山西〕，應該改為"Shensi"〔陝西〕）。李因篤，這位著名的學者在康熙十八年(1679)被迫到北京參加一項名為「博學鴻詞」科的特考，授翰林院檢討。他回顧說他家祖宗十代前就開始富裕起來，高祖父是個邊商，定期供應沿著萬里長城的北方守備駐屯部隊穀物，然後到兩淮地區販鹽。他負責供應數萬駐防兵士的軍糧，生意的規模做得很大。顯然他捐納了一個官銜，因為李因篤稱他為「商官」；自監察御史以下的官員均對他禮遇有加。然而，他的財富也使他成為一個不知名的有力人士陰謀攻擊的目標，導致他喪失生命。

　　李因篤的曾祖父大部分的生涯都在盡力為他父親平反，最後獲得成功，但也因此耗盡家財。這就使武舉和將校出身的李因篤的祖父必須再到邊境全力經商，於是家業得以復盛，田產也由原本的二百多畝增至九百畝以上；與一般陝西商人的習慣不同，李家的人注重田產；通常陝西商人認為只有白銀和田產以外的其他形態財產才是真正的財富。李家的田產大半在祖籍富平縣以外，在成功的巔峰時期，其田產不只在陝西北部邊境的軍隊駐屯地附近，甚至兩淮鹽業中心的揚州也有他們的地產。李氏家族富裕的時間超過一世紀，他們通過聯姻的方式，與三個顯赫的地方宗族結合起來。

　　但是在崇禎七年(1634)，李因篤三歲時，祖父與父親相繼亡故。同一年，李自成率領的盜匪蹂躪這個地區，李氏族人與僕役共八十一人被殺，存活的大部分是婦孺，而在揚州與其附近的財產也都失去了。戰爭與土匪掠奪的結果，又為富平帶來饑荒，以致其家庭收入更加減少；李因篤的母親因此沒有能力繳納田賦。尤有甚者，由於家中沒有成年男丁，使她無法保護自己和兩個年幼的兒子，只好帶著兒子回到娘家。崇禎八年(1635)，李因篤開始跟著外祖父讀書。十歲時，李因篤以縣試第一考上生員。

崇禎十七年(1644)，李自成的軍隊再次搶掠富平，李因篤的舅舅被擄，翌年遭殺害。至此甚至連母家的親戚也必須靠借貸度日。恢復和平後，三位地方官員因佩服李因篤的文學造詣，有時會在金錢上幫助他。等到順治十六年(1659)，李因篤二十九歲時，他首次被地方長官聘為塾師，從此「家產徐復，家族有餘裕，每餐可出二品」。

由於李因篤的文名逐漸廣被，終於康熙十八年(1679)被薦至朝廷(【譯者按】：原書誤為1697年〔康熙三十六年〕)。然而他選擇做明朝遺民，退隱父祖世代定居的故鄉。他的獨子，是個廩生，捐了個監生銜。孫四人，長孫為舉人，次孫為生員。

【備考】李氏一族與徐光啟一家相類，都是曲折型的家族流動案例。這個案例比前一個案例更可以清楚看到，在傳統中國，各種料想不到的事變是如何地造成大家族家產的沒落。在發生這些事變時，常常可以看到家中雇工或貪婪的族人侵占寡婦財產的事。

案例9：李顒(天啓七年至康熙四十四年，1627-1705)[14]

李顒，陝西盩厔縣人。李家長期貧窮寒素，李顒除自己父親外，不識任何先人。他們家什麼土地也沒有，只靠父親當軍官的收入維持生計。李顒八歲時進村裡的村塾，從師發蒙，但他的《大學》、《中庸》等基本典籍還是母舅教的。崇禎十五年(1642)，父親為李自成的軍隊所殺，李顒與母親東移西徙，流離失所，直至崇禎十六年(1643)秋天，總算找到一所草廈定居。在其後的幾年之

14　吳懷清，《關中三李先生年譜》，卷1-卷4。

內，他們經常處於饑餓邊緣；在母親充分支持下，他堅定地拒絕到縣衙充門役吏維持家計。他曾有機緣免費學習陰陽風水與占星術，但當他走到社學門口，聽到琅琅誦書聲，有感而卻步返回，矢志不計任何代價堅定地繼續學業。由於家境非常貧困，繳不起學費，李顒無法上學，就取出過去讀過的《大學》、《中庸》來複習，接著讀《論語》與《孟子》，逢人就問字正句，盡其所能地學習。

陝西為棉花產地，紡棉紗織布是一普遍的農村產業，李顒的母親受雇為紡紗女工。由於紡紗微薄的收入不足以購買需要的食物，他們常常在米裡攙雜糠秕、野蔬，而且往往是併日而食，兩、三天才得一日之食，非天天得食。李顒每天都得去撿拾薪柴、採摘野菜及可食用的藥草，但他仍手不釋卷，從不放棄讀書。崇禎十七年(1644)，李顒的友人送給他兩本字典，*隨讀隨查，識字漸廣，對增加語彙幫助很大。由於他少年時營養極度不良，臉上常有菜色，村人給他取了個小名「李菜」。

正確地說，李顒堅毅的決心使他克服一切困難，成為學者，其知名度漸為當地地方官吏知悉。順治三年(1646)以後，一些地方官有時會送禮物。不過，家庭的經濟狀況並沒有改變，仍然一貧如洗。母親因為生病無法紡織，雖然不知道李顒何時成婚，但是很可能是因母親的病與家中人手不足而不得不結婚。順治五年(1648)，知縣審編里書，雇請李顒做文書工作，以得到的工資養家。順治七年(1650)，李顒已是當地人盡皆知的堅毅非凡的窮學者，富裕且有教養的人家遂願將藏書供他翻閱，從此他博覽群書，其經、史、文

---

* 　【譯注3】：《三李年譜》(卷1，頁4a)的原文為：「貽以《海篇》」；《海篇》應該是一本字典，非本書原來所云："two dictionaries"（兩本字典）應該改為"one dictionary"。《海篇》可能就是《新校經史海篇直音》，這本中國歷史上第一部超過五萬字的字典，成書於南、北宋之際，收錄55,665個字。

學的造詣快速精進。

　　李顒在1650年代順治後期的生活方式沒有什麼變化，爲供給生活所需，而不得不佃種里人之田，卻又逢旱災而沒有收成。他那越來越大的學者名望，和堅毅不拔的心志，贏得官員與有功名之士的讚賞；有些官員來到他破舊的小屋拜訪，從自己的薪俸中拿出錢來補助他，他的名聲自此遠播。江蘇大儒顧炎武因此於康熙二年(1663)十月，長途跋涉，前來拜訪。康熙四年(1665)末，*當他的母親去世時，許多當地及鄰縣的官員、舉子和庶民多前來弔唁，而喪葬費用也由許多讚賞他的人士贊助。喪禮結束後，知縣購置土地十畝，要李顒收下，讓他的孩子耕種，藉資度日。

　　賞識他的這位知縣在康熙六年(1667)俸滿陞官，離職時，李顒打破不到官署的慣例，送他直到出了縣境。這是他人生的里程碑，從此他的活動不再限於家鄉而開始他長程的全國之旅，在1670年代初的康熙初期，到了文化高度發展的長江下游地區。所到之處，當地的官員及士人都要求他公開講學。雖然李顒從未獲得任何功名，康熙十八年(1679)，陝西省當局還是強迫他參加康熙皇帝爲全國知名文士舉辦的「博學鴻詞」恩科的特別考試。李顒衷心自認是明朝遺民，斷然拒絕應試。康熙四十二年(1703)，一項極大的殊榮降臨，當時康熙皇帝巡幸山西、陝西，**堅持要召見他。李顒已七十六歲，對他而言，寧死也不願在異族征服者面前屈膝。因此，李顒派長子代替他赴山西，向皇帝進呈文學，是讚賞他的友人爲他刊刻

---

*　　【譯注4】：本書原來誤作1655(順治十二年)，今依《三李年譜》(卷1，頁20b-21b)改正。

**　【譯注5】：本書原來作康熙皇帝巡幸"Shansi"(山西)，要召見李顒。其實康熙皇帝先到山西，再到陝西，要在陝西接見李顒；因此，"Shansi"宜改爲"Shensi"。

的哲學著作；後來康熙皇帝頒贈意爲「操守志向高尚純潔」的御書
「操志高潔」四字匾額。

【備考】李顒的堅毅雖然是特例，但在這個案例中，顯示儒家的價
　　　　值觀已深入貧苦的人民之間。雖然李顒沒有取得任何功
　　　　名，但是李氏一家已登上社會的階梯是值得關注的。他的
　　　　兩個兒子與一個外甥都有功名，長子爲拔貢生，具有擔任
　　　　低階官職的資格。一些和李顒相同的明朝遺民，終其一身
　　　　拒絕當滿清的官，但對於子孫，則持相當現實的態度，並
　　　　不堅持他們以自身爲榜樣繼續做明朝遺民。

案例10：山西省介休范氏[15]

　　范氏，自明初以來便定居在山西省介休縣。七代以後，族人開
始從事邊境商貿，從此成爲富豪。能幹的商人范光斗(字肖山)被順
治帝(1644-61在位)召至北京，委託他與內、外蒙古的蒙古人貿
易，並賜予他察哈爾的主要交易中心張家口的地產。他從此成爲內
務府的指定商人，負責爲內務府購入毛皮是其眾多業務之一。由於
他的兒子身體不好，家業最後交到三個孫子中最長的范毓馪手上。

　　繼承了祖父的財富與對蒙古諸部的知識，范毓馪的名氣響徹萬
里長城以北。當清廷與侵入外蒙古的厄魯特蒙古準噶爾部首領噶爾
丹處於戰爭狀態時，范毓馪負責將糧食送至西北邊境，他的專精知
識與細心的準備使運費節省約三分之二。康熙六十年至雍正十年

15　這個複雜的案例係根據以下史料：汪由敦，《松泉詩文集》，〈散文集〉，
　　卷22，頁5a-9a；《介休縣志》，卷5，〈選舉〉；李桓，《國朝耆獻類
　　徵》，卷284，頁35a-37b，〈范毓馪傳〉；傅衣凌，《明清時代商人及商業
　　資本》，第6章。

(1721-32)之間，他負責監督運送百萬石以上的糧餉，因此在雍正七年(1729)被授予太僕寺卿(正三品)及二品頂戴。

　　像范氏這樣典型享受獨占特權的富商，經營商貿必須承擔相當大的風險。雍正九年(1731)，西北的戰局暫時失去控制，糧食和駱駝及其他馱運動物的損失極大，但幾個月內戰爭發展的結果對清朝有利，原來預定運往遠方新疆的大量糧餉受命轉運到較近的地點；因此，總運費得以節省。但由於苦力的搬運薪水早已預支，他不能免於自己吸收這262萬兩的損失。乾隆三年(1738)，當范毓馪還在分期償還欠政府的債時，乾隆皇帝命他為朝廷採購烏蘇里江流域人參及採購日本銅。儘管朝廷已給他的債務打了很大的折扣，但這一年他仍欠政府114萬兩。范氏原本在康熙三十八年(1699)已從事銅貿易這個副業，這次的採購日本銅更標幟著銅貿易的復興。

　　范氏家族專注的銅貿易，無疑地可彌補部分他們在雍正九年至十年(1731-32)的損失，但他們的家產卻始終沒能完全恢復。因為在嘉慶二年(1797)，范氏家族，更正確地說是范毓馪的子孫，已無法再保有經營首都順天府鹽業的特權。

　　至於這個富商家族的社會流動形態，值得一提的是范毓馪的兩個兄弟取得官員身分的途徑，一由捐納，一由武舉出身。其中范毓𩰚雖以武舉身分取得下級軍官的初任資格，但他順利地進入仕途可能還是靠捐納。無論如何，康熙五十七年(1718)，在對厄魯特蒙古的軍事行動中，范毓𩰚並沒有建立戰功，而是協助運送軍需物資。康熙六十一年(1722)，他能升為參將(相當於中校)，也是靠捐獻金錢，最終范毓𩰚升到總兵(相當於准將，正二品)。他屢次表示願意自己出錢補給馱獸和軍需物資，卻都遭朝廷拒絕；*乾隆皇帝看不

---

*　　【譯注6】：李桓，《國朝耆獻類徵初編》，卷284，〈范毓馪〉，頁37a云：

起他，認爲他不過是一個謹慎無能之人。最終范毓馪被迫於乾隆十一年(1746)致仕，十六年(1751)去世。

　　范毓馪，這個商人和家庭的支柱，有四個兒子，其中兩人在乾隆三年(1738)取得舉人資格，一人爲乾隆十一年(1746)副榜(備取的舉人)*，么兒則於乾隆十三年(1748)進士及第。除么兒因進士身分得以獲任翰林院編修外，其他三個兒子似乎都至少以部分的捐納才能進入仕途，並靠捐納加快他們的升遷。范毓馪的第二個弟弟范毓驒是兄弟中最不知名的，從他的父祖所獲追封的榮銜來看，他出任的中階官職肯定是靠捐納得來的。范毓驒的一個兒子捐買了個通判(正五品)，與他做道員的堂兄弟在乾隆二十二年(1757)從陝甘總督取得運送軍需物資的政府合同。另一個兒子則從事銅貿易。任總兵的范毓馪有六個兒子，長子以恩蔭入仕，官至知府。其他五人均靠捐納而爲正選或候補官員。

　　必須注意的是范氏從父祖以來即定居的介休縣，在《介休縣志‧選舉》中，登載的范氏家族成員有三人，一位是乾隆三十九年(1774)的舉人；一位是乾隆四十二年(1777)的舉人，官至某縣縣令；另一位是道光十四年(1834)進士，官至某州的知州。與范氏族

(續)───────────

　　「(乾隆)十年奏：『臣家居山右，今聖駕巡幸五臺，臣姪清注備進羊千隻、馬十匹，以供賞賚之需；交臣代奏。』上卻之。」則范毓馪並非屢次表示願意自己出錢補給馱獸和軍需物資，而是在乾隆皇帝到五臺山時，他們要呈獻羊馬供乾隆皇帝「賞賚之需」，被皇帝拒絕。次年，乾隆皇帝就「以毓驒人既平常，年亦衰老」，令他「以原品休致」。

*　【譯注7】：會試或鄉試取士，除正榜外另取若干名，列爲副榜。始於元至正八年。明永樂中會試有副榜，給下第舉人以做官的機會。嘉靖中有鄉試副榜，名在副榜者准做貢生，稱爲副貢。清只限鄉試有副榜，可入國子監肄業。

譜中較早的案例相同，他們都在京城順天府參加鄉試合格；據此可確認他們都是范毓馪或他兄弟的子孫。因為范氏自范毓馪的祖父那一代以來，受朝廷之命主貿易事，指定為內務府商人，受賜張家口地產為世業，並入籍於京城直隸省。在《介休縣志》中還記載一些姓范的舉人與進士，也許與范毓馪他們家沒有親戚關係。

范毓馪的傳記是根據軍機大臣汪由敦撰寫的范毓馪墓表所載，范氏家族的全盛時期，在直隸、湖北、廣州、安南的商務，多所置辦，並活躍於內、外蒙古、東北、日本。可是就在家族中的官員及有功名的數量越來越占優勢的當下，導致其成功的財富也跟著向稀薄化邁進。似乎不是偶然的巧合，自從嘉慶二年(1797)范氏家族失去直隸販鹽商的權利之後，《介休縣志》中能找到並確認是范氏一族的官員與高功名已經很少了。

【備考】這個極其富裕的政府承包商家族，其社會流動形態，與兩
　　　　淮鹽商(案例12、13)及廣東公行商人(案例18)等其他商人
　　　　鉅子集團大都是符合的。

案例11：江西省高安朱氏[16]

江西中部高安朱氏家族之中最傑出的人物是朱軾(1665-1736)，他在雍正三年至乾隆元年(1725-36)擔任宰相(文華殿大學士)。幾世紀以來，朱氏家族都相當富裕。朱軾的十世祖(第一代)是永樂十三年(1415)進士，在南京刑部擔任相當於一等書記官的郎中，再經三代之後，朱氏一族達到成功與繁榮的頂端，被形容為「科甲蟬聯，

16　朱軾，《朱文端公集》，〈附錄〉，這是由他的子孫根據他的回憶編纂而成
　　的傳記。【譯者按】：《朱文端公集》中並無其子孫所寫之傳記，但年譜開
　　頭有一篇六世族孫朱舲寫的朱軾傳記。

家門赫奕」。但是，朱軾的七世祖(第四代)朱遷，一位典型深思熟慮的儒者，爲使子孫不受到已成功富裕的親戚腐敗的影響，把他自己這一房遷居到鄉間。三代後，在十七世紀初葉的明末，朱軾的曾祖父朱理學厭倦科舉考試，跟隨高安府當地的著名理學家研讀理學，慷慨捐輸救濟當地發生的饑荒。到這個時候，朱氏家族已經相當富裕。

朱軾的祖父是兩兄弟中的弟弟，是個生員，投考鄉試運氣不佳，幾番嘗試都落第；本來不算強健的身體，經此打擊就更爲虛弱，在相當年輕時便亡故。留下朱軾的祖母與兩個年幼的兒子，孤兒寡母完全沒有防備力量，來對付那些覬覦家產的貪婪族人。

朱軾的祖母感覺到兩個兒子的生命會受威脅，兩害相權取其輕，決定放棄財產。雖然失去田產，但經那些貪婪的族人狡猾地設計，田產雖已去而稅仍存；納稅之後，他們家已一貧如洗。因此，朱軾的父輩在非常艱苦的環境中成長。他的父親是個生員，靠著教書掙得微薄薪水度日。幾年內，朱軾的三個弟弟很快地一個接一個相繼出生，但是他們家很窮，請不起奶媽。朱軾在康熙二十六年(1687)考上生員之後，必須「硯耕」來協助父親維持家計。康熙三十二年(1693)，穀物嚴重歉收，斗米百錢，家中曾連續三天沒飯吃，差一點就有餓死的危險。在這麼困難的時刻，爲準備該年鄉試費用，朱軾的父親想盡辦法籌錢，使他能參加這一年的鄉試，結果他考了第一名。*

---

* 　【譯注8】：據江慶柏，《清朝進士題名錄》(北京：中華書局，2007)，頁243，朱軾是康熙三十三年(1694)三甲九十名進士，該科會試舉行之前一年舉行鄉試；因此，朱軾考鄉試應該是康熙三十二年(1693)，而不是本書原來所寫的1691年(康熙三十年)。而大饑荒之年也是康熙三十二年，而不是本書原來所寫的1691年。今據《朱文端公年譜》頁5a-5b改正。

次年，朱軾赴京城應會試，這次沒太大困難；因爲他身爲舉人，享有由地方莊庫支付適當旅費的權利。通過會試及殿試後，他被授予翰林院庶吉士的職位。他的仕途順暢，以其能力超強、居官廉潔與剛正不阿，而官至文華殿大學士。

【備考】在此有四件事值得注意：第一，朱軾的七世祖決心遷離成功而富裕的族人的背後原因，證實我們在第四章提到的其中一個主題，即人的環境是一個成功家族處於長期向下流動的顯要因素。第二，這是寡婦與孤兒受貪婪族人欺負的眾多案例之一，雖然某些人也能像朱軾一樣，意志堅定地追求學問，終獲成功，但是也有許多人無法克服殘酷的經濟打擊。第三，甚至一個像朱軾及其父出身舊官員家族的生員，實際上也可能會生活在極困苦的環境中。第四，作為上升社會地位長期中的踏板，生員的身分雖是必要的，但其關鍵性卻不如舉人身分，這是很明確的。

案例12：揚州江氏[17]

江氏家族最早知名的祖先江國茂，是生於明末的徽州歙縣的生員。他預期改朝換代是致富的黃金時機，於是放棄讀書，到揚州經營鹽業。雖然他壯志未酬就先過世，但是江氏家族的確在他的兒子江演在世時富裕起來，江演成爲鹽商中的總商。由於江氏家族的曲意逢迎，一位親王因此投桃報李，江演的兩個兒子在他的推薦下，一個繼承其總商的位子，另一個做了知府。江氏的第四代產生一大

17　以下引用：Ping-ti Ho, "The Salt Merchants of Yang-chou: A Sutdy of Commer-cial Capitalism in Eighteenth-Century China," 以及《滿漢文武官生名次錄》（1798年版）、錢泳《履園叢話》等相關資料。

群顯赫的文人、藝術家、收藏家、鑑賞家與官員，其中最出名的是
江春，他是詩人，也是十八世紀後半乾隆後期大放異彩的總商。

　　江春曾經數次報效，捐輸乾隆時期的軍事戰役，因而被皇帝欽
賞布政使(從二品)秩銜，恩幸之隆，空前未有。*江春雖是個商
人，他的詩在當代極獲盛名。他的其他嗜好還有射箭及鬥蟋蟀，蟋
蟀是養在仿宋的沈泥盆裡的。他建了座名爲「康山園」的園林，乾
隆四十五年(1780)，乾隆皇帝曾巡幸於此。江春「雅好交遊文人，
四方詞人墨客必招致其家，家有大廳可容百人，奇才之士，座中常
滿，亦一時之盛」。他曾在乾隆下江南時六次出面接駕，二度代表
兩淮鹽商進呈皇太后壽誕賀表，後來又受邀參加乾隆皇帝在乾清宮
舉辦的千叟宴。但是，江春在乾隆三十六年(1771)由於花費及報效
捐輸過於龐大，家道消乏，資金運轉不靈。皇帝有感於江春過去的
功勞，從內務府廣儲司銀庫拿出三十萬兩帑銀，以利率10%的條件
借貸給他，以資營運。江春晚年無子嗣，年收入僅一萬六千兩，較
過去的收入少了許多。乾隆五十八年(1793)江春過世，在皇帝指示
下，他那盛名一時的園林，由兩淮商人以五萬兩買下，作爲公產，
所得款項五萬兩賞給他那愛好詩文的養子江振鴻作爲營運資本。

　　雖然江氏家族實際的規模並不明確，但據一本著名的揚州導覽
書《揚州畫舫錄》所載，江春的堂兄弟及其兒輩中有十五人是詩
人、藝術家及鑑賞家。才分高的堂弟江昉是著名的詞人和畫家，另
一個堂弟江蘭自從取得貢生資格後，就以捐納取得官職，後來在河
南巡撫任內，因行政疏失，被罰俸五萬兩。爲重獲皇帝的恩寵，江
蘭後來兩度捐輸三萬兩賑濟水災及興建公共工程。江蘭於嘉慶十四
年(1809)過世。嘉慶三年(1798)，其子江寧十六歲時，透過恩蔭與

---

* 　【譯注9】：後來乾隆皇帝還授予江春正一品光祿大夫銜。

捐納成爲候補員外郎。[18]江蘭另有一姪,大概在江寧之後不久,也捐了同樣官職。江春的另一個堂弟江恂後來官至蕪湖道,由於他沒有較高的功名,這個官應該也是捐納來的。[19]江恂工詩畫,收藏金石書畫,甲於江南。江恂子江德量(乾隆十六或十七年至五十八年,1751或1752-93),乾隆四十五年(1780)庚子科殿試榜眼一甲二名進士,官至御史。[*]他好金石,拜家藏所賜,盡閱兩漢以上石刻,故其隸書卓然成家,是全國知名的書法家。揚州導覽書《揚州畫舫錄》列舉的其他江氏族人,不是詩人就是鑑賞家。

值得注意的,江春這一房不是江氏家族中唯一最終失去財富的。無論如何,一個家族即使再富有,也經不起像巡撫江蘭的例子那樣,終其一生他家那房就報效了十一萬兩,這對其經濟資源一定會造成不利的影響;而且還會因子孫捐納買官,培養各種花錢的嗜好及奢華的生活,進一步受到損害。一位江蘭姪兒的朋友,長江下游流域的畫家錢泳形容江蘭全盛期的園林,其美麗豪華,幾可與江春的康山園爭勝,他曾受邀到這裡與江蘭把酒言歡,聽俗稱黃鶯的黃鸝輕啼。錢泳悲傷地證實:「未三十年,侍郎、員外叔姪相繼殂謝,此園遂屬之他人。余每過其門,不勝惘惘。」[20]

【備考】建議讀者把這一經典案例與第四章關於向下流動總結的討論一起讀。

---

18 《滿漢文武官生名次錄》,〈員外郎〉條。

19 錢泳,《履園叢話》,卷20,頁7b。

* 【譯注10】:據《揚州畫舫錄》卷12及江慶柏《清朝進士題名錄》頁62,江德量是乾隆四十五年(1780)庚子恩科榜眼一甲二名進士,本書原來誤作1779(乾隆四十四年),今改正。

20 同前注。

案例13：安徽省歙縣曹氏[21]

這一家族最早成名的官員是曹文埴，他的祖父曹世昌是河南的鹽商。曹世昌的長子曹景廷是個生員，次子曹景宸，也就是曹文埴之父曾說：「(對其家庭來說)一儒一賈，自當分任其責。」由於哥哥已是個生員，曹景宸就決心要做個全職的鹽商。

瞭解到河南是一個商業機會有限的地區，曹景宸就把事業移到揚州，這個位於長江與大運河匯流處的兩淮鹽政總部。由於他的機靈經營，幾年之內累積了一筆相當可觀的財富，他的父親曹世昌因此能安心地退隱歙縣。雖然在全盛時期家道已很富裕，但是他還是堅信家族的分工政策。曹景宸教導長子在揚州學做鹽商，交託次子在家鄉歙縣管理家產，把所有的認真讀書機會留給有才氣的幼子曹文埴。由於這個家族的分工政策，曹文埴在與長江下游著名學者交往之後，於乾隆二十五年(1760)二十五歲時，進士及第，榮獲殿試傳臚二甲一名。五十歲時，官至戶部尚書。

如同他的父親一般，甚至在曹文埴仕途最成功的時候，他就把長子送到揚州去跟他的堂弟學做鹽商，次子曹振鏞則帶在身邊。利用在北京和長江下游研讀文學的良好機會，曹振鏞在乾隆四十六年(1781)二十六歲時進士及第(【譯者按】：二甲五名)，最後在道光十一年(1831)爬升至仕途頂峰。[*]在將近四分之一世紀的時間裡，他實際上是朝廷大臣中最受信賴和權勢最高的一位，其政治外觀保守，但廉直恭謹，守正不阿。

21　由於這是個典型案例，我取自我之前發表的關於鹽商的論文，由於我進一步閱讀，發現這一家族相關的新材料，藉此機會補充曹氏家族歷史的一些空白。

*　【譯注11】：曹振鏞官至體仁閣大學士，加太子太師、軍機大臣。

曹文埴在父親的〈行狀〉中，陳述乾隆四十一年(1776)時男性家族成員的情況，表列如下：

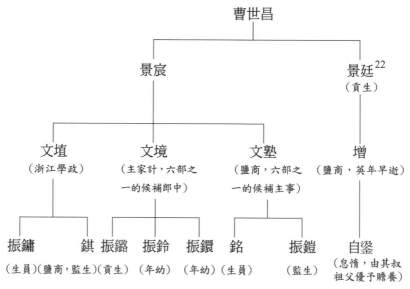

【譯者按】曹氏世系表，長者在右，原書將長兄鎮置於左，今改正。
　　　　　承審查人指正，謹此致謝。

【備考】徽州歙縣曹氏家族連續三代出了高官：一位戶部尚書曹文
　　　　埴(雍正十三年至嘉慶三年，1735-98)、一位有權勢的大
　　　　學士曹振鏞(乾隆二十年至道光十五年，1755-1835)及一
　　　　位通政使(正三品)曹恩濚(嘉慶三年至咸豐四年，1798-
　　　　1854)，可當作基於家族分工為現實策略而取得成功的經

22　有關曹景宸的姓名和科第身分，在我論鹽商的論文中失載或不完整，見於
　　《徽州府志》，卷12，頁2b。

典案例。

實際上，這種家族分工的政策，在明清時代是相當普遍的。[23]在曹氏家族的記錄中，也對這相當普遍的事，透露另一個值得注意的情況，就是這個家族在富裕之後，家族中科舉不成功的分子就會捐納生員、貢生、監生或官員的身分，以提高個人聲望。曹振鏞死後，他們家的情況不明，我們只知道他的一個兒子曹恩濚因皇帝特別恩賜取得舉人資格，透過恩蔭進入仕途，最終官至正三品。[24]曹振鏞的長兄曹鎮雖是鹽商，但後來將家藏的名畫與法書編了一本有解題的目錄，名為《石鼓硯齋所藏書畫錄》；這透露一個事實：他們家幾代的人都追求這一昂貴的嗜好。十九世紀的曹氏家族缺乏科舉上的成功，其原因可能一部分在於道光十一年(1831)兩淮鹽政的徹底改革，使曹氏家族不再能從兩淮鹽業繼續取得財富。

案例14：汪輝祖(雍正八年至嘉慶十二年，1730-1807)[25]

汪輝祖，浙江省紹興府蕭山縣人。這個地方雖然農業發達，文

23　在汪道昆《太函集》及《太函副墨》中可以找到許多類似的案例。汪道昆是徽州商人子弟，對他而言，家族分工是極為普遍的事情，這從以下事例可以證明。位於浙江中心的浦江鄭氏家族，至少從明初以來，便以同居共爨聞名全國，明太祖並曾因此屢次旌表其門。在其所訂家訓中規定，男子如到二十一歲，其業無所就者，就要令習治家理財，投入生產的職業；以使聰敏的子弟能專心讀書。《鄭氏家規》論〈讀書〉。【譯者按】：商務印書館《叢書集成初編》本《鄭氏規範》，頁13。

24　見本書第4章，注39。

25　根據汪輝祖三本著作：《病榻夢痕錄》，《夢痕餘錄》及《雙節堂庸訓》，收錄於汪輝祖的著作集《汪龍莊先生遺書》。

風鼎盛，但因爲人口稠密形成的壓力，迫使許多人必須離鄉背井去經商，更多的人去做官員的師爺幕友。汪氏的幾代祖先都是商人，其中有些客死在偏遠的貴州、雲南一帶。汪輝祖的父親因經商而小有積蓄，爲原來並不大富厚的祖業置田百餘畝。雍正八年(1730)，汪輝祖出生的那一年，他的父親援例捐納一個下級官職，任縣監獄典吏一職。汪輝祖的叔父沈迷賭博，由於當時尚未分家，大宗族產很快就典當掉了。

早年發生的這一幕，在汪輝祖心中留下難以磨滅的印象。乾隆五年(1740)，當全家人要移居廣東謀生的那一天，汪輝祖的父親問他說：「兒知吾此行何爲者？」他不知如何回答，父親說道：「不及此時圖生理，兒將無以爲活。」於是汪輝祖哭泣，父親亦泣。收淚之後，其父立即雜舉經書，命汪輝祖背誦。過了一會，父親又問：「兒以讀書何所求？」汪輝祖答道：「求做官。」其父認爲汪輝祖的想法「誤矣」！做官只是讀書中一事，若逢運氣當作官，但要做好官。讀書的眞正目的是做好人。汪輝祖三十四年的仕宦生涯中，擔任過江蘇與浙江十六名官員的私人幕友，就是以誠實、正直及同情關心貧民作爲指導原則。*

乾隆六年(1741)，汪輝祖的父親去世，**汪輝祖與母親及他因感激也稱爲母親的父親的側室，生活窘困。[26]當三人從廣東回到家

---

* 【譯注12】：據《清汪輝祖先生自訂年譜》(一名《病榻夢痕錄》)(臺北：臺灣商務印書館《新編中國名人年譜集成》，1980)，卷上，頁3b-4b，這段父子對話發生在乾隆五年(1740)，而不是本書原來所記的1741年(乾隆六年)。

** 【譯注13】：據《病榻夢痕錄》，卷上，頁4b，汪輝祖的父親卒於乾隆五年十二月十五日，西曆爲1741年2月1日。

[26] 實際上，汪輝祖的父親有妻妾各一人。但由於這二位女性工作在一起，生活在一起，守寡期間生活極爲艱辛；因此，汪輝祖對她兩人抱以同等的敬意與感情，而均稱雙方爲「母」，這在傳統中國是極爲少見的。汪氏祖堂堂號

鄉蕭山時，剩下的田產不到二十畝；為支持汪輝祖，二位母親晝夜不休息地紡績為生，過著極其節儉的生活，一年到頭他們都只能穿同樣一件薄衫。所幸汪輝祖與父親在河南與廣東生活的六年之中，使他研讀了基本的經書，鄉村的塾師憐其孤兒寡母，讓他上學不必繳學費。其他年長的老師也常勸勉他：「若不勉學，不能成立，若母無出頭日矣。」乾隆十一年(1746)，汪輝祖十六歲，考上生員。次年，開始教村童讀書，束脩每年十二緡，從中取出三緡饋送幫他批改文章的當地名師。乾隆十七年(1752)，汪輝祖第三次鄉試落榜，當時外舅正在上海附近的松江府金山縣署做縣令，於是他就跟著去金山入幕，做師爺，每月薪俸三兩銀子而已。

　　雖然師爺的薪水不高，但這份工作使汪輝祖在乾隆二十年(1755)之後成為刑名之學的法律專家，特別是刑事案件。正因為他法律專家的名聲越來越高，薪水也隨之水漲船高，乾隆三十一年(1766)，臺灣府知府更打算以年薪一千六百兩的高薪聘請他，*當時這個行業一般較好的行情才三、四百兩。可是汪輝祖卻遵從母命，辭謝這個高薪的工作。就在這一年，他考中舉人，這是多年來與文人學者交遊及利用閒暇讀書的結果。乾隆四十年(1775)，汪輝祖進士及第(【譯者按】：二甲二十八名)，但他並沒有立即脫離其原來的事業形式。只有在乾隆五十二年至五十六年(1787-91)之間，汪輝祖做他自己的官，出任湖南省寧遠縣知縣，政績卓著。在他擔任師爺(官員的私人幕僚)的漫長生涯中，汪輝祖得以保持其美

(續)────────────────────

　　「雙節堂」，意即「二位貞節女性之堂」。

*　【譯注14】：據《病榻夢痕錄》，卷上，頁32a，汪輝祖很受紹興府知府鄒應元賞識，乾隆三十一年十二月，鄒應元由杭州府知府轉調為臺灣府知府，「以歲脩一千六百兩聘余」。本書原來記此事為1768年(乾隆三十三年)，似乎有誤，今據汪自訂年譜《病榻夢痕錄》改正。

名與成功的祕訣,是他經常堅持要雇主待之以尊嚴,並經常固守他所相信的正直原則。為此,他從不與一個官員相處太久,寧可為地方官員工作,而不為高官工作;他的十六位雇主中,官位最高的只是道臺。

乾隆五十七年(1792),汪輝祖永遠退隱家鄉,經營家業、編纂二十四史相關傳紀索引(《二十四史同姓名錄》)、撰寫回憶錄(《病榻夢痕錄》)和教導子孫的家訓,並且撰著《學治臆說》與《佐治藥言》兩本著名的地方官指南,立刻就被譽為這一類書籍中的佼佼者,並在他晚年及死後,曾幾度再版。

汪輝祖的妻妾共育五子,妻生三子,住在蕭山城內讀書;妾生二子,住在鄉下耕種自家的田地。他贖回當年家貧典質祖父原有的田十餘畝,再以其積蓄買入七十畝土地,以其中四十畝為累世祭田。結果五子中每一子只分得數畝。*妻所生子中,二子取得高階功名而成為官員,其中一子(繼坊)是乾隆五十一年(1786)舉人,官至某直隸州州同;另一子(繼培)為嘉慶十年(1805)進士(【譯者按】:三甲三十六名),官吏部主事。

【備考】當追求自己的目標時,汪輝祖很實際,以做師爺幕友的工作維持生計,這是「筆耕」傳統形態的變調。在此,同樣地,早年的心理挑戰,在最後的成功上扮演了重要的角

---

* 【譯注15】:據《病榻夢痕錄》,卷下,頁55b,汪輝祖是乾隆五十七年(1792)閏四月初八日回到家鄉蕭山的,不是乾隆五十八年(1793)。又據卷下,頁58a-58b云:「余不幸少孤,先人遺田十數畝,典質至再,幸得歸原。佐幕數十年,增田七十畝,以四十畝為累世產,五男所受數畝而已。」則汪家原有祖產為十數畝,非本書原來所說的二十餘畝;五子各分到的田只有數畝,非本書原來所說的十畝。

色。從汪輝祖的父親與案例6徐氏兄弟的父親的身上，我們得知佐雜（低階的及不入流的佐雜官員）實際上都是相當寒素環境中人。我們得牢記在心的是：本書第三章中的主要統計表中，C類進士相當顯著部分的人是出身佐雜家庭的。

案例15：章銓（乾隆四年至道光元年，1739-1821）[27]

浙江省湖州府歸安縣南潯鎮的章氏家族數代寒微，甚至連族譜都沒有。章銓是章氏家族第一位成功者，他七歲開始讀書，那時父親正在遙遠的雲南一個地方官那裡當師爺，不久由於章銓的祖母年老體弱，父親回鄉。章銓｜歲時，母親意外亡故，彌留之際，她把獨子喚至床邊，握他的手，哭泣著說：「我沒有什麼話要說，除了要你努力讀書，求取功名。」自此章銓決心完成母親的遺願。

章銓在十歲時，已能每日學習與記誦經書百行以上，毋論寒冬或酷暑，他都手不釋卷。章銓如此努力與聰穎，使他能在十二歲時，就進入地方上的安定書院就學。由於家境貧困，他不但請不起家教，而且也買不起書。他晚上用功，白天到當地的書店去看書，為求深造，有時也向鄰居及友人借書來抄。當附近的私塾授課時，他就拜託他們讓他旁聽。有些當地人士認為章銓既然家庭如此貧困，建議他輟學去工作，實際地維持生計，但他仍堅持信念，加倍努力。

十八歲那年，章銓考上生員，二十四歲成為廩生。二十七歲參加一項特考，成為拔貢生；已經八十歲的祖母聽到這個消息，執著他的手誇讚他：「你祖父為得個生員徒然辛勞，這下總算有了補

---

27 《章府君行述》，章銓之子所作。

償。」後來章銓在乾隆三十五年(1770)通過鄉試，並於次年進士及第(【譯者按】：三甲四十九名)，選授翰林院學士。

　　章銓在北京六年及擔任戶部員外郎之後，將家人接到北京。當他的父親到達北京時深有所感地說：「我們章家衰落百餘年之後，你是第一個起自無名的人。你獲得翰林院見習資格，並獲封贈父祖的恩典，是做夢也沒想到的。」章銓後來官至廣東糧儲道，並曾署理布政使。

【備考】這是心理挑戰為成功的重要因素之另外一個例子，同時也
　　　　顯示儒家價值觀已滲透至婦女之間。

案例16：劉承緒(十八世紀末十九世紀初，乾隆後期至嘉慶年間)[28]

　　劉承緒，駐防廣州的漢軍正白旗人，[*]年幼喪父，由守寡的祖母與母親靠著刺繡女紅給食維生。等到長大時，能通滿文與漢文及騎射。乾隆五十二年(1787)，劉承緒以驍騎營馬兵的馬甲身分隨征臺灣。凱旋歸來，因足傷辭退軍務；將軍同情他，以他的弟弟充補，劉氏一家的生計才得以維持。

　　數年後，劉承緒足疾痊癒，有人勸他重新加入軍伍，他以自己的軍伍員缺已為其弟所占而婉拒。他開始專力於貨殖，在許多地方來回做買賣，營什一之利。小有積蓄之後，他雇請貧困的親友，擴張事業，不到十年，劉家便饒裕了起來。

　　劉承緒的家境一旦富裕起來，就開始購買名畫及書，與文士往

28　《駐粵八旗志》，卷22，頁13b-15b，〈人物・懿行・劉承緒〉。
*　　【譯注16】：本書原來作Bordered White Banner(鑲白旗)，今據《駐粵八旗志》，卷22，頁13b，〈人物・懿行・劉承緒〉改正。

還交際。有一次他陪著兒子去北京趕考鄉試，在北上途中，順便遊覽多處名勝古蹟。晚年，更常與文友雅會，特愛歌詠元人雜劇。

劉承緒有七個兒子，全部都是生員，年長的二子繼續經營家業，以便讓弟弟們能專心舉業。在他二十幾個孫子中，有四人成為舉人。

【備考】這一事例之意義在於它不僅是曲折型初期流動的特例，同時也顯示儒家價值已滲透到寒素的旗人。

案例17：湖南省安化陶氏[29]

湖南省安化縣陶氏家族中最著名的成員是陶澍（乾隆四十四年至道光十九年，1779-1839），官至江蘇與安徽的兩江總督，以改革兩淮鹽政聞名。

陶氏幾代都住在陶家溪村，在那裡擁有大片土地。陶澍的高祖父在陶村內外擁有十餘莊的土地，他慷慨解囊捐助當地的公益事業，包括捐贈八艘渡船。但他的兩個兒子都沒能考上生員，陶澍的曾祖父是次子，他好讀書，建館延師，禮意殷摯，束脩外，月必有所饋遺。他負責管理家業，每往巡視佃舍，總是帶著四、五個孫輩及十餘名奴僕騎馬尾隨，這樣的大陣仗在鄉下地方是很令人難忘的景象。他還好周濟貧乏，慷慨捐輸地方公益事業，照顧貧窮族人，收養族中流落者恩禮一如家人，而且對佃戶與奴僕亦善待有加。他有五個兒子，陶澍的祖父排行第三，生而沈毅，寡言笑。他的佶大

29　陶澍，《陶文毅公全集》，卷47。全集中的這一卷完全著重以種種傳記及墓誌銘形式，記錄陶氏家族的歷史。須注意的是一些記載關於陶澍年輕時的清末文獻，往往誇張他們家族貧困的情況，例如黃鈞宰，《金壺七墨》，卷5，頁9a。

財產使他成爲惡鄰及狡猾親戚的目標，爲保護自身的安全，陶澍的祖父，每出門必隨身攜帶武器以自衛，或由強壯奴僕一起出門。除種植外，他有時也在種茶的湖南家鄉與長江中游的主要港口漢口間經營茶葉貿易。由於經常捐獻地方公益及追求歷史、占星術、天文學的嗜好，使他的財產因而枯竭。他未滿五十歲就去世，寡妻也是慷慨而好客成性之人；她如此慷慨好客，以至於爲巧狡的年輕族人所欺騙。她過世時八十六歲，膝下有子六人，孫十九人，曾孫三十六人，玄孫二十二人。

　　這位老太太死後，家產就由各房分析，經過了幾個世代的揮霍，加以子孫繁衍，各房各支所能分到的家產已相當少了。1780年代後期，也就是乾隆後期，稻穀連年歉收，使分產後的各房更加貧困。就在這個時候，陶澍的父親雖已於乾隆四十二年(1777)考上生員，也被迫去當塾師，以教書維持家計。在乾隆五十二年(1787)，因連歲歉收，陶家甚至數日斷炊，母親帶著長子陶澍上山採野荣藜藿佐食。*雖然當地士人敬重陶澍的父親，尊他爲讀書人，但他始終鄉試不第；終其一生，只是個塾師，在諸縣之間流浪。由於教書，不論到哪裡，食宿都由主人供應，勢必不能帶著兩個孩子同去；因此，他只好帶著長子陶澍同行，而將幼子陶潛留在家中耕種田地。在父親不斷的督導之下，陶澍於嘉慶五年(1800)取中鄉試，二年後成進士（【譯者按】：二甲五十三名），授翰林院庶吉士。得知陶澍科考成功的好消息時，父親以手拍床有聲曰：「吾願遂矣！」然而，他來不及見到兒子成爲高官與政治家就亡故了。

---

*　【譯注17】：歉收更爲嚴重，遂有陶家母子上山採藜藿之事。1797年是丁巳年，1787年是丁未年；由於〈行述〉以干支紀年，敘述陶家採藜藿於丁未年下，可能何先生錯記爲丁巳年，換成西曆爲1797年，因此而誤。譯文依〈行述〉修正。

陶潛的命運不如長兄，由於陶氏一族凋零，迫使他廢學，與貧困的堂兄們為伍，拿起長鑱短鎒，朝出暮歸，以農耕為業。直到十八歲時，陶潛才放下鑱鎒，發憤讀書。直到陶澍嘉慶五年(1800)中舉時，他才有機會受教於父親。雖然在嘉慶十四年(1809)考入縣學成為生員，但由於學業起步太晚，終未能更上一層樓。當獲知弟弟考上縣學時，陶澍從北京寄了一封信來，附上一首詩，最後兩行是：「能持門戶應憐爾，畢竟詩書不誤人。」陶潛也回了一首詩：

> 誰無兄與弟，
>
> 兩地共心知；
>
> 詩書不予誤，
>
> 會面待異時。

然而，這個「會面待異時」卻從未實現。因為三年之後，陶潛以三十一歲英年早逝。就如陶澍所回憶的，陶潛為人質直寡言，肫誠無偽，勤勞節儉，粗衣糲食，紛華無所悅。但獨好酒，每欲盡數十斗，好似心中有難言之戚。

【備考】陶氏一族社會流動形態的主要特徵，與其他幾個案例相似，除了這一案例更明確顯示均分家產的習慣，伴隨家族成員的倍增，是一個非常有力的促成經濟平均的力量。陶澍成功了，但弟弟卻是家族分工政策的犧牲者。

案例18：廣州梁氏[30]

　　梁氏家族財富源自十三公行之一的天寶行，創始人爲梁經國（乾隆二十六年至道光十七年，1761-1837）。西方商人一般稱他爲天寶經官。父親在廣州附近黃埔村做塾師，由於家貧，學生又多，父親無法細心督導他的學業。乾隆三十二年(1767)，梁經國的父親去世，他只有七歲，母子女四人，零丁孤苦，無一壟之植以爲生。平常除了靠著紡織維持家計之外，在他還很年幼的時候便開始做小販，往來黃埔與廣州之間；甚至有時晚上也常常幫忙紡織。年稍長，他就外出當雇工維生，雖然完全沒有財產，但靠著天生不畏艱難的個性，他給自己取了一個小名「天保」（從文字上來說，就是上天保佑的意思）；這個名字後來成爲他所設立公司的名字，具有「保佑」意味的「保」，換成同音而具有「寶物」意味的「寶」字。[31]

　　關於他年輕時辛苦奮鬥的事蹟，我們所知不多，但早年創業時期的艱難是多數中國富商的典型特徵，梁經國也是勤奮、誠實、忠誠和值得信賴。他在馮氏洋行從夥伴(學徒)做起，辛勤努力工作了幾年，得到馮氏的信任，做到司事(經理)。其後馮氏遠赴外洋，將行務託他代管十餘年，經營得當，頗有盈餘，馮氏很感謝他。在這段期間，梁經國尺累寸積，累積相當的營運資金，終於嘉慶十三年

30　這一案例由以下資料整理而來：《原任順天府尹後補四品京堂梁公家傳》；廣州知名學者陳澧《原任順天府尹梁公墓表》（這一珍貴的墓誌銘集收藏於哥倫比亞大學）；梁經國以後的梁氏歷史，見梁慶桂，《式洪堂遺稿》（其孫梁方仲教授補充1931年以後記事）。此爲梁嘉彬教授欣然提供，並參考梁嘉彬《廣東十三行考》後整理而成。

31　天寶行的命名緣由，係梁嘉彬教授賜知。

(1808)創立天寶行。在富裕之後，他連續捐輸報效政府，終於獲得捐官所能捐到的最高官銜：「道臺」(正四品)。由於梁氏家族過去從來沒有人得過功名，因此他不惜慷慨捐獻給族產及族裡的義學，並常常扶助貧苦的親戚及當地人民。

道光二十一年(1841)刻印的追悼梁經國的行述證實，他有四個兒子，其中有三個長大成人。次子梁綸樞(乾隆五十五年至光緒三年，1790-1877)於嘉慶十四年(1809)成爲生員，在嘉慶十五年至道光十七年(1810-1837)之間，連續十四次鄉試都沒有考中；乃於道光七年(1827)援例捐得縣學候選訓導。但由於父親年事已高，需要他繼承天寶行的事業。梁綸樞廣爲西方人所知的名字是「經官」(【譯者按】：應該是Kingqua Ⅱ，即經官二世)。他在道光八年(1828)，捐輸河南工費銀九萬五千兩，十二年(1832)，又捐輸廣東海疆經費銀二萬兩；因此，獲得授予鹽運使銜(正三品)。雖然我們知道在他八十七歲去世之前，玄孫已經誕生，但他大部分子孫的情況我們並不清楚。

梁綸樞的幼弟梁同新(嘉慶五年至咸豐十年，1800-60)的舉業相當成功，十八歲中舉，在數次會試失敗後，捐納內閣中書(正七品)。道光十六年(1836)，終於在第十次的會試取中進士(二甲十一名)，*授翰林院庶吉士，散館授翰林院編修，歷充國史館協修、纂修和總纂。在擔任幾省學政及鄉試考官之後，晉升爲順天府尹(正三品)，後來被參奏祖護屬吏，降爲四品京堂候補。

由於梁同新舉業成功，同時也因爲他的孩子都帶在身邊，生活在一起，遠離其他族人，所以，他的子孫是梁氏家族各房之中，出

---

* 　【譯注18】：梁同新進士及第年代，本書原來作1846年(道光二十六年)，但道光二十六年沒舉行會試，據《道光十六年丙申恩科會試錄》，梁同新取中賜進士出身第二甲十一名。今據以改正。

官員、舉人、進士和讀書人最多的一房。他的四個兒子中，最有名
的是次子梁肇煌(道光七年至光緒十二年，1827-86)，咸豐三年
(1853)的進士(【譯者按】：二甲四十七名)，後來官至江寧布政
使。梁同新的長子梁肇璟捐納鹽運副使(從四品)。年紀最小的四子
梁肇晉是同治十三年(1874)進士(【譯者按】：二甲五十七名)，英
年早逝於在禮部主事任上。*

　　關於梁氏家族後代的資料，只有梁肇煌這一房相當豐富，其他
房的後代，雖也出過兩個舉人，但留下來的資料並不多。梁肇煌的
十一個兒子中，有四個早殤。剩下的七個長大成人的兒子中，只有
一個沒得到生員以上的功名；其他的兒子，舉人二名，一位官至內
閣中書(正六品)，另一為候補同知(正五品)。其他四人都靠捐納為
官。幼子留學美國，獲哥倫比亞大學文學士學位。在梁肇煌的家傳
編撰完成時，他的孫子中已有三人成年，而且都捐納為官。在家傳
中，排行第二的曾孫為梁方仲，本名梁嘉官，清華大學畢業，是前
中央研究院社會科學研究所的支柱，明代財政史權威，現為廣州國
立中山大學教授。排行第三的梁嘉彬，也是清華大學畢業，並取得
東京帝國大學史學科修業證明，也是著名的《廣東十三行考》作
者，現任臺灣東海大學為歷史學系教授。**

---

*　【譯注19】：梁肇璟，本書原來作梁肇燁。又四子梁肇晉為同治十三年
　　(1862)進士，本書原來作梁肇晉為梁同新最小的第三子，其實梁同新的第三
　　子肇淦早殤，梁肇晉為第四子。今皆據梁壽曾撰《番禺黃埔梁氏家譜》(光
　　緒二十四年〔1898〕刊本)改正。

**　【譯注20】：梁方仲(1908-1970)，是著名的歷史學家和經濟學家，其經典著
　　作《一條鞭法》被翻譯成多國文字，公認是此領域最高成就。《明代糧長制
　　度》、《中國歷代戶口、田地、田賦統計》等書，至今仍是全世界相關研究
　　領域的翹楚。參見湯明檖、黃啟臣，〈梁方仲傳略〉，《梁方仲經濟史論文
　　集》(北京：中華書局，1989)及劉志偉、陳春聲，〈天留迂腐遺方大，路失

【備考】經過六代，至少一個世紀以上，從家族財富的筆創者以來，梁氏家族甚至最成功一房的成員，都依靠特殊的技術或知識維生。這一社會流動的類型與其他富商家族是一致的。梁經國可說是「從赤貧到巨富」的標準案例。

案例19：彭玉麟(嘉慶二十一年至光緒十六年，1816-90)及其父[32]

湖南省南部衡陽縣彭氏一族最著名的人物彭玉麟，是以粉碎太平軍艦隊攻擊知名的水師提督，也是清末最正直的高級官員之一。他的祖先幾代都是佃農，父親彭鶴皋年輕時，曾短暫讀書，但沒有取得任何功名。彭鶴皋的伯叔父與堂兄弟對於他想讀書這件事嘖有煩言，相當不諒解，因為家裡需要所有用得上的人手幫忙種田，維持家計。在縣試、府試相繼失敗後，更加強反對的聲浪。他的父親雖然同情他，但為害怕招致族人的激憤，也不許他繼續讀書。

在除夕的晚餐之後，族中一位有名望的伯叔送給彭鶴皋一個鋤頭說：「詣朝元旦大利之日，宜發鋤一試也。」他只好遵從。當年春夏，每日沾體塗足以服農事，在田裡工作，沒有一句怨言或厭倦。秋收之後，請求伯叔父准許他到著名的度假區衡山進香。衡陽

(續)————————————————

因循復倘艱——梁方仲先生的中國社會經濟史研究〉，《梁方仲文集・中國經濟史講稿》(北京：中華書局，2008)。梁嘉彬(1910-1995)，1928年秋天，由南開中學考入清華大學史學系，「專心從事十三行之研究」。1934年赴日本東京帝國大學留學，七七事變後回國。1937年出版《廣東十三行考》，年僅二十七歲。到臺灣後任東海大學、政治大學、輔仁大學、文化大學教授。1971年，東京大學補授梁嘉彬文學博士學位。參見王爾敏，〈廣東十三行權威史家梁嘉彬〉，《傳記文學》，第89卷3期(2006年9月)。

32　俞樾，《春在堂隨筆》，卷2，頁3b；卷6，頁7b-8b。王闓運，《湘綺樓文集》，卷7、卷8。

距衡山約三十哩，由於每年秋天，許多農民都會來進香；於是准他前往，他帶了三百文前去。幾天之後，寄了一封信回家，說明這一年來他遵從父親及長輩的命令，放棄讀書，從事農耕，但農作違背自己的意志，亦力有未逮；他決心離開家，除非他成功得到功名，否則將永遠不會回來。並寄回剩下的二百文錢，懇請雙親就當作沒有這個不孝的兒子。

彭鶴皋輾轉流浪到江蘇省鎮江府，在此賣自己寫的捲軸為生，當地文士見他的字頗端好，知道他的故事，憐其窮途，便招他入當地的書院肄業。幾年後，他被推薦去漕船教童子讀書，並隨船到京師，考取供事(不入流的胥吏)，累積功勞後，終於升為安徽省某縣的巡檢(知縣屬官，從九品)，至此時他才結婚。他的妻子是該知縣師爺的三十五歲女兒。彭玉麟和他的弟弟都生在安徽，彭玉麟十六歲時，全家返回衡陽，隔年他的父親就在那裡去世。

受惠於父親一輩子的積蓄，彭玉麟他們家這一房能有薄產數畝，每年可收租穀四十石。一些貪婪的族人艷羨這筆財產，甚至想做出不利於彭玉麟兄弟的事。有一次，他的弟弟去市場買鹽，在路上被一個族父丟入河裡。雖然被鄰人救起，但他母親知道這個地方不能再住了，該把孩子送走，以避免危害孩子生命的陰謀事件再度發生；於是送彭玉麟到書院讀書，弟弟則送到城裡市肆做商賈的學徒。

彭玉麟的母親終究還是抵擋不了貪婪的親戚，結果失去大部分的財產。這就使得彭氏兄弟必須盡力工作以維生計。偶然間，彭玉麟寫的字被一個官員注意到，而暫時教導他，在幾年之內，彭玉麟考取了生員。咸豐初年(1850年代初)，彭玉麟為環境所迫，到當鋪做夥計。咸豐三年(1853)，太平軍勢力嚴重地威脅清朝之後，彭玉麟加入領導對抗太平軍的曾國藩新組織的水軍。後來他成為著名的

水軍提督，廉直的官員，官至兵部尚書。

　　彭玉麟的弟弟不願做學徒，從市肆逃出來，不通音問二十餘年，終於在彭玉麟成名才訪求得之。他最初到浙江，後來入四川，成爲富裕的鹽商。

【備考】彭玉麟這個案例是太平軍動亂期間眾多由寒素起家成名的幾十個案例之一。所有像這樣非以舉業而成功的事例，有一部分列在表24，但未在本書第三章的進士統計中顯現出來。此外，彭玉麟父親的佃農身分是應特別注意的事實。

案例20：陶模(道光十五年至光緒二十八年，1835-1902)[33]

　　陶家住在今嘉興縣一部分的清代浙江秀水縣，幾個世代都不曾出過任何有功名的人；雖然陶模最終官至陝甘總督，但是陶家原是個典型的無產的貧困小家族。由於祖父早逝，迫使陶模父親和唯一的叔叔讀蒙學時便輟學而從商。在從江蘇北部返回浙江時，總會買些基本經書給族人鄉黨。陶模五歲時，在江蘇北部工作的父親因中暑而突然病故。當時他的叔叔還沒有子嗣，也因爲太過貧窮，沒娶妾幫他生孩子的能力，於是依照習慣由陶模兼祧，同時成爲父親與叔叔的繼承人。在叔叔的扶養下，他八歲開始讀書。貧窮的他，年紀還小就習慣於體力勞動，叔叔希望他能專心讀書，卻請不起家庭老師。不論是朋友還是親戚，都勸他的叔叔送他出去當學徒學做生意，但遭陶模拒絕。陶模不但努力讀書，也盡力工作幫助家計。每天早上，他拿著母親所織的絹布到市場去賣，買回家中所需的米、鹽和日用品；中午過後及夜晚，和織布的母親共用燭光，在旁讀

33　《陶勤肅公行述》，係陶模死後其子陶葆廉所著傳略。

書。咸豐六年(1856)，陶模二十一歲時，成為生員。這時他才開始有機會與地方讀書人交往，改善他寫時文的風格。*

咸豐十年(1860)，太平軍搶掠嘉興，陶模與叔叔都被俘，他們小而破敗的家遭燒毀。他們被迫做了四個月的苦力，等到陶模與叔叔設法逃回家中時，母親與妻子都已亡故。鄉里的秩序部分恢復後，陶模開始在村塾教書，同時照顧兩個幼小的兒子。同治二年(1863)他再婚，仍不得不在家從事種種的體力工作。他的長子回想起來，直至同治六年(1867)中舉之前，陶模每天早晨都去市場賣絲絹布，並提一桶河水回家。當日常雜務全部做完後，他還要帶長子到他教書的村塾讀書。同治七年(1868)他考上進士(【譯者按】：二甲四十七名)，次年，他才有能力正式遷葬十幾位祖先。

陶模以西北邊疆甘肅的地方官起家，這些地方曾因回亂而殘破。他的能力與清廉受到著名軍人及政治家左宗棠的賞識，逐步升遷至陝甘總督。

【備考】這份記載代表著許多人的生活，在奮鬥初期，為維持生計，得把讀書與各種卑下的工作合在一起，這是大部分的情況。特別要注意的是：陶模成為生員後，仍然得繼續從事這些卑微的工作。

---

* 【譯注21】：據陶葆廉、陶葆霖述，〈皇清誥授光祿大夫贈太子少保予諡勤肅兵部尚書兼都察院右都御史兩廣總督顯考方之府君行述〉，《中華歷史人物別傳集》，第60冊(北京：線裝書局，2003)，頁2a，陶模於「咸豐六年丙辰補縣學生」，非本書原來所說的1855(咸豐五年)，今據《陶勤肅公行述》改正。

案例21：胡傳(道光二十一年至光緒二十一年，1841-95)[34]

　　胡傳是胡適博士的父親。胡家住在徽州六縣中最貧困的績溪縣，數代以來，從事茶葉貿易。胡家從胡傳的曾祖父時開始在上海附近的川沙廳城內開茶鋪，生意顯然做得很好，照徽州富裕小商人的慣例，他也取得國子監生的身分。胡傳的祖父過世得很早，次子也就是胡傳的父親出生僅十四天就去世了，胡家似乎因此受到相當的挫折。由於這時候胡傳的曾祖父年事已高，事業委託不得其人，家道急遽衰落。

　　胡傳的父親不到二十歲便繼承家業，他拚命工作，過著質樸的生活，事業因此漸漸回復起來。每年春天，他都回家鄉買春茶到江蘇去賣。他的長兄大部分時間在讀書，但偶爾也幫忙他做生意及記帳。他忙於自己的生計，沒有時間教胡傳這個姪子或其他家族中的孩子讀書。[*]因此，胡傳在胡氏家塾才讀了兩年書，只讀了篇幅很短的儒家基本讀物《孝經》及簡短的《唐詩三百首》，十歲的時候仍未讀四書。

　　胡傳身軀修長雄偉，十三歲看起來已如成人，能供奔走，助力作。父親希望他跟著去上海習服賈，但業儒的伯父則認為胡傳材質較諸子姪為優，應該讓他繼續讀書。當被問其所志時，胡傳很誠實

34　胡傳，《鈍夫年譜》(依編年記載，係自傳未刊稿本)，由其子胡適博士慷慨提供。此外，參考胡適博士口述的自敘傳(哥倫比亞大學口述歷史文獻計畫未完原稿)。

*　【譯注22】：《鈍夫年譜》(頁6)云：「先伯父雖業儒，而轉籌握算，而與先父計懋遷，日不暇給，又司族中大宗祠事；而在家塾課鈍夫兄弟之時甚少。」則胡傳的伯父雖是讀書人，卻未如本書原來所言只是偶爾幫家裡做生意，反而是「轉籌握算」，管理財務，終日忙著與胡傳的父親合作商貿；因此，才沒時間教孩子們念書。

地說：讀書固佳，然家有事，有義務出來幫助。但他也怕出來工作
屢次間斷課業，將來恐怕會無所成。無論如何，到了咸豐七年
(1857)，胡傳十六歲，隨父親到川沙廳，進入一個當地士人經營的
私塾就讀；在那裡認識老師的詩人朋友，包括兩個布商、一個鹽捕
快，這樣的交友充分反映了社會身分的流動性。此後數年，他一方
面準備生員考試，一方面也幾次隨父親回安徽南部山區買茶葉，運
到他家在川沙的茶鋪。

　　咸豐十一年至同治元年(1861-62)的兩年是重大災難與危機的
時期，太平軍不只一次搶掠績溪。胡氏家族在這動亂中受害很大，
但胡傳的這一房，家庭成員達二十人以上，而且大部分是婦孺，卻
都存活下來了，戰爭中唯一的犧牲者是胡傳的元配。由於太平軍侵
入浙江西北部與安徽南部，原有的貿易路線阻斷，必須另覓新的路
線。胡氏家人很快就發現安徽南部的屯溪已成為暫時的貿易中心；
於是胡傳業儒的伯父與一個族兄及兩個表叔各出銀五十兩作為共同
資金，在屯溪賃房作鋪，販賣雜貨。胡傳負責採運貨物，弟弟則幫
族兄、表叔他們三人顧店鋪為坐賈(筆者注：這是精明而刻苦的徽
州商人迫於生存，在商業世界中採取的權宜手段)。

　　同治四年(1865)，太平軍亂事平定後一年，胡傳補上生員。此
後十一年，他花了極多時間與精力協助地方重建、尋找失散的族
人，重建宗祠。從同治七年到十年(1868-71)之間，由於能進入上
海龍門書院讀書，有了擴展知識眼界的機會，深受以窮理致知和躬
行實踐為主的宋代程朱理學的影響。同治、光緒年間(1870年代)，
他對中國邊疆地理產生了強烈的興趣。

　　在投入處理宗族事務多年之後，胡傳向從商的堂兄弟借來一百
銀元。拿著當時擔任督辦邊防的三品官吳大澂(道光十五年至光緒
二十八年，1835-1902)的介紹信，前往東三省。吳大澂是徽州鹽商

的子孫，後來以金石家與書法家著名。胡傳明講他不是為求一官半職而來，來此是為能有機會考察東三省北部邊疆。他的地理學知識與用心的誠懇感動吳大澂，光緒八年(1882)起聘他為師爺。吳大澂也向皇帝極力推薦，主張朝廷急需像胡傳這樣的專才；因此，胡傳連續在東北、河南、海南島、臺灣等地任官，在臺灣任臺東直隸州知州(正五品)兼統臺東鎮海後軍各營屯及辦理臺南鹽務。光緒二十一年(1895)，日本攻破中國在臺灣的最後防線前數日，可能由於腳氣病的緣故，他病逝於上海。*

對於胡傳的四個弟弟中，我們所知不多，只知道他的二弟官至安徽北部阜陽縣訓導，其他人可能終身經商。

【備考】太平軍時期及後太平軍時期，顯然有許多生員加入軍隊或
　　　　成為官員的私人幕友，後來這些人都做了官。在這兩種情
　　　　況下，他們做下層官員，不是靠功名的優勢，而是靠雇請

---

* 　【譯注23】：據胡適《四十自述》說：光緒二十一年七月初三日，他父親因
　　腳氣病死於廈門。《鈍夫年譜》在結尾載錄胡傳於六月二十日寫給兩個兒子
　　的親筆遺囑說：「今朝廷已棄臺灣，詔臣民內渡，予守後山，地僻而遠，聞
　　命獨遲，不得早自拔，臺民變，後山餉源斷，路梗文報不通，又陷於絕地，
　　將死矣！嗟呼，往昔之所歷，自以為必死而卒得免於死；今者之所遇，義可
　　以無死，而或不能免於死，要之皆命也。汝(【譯者按】：胡適的二哥紹之)
　　從予於此，將來能免與否，亦命也。書此付汝知之，勿為無益之憂懼也。」
　　但胡傳之死，另有一說。當時劉永福希望胡傳留下，幫他維持；但胡傳以身
　　患腳氣病為由，希望劉永福放行。劉永福依據與臺灣紳民所訂血盟：「若背
　　盟，天地必誅，神明不佑。」光緒二十一年七月初三(1895年8月23日)將胡
　　傳斬首。相關討論見唐德剛，〈胡適父親鐵花先生無頭疑案〉，《傳記文
　　學》，第48卷1期(1986年1月)；石原皋，〈胡適父親之死〉，《傳記文
　　學》，第49卷3期(1986年9月)；戚其章，〈胡適父親胡傳之死及其他〉，
　　《安徽史學》1987年第4期。

他的官員之推薦。這也可以參照案例24張謇的事例。

案例22：鄒弢(十九世紀後半，咸豐至光緒年間)[35]

以下是鄒弢的回憶：「余家素務農，至大父始讀書，而因貧復賈。嚴君亦試數次，仍棄之。迨遭兵燹，家難頻仍，堂上皆以顯揚相勗。余年十六，以境寒，幾去讀，大父力持之。至十八歲始來蘇從師……越二年，以正月四日應府試，時家無擔石，告貸皆不允，大父身中僅儲錢七文，徒步率余來城，向陸養和戴菊人假資斧。明年五月應縣試。──先大母已搆病，報捷至家，大喜，因少愈。」「弟富祥亦甚孝友，幼歲即知艱難，習賈蘇州……嘗謂太夫人日：『兒他日之得修俸當盛，供菽水以分兄勞。』」由於犧牲自己，辛勤工作，「因勞致病」，「天不永年」，他的弟弟很年輕便過世了。*

【備考】此為另一個阻礙流動的案例。這是從1870年代的同治、光緒年間鄒弢一系列的筆記中摘錄出來的。從筆記的同治十年(1871)與光緒元年(1875)的二篇序文，我們知道他當時

35　鄒弢，《三借廬筆談》，卷11，頁2a-3a。

*　【譯注24】：本書原來將引文上下相連，但據《三借廬筆談》原文，「因少愈」之前引自〈讀書之難〉，其後引自〈吹篪錄節略〉；因此，譯文將「因少愈」與「弟富祥」相連之文斷開。又本書原來將"Because of hard work and self-abnegation, he died young(因勞致病，天不永年)"納入引文，列於『以分兄勞』之後，然據原文，「因勞致病」在「習賈蘇州」之後；則"Because of hard work and self-abnegation, he died young(因勞致病，天不永年)"是《三借廬筆談》原來作者引〈吹篪錄節略〉，用自己的文字述事，不宜列入引文。今改正。

在上海教家館。*

案例23：葉澄衷（道光二十年至光緒二十五年，1840-99）[36]

　　葉家幾代都是寧波附近鎮海縣的貧農，葉澄衷（成忠）後來成為上海的富商與實業家。葉澄衷的父親過世時，他才五歲，兩個兄弟與兩個姊妹年紀都還很小，母親靠著一間殘破的小屋與八畝（約一英畝）的祭田，白天帶著孩子們一起去田裡工作，晚上則紡紗織布。靠著竭盡全力的勞動，一家人勉強維持生計。葉澄衷八歲時上過村塾，但只讀了不到六個月便輟學。迫於貧窮，葉澄衷必須與母親與哥哥一起去耕田。十歲時，他到附近菜籽油坊當學徒，年薪只有銅錢一串（一千文）及柴薪一擔；母親這麼做的原因只是希望減省家庭伙食開銷。葉澄衷無法忍受雇主妻子的虐待，三年後辭掉工作。由於家中經濟沒有辦法多養活一口人，一個家庭世交老友憐惜他，承諾帶他去上海。但由於他家貧困，連兩天一夜的旅費所需的二千文錢都湊不出來，母親不得不將還未收成的稻穀典當幫他籌措旅費。那個時候，他才十三歲。

　　這位家庭老友讓葉澄衷在法國租界的雜貨鋪當學徒。咸豐年間（1850年代），上海的地位已凌駕廣州之上，成為首屈一指的商埠。每天天剛亮，他便在黃浦江上搖著店主的舢板，到外國船聚集的黃浦去販賣食品雜貨。下午及晚上還要負責包括掃廁所在內的各種苦差事。由於店主不太勤奮，這個店的未來堪虞；因此，三年後，葉

---

*　【譯注25】：本書引用的《三借廬筆談》，是CTPCTK《筆記小說大觀》本，據其原文兩篇序言，一篇是潘鐘瑞在光緒七年（1881）寫的，另一篇是葛其龍在光緒十一年（1885）寫的；本書所記似乎有誤。

36　葉澄衷的紀念專輯名為《葉公澄衷哀榮錄》，和數十筆類似的文集與訃告，典藏於哥倫比亞大學東亞圖書館。

澄衷離開雇主，但靠一己之力繼續與西洋人做生意。慢慢的學會西方商業的經營模式，同時也學會洋涇濱英文；不久，他就在虹口開了一家自己的小店，後來搬到江邊。

　　雖然剛開始店鋪的規模很小，但由於葉澄衷的勤勉、好脾氣及商業才能，生意越來越好。早在咸豐年間，他已經聘請一位英國教師在晚上教雇員英文，他和雇員也學商事法與關稅規則。他的事業擴張得很快，他過世之前，他開的公司商號，上海有六家，漢口有兩家，九江、蕪湖、鎮江、芝罘、天津、營口、寧波、溫州各有一家，從事機械及機械零件、鐵及鋼鐵製品的進出口貿易。他的紀念文集雖未清楚記載這些商業細節，但還是提到他的公司與漢陽鋼鐵廠、南北洋艦隊與幾個省的機器製造局都有契約關係。光緒後期（1890年代），他在上海與漢口設立紗廠及火柴廠，從商業轉向工業經營，成為中國當代首要的實業家。他的這些分公司都由操守經得起考驗的員工來負責。

　　葉澄衷富裕之後，慷慨捐輸救濟饑饉、地方公益及慈善事業，由於葉氏宗族在浙江是個貧困的宗族，他建了第一座祠堂，並捐獻田四百多畝作為祭田。在他死前不久，為扶助老人與貧困者的生活，他進一步捐給宗族共同基金二萬銀元。另外，也為宗族青年的教育設立宗族義塾。他在上海從事的許多慈善事業中，最重要的是他花了十多萬銀元建的一所學校。同時，他又拿出二萬銀元存入錢莊生息，用以支付老員工家屬的年金，以達到「聯同人而恤孤嫠」的目的。

　　葉澄衷先是捐了國子監生的身分，後來逐級捐至通判與道臺。他有七子七女，光緒二十五年(1899)他過世時，除兩個兒子年紀尚幼外，其他五個兒子都捐了個候補府同知或直隸州州同。長子的簡略傳記附在紀念文集《葉公澄衷哀榮錄》後，有理由相信葉家的家

產似乎沒能長久延續。在父親死後二年，年僅三十三歲的長子也過世，這個被描寫為個性溫和的青年早逝之前，開始為他耽於「聲色犬馬」贖罪，而落實父親籌畫的慈善事業活動。

【備考】這一事例提供關於貧困的年輕人最後累積財富過程的記載，比案例18更為詳細。雖然葉澄衷早年的貧困可能是特例，但也很可以作為1840年代中國開商埠後許多其他寧波地區富進取心的商人、實業家、金融家的代表，他們在商業世界超過了徽州幫。

案例24：張謇(咸豐三年至民國十六年，1853-1927)[37]

張謇是位在長江北岸的江蘇南通人，南通在近代是栽培棉花與紡織興盛的地方。張家幾代以來都是相當於英國Yeoman的自耕農，在自己不太大的土地上耕作，有時也雇傭短工來幫助耕種。這樣的家族在傳統中國農村的經濟地位屬於中等，根據張謇的說法：「不愁衣食」。

嘉慶元年(1796)，張謇的曾祖父過世，家產分給三個兒子，其中最小的兒子就是張謇的祖父，當時才七歲。他的兩個哥哥都搬出去，二哥更因遊手好閒敗光了家產，不曾再回到故鄉。張謇的祖父小時候，與寡母相依為命。十五歲母親突然亡故之前，他都在村塾讀書。後來由於不懷好意的親戚引誘他賭博，家產盡失。地方上有個後來也從事一點農耕的小瓷貨商可憐他，把他收為贅婿。他沒有忘記青少年時期的教訓，而成長為一個勤勉儉約的人。在存下一點自己的錢財後，搬離了岳父家。

37　散見於張謇《嗇翁自訂年譜》及張孝若《南通張季直先生傳記》。

雖然在其後幾年，他把以前損失的錢大半賺了回來，但他很不情願地讓三子中的次子，也就是張謇的父親讀書。在張謇的父親多次懇求及村裡一個塾師的支持下，終於同意他半天讀書，半天耕田；也就因爲如此，張謇的父親勉強讀完儒家的初級經典，終其一生只是一個自耕農。

張謇有三個哥哥，父親在他們很小的時候就送他們四兄弟去學校讀書，有證據顯示只有小兒子張謇被准許全天讀書，因爲他很早就被認爲是個聰明有前途的孩子。張謇四歲開始在父親監督下讀書，*儘管他年紀小小，冬天那幾個月的夜晚也必須在沒有暖氣的房間裡用功讀書。他後來回憶，母親有時在夜晚監督他讀書的時候，還暗自啜泣，這是因爲母親對他的期望很大。長大一點之後，家境好了些，可付得起學費，便送他到村塾念書。同治三年（1864）夏天，父親命令十一歲的他與兄弟們去鋤棉田草，他頗以爲苦，便更加倍努力讀書，因爲他相信這是可以免於勞動的正當理由。五年後，他補上生員。

必須順便指出的，當地與法律的慣例，凡出身三世無隸名學官爲生員家庭者，名爲冷籍，其子弟若要應試，必須先取得學官及廩膳生的保證書，才能參加縣試。張謇得到沒有經驗的父親同意，被一個不懷好意的村塾教師欺騙，冒名注籍到鄰縣考試。於是整整三年，他暴露在保證人及其同謀的勒索之下，爲賄賂他們及地方政府的胥吏，張家共花費銀千兩以上，其中大部分是靠借貸而來。最後，張謇決定向省學政自首，學政同情他的情況，他的資格並未撤銷。由於這個事件和因張謇祖父過世而分配財產的結果，使張謇需

---

*　【譯注26】：據《嗇翁自訂年譜》（卷上，頁2a）云：「（咸豐）六年丙辰，四歲……冬，先君始教識千字文。」則四歲開始監督他讀書的是父親，不是本書所說的母親。

要去找份工作，當一個官員的私人幕友。他利用閒暇的時間讀書，通過入學考試，進到一個私立書院念書。他把微薄的薪資寄回家去還債。1875年初(【譯者按】：同治十三年十二月二十一日)，張謇和一個富裕地主的女兒結婚。

在幾次鄉試失敗之後，光緒二年(1876)，張謇在南京擔任河工物資的雇主把他介紹給地位重要的贊助者吳長慶將軍。張謇當吳長慶的幕友，月俸銀二十兩。張謇仍利用餘暇繼續讀書，終於使他能通過光緒五年(1879)的特考，獲得優貢生資格(文學秀異的貢生)。後來他隨著吳將軍先到華北，後到朝鮮，在平定光緒八年(1882)漢城宮廷政變扮演重要角色；為此，吳長慶將軍賞給他銀一千兩。光緒十一年(1885)，當他在北京獲得舉人時，他已經因能幹和精於朝鮮事務而廣為人知了。後來，他成為皇帝的老師、總理大臣翁同龢的門生。鄉試及第之後的九年間，張謇輾轉從事幕友工作，當時他已獲得候補縣學教授的任官資格。

光緒二十年(1894)，張謇因殿試第一考上狀元而知名全國。其後更成家鄉南通產業資本家的先驅，並繼續在重要的政策上給高級官員建議，也曾短暫在民國初年的政府內閣中工作(【譯者按】：先後出任實業總長和工商總長兼農林總長)。在他的族人中，只有叔叔的一個兒子做過地方官，他的獨子，也是張謇傳記作者張孝若曾短期在美國讀書，可惜英年早世。

【備考】這一案例的價值在於：準確地描述張謇從事「筆耕」及幕友工作賺取薪資之前，作為自耕農家族的社會、經濟地位。

案例25：安徽省績溪王氏[38]

引起社會史學者特別注意的王氏宗譜，其編纂者王維城，官至安徽省政府建設廳廳長，是這個貧寒家族裡最早做官的人。

王氏家族在幾代之間，都在胡適博士老家績溪縣的廟子山村當佃農，在太平軍起事前，村裡的農田如果不是全部也是大部分歸曹家所有，曹氏誇稱家中至少出過一個舉人。

王維城的父親王邦慶(道光二十三年至民國十八年，1843-1929)十一歲時離開故鄉，去宣城縣當竹器店的學徒。當時他家是個三十人的大家庭，大部分是佃農，難得有足夠的食物吃。咸豐十一年至同治元年(1861-62)太平軍入侵的大難中，家中其他人全都亡故；戰爭帶來廣泛的破壞及地方人口的劇降，致使勞動力嚴重不足，土地價格大幅下跌。1860年代末至1870年代初的同光之際，工資很高，但田價很低，農地一畝價格還不到一千文錢，而在太平軍亂事以前一畝田要八、九兩，有時更高達十兩以上。王邦慶在略有積蓄之後結婚，最大的兒子十幾歲就能開始幫助耕田，於是家運漸漸向上。

王邦慶的五個兒子中，同治六年(1867)出生的長子，是個特別好的農夫，可以在日出前耕完一畝土地。雖然只讀過四年書，卻能為家計帳。光緒年間(1875-1908)後半期，由於在土地買賣過程中被惡劣的村人所騙，王家損失八十多兩。這一事件讓長子相信必須讓他的弟弟有機會讀書，因為家裡沒人受過教育，這個家無法保護自己不受地方上壞人的欺騙。

38　王維城編纂，《績溪廟子山王氏譜》，這份有異乎尋常重要性的族譜，現藏於哈佛燕京學社圖書館。

　　王邦慶的三子(光緒四年至民國十六年，1878-1927)在上海親戚家的茶鋪裡當學徒，他逐步升至掌櫃，後來自立門戶，開了一家自己的店。生意最好的時候，店鋪年營業額高達一萬銀圓。主要由於他的財務支持，弟弟王維城才能讀書，並成為生員。光緒三十一年(1905)廢除科舉之後，王維城從相當於現代學院的安徽省高等學堂畢業，後來在安徽省政府工作。

　　這一家人小小的成功的主要原因是他們的分工策略，哥哥們仍然當農夫，三弟開始經商，所有機會留給五弟，讓他去讀書(四弟早逝)。王家族譜中最重要的事是王維城當上生員那一天，就在那天晚上，長兄忙不迭地跑了三英里(約五公里)路，到已出嫁的姊姊家，氣喘噓噓結結巴巴地報喜：「維、維、維城縣試第一。」他和姊姊隨即寫信給在上海當茶商的弟弟，告訴他這個好消息。隔天，長兄在回家的途中，遇到幾年前在土地買賣中騙他與父親的男子，當這個壞人平身低頭地說了些祝福的話時，王維城的長兄凝視他好幾分鐘，然後用帶著驕傲和諷刺口吻說：「謝謝施主。」

【備考】這一事例是筆者所知關於佃農家庭向上社會流動的案例中最詳細和最特別的記載。太平軍戰爭之後，在疲弊的長江下游流域，這種特別的氛圍中，許多佃農因此變成了自耕農與小地主。[39]一般來說，一個家庭經濟地位的改善，會顯示於社會學術地位的改善，許多相似的事例可能沒記錄下來；這種情況是比較晚近才發生的，而且定期修族譜的風氣，到民國時期已經沒落。全國生活水平持續下降，

39　對於太平軍之後，長江下游域經濟力的運作及其對地主和佃戶的影響之詳細討論，見拙著*Studies on the Population of China, 1368-1953*，頁221-22、238-46、275-76。

人口壓力不斷增加，是太平軍動亂之後的經濟模式，但長江下游流域似乎是個例外。

必須一提的是，如同上述一些事例所具體顯示出來的，明清時代許多生員不管他們的環境如何低下而卑微，這個生員功名的取得對於真正貧寒的人而言，的確具有提高社會地位的效果。但生員作為一個身分群體，其背後的社會現實過於複雜；如果要把他們完全抽象的一般化，以生員歸屬於所謂「下層紳士階級」，似乎是不可能，也站不住腳的。

案例26：周藩（十九世紀末至二十世紀初，光緒年間至民國初年）[40]

以下為江蘇無錫最後一位廩生周藩的回憶：

「余家自先高祖是齋公始築宅於大成巷，薄有田產。先曾祖鎬庭公謹守先業，生子六……分產後……不足以自給。然皆讀書應試，又皆累試不售，兄弟相戒，勿令後人讀書應試。故先父兄弟輩十一人皆年十三四即習賈，無讀書應試者。余兄弟輩亦十一人，除余一人外亦皆習賈，無讀書應試者。先父獨受先姑丈顧仲蘇之慈恩，令余讀書……而余應試十餘年僅得遊庠食餼，四赴秋闈，三薦未售……累年應試所費極鉅，家無藏書，余性嗜書，每試必購書歸。父設布肆，年逾花甲僅有一子，盡量供給余用……父生余晚，只望余為秀才，既為秀才，父願已足，只許余在家授徒。」

40　蔣士棟等編，《錫金遊庠同人自述彙刊‧乙未歲案》，頁1a-1b，〈周藩自述〉。

【備考】光緒三十一年(1905)科舉制度廢止後，周藩開始學習日
　　　　語。清末民初，受雇於軍隊做通譯，這是另一極少數可找
　　　　到的社會流動受阻的案例。

案例27：齊白石(同治二年至民國四十六年，1863-1957)[41]

　　聞名世界的畫家齊白石父母的祖先都是出身寒素的湖南湘潭農
村老百姓，世世代代沒有出過任何有功名的人。男人在有限的土地
上耕作，女人在家紡織，有時也到田裡耕作。齊白石小時候身體不
好，卻看得出有不凡的天分。當地貧苦人家到了冬天，從森林裡撿
拾松針來燒，勉強維持一個房間的溫暖。當他還是三歲兒童時，稍
識點字的祖父，用鐵鉗子在松柴灰堆上寫些簡單的字來教他認字，
到七歲時，以這種的方法一天已可以學幾十個字。祖母因為家族沒
有能力送他去學校讀書而感到難過，為了讓孫子能夠去附近的學校
讀書，她賣了四石穀，買了幾本書和必備的文房四寶，而這個學校
的老師則讓他免費入學。但他早年的學校生涯只維持了一年，部分
原因是他體弱多病，但主要還是由於他們家需要人手幫忙。七歲的
齊白石必須每天去撿柴火供給家裡燒用。他把《論語》掛在水牛角
上，設法在撿拾柴火及放牛時還可以繼續讀書。祖母曾對他說：
「可惜你生下的時候，走錯了人家！」

　　同治十三年(1874)，祖父過世，留下的財產只值銅錢六萬文
錢，全都用來辦喪事。[*]此時，齊白石已有兩個弟弟，家庭規模於

41　胡適、黎錦熙、鄧廣銘，《齊白石年譜》。這一編年傳記係根據這位著名畫
　　家本身的回憶錄及其他著作整理而成。湘潭名族黎氏與齊白石一家是老朋友
　　故交，由於胡適博士積極的蒐集，加上黎教授的日記中對齊白石個人的回
　　憶，使這部傳記讀來饒富趣味。

*　【譯注27】：本書原作祖母過世，但據《白石老人自傳》(北京：人民美術出

是擴大；這使得他需要在十一歲時離開家去學做木匠。性好畫畫的
他，白天學習木匠手藝，晚上則畫畫。他唯一買得起的畫本是廉價
翻刻的繪畫入門書《芥子園畫譜》。十五歲時，開始進入奇巧的雕
花匠作。十九歲時，與七年前許婚，來齊家做童養媳，幫忙家務，
共同生活的陳氏圓房，結成正式夫妻。

　　此後數年，齊白石精巧的雕花爲地方顯要宗族所喜愛，從此開
始與地方的精英階層往來，而能接觸地方人士的藏書和較好的繪畫
手本。光緒十五年(1889)，齊白石爲當地精英圈所接納，這個圈子
裡，包括幾個宗族的成員和地方知名學者、詩人、藝術家。這個新
結交的人際網絡圈子，擴展了他的知性與藝術眼界，引領他進一步
發展篆刻藝術，他的這項手藝與雕花同等出色。十年後，他被湖南
知名學者王闓運收爲弟子，王闓運自己原來是個小商人之子。齊白
石並非王闓運的弟子中唯一貧苦出身的，像他這樣的弟子還有一個
佛教和尙、一個鐵匠、一個做竹籠的工匠和一個放牧水牛的牧童。

　　齊白石在他的回憶裡很少提到他這些年的經濟狀況，但有理由
可以相信他的經濟狀況逐漸改善。因爲在光緒二十六年(1900)，齊
家在花砦的一塊地上蓋了棟新房子，全家搬過去住。光緒二十八年
(1902)以來，他開始在國內各地旅行。這新得到的閒暇，使他得以
深研經典，特別沉潛於詩詞，他的作品展現相當不拘常軌的自由特
性、幽默和諷刺的風格；這是他早年在松葉燃起的爐火邊讀唐詩所
打下的基礎。宣統三年(1911)，他四十八歲時，他的老師王闓運與
曾任軍機大臣與協辦大學士的瞿鴻機(道光三十年至民國七年，
1850-1918)邀他參加宴飲賦詩。爲逃避內戰，民國六年(1917)起他
定居北京，此後這位畫家的經歷就不需詳述了。

(續)——————————————————
　　版社，1962)，頁18，是年過世的是祖父，今改正。

【備考】宣統三年(1911)，齊白石被湖南首要學者及前軍機大臣邀
　　　　請參加宴飲賦詩的事實，並不令人驚奇，因為他當時已是
　　　　一位地位蒸蒸日上的畫家。奇怪的是當他還是個木匠時，
　　　　就為地方精英集團接納的這一事實。齊白石早期的生活與
　　　　王闓運幾個弟子的社會出身，提供我們一個關於彈性的身
　　　　分概念及流動性的身分制度很好的例子。

引用書目

【譯者按】：本書目之排列次序及格式悉依原書。

中文原始資料

主要統計資料（各類之內依年代順序排列）

且有進士祖先資料的進士題名錄善本的館藏地之縮寫如下：

NP—國立北京圖書館（【譯者按】：今中國國家圖書館）

NC—國立中央圖書館（臺灣・臺北）（【譯者按】：今國家圖書館）

LC—美國國會圖書館

LCM—美國國會圖書館微捲

AC—中央研究院

進士名簿

《洪武四年進士登科錄》（《藝海珠塵》版），1371年。

《永樂十年進士登科錄》（NP；LCM），1412年。

《天順元年進士登科錄》（NC），1457年。

《成化五年進士登科錄》（NP；LCM），1469年。

《成化八年進士登科錄》（NP；LCM），1472年。

《弘治九年進士登科錄》（NC），1496年。

《弘治十八年進士登科錄》（NC），1505年。

《正德十六年進士登科錄》（NC），1521年。

《嘉靖十四年進士登科錄》（NP；LCM），1535年。

《嘉靖十七年進士登科錄》（NP；LCM），1538年。

《嘉靖二十三年進士登科錄》（NC；LC），1544年。

《嘉靖十二年癸巳科進士同年便覽錄》（NC），1533年（【譯者按】：本書原作1553，
　　但嘉靖十二年癸巳為1533，今改正）。

《嘉靖四十一年進士登科錄》（NC；LC），1562年。

《隆慶二年進士登科錄》（NP；LCM），1568年。

《萬曆八年進士登科錄》（NC），1580年。

《萬曆十四年丙戌會試錄》（NC），1586年。

《萬曆三十八年庚戌科序齒錄》（NP；LCM），1610年。

《順治九年壬辰科進士三代履歷》（NP），1652年。

《順治十二年乙未科進士三代履歷》（NP），1655年。

《順治十五年戊戌科進士三代履歷》（NP），1658年。

《順治十六年己亥科會試進士三代履歷》（NP），1659年。

《順治十八年辛丑科會試四百名進士三代履歷便覽》（NP），1661年。

《康熙十二年癸丑科會試進士三代履歷便覽》（NP），1673年。

《康熙二十一年壬戌科同年序齒錄》（NP），1682年。

《康熙二十四年乙丑科三代進士履歷》（NP），1685年。

《康熙四十二年癸未科三代進士履歷》（NC），1703年。

《道光二年壬午同年齒錄》，1822年。

《道光九年己丑科會試同年齒錄》，1829年。

《道光十三年癸巳科會試同年齒錄》，1833年。

《道光十五年乙未科會試同年齒錄》，1835年。

《道光二十四年甲辰科會試同年齒錄》，1844年。

《咸豐九年己未科會試同年齒錄》，1859年。

《咸豐十年庚申恩科會試同年齒錄》，1860年。

《同治四年乙丑科會試同年齒錄》，1865年。

《同治七年戊辰科會試同年齒錄》，1868年。

《同治十年辛未科會試同年齒錄》，1871年。

《同治十三年甲戌科會試同年齒錄》，1874年。

《光緒二年丙子恩科會試同年齒錄》，1876年。

《光緒三年丁丑科會試同年齒錄》，1877年。

《光緒六年庚辰科會試同年齒錄》，1880年。

《光緒九年癸未科會試同年齒錄》，1883年。

《光緒十二年丙戌科會試同年齒錄》，1886年。

《光緒十五年己丑科會試同年齒錄》，1889年。

《光緒十六年庚寅恩科會試同年齒錄》，1890年。

《光緒十八年壬辰科會試同年齒錄》，1892年。

《光緒二十一年乙未科會試同年齒錄》，1895年。

《光緒二十四年戊戌科會試同年齒錄》，1898年。

《光緒三十年甲辰恩科會試同年齒錄》，1904年。

注：上列48種題名錄用於表9。

舉人‧貢生名簿

《嘉慶九年甲子科直省鄉試同年齒錄》，1804年。

《丁卯(嘉慶十二年)鄉試齒錄》，1807年。

備註：原題無年期表記，美國國會圖書館誤認爲乾隆十二年(1747)。

《戊辰科(嘉慶十三年)鄉試題名齒錄》，1808年。

《嘉慶丙子科(二十一年)各省鄉試同年齒錄》，1816年。

《道光辛巳(元年)各省同年全錄》，1821年。

《道光戊子科(八年)直省同年錄》，1828年。

《道光辛卯科(十一年)各直省同年錄》，1831年。

《道光壬辰科(十二年)直省鄉試同年齒錄》，1832年。

《道光甲午科(十四年)直省同年錄》，1834年。

《道光乙未(十五年)恩科直省同年錄》，1835年。

《道光癸卯科(二十三年)直省同年全錄》，1843年。

《道光甲辰(二十四年)恩科直省同年錄》，1844年。

《道光己酉科(二十九年)各省選拔明經通譜》，1849年。

《咸豐乙卯科(五年)直省鄉試同年齒錄》，1855年。

《同治九年庚午科直省鄉試同年齒錄》，1870年。

《光緒己卯科(五年)直省同年齒錄》，1879年。

《光緒乙酉科(十一年)各直省選拔明經通譜》，1885年。

《光緒丁酉科(二十三年)各直省選拔同年明經通譜》，1897年。

《光緒丙午科(三十二年)優貢同年齒錄》，1906年。

《宣統庚戌科(二年)舉貢考職同年齒錄》，1910年。

注：上列20種題名錄用於表11。

統計有用的生員名簿

《靜庠題名錄》，1933年編。

《國朝虞陽科名錄》(最新版,1904年之後刊行)。

《通庠題名錄》,1933年編。

注:上列3種題名錄用於表15。

十八世紀題名錄補遺

《乾隆壬申科(十七年)福建鄉試同年齒錄》,1752年。

《乾隆己酉科(五十四年)各省選拔同年齒錄》,1789年。

《乾隆甲寅(五十九年)恩科順天鄉試同年齒錄》,1794年。

《嘉慶五年庚申恩科順天鄉試同年齒錄》,1800年。

注:上述4種題名錄見表12。

其他參考用的題名錄

《建文二年殿試登科錄》(NP;LCM),1400年。

《萬曆壬辰科(二十年)進士履歷便覽》(NC),1592年。

《崇禎十二年山西鄉試序齒錄》(NC),1639年。

中文原始資料補遺

進士名簿

《成化十一年進士登科錄》(NP),1475年。

《嘉靖三十八年進士登科錄》(AC),1559年。

《萬曆五年進士登科錄》(AC),1577年。

《萬曆十一年癸未科會試錄》(AC),1583年。

《萬曆二十九年辛丑科進士履歷便覽》(AC),1601年。

《順治六年己丑科會試四百名進士三代履歷便覽》(NP),1649年。

《康熙十五年丙辰科會試二百九名進士三代履歷便覽》(NP),1676年。

《嘉慶七年壬戌科會試齒錄》(NP),1802年。

《咸豐六年丙辰科會試同年齒錄》(NP),1856年。

舉人・貢生名簿

《雍正十二、十三年寅卯拔貢同年序齒錄》(NP),1734-35年。

《乾隆三年戊午科順天鄉試錄》(NP),1738年。

《乾隆四十八年癸卯科江南同年齒錄》(NP),1783年。

其他資料

查繼佐，《罪惟錄》，《四部叢刊》版。

張謇，《嗇翁自訂年譜》，1925年版。

章銓，《章府君行述》（Columbia）。

張瀚，《奚囊蠹餘》，《武林先哲遺書》版。

——，《松窗夢語》，《武林先哲遺書》版。

張萱，《西園聞見錄》，原序於天啓七年(1627)；哈佛燕京學社，民國二十九年
　　(1940)排印。

章潢，《圖書編》，天啓版。

張宏道、張凝道，《皇明三元考》，明末刊。

張廷玉，《澄懷園語》，《嘯園叢書》版。

張英，〈恆產瑣言〉，《篤素堂文集》，光緒二十三年(1897)版。

張英，《聰訓齋語》，《嘯園叢書》版。

《常州府志》，萬曆四十六年(1618)版及乾隆五十九年(1794)版，光緒十三年
　　〔1887〕翻刻）。

《長蘆鹽法志》，雍正四年(1726)版及嘉慶十年(1805)版。

《常德府志》，嘉慶十八年(1813)版。

趙翼，《陔餘叢考》，《趙甌北全集》版。

——，《廿二史劄記》，世界書局版。

——，《簷曝雜記》，《趙甌北全集》版。

趙官，《後湖志》，原序於嘉靖十年(1531)；天啓元年(1621)修訂版。

《浙江同官錄》，光緒十二年(1886)版。

陳其元，《庸聞齋筆記》，序於同治十三年(1874)；《清代筆記叢刊》版。

陳宏謀，《全滇義學彙記》，乾隆三年(1738)版。

陳康祺，《郎潛紀聞》，《清代筆記大觀》版。

陳懋仁，《泉南雜志》，《叢書集成》版。

陳廷敬，《午橋文編》，康熙四十七年(1708)版。

鄭方坤，《本朝名家詩鈔小傳》，民國八年(1919)版。

《鄭氏家規》，正德元年(1506)版。

《吉安府志》，光緒二年(1876)版。

《績溪廟子山王氏譜》，民國二十四年(1935)版。

《即墨縣志》，同治十二年(1873)版。

《嵇氏宗譜》，光緒三十三年(1907)版。

《吉水縣志》，光緒元年(1875)版。

《嘉興府志》，萬曆三十八年(1610)版及光緒四年(1878)版。

《嘉善入泮題名錄》，光緒三十四年(1908)版。

《江南通志》，乾隆元年(1736)版。

《江寧縣志》，萬曆二十五年(1597)版。

《江蘇同官錄》，光緒六年(1880)版。

焦竑，《國朝獻徵錄》，萬曆四十四年(1616)版。

《介休縣志》，民國十三年(1924)版。

錢泳，《履園叢話》，序於道光十五年(1835)；《清代筆記叢刊》版。

《錦江書院紀略》，同治十年(1871)版。

《金華獻徵錄》，雍正十年(1732)版。

《今古奇觀》，亞東書局版。

《清朝文獻通考》，商務印書館版。

《清畫家詩史》，民國十九年(1930)版。

《清史列傳》，民國十七年(1928)版。

朱孔彰，《中興將帥別傳》，《四部備要》版。

朱國楨，《皇明開國臣傳》，明末刊。

朱軾，《朱文端公集》，同治十二年(1873)版。

《駐粵八旗志》，序於光緒五年(1879)；光緒十年(1884)以後刊行。

祝允明，《野記》，《叢書集成》版。

褚人獲，《堅瓠集》，序於康熙三十四年(1695)；《清代筆記叢刊》版。

瞿祐，《居家必備》，杭州書坊版。明刊本，未註年月。

《泉州府志》，乾隆二十八年(1763)版。

《爵秩全覽》，乾隆二十九年(1764)，道光二十年(1840)，同治十年(1871)，光緒二
　　十一年(1895)。

《中州同官錄》，道光二十七年(1847)版及光緒十九年(1893)版。

《汾陽縣志》，光緒八年(1882)版。

馮應京，《皇明經世實用編》，萬曆三十二年(1604)版。

《福州府志》，萬曆四十一年(1613)版及乾隆十九年(1754)版。

《福建通志》，道光二十九年(1849)版，同治六年(1867)修訂及民國十一年(1922)版。

《海寧渤海陳氏宗譜》，光緒八年(1882)版。

《韓非子》，《四部備要》版。

《杭州府志》，光緒五年(1879)與民國八年(1919)編纂。民國十二年(1923)版。

何喬遠，《閩書》，崇禎二年(1629)版。

───，《名山藏》，崇禎九年(1636)版。

《合肥縣志》，嘉慶八年(1803)版。

何良俊，《四友齋叢說》，序於萬曆七年(1579)；北京，1958年重刊。

───，《四友齋叢說摘抄》，《叢書集成》版。

《河朔書院志》，道光十九年(1839)版。

《河東鹽法志》，雍正五年(1727)版。

《河東鹽法備覽》，乾隆五十四年(1789)版。

《錫金遊庠錄》，光緒四年(1878)以後刊行。

《錫金遊庠同人自述彙刊》，民國十九年(1930)版。

謝肇淛，《五雜俎》，寬政七年(1795)和刻本。

《咸豐元年恩蔭同年齒錄》，咸豐元年(1851)版。

《新城縣志》，康熙三十二年(1693)版及民國二十二年(1933)版。

《新城王氏家乘》，未註年月；大約刊行於十七世紀末的康熙中期。

《信江書院志》，同治六年(1867)版。

《新化學田志》，光緒二十二年(1896)版。

《新會縣志》，道光二十年(1840)版。

《醒世恆言》，生活書店版。

徐錫麟，《熙朝新語》，序於道光十二年(1832)；《清代筆記叢刊》版。

徐咸，《西園雜記》，《叢書集成》版。

徐學聚，《國朝典彙》，崇禎九年(1636)版。

徐學謨，《世廟識餘錄》，著者之孫序於萬曆三十六年(1608)。

徐珂(編)，《清稗類鈔》，商務印書館版。

徐光啓，《徐文定公集》，上海，民國二十二年(1933)版。

許國，《許文穆公集》，民國十二年(1923)版。

《續文獻通考》，商務印書館版。

《宣城縣志》，光緒十四年(1888)版。

《學政全書》，乾隆五十八年(1793)版及嘉慶十七年(1812)版。

薛福成，《庸盦筆記》，《清代筆記叢刊》版。

《荀子》，《四部叢刊》版。

《湖州府志》，同治十三年(1874)版。

胡傳，《鈍夫年譜》，未刊稿本。

《胡氏宗譜》，光緒六年(1880)版。

《皖江同官錄》，同治十年(1871)版。

桓寬，《鹽鐵論》，《四部備要》版。

黃鈞宰，《金壺七墨》，《清代筆記叢刊》版。

黃溥，《閒中今古錄摘抄》，《紀錄彙編》版。

皇甫冲，《皇明藩府政令》，明末稿本。

黃省曾，《吳風錄》，《百陵學山》版。

黃宗羲，《明儒學案》，《四部備要》版。

———，《宋元學案》，《四部備要》版。

黃瑜，《雙槐歲鈔》，弘治八年(1495)版。

《徽州府志》，道光七年(1827)版。

《湖南通志》，光緒十三年(1887)版。

《湖北通志》，宣統三年(1911)版，商務印書館翻刻本。

《儀眞縣志》，隆慶元年(1567)版。

阮葵生，《茶餘客話》，《清代筆記叢刊》版。

《瑞州府志》，崇禎元年(1628)版。

葛守禮，《葛端肅公集》，嘉慶七年(1802)翻刻。

《江西通志》，光緒七年(1881)版。

《科場條例》，乾隆五十五年(1790)版。

《古今圖書集成》，中華書局翻刻本。

《姑蘇志》，正德元年(1506)版。

顧炎武，《日知錄集釋》，《四部備要》版。

———，《亭林文集》，《亭林遺書十種》版。

———，《天下郡國利病書》，商務印書館版。

《官場現形記》，亞東書局版。

《關中同官錄》，光緒二十年(1894)版。

《管子》，《四部叢刊》版。

《廣州府志》，光緒五年(1879)版。

《光緒蔭生同年齒錄》，光緒三十年(1904)版。

歸有光，《震川先生集》，《叢書集成》版。

龔自珍，《定盦文集》，《四部備要》版。

孔廣陶，《嶽雪樓書畫錄》，光緒十八年(1892)版。

《國朝湖州府科第表》，光緒三十年(1904)以後刊行。

《國朝史料拾零》，1933年「滿洲國」版。

《國朝蘇州府長元吳三邑科第譜》，光緒三十二年(1906)版。

郭鎜，《皇明太學志》，序於嘉靖三十六年(1557)；明末修訂版。

過庭訓，《國朝京省份郡人物考》，天啓元年至五年(1621-25)版。

《國子監志》，道光十二年(1832)版。

《國子監則例》，道光四年(1824)版。

《國語》，《四部備要》版。

《蘭溪縣志》，光緒十四年(1888)年版。

李周望，《國朝歷科題名碑錄初集》，乾隆十一年(1746)版，據康熙五十九年(1720)
　　原版增補。

李翊，《戒庵漫筆》，《常州先哲遺書》版。

李桓，《國朝耆獻類徵》，光緒六年(1880)版。

《禮部則例》，乾隆四十九年(1784)版及道光二十四年(1844)版。

李紹文，《皇明世說新語》，萬曆三十四年(1606)版。

李斗，《揚州畫舫錄》，乾隆六十年(1795)版及北京，1959年排印版。

李宗昉，《黔記》，《叢書集成》版。

李因篤，《受祺堂文集》，道光十年至十三年(1830-33)版。

《兩浙鹽法志》，嘉慶六年(1801)版。

梁慶桂，《式洪堂遺稿》，民國二十年(1931)版。

《兩淮鹽法志》，乾隆十三年(1748)版及嘉慶十一年(1806)版。

劉鳳，《續吳先賢贊》，《紀錄彙編》版。

劉劭，《人物志》，《四部備要》版。

羅思舉，《羅壯勇公年譜》，光緒三十四年(1908)版。

《樂亭遵道書院志》，光緒二年(1876)版。

陸楫，《蕆葭堂雜著摘抄》，《叢書集成》版。

《廬江郡何氏大同宗譜》，民國十年(1921)版。

《廬陵縣志》，宣統三年(1911)版。

陸容，《金臺紀聞摘抄》，《紀錄彙編》版。

——，《菽園雜記摘抄》，《紀錄彙編》版。

——，《玉堂漫筆摘抄》，《紀錄彙編》版。

《論語注疏》，《四部備要》版。

《龍江船廠志》，《玄覽堂叢書》版。

《龍湖書院志》，未註年月，清末刊本。

馬其昶，《桐城耆舊傳》，序於光緒十二年(1886)；宣統三年(1911)刊行。

馬端臨，《文獻通考》，商務印書館版。

《滿漢文武官生名次錄》，嘉慶三年(1798)版(只有前半；美國國會圖書館藏)。

《孟子注疏》，《四部備要》版。

繆荃孫，《雲自在龕隨筆》，北京，1958年翻刻版。

《沔陽州志》，光緒二十年(1894)版。

《閩中會館志》，民國三十一年(1942)版。

《明熹宗實錄》，參照《明實錄》。

《明宣宗實錄》，參照《明實錄》。

《明會要》，光緒十三年(1887)翻刻版及北京，1956年排印版。

《明史》，《四部備要》版。

《明實錄》，江蘇省國學圖書館景印本。

《明世宗實錄》，參照《明實錄》。

《明太祖實錄》，參照《明實錄》。

《明道書院志》，光緒二十年(1894)版。

《明英宗實錄》，參見《明實錄》。

《南昌府志》，同治十二年(1873)版。

《南海縣志》，同治十一年(1872)版。

《南潯志》，民國十一年(1922)版。

《寧鄉雲山書院志》，同治十三年(1874)版。

《寧波府志》，雍正八年(1730)至乾隆六年(1741)版，道光二十六年(1846)翻刻。

鈕琇，《觚賸》，序於康熙三十九年(1700)；《清代筆記叢刊》版。

《八旗通志》，乾隆元年(1736)版。

班固，《漢書》，《四部備要》版。

潘世恩，《思補老人手訂年譜》，不註年月，清代刊本。

《番禺縣志》，同治十年(1871)版。

《寶晉書院志》，光緒六年(1880)版。

《寶慶會館志》，光緒二十九年(1903)版。

《保定府志》，萬曆三十五年(1607)版。

彭蘊章，《歸樸盦叢稿》，《彭文敬公集》，最後序於同治七年(1868)。

《平湖采芹錄》，民國四年(1915)版。

《百泉書院志》，嘉靖十二年(1533)版。

《白鹿洞書院志》，嘉靖四年(1525)版及康熙十二年(1673)版。

蒲松齡，《醒世姻緣》，廣益書局版。

《陝甘味經書院志》，光緒二十年(1894)版。

《山東通志》，宣統三年(1911)版，商務印書館翻刻本。

《山東同官錄》，咸豐九年(1859)版。

《山東鹽法志》，雍正三年(1725)版及嘉慶十三年(1808)版。

《商城縣志》，嘉慶八年(1803)版。

《商子》，《四部備要》版。

《紹興府志》，萬曆十四年(1586)版及乾隆五十七年(1792)版。

《邵陽縣志》，光緒元年(1875)版。

《邵陽魏府君事略》，未註年月，魏源之子撰(Columbia)。

《歙縣會館錄》，道光十四年(1834)版。

沈德符，《萬曆野獲編》，序於萬曆三十五年(1607)；北京，1958年排印版；另一較
　　早版《野獲編》及《野獲編補遺》，同治九年(1870)版。

沈垚，《落帆樓文集》，劉氏嘉業堂版。

《陝西通志》，雍正十三年(1735)版。

《陝西通志稿》，民國二十三年(1934)版。

《石渠寶笈》，民國七年(1918)刊行。

《石渠寶笈續編》，民國七年(1918)刊行。

《石渠三編》，民國七年(1918)刊行。

《順德縣志》，咸豐四年(1854)版。

《順天府志》，光緒十一年(1885)版。

《四川鹽法志》，光緒九年(1883)版。

《四會縣志》，光緒二十二年(1896)版。

司馬遷，《史記》，《四部備要》版。

《蘇州府志》，同治元年(1862)版。

孫承澤，《春明夢餘錄》，古香齋袖珍版。

孫詒讓，《墨子閒詁》，北京，1954年排印版。

《松江府志》，嘉慶二十四年(1819)及光緒九年(1883)版。

《宋史》，《四部備要》版。

《大清會典案例》，嘉慶二十三年(1818)版及光緒二十五年(1899)版。

《大誥》，洪武十八年(1385)版。

《大明會典》，弘治十五年(1502)版及萬曆十五年(1587)版。

《大明一統志》，嘉靖三十八年(1559)版。

《太原府志》，萬曆四十年(1612)版。

《唐會要》，殿版。

陶澍，《陶文毅公全集》，道光十九年(1839)以後刊行。

《道光元年恩蔭同年錄》，道光元年(1821)。

《陶勤肅公行述》，光緒二十九年(1903)(Columbia)。

《荻溪章氏家乘》，光緒二十年(1894)版。

田汝成，〈阿寄傳〉，《說郛》，卷165。

曹文埴，《石鼓硯齋文鈔》，嘉慶五年(1800)版。

鄒弢，《三借廬筆談》，序於同治十年(1871)及光緒元年(1875)；《清代筆記叢刊》
　　版。

《宗人府則例》，嘉慶十七年(1812)版及道光二十年(1840)版。

杜佑，《通典》，商務印書館版。

《東坡書院志略》，道光二十九年(1849)版。

《桐城張氏宗譜》，光緒十六年(1890)版。

《同治元年恩蔭生同年齒錄》，同治元年(1862)。

王圻，《王侍御類稿》，序於萬曆十三年(1585)；泰昌元年(1620)版。

王家相，《清祕述聞續》，光緒二十五年(1889)版。

王之垣、王象晉，《大槐王氏念祖約言世記》，序於萬曆二十九年(1601)，但可能刊
　　行於十七世紀中葉。

王充，《論衡》，《四部備要》版。

汪輝祖，《病榻夢痕錄》，《汪龍莊先生遺書》所收，民國十五年(1826)版。

———，《夢痕餘錄》，《汪龍莊先生遺書》，民國十五年(1826)版。

———，《雙節堂庸訓》，《汪龍莊先生遺書》，民國十五年(1826)版。

王闓運，《湘綺樓文集》，光緒二十六年(1900)版。

———，《王湘綺先生全集》，民國十二年(1923)版。

王世貞，《鳳洲雜編》，《紀錄彙編》版。

———，《弇州山人四部稿》，萬曆五年(1577)版。

———，《弇州史料》，正集及續集，萬曆四十二年(1614)版。

王士禎，《池北偶談》，序於康熙三十年(1691)；《清代筆記叢刊》版。

———，《居易錄談》，《叢書集成》版。

———，《香祖筆記》，《清代筆記叢刊》版。

王守仁，《陽明全書》，《四部備要》版。

王恕，《王端毅公奏議》，嘉靖十三年(1534)版。

汪道昆，《太函集》，萬曆十九年(1591)版。

———，《太函副墨》，崇禎六年(1633)版。

王定保，《唐摭言》，上海，1957年重排版。

汪琬，《說鈴》，《嘯園叢書》版，順治十六年(1659)版。

汪由敦，《松泉詩文集》，乾隆四十三年(1778)版。

溫純，《溫恭毅公文集》，《溫氏叢書》版。

文天祥，《文山先生全集》，《四部叢刊》版。

《武進陽湖縣合志》，光緒五年(1879)版。

吳敬梓，《儒林外史》，亞東書局版。

《無錫金匱縣志》，光緒九年(1883)版。

《吳縣志》，崇禎十五年(1642)版。

吳懷清，《關中三李先生年譜》，民國十七年(1928)版。

吳德旋，《初月樓聞見錄》，未註年月，十九世紀著作，《清代筆記叢刊》版。

楊繼盛，《楊忠愍公集》，康熙十二年(1673)版。

楊儀，《明良記》，《叢書集成》版。

楊士聰，《玉堂薈記》，劉氏嘉業堂版。

葉昌熾，《藏書紀事詩》，上海，1958年排印本。

懷德堂排印，《葉公澄衷哀榮錄》，光緒二十八年(1902)(Columbia)。

葉廷琯，《甌波漁話》，《清代筆記叢刊》版。

葉子奇，《草木子》，嘉靖八年(1529)版。

嚴辰，《桐溪達叟自訂年譜》，清末刊，未註出版年月。

《鹽政志》，嘉靖八年(1529)版。

余繼登，《典故紀聞》，《叢書集成》版。

俞汝楫，《禮部志稿》，《四庫珍本初集》版。

《嶽麓書院志》，康熙二十六年(1687)版，同治七年(1868)翻刻。

俞樾，《春在堂隨筆》，《清代筆記叢刊》版。

《原任順天府尹後補四品京堂梁公家傳》，陳澧(Columbia)。

《原任順天府尹梁公墓表》，陳澧(Columbia)。

袁采，《袁氏世範》，《知不足齋叢書》版。

《元統元年進士登科錄》，《宋元科舉三錄》所收，元統元年(1333)版，民國十二年
(1923)翻刻。

中文、日文近人研究論著

青山定雄，〈五代宋に於ける江西の新興官僚〉，《和田博士還曆紀念東洋史論
叢》，東京，1951年。

張孝若，《南通張季直先生傳記》，上海，民國十九年(1930)。

張耀翔，〈清代進士之地理的分布〉，《心理》，第4卷1期，民國十五年(1926)3
月。

趙鐵寒，〈宋代的太學〉，《大陸雜誌》，第7卷4-5期，民國四十二年(1953)。

———，〈宋代的州學〉，《大陸雜誌》，第7卷10-11期，民國四十二年(1953)。

陳懋恆，《明代倭寇考略》，《燕京學報》，專刊第6號，民國二十三年(1934)。

陳寅恪，《唐代政治史略論稿》，重慶，民國三十一年(1942)。

賈景德，《秀才舉人進士》，香港，民國三十五年(1946)。

錢穆，《國史大綱》，2冊，上海，民國二十九年(1940)。

朱君毅，《中國歷史人物之地理分布》，上海，民國二十一年(1932)。

朱士嘉，《中國地方志綜錄》，上海，1958年。

瞿同祖，《中國法律與中國社會》，上海，民國三十六年(1947)。

———，《中國封建社會》，上海，民國二十六年(1937)。

全漢昇，《唐宋帝國與運河》，上海，民國三十五年(1946)。

———，〈北宋汴梁的輸出入貿易〉，《中央研究院歷史語言研究所集刊》，第8本第2分，民國二十八年(1939)。

———，〈宋代官吏之私營商業〉，《中央研究院歷史語言研究所集刊》，第7本第2分，民國二十五年(1936)。

《中國資本主義萌芽問題討論集》，2卷。北京，1957年。

《中國印本書籍展覽目錄》，北京，1952年。

房兆楹、杜聯喆，《增校清朝進士題名碑錄》，《哈佛燕京學社引得特刊》之5，民國三十年(1941)。

方豪，《中西交通史》，5冊，臺北，民國四十四年(1955)。

———，《徐光啓》，重慶，民國三十三年(1944)。

———，《宋史》，2冊，臺北，民國三十三年(1944)。

傅衣凌，《明清時代商人及商業資本》，北京，1956年。

藤井宏，〈新安商人の研究〉，《東洋學報》，第36-38卷1-4號。

———，〈明代鹽商の一考察〉，《史學雜誌》，第54卷5-7號(1943)。

何維凝，〈明代的鹽戶〉，《中國社會經濟史集刊》，第7卷2期，民國三十五年(1946)。

何佑森，〈兩宋學風之地理分布〉，《新亞學報》，第1卷1期，民國四十四年(1955)年8月。

———，〈元代學術之地理分布〉，《新亞學報》，第1卷2期，民國四十五年(1956)2月。

———，〈元代書院之地理分布〉，《新亞學報》，第2卷1期，民國四十五年(1956)8月。

蕭公權，《中國政治思想史》，2冊，上海，民國三十五年(1946)。

謝國楨，〈清代書院學校制度變遷考〉，《張菊生先生七十生日紀念論文集》，上海，民國二十四年(1935)。

許大齡，《清代捐納制度》，《燕京學報》專刊，第22號，民國三十六年(1947)。

胡適、黎錦熙、鄧廣銘，《齊白石年譜》，上海，民國三十八年(1949)。

加藤繁，《支那經濟史考證》，2卷，東洋文庫，1953年。

《國會圖書館藏中國善本書錄》，2冊，Washington, D. C., 1957年。

《國立中央圖書館善本書目》，3冊，臺北，民國四十六年(1957)。

《國立北平圖書館善本書目》，北平，民國二十二年(1933)。

《國立北平圖書館善本書目　乙編》，北平，民國二十四年(1935)。

桑原隲藏，《蒲壽庚考》(原題《蒲壽庚事蹟》)中譯本，上海，1954年。

勞榦，〈漢代察舉制度〉，《中央研究院歷史語言研究所集刊》，第17本，民國三十
　　七年(1948)。

雷海宗，《中國文化與中國的兵》，上海，民國二十九年(1940)。

———，〈春秋時代政治與社會〉，《社會科學》，第4卷1期，民國三十六年(1947)
　　10月。

黎光明，《嘉靖禦倭江浙主客軍考》，《燕京學報》專刊，第4號，民國二十二年
　　(1933)。

李書華，〈印刷發明的時期問題〉，《大陸雜誌》，第12卷5-6期，民國四十七年
　　(1958)。

梁嘉彬，《廣東十三行考》，上海，民國二十六年(1937)。

梁方仲，〈明代國際貿易與銀的輸出入〉，《中國社會經濟史集刊》，第6卷2期，民
　　國二十八年(1939)。

———，〈明代的民兵〉，《中國社會經濟史集刊》，第5卷2期，民國二十六年
　　(1937)。

劉伯驥，《廣東書院制度沿革》，上海，民國二十六年(1937)。

羅爾綱，《湘軍新志》，上海，民國二十八年(1939)。

呂思勉，《秦漢史》，2卷，上海，民國三十六年(1947)。

孟森，〈己未詞科錄外錄〉，《張菊生先生七十生日紀念論文集》，上海，民國二十
　　四年(1935)。

蒙思明，《元代社會階級制度》，《燕京學報》專刊，第16號，民國二十七年
　　(1938)。

潘光旦，《明清兩代嘉興的望族》，上海，民國三十六年(1947)。

潘光旦、費孝通，〈科舉與社會流動〉，《社會科學》，第4卷1期，民國三十六年
　　(1947年10月)。

商衍鎏，《清代科舉考試述錄》，北京，1958年。

盛朗西，《中國書院制度》，上海，民國二十三年(1934)。

清水盛光，《中國族產制度考》，東京，1949年。

孫國棟，〈唐宋之際社會門第之消融〉，《新亞學報》，第4卷1期，1959年8月。

宋晞，〈宋代富商入仕的途徑〉，《大陸雜誌》，第4卷11期，民國四十一年(1952)
　　年。

唐長孺，《魏晉南北朝史論叢》，北京，1955年。

———，《魏晉南北朝史論叢續編》，北京，1959年。

湯象龍，〈道光朝捐監統計〉，《社會科學雜誌》，第2卷4期(1931年12月)。

丁福保，《佛學大詞典》，上海，民國十四年(1925)。

岑仲勉，《隋唐史》，上海，1957年。

《同鄉組織之研究》，重慶，民國三十二年(1943)。

王崇武，〈明代商屯組織〉，《禹貢》，第5卷12期(1936年8月)。

王伊同，《五朝門第》，金陵大學中國文化研究所，成都，民國三十二年(1943)。

王毓銓，〈明代的軍戶〉，《歷史研究》，1959年第8期。

吳景超，〈西漢社會階級制度〉，《清華學報》，第9卷1期(1935年10月)。

吳晗，《朱元璋傳》，上海，1949年。

——，〈明代的軍兵〉，《中國社會經濟史集刊》，第5卷2期(1937)。

楊聯陞，〈科舉時代的赴考旅費問題〉，《清華學報》，新第2卷2期(1961年6月)。

楊筠如，《九品中正與六朝門閥》，上海，民國十九年(1930)。

嚴耕望，〈唐人讀書山林寺院之風尚〉，《中央研究院歷史語言研究所集刊》，第30
　　本下冊(1960)。

容肇祖，《李贄年譜》，北京，1957年。

西文著作

Barber, Bernard. *Social Stratification, a Comparative Analysis of Structure and Process.* New York, 1956.

Barber, Elinor. *The Bourgeoisie in 18th-Century France.* Princeton, 1955.

Bendix, Reinhard. *Higher Civil Servants in American Society, a Study of the Social Origins, the Careers, and Power-Position of Higher Federal Administration.* Boulder, Colorado, 1949.

Bottomore, Thomas B. "La Mobilité Sociale dans la Haute administration Française." *Cahiers Internationaux Sociologie* XIII(September, 1952)。

——"Higher Civil Service in France." Transactions of the Second World Congress of Sociology, 1954.

Carter, Thomas F. *The Invention of Printing in China and Its Spread Westward.* Rev. by L. Carrington Goodrich(富善或富路德). New York, 1955.

Chang Chung-li(張仲禮). *The Chinese Gentry, Studies in Their Role in Nineteenth-Century Chinese Society.* Seattle, 1955.

Ch'ü T'ung-tsu(瞿同祖). "Chinese Class Structure and Its Ideology." in J.K. Fairbank, ed., *Chinese Thought and Institutions.* Chicago, 1957.

Dibble, Vernon K., and Ping-ti Ho(何炳棣). "The Comparative Study of Social Mobility(Debate)." *Comparative Studies in Society and History* III(no.3, April, 1961).

Dubs, Homer H.(德效騫), tr. *The Works of Hsuntze*《荀子》. London, 1928.

——*History of the Former Han Dynasty,* Vol. II. Baltimore, 1944.

Duyvendak, J.J.L.(戴聞達), tr. *The Book of Lord Shang*《商君書》, *a Classic of the Chinese School of Law.* London, 1928.

Feng Yu-lan(馮友蘭). *A History of Chinese Philosophy.* vol. I, Peiping, 1937; vol. II, Princeton, 1954.

Forke, Alfred(佛爾克), tr. *Lun-heng*《論衡》. 2 vols. Leipzig, 1907.

Geiger, Theodor. "A Historical Study of the Origins and Structure of the Danish Intelligentsia." *British Journal of Sociology* I(no. 3, September, 1950).

Goodrich, L. C.(富善或富路德). "The World's Greatest Book." *Pacific Affairs* VII(no. 1,

March, 1934).

Ho, Ping-ti(何炳棣). "The Salt Merchants of Yang-chou(揚州): A Study of Commercial Capitalism in Eighteenth-Century China." *Harvard Journal of Asiatic Studies* XVII(nos. 1-2, June, 1954).

——"Early-Ripening Rice in Chinese History." *Economic History Review* 2d series, IX(no 2, December, 1956).

——"The Examination System and Social Mobility in China, 1368-1911." in *Proceedings of the 1959 Annual Spring Meeting of the American Ethnological Society.*

——"Aspects of Social Mobility in China, 1368-1911." *Comparative Studies in Society and History* I (no. 4, June, 1959).

——*Studies on the Population of China, 1368-1953.* Cambridge, Massachusetts, 1959.

Hu, Hsien-chin(胡先縉). *The Common Descent Group in China and Its Functions.* New York, 1948.

Hu Shih(胡適). *Oral Autobiography.* Incomplete manuscript. Oral History Project, East Asian Institute, Columbia University.

Hucker, Charles O.(賀凱)."The Tung-lin(東林)Movement of the Late-Ming Period." in J.K. Fairbank, ed., *Chinese Thought and Institutions.* Chicago, 1957.

Hummel, Arthur W.(恆慕義). *Eminent Chinese of the Ch'ing Period.* 《清代名人傳略》 2 vols. Washington, D.C., 1943-44.

Jenkins, Hester, and D. Caradog Jones. "Social Class of Cambridge University Alumni of the 18th and 19th Centuries." *British Journal of Sociology,* I (no. 2, June, 1950).

Kelsall, R. K. "The Social Origin of Higher Civil Servants in Great Britain, Now and in the Past." *Transactions of the Second World Congress of Sociology,* 1954.

——*Higher Civil Servants in Britain, from 1871 to the Present Day.* London, 1955.

Kracke, Edward A.(柯睿格). "Family vs. Merit in Chinese Civil Service Examinations under the Empire." *Harvard Journal of Asiatic Studies* X (no. 2, September, 1947).

——*Civil Service in Early Sung China.* Cambridge, Massachusetts, 1953.

Legge, James(理雅各), tr. *The Chinese Classics,* vol. 2, *The Works of Mencius* 《孟子》. Hong Kong, 1861.

Liao, W. K.(廖文魁), tr. *The Complete Works of Han Fei-tzu* 《韓非子》, *a Classic of Chinese Legalism.* London, 1939.

Lipset, Seymour M., and Reinhard Bendix. "Ideological Equalitarianism and Social Mobility in the United States." *Transactions of the Second World Congress of Sociology*, 1954.

——*Social Mobility in Industrial Society*. Berkeley, 1959.

Liu, Hui-chen(Wang)(劉王惠箴). *The Traditional Chinese Clan Rules*. New York, 1959.

Liu, James T.C.(劉子健). "An Early Sung Reformer: Fan Chung-yen(范仲淹)." in J. K. Fairbank, ed., *Chinese Thought and Institutions*. Chicago, 1957.

Marsh, Robert M. "Mandarin and Executive: Elite Mobility in Chinese and American Societies." Unpublished doctoral dissertation, Columbia University, 1959.

Mathew, David. *The Social Structure of Caroline England*. Oxford, 1948.

Maverick, L. A., ed. *Economic Dialogues in Ancient China, Selections from the Kuan-tzu*. New York, 1954.

Mei, Yi-pao(梅貽寶), tr. *The Ethical and Political Works of Motse*《墨子》. London, 1932.

Namier, Sir Lewis B. *The Structure of Politics at the Accession of George III*. London, 1957.

Porter, John. "The Economic Elite and the Social Structure in Canada." *Canadian Journal of Economics and Political Science* XXIII(no. 3, August, 1957).

——"Higher Public Servants and the Bureaucratic Elite in Canada." *Canadian Journal of Economics and Political Science* XXIV(no. 4, November, 1958).

Pulleyblank, E. G.(蒲立本). *The Background of the Rebellion of An Lu-shan*(安祿山). Vol. 1, Oxford, 1955.

——"The Origins and Nature of Chattel Slavery in China." *Journal of Economic and Social History of the Orient*, I (part 2, April, 1958).

Swann, Nancy Lee(孫念禮). "Seven Intimate Library Owners." *Harvard Journal of Asiatic Studies* I(1936).

——*Food and Money in Ancient China*. Princeton, 1949.

Tawney, R.H. "The Rise of the Gentry, 1558-1640." *Economic History Review*, XI(no. 1, 1941).

Thrupp, Sylvia L. "Hierarchy, Illusion and Social Mobility: A Comment on Ping-ti Ho, 'Aspects of Social Mobility in China, 1368-1911'." *Comparative Studies in Society and History*, II(no. 1, October, 1959).

Twitchett, Denis C.(杜希德). "The Fan Clan's Charitable Estate(范氏義莊), 1050-1760."

in David S. Nivison(倪德衛)and Arthur F. Wright(芮沃壽), eds., *Confucianism in Action.* Stanford, California, 1959.

Watson, Burton(華茲生), tr. *Records of the Grand Historian of China, Translated from the Shih chi*《史記》*of Ssu-ma Ch'ien*(司馬遷). Vol. II, *The Age of Emperor Wu, 140 to circa 100 B. C.* New York, 1960.

Wittfogel, Karl A.(魏復古). *New Light on Chinese Society.* New York, 1938.

——"Public Office in the Liao Dynasty(遼朝)and the Chinese Examination System." *Harvard Journal of Asiatic Studies*, X (June, 1947).

——*Oriental Despotism.* New Haven, 1957.

——and Feng Chia-sheng(馮家昇). *History of Chinese Society—Liao*(遼), *907-1125.* Philadelphia, 1949.

Wu, K. T.(吳光清). "Ming Printing and Printers." *Harvard Journal of Asiatic Studies* VII (1942-43).

譯注與按語引用書目

史籍與史料彙編

史籍

(周)荀況著,(唐)楊倞注,《荀子》,收入《四部叢刊》,初編,集部,第312-317
　　冊,上海:商務印書館據上海涵芬樓藏黎氏景宋刊本,1919。

(周)商鞅撰,嚴可均校,《商君書》,上海:國學整理社,1935。

(周)管仲撰,(唐)房玄齡注,《管子》,收入《四部叢刊初編》,第344-347冊,上
　　海:商務印書館據上海涵芬樓借常熟瞿氏鐵琴銅劍樓藏宋刊本影印,1919。

(周)墨翟撰,(清)畢沅校注,《墨子》,收入《叢書集成》,初編,第576冊,上
　　海:商務印書館,1939。

(周)韓非撰,《韓非子》,收入《四部備要》,子部,第1386-1389冊,上海:中華書
　　局聚珍仿宋版排印本,1936。

(漢)司馬遷撰,顧頡剛等點校,《史記》,北京:中華書局,1982。

(漢)班固撰,(唐)顏師古注,《漢書》,北京:中華書局,1962。

(吳)韋昭注,《國語》,收入《四部備要》,史部,第1118-1123冊,上海:中華書局
　　聚珍仿宋版排印本,1936。

(宋)文天祥,《文山先生全集》,收入《四部叢刊》,初編,集部,第1137-1146冊,
　　上海:商務印書館據烏程許氏影明刊本影印,1929。

(宋)王應麟著,(清)賀興思注,《三字經注解備要》,臺北:萬有善書,1973。

(宋)宋眞宗趙恆,〈勵學篇〉,見(清)鄭志鴻《常語尋源》,收入蔣致遠編,《中國
　　方言諺語全集》(臺北:宗青圖書公司,1985),第21冊。又見於《詩詞名句網》
　　http://www.shicimingju.com/baidu/list/1111528.html

(宋)倪思,《經鉏堂雜誌》,收入《四庫全書存目叢書》,子部,第83冊,臺南:莊
　　嚴文化出版社,據南京圖書館藏明萬曆二十八年(1600)潘大復刻本影印,1995。

(元)脫脫等撰,《宋史》,北京:中華書局,1977。

(明)尹畊,《塞語》,臺北:藝文印書館,1966。

(明)王世貞，《弇山堂別集》，臺北：臺灣學生書局《中國史學叢書》據國立中央圖
　　書館藏本明萬曆刻本影印。

———，《弇州山人四部稿》，臺北：偉文圖書據明萬曆間(1573-1620)世經堂刊本影
　　印，1976。

(明)王圻，《王侍御類稿》，收入《四庫全書存目叢書》，集部，第140冊，臺南：
　　莊嚴文化出版社據原北平圖書館藏明萬曆四十八年(1620)王思義刻本影印，
　　1995。

———，《續文獻通考》，臺北：文海出版社據明萬曆刊本影印，1979。

(明)王棟，《一菴王先生遺集》，收入《四庫全書存目叢書》，子部儒家類，第10
　　冊，臺南：莊嚴文化出版社據南京圖書館藏明萬曆三十九年(1611)鈔本影印，
　　1995。

(明)申時行等修，《大明會典》，收入《續修四庫全書》，史部政書類，第789-792
　　冊，上海：上海古籍出版社據明萬曆內府刻本影印，1997。

(明)朱元璋撰，《御製大誥》，收入《續修四庫全書》，史部‧政書類862，據清華
　　大學圖書館藏明洪武八年序內府刻本，上海：上海古籍出版社，2002。

(明)何良俊，《四友齋叢說》，收入《元明史料筆記叢刊》，北京：中華書局據明萬
　　曆刻足本校釋，1959。

(明)何喬遠，《名山藏》，台北：成文出版社據明崇禎十三年刊本影印，1971。

———，《閩書》，收入《四庫全書存目叢書》，史部，第204-207冊，臺南：莊嚴文
　　化出版社據福建省圖書館藏明崇禎刻本影印，1996。

(明)余繼登，《典故紀聞》，收入《叢書集成》，初編，第2814-2817冊，上海：商務
　　印書館據畿輔叢書本排印，1936。

(明)李東陽等撰，《大明會典》，收入《景印文淵閣四庫全書》，第617-618冊，臺
　　北：臺灣商務印書館影印弘治十五年(1502)版本，1983。

(明)李昭祥，《龍江船廠志》，收入《續修四庫全書》，史部，第878冊，上海：上
　　海古籍出版社據上海辭書出版社圖書館藏民國三十六年國立中央圖書館影印玄覽
　　堂叢書續集本影印，1997。

(明)李紹文，《皇明世說新語》，收入《四庫全書存目叢書》，子部，第244冊，臺
　　南：莊嚴文化出版社據中國科學院圖書館藏明萬曆刻本影印，1995。

(明)沈德符，《萬曆野獲編》，北平：中華書局，1959。

(明)周玄暐，《涇林續記》，收入《叢書集成》，初編，第2954冊，上海：商務印書

館，1939。

(明)周忱，《雙崖文集》，收入《四庫未收書輯刊》，第6輯，第30冊，北京：北京
　　出版社據清光緒四年(1878)山前崇恩堂刻本影印，1997。

(明)抱甕老人，《今古奇觀》，上海：亞東圖書館，1949。

(明)俞汝楫，《禮部志稿》，收入《四庫全書珍本》，初集，第667-720冊，上海：商
　　務印書館，1934-1935。

(明)俞憲輯，《皇明進士登科考》，臺北：中央研究院傅斯年圖書館藏據明嘉靖年間
　　增補本影印。

(明)徐咸，《西園雜記》，收入《叢書集成》，初編，第2913-2914冊，上海：商務印
　　書館，1937。

(明)徐學聚，《國朝典彙》，臺北：臺灣學生書局，1965。

(明)祝允明，《野記》，收入《叢書集成簡編》，第719冊，臺北：臺灣商務印書
　　館，1966。

(明)張鹵校刊，《皇明制書》，臺北：成文出版社據明萬曆年間刻本影印，1969。

(明)陸容，《菽園雜記摘抄》，收入《紀錄彙編》，第62-64冊，臺北：臺灣商務印書
　　館據上海涵芬樓明萬曆刻本影印，1969。

(明)陶澍，《陶文毅公全集》，收入《續修四庫全書》，集部別集類，第1502-1504
　　冊，上海：上海古籍出版社據清道光二十年(1840)兩淮淮北士民刻本影印，
　　1995。

(明)焦竑，《國朝獻徵錄》，臺北：臺灣學生書局，1965。

(明)馮夢龍編，顧學頡校注，《醒世恆言》，香港：中華書局，1980。

(明)黃佐，《南廱志》，臺北：中央研究院傅斯年圖書館藏江蘇省立國學圖書館據明
　　刊本影印，1931。

(明)黃瑜，《雙槐歲抄》，收入《四庫全書存目叢書》，子部，第239冊，臺南：莊
　　嚴文化出版社據北京圖書館藏明嘉靖三十八年(1559)陸延枝刻本影印，1995。

(明)楊繼盛，《楊忠愍公集》，收入《叢書集成》，續編，文學類，第145冊，臺
　　北：新文豐據知服齋叢書本排印，1989。

(明)溫純，《溫恭毅公文集》，臺北：國家圖書館藏明崇禎己卯(十二年，1639)西京
　　溫氏家刊本。

(明)葉子奇，《草木子》，臺北：國家圖書館藏萬曆八年(1580)刊鈔補本。

(明)葛守禮，《葛端肅公集》，收入《四庫全書存目叢書》，集部，第93冊，臺南

縣：莊嚴文化事業據明萬曆刻本影印，1997。

（明）褚人獲，《堅瓠餘集》，收入《筆記小說大觀》，二十三編，第8-10冊，臺北：新興書局據清康熙乙亥年(1695)序刊本影印，1985。

（明）劉鳳，《續吳先賢贊》，收入《紀錄彙編》，第34-37冊，臺北：臺灣商務印書館據上海涵芬樓明萬曆刻本影印，1969。

（明）謝肇淛，《五雜俎》，收入《續修四庫全書》，第1130冊，上海：上海古籍出版社據明萬曆四十四年(1616)潘膺祉如韋館刻本影印，1997。

（唐）王定保，《唐摭言》，收入《筆記小說大觀》，二十編，第1冊，臺北：新興書局，1990。

（清）王士禛，《池北偶談》，收入《筆記小說大觀》，二編，第8冊，臺北：新興書局，1978。

───，《居易錄》，收入《筆記小說大觀》，十五編，第8-9冊，臺北：新興書局，1988。

───，《香祖筆記》，收入《筆記小說大觀》，二十八編，第5冊，臺北：新興書局，1979。

（清）王元鐘輯，《國朝虞陽科名錄》，清暉書屋道光三十年(1850)刊，咸豐光緒間(1851-1908)增修，光緒三十年(1904)印本。

（清）王弘，《山志》，收入《續修四庫全書》，子部雜家類，第1136冊，上海：上海古籍出版社據復旦大學圖書館藏清初刻本影印，1997。

（清）王定安纂，《光緒兩淮鹽法志》，收入《續修四庫全書》，史部政書類，第842-845冊，上海：上海古籍出版社據清光緒三十一年(1905)刻本影印，1997。

（清）王崇炳，《金華獻徵錄》，收入《續修四庫全書》，史部傳記類，第547冊，上海：上海古籍出版社據清雍正十年(1732)刻本影印，1997。

（清）王闓運，《王湘綺全集》，臺北：傅斯年圖書館藏民國十二年(1923)長沙刊本。

（清）吉綸纂，《新修山東鹽法志》，臺北：國家圖書館藏清嘉慶十二年(1807)刊本。

（清）朱孔彰，《中興將帥別傳》，收入《近代中國史料叢刊》，第12輯，第112冊，臺北：文海出版社，1967。

（清）朱軾，《朱文端公集》，收入《清代詩文集彙編》，第214冊，上海：上海古籍出版社據清康熙六十年山西劉鎮初刻乾隆二年江西吳學濂續刻本影印，2010。

（清）朱瀚輯，《朱文端公年譜》，收入《北京圖書館藏珍本年譜叢刊》，第89冊，北京：北京圖書館出版社據清光緒年間刻本印，1998。

(清)吳敬梓撰，汪原放標點，《儒林外史》，上海：亞東圖書館，1920。

(清)吳德旋，《初月樓聞見錄》，收入《叢書集成》，三編，文學類，第76冊，臺北市：新文豐出版公司據筆記小說大觀本影印，1997。

(清)吳懷清，《關中三李先生年譜》（又名《三李年譜》），臺北：中央研究院傅斯年圖書館藏民國戊辰(十七)年(1928)北平默存齋刊本。

(清)李斗，《揚州畫舫錄》，北京：中華書局據清乾隆乙卯(1795)年自然盦初刻本為底本點校，1960。

(清)李周望輯，《國朝歷科題名碑錄初集》，收入《北京圖書館古籍珍本叢刊》，集部總集，第116冊，北京：書目文獻出版社據清雍正刻本影印，1998。

(清)李桓，《國朝耆獻類徵初編》，臺北：明文書局，1985。

(清)李調元，《制義科瑣記》，收入《叢書集成》，初編，第897冊，上海：商務印書館，1936。

(清)沈垚，《落帆樓文集》，劉氏嘉業堂校刊本，1918。

(清)汪輝祖，《清汪輝祖先生自定年譜：一名病榻夢痕錄》，收入《新編中國名人年譜集成》，臺北：臺灣商務印書館，1980。

(清)阮葵生，《茶餘客話》，收入《續修四庫全書》，子部雜家類，第1138冊，上海：上海古籍出版社據清光緒十四年(1888)鉛印本影印，1997。

(清)長善纂，《駐粵八旗志》，臺北：文海出版社據光緒五年刊本影印，1999。

(清)佶山纂，《嘉慶兩淮鹽法志》，臺北：中央研究院傅斯年圖書館藏清嘉慶十一年(1806)刊本。

(清)信天翁，《丁酉北闈大獄紀略》，收入《痛史》，第3種，第3冊，上海：商務印書館，1913。

(清)查繼佐，《罪惟錄》，收入《四部叢刊》，三編，史部，16號，上海：商務印書館據上海涵芬樓影印吳興劉氏嘉業堂藏手稿本影印，1936。

(清)胡傳，《鈍夫年譜》，收入《北京大學圖書館館藏稿本叢書》，第9冊，天津：天津古籍出版社，1987。

(清)徐珂，《清稗類鈔》，上海：商務印書館，1917。

(清)徐錫麟，《熙朝新語》，收入《四庫全書存目叢書》，子部，第1178冊，上海：上海古籍出版社據清嘉慶二十三年(1818)刻本影印，1997。

(清)崑岡等撰，《大清會典事例》，北京：中華書局據光緒二十五年(1899)石印本影印，1991。

(清)張廷玉等撰，鄭天挺點校，《明史》，北京：中華書局，1974。

(清)張謇，《嗇翁自訂年譜》，收入《北京圖書館藏珍本年譜叢刊》，第183冊，北京：北京圖書館出版社據民國十四年(1925)鉛印本影印，1998。

(清)陳其元，《庸閒齋筆記》，收入《續修四庫全書》，子部，第1142冊，上海：上海古籍出版社據華東師範大學圖書館藏清同治十三年刻本影印，1997。

(清)鈕琇，《觚賸續編》，收入《四庫全書存目叢書》，子部，第250冊，臺南：莊嚴文化出版社據私藏清康熙三十九年(1700)臨野堂刻本影印，1995。

(清)黃宗羲，《明儒學案》，收入《四部備要》，子部，第1589-1602冊，上海：中華書局，1936。

(清)葉昌熾，《藏書紀事詩》，上海：上海古籍出版社，1989。

(清)鄒弢，《三借廬筆談》，收入《筆記小說大觀》，二十八編，第10冊，臺北：新興書局，1988。

(清)趙爾巽等撰，啓功等點校，《清史稿》，北京：中華書局，1976-1977。

(清)趙翼，《廿二史劄記》，上海：世界書局，1947。

───，《陔餘叢考》，臺北：世界書局，1970。

(清)潘世恩，《思補老人自訂年譜》，收入《北京圖書館藏珍本年譜叢刊》，第133冊，北京：北京圖書館出版社據清咸豐五年(1855)刻本影印，1998。

(清)蔣兆奎撰，《河東鹽法備覽》，收入《四庫未收書輯刊》，第1輯，第24冊，北京：北京出版社據清乾隆五十五年(1790)刻本影印，1997。

(清)鄭方坤，《本朝名家詩鈔小傳》，臺北：國家圖書館藏民國八年(1919)上海掃葉山房石印本。

(清)噶爾泰纂，《雍正長蘆鹽法志》，收入《稀見明清經濟史料叢刊》，第1-3冊，北京：國家圖書館出版社據清雍正間刻本影印，2009。

(清)錢泳，《履園叢話》，收入《筆記小說大觀》，二編，第5冊，臺北：新興書局，1988。

(清)龍文彬撰，《明會要》，北京：中華書局，1956。

(清)謝開寵纂，《康熙兩淮鹽法志》，臺北：臺灣學生書局據康熙本(1662-1722)影印，1966。

(清)歸有光，《震川先生集》，收入《叢書集成》，三編，文學類，第50冊，臺北：新文豐出版公司據歸震川先生全集本影印，1997。

(清)顧炎武著，(清)黃汝成集釋，《日知錄集釋》，收入《四部備要》，子部，第

1621-1632冊，上海：中華書局據原刻本校刊，1936。

(清)顧鴻輯，《通庠題名錄》，同治三年(1864)刊，光緒補刊；又有崔靈驥、張寶琛續輯，民國二十年(1931)石印本。

(清)龔自珍，《定盦文集》，收入《四部叢刊》，初編，集部，第1895-1897冊，上海：商務印書館據同治刊本影印，1929。

《天一閣藏明代科舉錄選刊‧登科錄》，杭州：天一閣博物館影印出版，2006年。

《天一閣藏明代科舉錄選刊‧會試錄》，杭州：天一閣博物館影印出版，2007年。

《天一閣藏明代科舉錄選刊‧鄉試錄》，杭州：天一閣博物館影印出版，2010年。

《古今圖書集成》，臺北：鼎文書局，1977。

《正德姑蘇志》，收入《北京圖書館古籍珍本叢刊》，史部地理類，第26-27冊，北京：書目文獻出版社據明正德刻嘉靖續修本影印，1998。

《光緒四會縣志》，收入《中國方志叢書》，華南地方廣東省，第58號，臺北：成文出版社據民國十四年重印光緒二十二年(1896)刻本影印，1968。

《明太祖實錄》，臺北：中央研究院歷史語言研究所據國立北平圖書館藏紅格鈔本微捲影印校勘，1966。

《明世宗實錄》，臺北：中央研究院歷史語言研究所據國立北平圖書館藏紅格鈔本微捲影印校勘，1966。

《明宣宗實錄》，臺北：中央研究院歷史語言研究所據國立北平圖書館藏紅格鈔本微捲影印校勘，1966。

《明英宗實錄》，臺北：中央研究院歷史語言研究所據國立北平圖書館藏紅格鈔本微捲影印校勘，1966。

《明神宗實錄》，臺北：中央研究院歷史語言研究所據國立北平圖書館藏紅格鈔本微捲影印校勘，1966。

《宣統湖北通志》，武昌：湖北省長公署，1921。

《皇明詔令》，臺北：成文出版社據明嘉靖二十七年(1549)浙江布政使司校刊本影印，1967。

《乾隆吉安府志》，收入《中國方志叢書》，華中地方江西省，第769號，臺北：成文出版社據清乾隆四十一年(1776)刊本影印，1989。

《乾隆紹興府志》，收入《中國方志叢書》，華中地方浙江省，第221號，臺北：成文出版社據清乾隆五十七年(1792)刊本影印，1975。

《清世祖實錄》，臺北：華文書局，1969。

《清高宗實錄》，臺北：華文書局，1969。

《欽定科場條例》，收入《近代中國史料叢刊》，三編，第48輯，第471-480冊，臺北：文海出版社，1989。

《萬曆三十八年進士登科錄》，臺北：中央研究院傅斯年圖書館藏明萬曆三十八年(1610)刊本。

《萬曆三十五年進士登科錄》，收入《中國科舉錄匯編》，第9冊，北京：全國圖書館文獻縮微複製中心據明萬曆刻本影印，2010。

《萬曆江寧縣志》，臺北：國立故宮博物院據明萬曆戊戌(二十六)年(1598)刊本攝製，1997。

《萬曆福州府志》，收入《日本藏中國罕見地方志叢刊》，第2冊，北京：書目文獻出版社據日本內閣文庫藏明萬曆二十四年刻本影印，1990。

《道光十六年丙申恩科會試錄》，道光十六年刻本。

《道光徽州府志》，收入《中國方志叢書》，華中地方安徽省，第235號，臺北：成文出版社據清道光七年(1827)刊本影印，1975。

《嘉靖癸丑科進士同年便覽錄》，臺北：國家圖書館藏影鈔明嘉靖庚申(三十九)年(1560)衢州刊本。

《嘉靖癸丑科進士同年便覽錄》，收入《中國科舉錄匯編》，第6冊，北京：全國圖書館文獻縮微複製中心據明萬曆刻本影印，2010。

崔靈驤等原輯，《靜庠題名錄》，成廷宷續輯；成榮仲等增輯，光緒三十二年(1906)刊本。

張茂炯編，《清鹽法志》，臺北：國家圖書館藏民國九年(1920)北平財政部鹽務署石印本。

梁壽曾撰，《番禺黃埔梁氏家譜》，光緒二十四年(1900)刊本。

黃健彰撰，《明太祖實錄校勘記》，臺北：中央研究院歷史語言研究所，1966。

史料彙編（依作者姓氏筆畫排序）

《中華歷史人物別傳集》，北京：線裝書局，2003。

《國立中央圖書館善本書目錄》，臺北，國立中央圖書館，1986。

《新編中國名人年譜集成》，臺北：商務印書館，1980。

中國第一歷史檔案館編，《康熙朝漢文硃批奏摺匯編》，北京：檔案出版社，1984-1985。

北京籍古軒圖書數位技術有限公司製作，《中國數字方志庫》。網址：http：//www.wenjinguan.com/

朱保炯、謝沛霖，《明清進士題名碑錄索引》，上海：上海古籍出版社，1979。

江慶柏，《清朝進士題名錄》，北京：中華書局，2007。

房兆楹、杜聯喆編，《增校清朝進士題名碑錄附引得》，北京：哈佛燕京引得社，1941。

國立中央研究院歷史語言所製作，《中國大陸各省地方志書目查詢系統》。網址：http：//webgis.sinica.edu.tw/place/

楊學為、劉芃主編，《中國考試史文獻集成（第六卷・清）》，北京：高等教育出版社，2003。

臺灣學生書局編輯部輯，《明代登科錄彙編》，臺北：學生書局，1969。

潘榮勝主編，《明清進士錄》，北京：中華書局，2006。

顧廷龍主編，《清代硃卷集成》，臺北：成文出版社有限公司，1992。

中文論著

專書（依作者姓氏筆畫排序）

中國科學院北京天文臺主編，《中國地方志聯合目錄》，北京：中華書局，1985。

方豪，《宋史》，臺北：中華文化出版事業委員會，1954。

毛漢光，《兩晉南北朝士族政治之研究》，臺北：中國學術著作獎助委員會，1966。

卡特（Thomas F. Carter）著；劉麟譯，《中國印刷源流史》，長沙：商務印書館，1938。

———，吳澤炎譯，《中國印刷術的發明和它的西傳》，北京：商務印書館，1957。

———，胡志偉譯，《中國印刷術的發明及其西傳》，臺北：商務印書館，1968。

朱士嘉，《中國地方志綜錄》，上海：商務印書館，1958。

何炳棣（Ho, Ping-ti）著，葛劍雄譯，《明初以降人口及其相關問題：1368-1953》，北京：三聯書店，2000。

———，《讀史閱世六十年》，臺北：允晨文化實業公司，2004；香港：商務印書館，2004；桂林：廣西師範大學出版社，2005。

汪維真，《明代鄉試解額制度研究》，北京：社會科學文獻出版社，2009。

胡適，《四十自述》，上海：亞東圖書館，1939。

徐泓，《明代的鹽法》，國立臺灣大學歷史學研究所博士論文，1978。

———，《清代兩淮鹽場的研究》，臺北：嘉新文化基金會，1972。

秦國經，《明清檔案學》，北京：學苑出版社，2005。

商衍鎏，《清代科舉考試述錄》，北京：三聯書店，1958。

商衍鎏著，商志䪍校，《清代科舉考試述錄》，天津：百花文藝出版社，2004。

張仲禮(Chung-li Chang)著，李榮昌譯，《中國紳士：關於其在十九世紀中國社會中作
　　用的研究》，上海：上海社會科學院出版社，1991。

張杰，《清代科舉家族》，北京：社會科學文獻出版社，2003。

梁嘉彬，《廣東十三行考》，廣州：廣東人民出版社，1999。

清水盛光著，宋念慈譯，《中國族產制度考》，臺北：中華文化出版事業委員會，
　　1956。

許倬雲(Cho-yun Hsu)，《心路歷程》，臺北：文星書店，1964。

———，鄒水杰譯，《中國古代社會史論：春秋戰國時期的社會流動》，桂林：廣西
　　師大出版社，2006。

郭培貴，《明史選舉志考論》，瀋陽：瀋陽出版社，2005。

———，《明代科舉史事編年考證》，北京：科學出版社，2008。

廖英舜，《明代官籍進士研究》，臺北：東吳大學歷史學系碩士論文，2010。

齊白石，《白石老人自傳》，北京：人民美術出版社，1962。

劉伯驥，《廣東書院制度沿革》，上海：商務印書館，1939。

劉海峰，《科舉學導論》，武漢：華中師範大學出版社，2005。

鄭若玲，《科舉、高考與社會之關係研究》，武漢：華中師範大學出版社，2007。

蕭啓慶，《元代的族群文化與科舉》，臺北：聯經出版公司，2008。

賴惠敏，《天潢貴胄：清皇族的階層結構與經濟生活》，臺北：中研院近史所，
　　2009。

———，《清代皇權與世家》，北京：北京大學出版社，2010。

錢茂偉，《國家、科舉與社會——以明代爲中心的考察》，北京：北京圖書出版社，
　　2004。

繆世鴻編，《中國東南地區人才問題國際研討會論文集》，杭州：浙江大學出版社，
　　1993。

魏復古(Karl A. Wittfogel)著；徐式谷等譯，《東方專制主義——對於集權力量的比較

研究》，北京：中國社會科學出版社，1989。

關文斌，《文明初曙：近代天津鹽商與社會》，天津：天津人民出版社，1994。

竇季良編著，《同鄉組織之研究》，上海：正中書局，1943。

龔篤清，《明代科舉圖鑑》，長沙：岳麓書社，2007。

期刊與專書論文（依作者姓氏筆畫排序）

毛曉陽，〈《明清進士題名碑錄索引》進士籍貫刊誤述論〉，《中國文化研究》，
　　2005年第3期。

毛曉陽、金甦，〈論《國朝歷科題名碑錄初集》的刻版與印本〉，《福建農林大學學
　　報(哲學社會科學版)》，第10卷3期(2007)。

王凱旋，〈明代分卷制述論〉，《合肥學院學報》，2005年第2期。

王爾敏，〈廣東十三行權威史家梁嘉彬〉，《傳記文學》，第89卷3期(2006)。

加藤繁著，吳杰譯，〈論唐宋時代的商業組織「行」並及清代的會館〉，《中國經濟
　　史考證》，北京：商務印書館，1959。

史文，〈我國現存方志的收藏與分布〉，《上海志鑑》，1989年第6期。

石原皋，〈胡適父親之死〉，《傳記文學》，第49卷3期(1986)。

何佑森，〈兩宋學風之地理分布〉，《新亞學報》，第1卷1期(1955)。

何炳棣(Ho, Ping-ti)著，王振忠譯，〈科舉和社會流動的地域差異〉，《歷史地
　　理》，第11輯(1993)。

———，巫仁恕譯，〈揚州鹽商：十八世紀中國商業資本的研究〉，《中國社會經濟
　　史研究》，1999年第2期。

吳建華，〈科舉制下進士的社會結構和社會流動〉，《蘇州大學學報》，1994年第1
　　期。

吳景超，〈西漢社會階級制度〉，《清華學報》，第1卷9期(1935)。

吳晗，〈明代的軍兵〉，《中國社會經濟史集刊》，第5卷2期(1937)。

李世愉，〈論清代書院與科舉之關係〉，《北京聯合大學學報(人文社會科學版)》，
　　第9卷3期(2011)。

李弘祺，〈中國科舉制度的歷史意義及解釋——從艾爾曼(Benjamin Elman)對明清考
　　試制度的研究談起〉，《臺大歷史學報》，第32期(2003)。

李書華，〈印刷發明的時期問題(上)(下)〉，《大陸雜誌》，第12卷5期、6期
　　(1958)。

李濟賢，〈唐宋以來戰亂對北方社會的影響：明初「南北榜」歷史原因初探〉，《史學集刊》，1991年第1期。

沈登苗，〈明清全國進士與人才的時空分布及其相互關係〉，《中國文化研究》，1999年第4期。

───，〈明代雙籍進士的分布、流向與明代移民史〉，《歷史地理》，第20輯（2004）。

───，〈也談明代前期科舉社會的流動率──對何炳棣研究結論的思考〉，《社會科學論壇(學術評論卷)》，2006年第9期。

───，〈就明代進士祖上的生員身分與何炳棣再商榷──以天一閣藏明代進士登科錄爲中心〉，《中國社會歷史評論》，第12卷(2011)。

汪桂海，〈大本堂考〉，《文獻》，2001年第2期。

汪維眞，〈明朝景泰年間鄉試解額調整史實鉤沈〉，《史學月刊》，2005年第10期。

宗韻、吳宣德，〈科舉與社會分層之相互關系──以明代爲中心的考察〉，《人文雜誌》，2007年第6期。

林麗月，〈科場競爭與天下之「公」：明代科場區域配額問題的一些考察〉，《臺灣師範大學歷史學報》，第20期(1992)。

范金民、夏維中，〈明清江南進士數量、地域分布及其特色分析〉，《南京大學學報》，1997年第2期。

───，〈明代江南進士研究之二：人數眾多的原因分析〉，《歷史檔案》，1997年第4期。

唐長孺，〈晉代北境各族「變亂」的性質及五胡政權在中國的統治〉，《魏晉南北朝史論叢》，北京：三聯書店，1955。

唐德剛，〈胡適父親鐵花先生無頭疑案〉，《傳記文學》，第48卷1期(1986)。

徐泓，〈清代兩淮的場商〉，《史原》，創刊號(1970)。

───，〈明代前期的食鹽運銷制度〉，《國立臺灣大學文史哲學報》，第23期(1974)。

───，〈明代前期的食鹽生產組織〉，《國立臺灣大學文史哲學報》，第24期(1975)。

───，〈明代後期鹽業生產組織與生產形態的變遷〉，《沈剛伯先生八秩榮慶論文集》，臺北：聯經出版公司，1976。

───，〈明代中期食鹽運銷制度的變遷〉，《臺大歷史學系學報》，第2期(1975)。

又收入陳國棟、羅彤華主編，《臺灣學者中國史研究論叢‧經濟脈動》，北京：中國大百科全書出版社，2005。

———，〈明北京行部考〉，《漢學研究》，第2卷2期(1984)。

馬懷雲，〈《明清進士題名碑錄索引》訂正〉，《河南大學學報》，2004年第6期。

戚其章，〈胡適父親胡傳之死及其他〉，《安徽史學》，1987年第4期。

曹國慶，〈明代江西科第世家的崛起及其在地方上的作用——以鉛山費氏為例〉，《中國文化研究》，1999年第4期(冬之卷)。

許倬雲，〈介紹何著《明清社會史論》〉，《大陸雜誌》，第26卷9期(1963年5月)。

許敏，〈明代商人戶籍問題初探〉，《中國史研究》，1998年第3期。

郭培貴，〈《明清進士題名碑錄索引》糾誤一則〉，《史學月刊》，1997年第1期。

———，〈二十世紀以來明代科舉研究述評〉，《中國文化研究》，2004年第3期(秋之卷)。

陳小錦，〈科舉家族的考試情結——評張杰《清代科舉家族》〉，《中國圖書評論》，2006年第6期。

陳文石，〈清代的筆帖式〉《食貨月刊》，復第4卷3期(1974)。

陳長文，〈《明清進士題名碑錄索引》校誤〉，《開封教育學院學報》，2001年第2期。

———，〈明代進士登科錄的文獻價值及其局限性〉，《甘肅社會科學》，2006年第6期。

———，〈明代進士登科錄的版式、結構及體例〉，《西南交通大學學報(社會科學版)》，第8卷5期(2007)。

———，〈簡評明代進士同年錄〉，《延安大學學報(社會科學版)》，第29卷4期(2007)。

———，〈明代進士登科錄的流通與庋藏〉，《文獻》季刊，2008年第2期。

———，〈現存明代進士登科錄版本及庋藏情況一覽表〉，《明代科舉文獻研究》，濟南：山東大學出版社，2008。

陳國棟，〈清代前期粵海關監督的派遣〉，《史原》，第10期(1980)。

陳詩啓，〈明代工匠制度〉，《中國資本主義萌芽問題討論集(上)》，北京：三聯書店，1957。

勞榦，〈漢代察舉制度考〉，《中央研究院歷史語言研究所集刊》，第17本(1948)。

湯明檖、黃啓臣，〈梁方仲傳略〉，《梁方仲經濟史論文集》，北京：中華書局，

1989。

賀凱(Charles O. Hucker)著，張永堂譯，〈明末的東林運動〉，《中國思想與制度論集》，臺北：聯經出版公司，1976。

靳潤成，〈從南北榜到南北卷：試論明代科舉取士制度〉，《天津師範學院學報》，1982年第3期。

劉上瓊，〈清代科舉經費的管理制度研究〉，《教育與考試》，2010年第3期。

劉子健(James T. C. Liu)著，劉紉尼譯，〈宋初改革家：范仲淹〉，《中國思想與制度史論集》，臺北：聯經出版公司，1976。

劉志偉、陳春聲，〈天留迂腐遺方大，路失因循復倘艱——梁方仲先生的中國社會經濟史研究〉，《梁方仲文集·中國經濟史講稿》，北京：中華書局，2008。

劉希偉，〈清代科舉考試中的「商籍」考論〉，《清史研究》，2010年第3期。

劉海峰，〈科舉取才中的南北地域之爭〉，《中國歷史地理論叢》，1997年第1期。

———，〈「科舉學」——21世紀的顯學〉，《廈門大學學報(哲社版)》，1998年第4期。

劉高葆，〈社會流動與明清社會史研究：讀《中華帝國晉升的階梯：社會流動方面，1368-1911》〉，《中山大學研究生學刊(社會科學版)》，1994年第1期。

潘光旦、費孝通，〈科舉與社會流動〉，《社會科學[清華大學]》，第4卷1期(1947)。

蕭啓慶，〈元代科舉與精英流動：以元統元年進士為中心〉，《內北國而外中國：蒙元史研究(上)》，北京：中華書局，2007。

檀上寬著，王霜媚譯，〈明代南北卷的思想背景：克服地域性的理論〉，《思與言》，第27卷1期(1989)。

韓明士(Robert P. Hymes)，曹國慶、鄧虹編譯，〈社會變動性與科舉考試〉，《江西社會科學》，1989年第6期。

魏復古(Karl A. Wittfogel)等著，蘇國良等譯，〈中國遼代社會史(907-1125)總述〉，收入鄭欽仁、李明仁編譯，《征服王朝論文集》，臺北：稻鄉出版社，1999。

嚴耕望，〈唐人讀書山林寺院之風尙〉，《中央研究院歷史語言所集刊》，第30本(1959)。

龔延明，〈明洪武十八年進士發覆兼質疑《明清進士題名碑錄索引》〉，《浙江大學學報(人文社科版)》，2007年第3期。

西文論著

專書（依作者姓氏字母排序）

Amiot, Jean J. M.(錢德明). *Memoires concernant l'Histoire, les Sciences, les Arts, les Moeurs, les Usages, etc. des Chinois, Par les Missionnaires de Pékin.* Tome sixième(《北京傳教士關於中國歷史、科學、藝術、風俗、習慣錄》，第六卷), Paris: Nyon l'Aine, 1776-1789.

Choe, Yong-ho(崔永浩). *The Civil Examinations and the Social Structure in Early Yi Dynasty Korea, 1392-1600.* Seoul: Korean Research Center, 1987.

Elman, Benjamin A.(艾爾曼). *A Cultural History of Civil Examinations in Late Imperial China.* Berkeley, CA: University of California Press, 2000.

Ho, Ping-ti(何炳棣). *Studies on the Population of China, 1368-1953.* Cambridge, Massachusetts: Harvard University Press, 1959.

Hsu, Cho-yun(許倬雲). *Ancient China in Transition: An Analysis of Social Mobility, 722-222B.C.*(《先秦社會史論》). Stanford: Stanford University Press, 1962.

Hu, H.C.(胡先縉).*The Common Descent Group in China and Its Function.* New York: Viking Fund: Johnson Reprint Corporation, 1948.

Hymes, Robert P.(韓明士). *Statesmen and Gentlemen: The Elite of Fu-chou, Chiang-Hsi, in Northern and Southern Sung.* London: Cambridge University Press,1986.

Lipset, S.M., and Reinhard Bendix, "Ideological Equalitarianism and Social Mobility in the United States," Transactions of the Second World Congress of Sociology, 1954.

Liu, James T. C.(劉子健)."An Early Sung Reformer: Fan Chung-yen." in J. K. Fairbank(費正清), ed., *Chinese Thought and Institutions.* Chicago: University of Chicago Press, c1957.

Marsh, Robert Mortimer. *The Mandarins: The Circulation of Elites in China, 1600-1900.* Glencoe, Ill.: Free Press, 1961.

Martignetti, Aldo(Trad. di). *La Cina: il sistema sociale, 1368-1911. Torino*: Unione tipografico-editrice torinese, 1974.

Martin, William A.P.(丁韙良). *Hanlin Papers: or, Essays on the Intellectual Life of the Chinese.* London: Trubner & Co., 1880.

期刊與專書論文(依作者姓氏字母排序)

Elman, Benjamin A.(艾爾曼). "Social and Cultural Reproduction via Civil Service Examinations in Late Imperial China." *The Journal of Asian Studies* 50:1(Febuary 1991).

Goodrich, L. C.(富善，又名富路德). "China's Greatest Book."*Pacific Affairs* 7:1(March, 1934).

Hartwell, Robert M.(郝若貝). "Demographic, Political and Social Transformations of China, 750-1550." *Harvard Journal of Asiatic Studies* 17:2(April 1982).

Hsu, Francis L.K.(許烺光). "Social Mobility in China." *American Sociological Review* 14: 6(December 1949).

Ho, Ping-ti(何炳棣). "The Salt Merchants of Yang-chou: A Study of Commercial Capitalism in Eighteenth-century China." *Harvard Journal of Asiatic Studies* 17:1-2(June, 1954).

Hucker, Charles O.(賀凱). "The Tung-lin Movement of the Late Ming Period." In J. K. Fairbank, ed., *Chinese Thought and Institutions*. Chicago: University of Chicago Press, c1957

Kracke, Edward A. Jr.(柯睿格). "Family versus Merit in the Chinese Civil Service Examinations during the Empire." *Harvard Journal of Asiatic Studies* 10:2(1947).

Tawney, Richard Henry(托尼)."The Rise of the Gentry, 1558-1640." *Economic History Review* 11:1(1941).

Wu, K. T.(吳光清). "Ming Printing and Printers." *Harvard Journal of Asiatic Studies* 12: 3(February, 1943).

日文論著與韓文論著

專書（依作者姓氏筆畫排序）

何炳棣(Ho, Ping-ti)著，寺田隆信、千種眞一譯，《科舉と近世中国社会立身出世の
　　階梯》，東京：平凡社，1993。

──，曹永祿譯，《科舉制度의社會史的研究》，서울：東國大出版部，1987。

周藤吉之，《中国土地制度史研究》，東京：東京大学出版会，1980。

清水盛光，《中国族産制度攷》，東京：岩波書店，1949。

期刊與專書論文（依作者姓氏筆畫排序）

于志嘉，〈明代軍戶の社會地位について──科舉と任官においこ〉，《東洋學報》
　　第71卷3、4號(1991)。

檀上寬，〈明代科舉改革背景──南北卷の創設たぁじつて〉，《東方學報》，第58
　　冊(1986)。

現代名著譯叢
明清社會史論

2013年12月初版　　　　　　　　　　　　定價：新臺幣480元
2020年2月初版第七刷
有著作權・翻印必究
Printed in Taiwan.

著　　　者	何	炳	棣
譯　注　者	徐		泓
叢書編輯	梅	心	怡
校　　　對	呂	佳	真
封面設計	沈	佳	德
編輯主任	陳	逸	華

國科會經典譯注

出　版　者	聯經出版事業股份有限公司	總　編　輯	胡	金	倫
地　　　址	新北市汐止區大同路一段369號1樓	總　經　理	陳	芝	宇
編輯部地址	新北市汐止區大同路一段369號1樓	社　　　長	羅	國	俊
叢書主編電話	(0 2) 8 6 9 2 5 5 8 8 轉 5 3 2 2	發　行　人	林	載	爵
台北聯經書房	台 北 市 新 生 南 路 三 段 9 4 號				
電話	(0 2) 2 3 6 2 0 3 0 8				
台中分公司	台 中 市 北 區 崇 德 路 一 段 1 9 8 號				
暨門市電話	(0 4) 2 2 3 1 2 0 2 3				
郵 政 劃 撥 帳 戶 第 0 1 0 0 5 5 9 - 3 號					
郵 撥 電 話 (0 2) 2 3 6 2 0 3 0 8					
印　刷　者	世 和 印 製 企 業 有 限 公 司				
總　經　銷	聯 合 發 行 股 份 有 限 公 司				
發　行　所	新北市新店區寶橋路235巷6弄6號2F				
電話	(0 2) 2 9 1 7 8 0 2 2				

行政院新聞局出版事業登記證局版臺業字第0130號

國家圖書館出版品預行編目資料

明清社會史論/何炳棣著 . 徐泓譯注 . 初版 .
新北市 . 聯經 . 2013年12月（民102年）. 472面 .
14.8×21公分（現代名著譯叢）
ISBN　978-957-08-4214-2（平裝）
[2020年2月初版第七刷]

1.社會史　2.明代　3.清代

540.9206　　　　　　　　　　102011467